La quête de l'expression optimale du droit :
Le langage du droit à l'épreuve du texte,
Essai de jurilinguistique

La quête de l'expression optimale du droit :
Le langage du droit à l'épreuve du texte, Essai de jurilinguistique

Jean-Claude Gémar
Professeur Émérite,
Université de Montréal

LES ÉDITIONS THÉMIS

Catalogage avant publication de Bibliothèque et Archives nationales du Québec et Bibliothèque et Archives Canada

Titre : La quête de l'expression optimale du droit : le langage du droit à l'épreuve du texte : essai de jurilinguistique / Jean-Claude Gémar.
Noms : Gémar, Jean-Claude, 1942- auteur.
Description : Comprend des références bibliographiques et un index.
Identifiants : Canadiana 2023012285X | ISBN 9782894004746 (couverture souple)
Vedettes-matière : RVM : Droit—Canada—Langage—Histoire. | RVM : Droit—Traduction—Canada—Histoire.
Classification : LCC KE265.G48 2023 | CDD 349.7101/4—dc23

Mise en pages : Guylaine Michel (Claude Bergeron)

Graphisme : MIKE BERSON graphisme design

Nous reconnaissons l'aide financière du gouvernement du Canada par l'entremise du Fonds du livre du Canada pour nos activités d'édition. *We acknowledge the financial support of the Government of Canada through the Canada Book Fund for our publishing activities.*

Éditions Thémis
Faculté de droit
Université de Montréal
Courriel : info@editionsthemis.com
Site Internet : www.editionsthemis.com
Téléphone : 514-343-6627

Tous droits réservés
© 2023 – Les Éditions Thémis inc.
Dépôt légal : 3ᵉ trimestre 2023

Imprimé au Canada

Préface

Durant les dernières décennies, la recherche sur les langages juridiques s'est développée et élargie d'une manière extraordinaire. Cela s'explique par divers facteurs. On peut mentionner, notamment, l'augmentation rapide des relations juridiques de caractère international, causant la croissance fulgurante du volume de la traduction juridique, et le renforcement de la démocratie dans nombre d'États, amenant l'octroi du statut officiel aux langues minoritaires de ces pays.

Le français est une langue mondiale, utilisée dans un grand nombre d'organisations internationales (ONU, UE, Union africaine, etc.). En même temps, comme il est bien connu, le français possède un statut officiel dans 29 pays et, en plus, il est également employé dans les études supérieures et dans la vie culturelle dans certains pays où il n'a pas de statut officiel (le Maghreb). En conséquence, s'agissant du français, il est très important de faire des recherches sur le langage du droit et la traduction juridique.

En considérant le monde entier, on trouve des pays qui sont non seulement bi- ou plurilingues (officiellement), mais aussi bijuridiques, voire plurijuridiques, c'est-à-dire que l'on y applique deux ou plusieurs systèmes juridiques fondamentalement divergents. À l'arrière-plan, on trouve, le plus souvent, l'histoire compliquée du colonialisme. Dans beaucoup de cas, il s'agit d'une rencontre du droit traditionnel fondé sur la religion (ou plusieurs religions) et du droit moderne de caractère occidental. Par exemple, les langues officielles de Madagascar sont le français et le malgache et, d'un autre côté, « [l]e système juridique est basé sur le droit civil français et le droit coutumier malgache »[1]. Quant à l'anglais, un exemple particulièrement illustratif est celui de la République indienne : dans le droit de la famille et des successions de cette république se combinent les règles des droits religieux (droit hindou, droit islamique, etc.) et la pensée juridique

---

[1] LegiGlobe, en ligne : <https://legiglobe.rf2d.org/madagascar/2016/04/07/> (consulté le 20 mars 2023).

de la common law, notamment dans les questions procédurales ; en même temps, aussi bien l'hindi (et maintes autres langues, au niveau des États fédérés) que l'anglais s'emploient dans la Justice indienne.

D'un autre côté, il y a des pays où se rencontrent, d'une part, deux systèmes modernes du droit (le droit romano-germanique et la common law) et, d'autre part, deux langues européennes, comme l'espagnol et l'anglais à Porto Rico ou le français et l'anglais au Cameroun : « Les rapports du droit et de la langue sont certes largement étudiés mais rarement au Cameroun dans la perspective de l'unification du droit de cet État. Et pourtant, la situation du Cameroun, qui est un État expérimentant un bilinguisme officiel – français et anglais – et un dualisme juridique historique – droit civil et common law – rend nécessaire une telle analyse »[2]. Il y aussi des cas hybrides, parfois complexes, comme la République d'Afrique du sud[3].

Dans une comparaison internationale, le Canada est un cas unique. D'abord, le bijuridisme (droit romano-germanique et common law) et le bilinguisme franco-anglais de ce pays ont déjà une histoire de deux siècles. De plus, le Canada est un pays moderne, doté de grandes ressources humaines et financières, ce qui a rendu possible, dans ce pays, des recherches approfondies sur les langues du droit et le développement des mécanismes avancés de la traduction juridique. Dans ces recherches, on a naturellement profité des études faites dans les autres parties de la Francophonie, notamment de celles faites en France, mais aussi dans diverses zones linguistiques. Logiquement, on a pareillement tiré profit, au Canada, des progrès généraux de la linguistique, de la théorie du droit ainsi que du droit comparé.

---

[2] Yannick Serge NKOULOU, « Langue et droit au Cameroun », (2015) 3 *Revue internationale de droit comparé* 695, 695. Au Cameroun, on peut même parler du plurijuridisme, en raison de l'application du droit coutumier dans ce pays. Comparé avec l'histoire canadienne, la direction de la traduction juridique a été, jusqu'à aujourd'hui, inverse au Cameroun : « Visiblement, la rédaction des lois camerounaises se fait le plus souvent en français ; la version anglaise, quant à elle, résulte d'une simple traduction du texte initial (Diane Carlyne WAGOUE TCHOKOTCHEU, « L'intelligibilité de la loi dans un contexte de diversité de styles législatifs : cas du Cameroun », (2018) 70-3 *Revue internationale de droit comparé* 607, 612, 627 et 629.

[3] « South Africa has a mixed legal system - a hybrid of Roman Dutch civilian law, English common law, customary law and religious personal law. » *Library Guide* (Université de Melbourne) ; le nombre des langues officielles dans ce pays est de 11 (dont deux d'origine européenne : l'anglais et l'afrikaans).

Préface

Tout cela a fait naître la jurilinguistique canadienne, célèbre dans le monde entier, avec des résultats pratiques impressionnants dans le domaine de la traduction juridique. L'étendue et les divers aspects de cette nouvelle discipline apparaissent bien dans le *Portail linguistique du Canada* et sur les pages des universités et instituts canadiens, spécialisés dans les langages du droit et la traduction juridique.

2. Le professeur émérite Jean-Claude Gémar, traductologue et jurilinguiste, a apporté une contribution particulièrement importante au développement de la jurilinguistique canadienne. Cette contribution a été rendue possible par sa solide formation scientifique et par son travail de plusieurs décennies comme chercheur et enseignant dans trois pays: la France (Université de Toulouse-Le Mirail), la Suisse (Université de Genève) et le Canada (Université de Montréal). Cet arrière-plan démontre le véritable caractère *global academic*, dont la formation et l'expérience proviennent des deux côtés de l'Atlantique[4] grâce à un vaste réseau de coopération scientifique, au niveau international et, naturellement, à l'intérieur du Canada. Il faut surtout mentionner la coopération avec Monsieur Nicholas Kasirer, juge de la Cour suprême canadienne – coopération ayant produit, entre autres, un recueil jurilinguistique de grande autorité[5]. En même temps, notre auteur a énergiquement participé à la didactique du domaine, faisant ainsi naître une nouvelle génération de jurilinguistes, comme la Docteure Marie-Hélène Girard, son ancienne élève, ayant contribué au perfectionnement de la troisième partie du présent ouvrage[6].

---

[4] Quant à la mobilité académique et son importance, voir: Anthony WELCH, «From Peregrinatio Academica to Global Academic: The Internationalisation of the Profession». dans: *The professoriate: profile of a profession*, Springer, Anthony Welch, 2005, aux p. 71 à 96 (sur l'histoire de cette mobilité: aux p. 73 à 76).

[5] Jean-Claude GÉMAR et Nicholas KASIRER (dir.), *Jurilinguistique: entre langues et droits. Jurilinguistics: Between Law and Language*, Montréal, Thémis/Bruylant, 2005.

[6] Marie-Hélène GIRARD, *Traduction du droit international pénal: État des lieux et analyse de la transposition des notions clés*. Thèse de doctorat, Genève, Faculté de traduction et d'interprétation, Université de Genève. Thèse présentée pour obtenir le grade de Docteur en traductologie. Codirecteurs: prof. Jean-Claude Gémar et prof. Fernando Prieto Ramos. Mme Girard a obtenu le maximum des honneurs de sa thèse.

Non seulement les ouvrages du Professeur Gémar sont souvent cités dans divers pays, voire lointains[7], mais sa contribution à la science jurilinguistique s'étend jusqu'au nom de cette discipline. Le terme *linguistique juridique* remonte, il est vrai, aux travaux de François Gény, mais la forme plus compacte de cette expression, *jurilinguistique*, associée surtout à la traduction juridique (et, indirectement au droit comparé), provient de l'auteur du présent ouvrage. Comme le dit Máirtín Mac Aodha, « Le mot jurilinguistique est né au Canada. Cette appellation apparaît pour la première fois dans le sous-titre du volume *Langage du droit et traduction. Essais de jurilinguistique* de Jean-Claude Gémar en 1982 »[8]. Cette appellation est si pertinente qu'on en trouve des variantes dans maintes langues, non seulement dans les langues romanes (IT *giurilinguistica*, ES *juri(s)lingüistica*, PT *juri(s)linguística*, RO *juri(s)lingvistică*) et en anglais mais, par exemple, aussi dans des langues slaves, comme le polonais (*jury[s]lingwistyka*) et l'ukrainien (*iouri[s]lingvistIka, юри[с]лінгвістика*)[9].

3. Selon l'avant-propos du présent ouvrage, il ne s'agit pas d'un traité proprement dit mais « plutôt d'un "essai", une vision personnelle – avec sa part de subjectivité – procédant d'observations d'un phénomène *sui generis* canadien, menées sur plusieurs décennies par un professeur de traduction spécialisé dans le juridique: un jurilinguiste ».

De fait, les vastes connaissances et expériences de l'auteur, accumulées durant des décennies, sont clairement visibles dans le contenu de l'ou-

---

[7] Un exemple récent, provenant de l'Iran: Farnaz SASSANI et Hediyeh NASSIRI, « A Case Study of the Translation of Iranian Legal Concepts Based on the Jurilinguistics of Geneva », (2021) 12-4 *Language Related Research* 531. Les auteurs de cet article reconnaissent, à plusieurs reprises, leur dette d'honneur à l'égard du Professeur Gémar, quant à leur formation scientifique.

[8] Máirtín MAC AODHA, (2014) 59-3 *Meta* 701.

[9] La variante polonaise apparaît, par exemple, dans le titre d'un livre important: Jerzy PIEŃKOS, *Podstawy juryslingwistyki. Język w prawie – prawo w języku* (« Les fondements de la jurilinguistique. La langue dans le droit – le droit dans la langue »), Varsovie, Muza, 1999. Cet auteur polonais a trouvé beaucoup d'inspiration dans la jurilinguistique canadienne: il cite explicitement l'ouvrage (mentionné ci-dessus) *Langage du droit et traduction: essais de jurilinguistique*. La variante ukrainienne apparaît, par exemple, dans le titre d'un dictionnaire récent: *Iourislingvistika: slovnyk terminiv i poniat*: L.I. CHEVTCHENKO (dir.), D.V. DERGATCH, D. I. SIZONOV et I. V. СНМАТКО, ЮРИСЛІНГВІСТИКА : *словник термінів і понять* (« Jurilinguistique: dictionnaire de termes et de concepts »'), Kiev, Université de Kiev, (ВПЦ « Київський університет »), 2015.

vrage. L'auteur cite maints livres classiques du domaine, mais aussi des publications jurilinguistiques toutes récentes. D'un autre côté, il y a beaucoup d'éléments nouveaux dans le présent ouvrage : des réflexions de caractère théorique, des considérations de caractère pratique, des études empiriques réalisées par l'auteur. L'ouvrage contient, par exemple, des comparaisons chronologiques de textes judiciaires, en anglais et français, illustrant l'évolution de la lisibilité des jugements dans ces cultures juridiques.

L'auteur dirige son attention en premier lieu sur le langage juridique français au Canada, et à la recherche sur ce langage : la jurilinguistique canadienne. Il n'examine que secondairement la principale langue source dans la traduction franco-canadienne, c'est-à-dire l'anglais. Cela peut être justifié, de façon convaincante, par la longue période coloniale durant laquelle le Canada était sous le pouvoir britannique et où le langage juridique français du pays constituait une simple traduction mécanique de l'anglais. En effet, le présent ouvrage inclut une présentation intéressante sur l'évolution de la traduction juridique canadienne qui rend nettement visible la dominance et l'effet nuisible de la langue anglaise sur le français. Cette histoire coloniale explique pourquoi, au Canada, le langage juridique français et le langage juridique anglais sont encore aujourd'hui essentiellement divergents en tant qu'objets de recherche. Comme l'auteur le souligne, les problèmes du langage juridique canadien ont, dans le cas de l'anglais, un caractère intrinsèque, alors que dans le cas du français, ils présentent un caractère extrinsèque. En conséquence, «il n'existe pas *une mais deux* jurilinguistiques au Canada, soit une française et une anglaise». Compte tenu de cela, il était logique, de la part de l'auteur, de se concentrer sur le français juridique canadien.

Cet accent sur le français juridique du Canada ne signifie pas que l'auteur aurait ignoré l'examen des questions théoriques, souvent difficiles, de la jurilinguistique et de la traduction juridique (traduction littérale *c*. traduction du sens, équivalence fonctionnelle, théorie du *skopos*, etc.) – pas du tout. Par ailleurs, l'ouvrage offre beaucoup d'information à mi-chemin entre la théorie et la pratique (formation des jurilinguistes, corédaction, outils de traduction, traduction automatique, etc.). On observe aussi que l'auteur possède une connaissance étendue de la théorie du droit : il examine, par exemple, le caractère scientifique de la recherche juridique. La partie finale ouvre des horizons étendus pour le futur.

L'approche de l'auteur se caractérise par un usage fréquent d'exemples concrets. Sur la base de son expérience professionnelle, il concrétise son texte en décrivant des projets jurilinguistiques auxquels il a personnellement participé ou qu'il a suivis de près. Mentionnons la traduction du *Code civil de Louisiane* en français – langue dans laquelle la culture juridique de cette région fut à l'origine créée[10]. Une concrétisation importante est également celle de la partie annexe du livre qui contient de nombreux textes authentiques, historiques et modernes, provenant de France, du Canada et, en partie, d'autres pays et organisations internationales. L'auteur juxtapose souvent les versions anglaise et française des documents et des textes de diverses époques historiques. Les produits de la traduction automatique sont, en particulier, à l'écoute de notre temps. Dans le texte principal, il y a aussi des comparaisons textuelles très instructives.

4. Comme les paragraphes ci-dessus le montrent, *La quête de l'expression optimale du droit* fusionne les grandes connaissances et l'expériences du Professeur Gémar, en les présentant sous la forme d'un livre lisible et pédagogique. Cet ouvrage trouvera, sans doute, un grand nombre de lecteurs, même en dehors du Canada et de la Francophonie, surtout dans les pays et régions bi- et plurilingues. Il en est également ainsi pour l'Union européenne, « le plus grand bureau de traduction du monde »[11] et pour les diverses organisations internationales (Unidroit, Conférence de La Haye de droit international privé, etc.). Dans les quatre coins du monde, on discute de plus en plus des questions fondamentales de la jurilinguistique et de la traduction juridique. Dans ces discussions, les expériences des Canadiens – dans l'application du principe de corédaction[12], par exemple – seront incontestablement fort utiles.

Heikki E. S. Mattila
Professeur émérite de jurilinguistique
Université de Laponie, Finlande

---

[10] Voir Olivier Moréteau (dir.), *Code civil de Louisiane. Edition bilingue*, Société de législation comparée, 2017 Préfacé par Jean-Claude Gémar.

[11] Ainsi Dieter Martiny, « Babylon in Brüssel. Das Recht und die europäische Sprachenvielfalt » (1998) *Zeitschrift für europäisches Privatrecht* 227, 237.

[12] Comme Valérie Dullion le signale dans un article récent, particulièrement intéressant, un procédé semblable à la corédaction était un usage en Suisse déjà au XIXe siècle. Cependant, le corps des traducteurs professionnels n'existait pas encore à cette époque, sans parler de la recherche académique et de la didactique universitaire du domaine. C'est seulement au Canada moderne où on a pu perfectionner le procédé de corédaction, du point de vue de la méthodologie et de l'arrangement organisationnel de ce procédé. Voir Valérie Dullion, « When was co-drafting "invented" ? On history and concepts in Legal Translation Studies », *Perspectives : Studies in Translation Theory and Practice*, en ligne : <https://www.tandfonline.com/doi/full/10.1080/0907676X.2022.2105156> (consulté le 20 mars 2023).

Les mots, mais aussi les expressions, les constructions, les façons de dire sont le reflet de la conception du monde dans chaque langue et donc dans chaque civilisation.

Alain Rey*

Avant-propos

Le présent ouvrage n'est pas un traité comme l'est un traité de droit civil, pénal ou administratif. Il s'agit plutôt d'un « essai », une vision personnelle – avec sa part de subjectivité – procédant d'observations d'un phénomène *sui generis* canadien, menées sur plusieurs décennies par un professeur de traduction spécialisé dans le juridique : un jurilinguiste[1]. On ne s'étonnera donc pas de voir l'auteur de cet essai, observateur et témoin de l'odyssée jurilinguistique, parler à la première personne.

Dans cet essai, on trouvera une synthèse des conditions historiques ayant conduit à l'apparition de la jurilinguistique et favorisé son développement, ainsi que les fondements et les applications de cette discipline issue de l'exercice imposé de la traduction depuis la conquête de la Nouvelle-France par l'Angleterre (1760). De pratique fortuite, rudimentaire et

---

*   Alain Rey tenait ces propos à l'émission *Un livre, un jour*, en 2005 : Édouard TROUILLEZ, « Le top 10 des mots d'Alain Rey », *Le Robert. Dico en ligne*, 12 avril 2020, en ligne : <https://www.lerobert.com/dis-moi-robert/raconte-moi-robert/top-10-mots-plus-etonnants/le-top-10-des-mots-d-alain-rey.html> (consulté le 11 novembre 2022).

[1]   Dans cet ouvrage, le terme « jurilinguiste » peut s'entendre soit dans un sens large : toute personne (juriste, linguiste, traducteur, terminologue, langagier, etc.) œuvrant dans le double champ du droit et de la langue ; soit *stricto sensu* : toute personne travaillant comme jurilinguiste dans le public (p. ex., Parlement, ministère de la Justice, Cour suprême, etc.) ou le privé (assurances, services de traduction d'entreprise, cabinet d'avocats, etc.).

tâtonnante à ses débuts, l'activité traduisante, au Canada, a progressivement évolué en savoir-faire, puis en méthode et, enfin, au stade ultime et récent, en discipline qui, depuis lors, s'est diversifiée en s'étendant hors du champ historique de la traduction[2], sa source initiale et principale, pour se développer au contact et par l'apport de disciplines tributaires. *La quête de l'expression optimale du droit* expose les fondements de la jurilinguistique, méthode et discipline née au Canada, de ses origines à nos jours, ainsi que le rôle que les traducteurs, puis les traducteurs juridiques, jurilinguistes avant l'heure, lui ont fait tenir dans l'évolution positive de l'expression du langage du droit en français.

Car c'est bien en français, et par lui, que la jurilinguistique est née et s'est développée. Mes observations et recherches portent, depuis le début des années 1960, sur la comparaison des deux langues sur les plans syntaxique et stylistique notamment. Ce n'est qu'une décennie plus tard qu'ont commencé mes recherches et travaux sur les deux langues juridiques, analysées sous l'éclairage de la traduction. Rappelons que c'est le français qui a longtemps subi les assauts de la traduction au Canada, avec les conséquences parfois regrettables que l'on sait[3]. La relation entre l'anglais et le français s'est établie d'emblée sur un rapport d'inégalité entre la langue

---

[2] Ce terme peut être entendu dans trois sens principaux : 1) l'activité de traduction en général dans la société, le monde ; 2) l'opération traduisante (OT) ou l'action de traduire ; 3) le produit de cette opération : le texte d'arrivée. Dans cet ouvrage, ces trois sens seront utilisés selon le contexte les introduisant.

[3] Voir en particulier sur l'histoire de la traduction au Canada : Jean DELISLE, « Canadian Tradition » dans Mona BAKER (dir.), *Routledge Encyclopedia of Translation Studies*, London / New York, Routledge, 1998, aux p. 356-363 (version française : « La traduction au Canada : survol historique (depuis 1534) », en ligne : <https://www.academia.edu/5940734/La_traduction_au_Canada_survol_historique_depuis_1534>) (consulté le 27 novembre 2022) ; Jean DELISLE et Alain OTIS, *Les douaniers des langues. Grandeur et misère de la traduction à Ottawa (1867-1967)*, Québec, Presses de l'Université Laval, 2016 ; Paul HORGUELIN, « Les premiers traducteurs (1760 à 1791) », (1977) 22-1 *Meta. Histoire de la traduction au Canada* 15 ; Jacques GOUIN, « La traduction au Canada de 1791 à 1867 », (1977) 22-1 *Meta. Histoire de la traduction au Canada* 26 ; Jean DARBELNET, *L'anglicisation de la langue française au Québec. Étude faite pour le compte de la Commission royale d'enquête sur le bilinguisme et le biculturalisme*, Ottawa, 1965. Sur l'histoire de la traduction depuis l'arrivée des Français en Amérique, voir Patricia FLEMING, Gilles GALLICHAN et Yvan LAMONDE, *Histoire du livre et de l'imprimé au Canada*, vol. 1, Montréal, Presses de l'Université de Montréal, 2004, en particulier le chapitre 12, « Les imprimés de diverses communautés », aux p. 294-323.

de départ, l'anglais, et la langue d'arrivée, le français, et non l'inverse, soit, pour reprendre l'image du concept juridique, entre un « fonds dominant » et un « fonds servant ».

Or, ce « fonds servant » s'est révélé un laboratoire d'observation et d'analyse linguistique unique et des plus féconds pour un observateur, chercheur et témoin des interférences engendrées par la traduction sur et dans la langue d'arrivée. Devant passer par le filtre de la traduction pour la communication de la parole officielle du pouvoir en place, les deux langues en contact sur le même territoire ont faire naître problèmes et difficultés de tous ordres. L'effet grossissant de la traduction a révélé ces interférences en les exposant[4]. La traduction aggrave ces interférences, d'autant plus que ces deux langues ont une histoire et un passé communs chargés de rapports conflictuels et tourmentés. Confrontés à ces difficultés, les traducteurs durent faire preuve de beaucoup d'imagination pour les surmonter et arriver à produire *in fine* des textes de plus en plus conformes à l'idée que l'on se fait de l'expression naturelle et idiomatique du « génie » d'une langue, la langue française en l'occurrence.

C'est donc le français, langue traduite, que j'ai choisi de traiter, parce qu'il est parti de très loin et que les batailles et actions menées à répétition par langagiers et juristes au fil des siècles l'ont porté jusqu'au statut juridique d'égalité avec l'anglais, l'autre langue officielle du Canada. La langue anglaise, très largement dominante sur le continent nord-américain, sans parler du reste du monde, ne court aucun danger de disparition tel que l'on peut l'observer pour le français en Louisiane. En outre, mettre sur un même plan d'analyse et d'étude deux langues dont la syntaxe, la grammaire, la

---

[4] Les témoignages en ce sens abondent. Entre autres auteurs, voir : Louis-Jean CALVET, *La sociolinguistique*, Paris, Presses Universitaires de France, 2017 (voir en particulier le chapitre II, « Les langues en contact », où il cite le grand linguiste Uriel Weinreich : « Le mot interférence désigne un remaniement de structures qui résulte de l'introduction d'éléments étrangers dans les domaines les plus fortement structurés de la langue, comme l'ensemble du système phonologique, une grande partie de la morphologie et de la syntaxe et certains domaines du vocabulaire (parenté, couleur, temps, etc.). », à la p. 16) ; voir aussi Jean-Claude CORBEIL, « Origine historique de la situation linguistique québécoise », dans Jean-Claude CORBEIL et Louis GUILBERT (dir.), *Le français au Québec*, revue *Langue française*, n° 31, Paris, Larousse, 1976, aux p. 6-19, en ligne : <http://corbeil.recherche.usherbrooke.ca/document-corbeil-1976-b> (consulté le 11 novembre 2022).

morphologie, la phonologie, le vocabulaire, entre autres, sont si différents[5] – différences qui sautent aux yeux lorsqu'on aborde leurs langues juridiques –, reviendrait à comparer une pomme et une orange.

Enfin, et c'est ma raison finale, j'avance qu'il n'existe pas une mais deux jurilinguistiques au Canada – et ailleurs dans le monde –, soit une française et une anglaise, chaque langue possédant sa culture juridique propre et présentant sa problématique singulière. Cela requiert une explication. Les sources, origines et causes des difficultés qui caractérisent ces deux jurilinguistiques sont très différentes dans l'un et dans l'autre cas. Dans le cas du français, elles sont de nature « extrinsèque » ; dans le cas de l'anglais, « intrinsèques ». Pour le français, c'est la traduction, acte *extrinsèque* imposé à la langue, qui a joué le rôle de révélateur des maux causés par d'innombrables opérations traduisantes sur la langue d'arrivée, et cela sur plus de deux siècles.

Dans le cas de l'anglais, la traduction n'est pas en cause ; ce sont des raisons strictement *intrinsèques* qui sont en cause. Elles relèvent de l'essence de la langue, de son histoire et de son évolution, qui ont été le moteur des transformations que le langage du droit anglais a subies sous la pression et sous l'éclairage du *plain language movement*, apparu récemment – dans les années 1960[6] –, qui a donné naissance au mouvement *symplify legal writing*[7]. Les « deux solitudes » en quelque sorte, transposées jusque dans la jurilinguistique...

Telles sont les raisons qui m'ont poussé à traiter la jurilinguistique française dans cet essai, et non la jurilinguistique anglaise, qui serait mieux

---

[5] Différences qu'un maître de la comparaison de ces deux langues, Michael Edwards, a résumées d'un mot d'une portée infinie : l'anglais est une langue « centrifuge », alors que le français serait « centripète ». Voir Michael EDWARDS, *Racine et Shakespeare*, Paris, Presses universitaires de France, 2004, aux p. 57 et suiv.

[6] Voir en particulier David MELLINKOFF, *The Language of the Law*, Boston, Little, Brown and Co., 1963 ; Peter M. TIERSMA, *Legal Language*, Chicago, Chicago University Press, 1999 ; Bryan A. GARNER, *Legal Writing in Plain English*, Chicago, University of Chicago Press, 2001 ; Heikki E.S. MATTILA (dir.), *The development of Legal Language*, Helsinki, Finnish Lawyer's Publishing, 2002.

[7] Dont un des initiateurs est Elliot L. BISKIND, auteur de l'ouvrage *Simplify Legal Writing*, Arco Pub. Co., 1975, qui a fait de nombreux émules. Voir, sur le *plain language movement* et ses avatars : Christopher BALMFORD, « Plain language : Beyond a Movement », *plainlanguage.gov*, en ligne : <https://www.plainlanguage.gov/resources/articles/beyond-a-movement/> (consulté le 17 juillet 2023).

Avant-propos

servie par un jurilinguiste anglophone. Il en existe de nombreux au Canada, et de qualité. En faisant ce choix, je n'avais ni arrière-pensée ni parti-pris en tête envers l'anglais. Depuis des lustres, j'entretiens avec cette langue, comme avec d'autres langues d'ailleurs, des rapports sereins, quoique intéressés pour mes recherches. Elle n'est d'ailleurs pour rien dans les conflits ayant opposé des siècles durant des conquérants dont l'histoire coloniale se mesure à parts égales. Si l'anglais est la langue véhiculaire dominante dans le monde actuel, le français n'a rien à lui envier, qui a lui-même joui d'un tel statut pendant plusieurs siècles.

Afin de comprendre les tenants et aboutissants du phénomène inusité qu'est cette jurilinguistique française, il m'a paru nécessaire de passer par l'histoire des faits, actions et étapes marquants qui ont jalonné un parcours des plus singuliers, celui qui caractérise un pays de bilinguisme doté de deux cultures et de deux systèmes juridiques fort différents l'un de l'autre. Ce qui en fait, en outre, un État « bijuridique ». Aussi, dans l'histoire moderne du droit et des langues, le Canada est-il, sauf erreur ou ignorance de ma part, le premier pays à s'être trouvé dans une telle situation, compte tenu du fait que l'anglais et le français sont les deux grandes langues véhiculaires qui propagent les traditions et cultures juridiques qu'elles portent, soit les deux principales familles de droit les plus répandues dans le monde[8].

La jurilinguistique est une jeune discipline – n'ayons pas la prétention d'en faire une science, même si ses sources remontent sans doute aux origines de l'écriture de textes de droit. Elle s'est concrétisée, au Canada, voici quelque cinquante ans, dans les années 1970. Mais cette jeunesse ne rend pas compte de la longue gestation de près de trois siècles au cours desquels se sont érigées, brique après brique, les fondations d'une discipline en puissance se développant au sein de l'activité traduisante du « pays de traducteurs »[9] qu'est le Canada. Désormais, on enseigne la jurilinguistique dans des universités canadiennes et européennes[10], et l'on y conduit

---

[8] Comme le montre la carte des principaux systèmes juridiques dans le monde établie par JURIGLOBE, groupe de recherche sur les systèmes juridiques dans le monde, en ligne : <http://www.juriglobe.ca/fra/index.php> (consulté le 17 juillet 2023).

[9] Jean-Paul VINAY, « La traduction, une profession », dans *Proceedings of VIIIth world congress of the Fédération internationale des traducteurs* (FIT), Montréal, Conseil des traducteurs et interprètes du Canada, 1978, à la p. 2.

[10] Qui organisent d'importants colloques internationaux sur la jurilinguistique réunissant professeurs et chercheurs de toutes origines. Voir notamment les groupes de recherche TRANSIUS (Genève) et GREJA (Lyon). Voir aussi : Esther MONZO-NEBOT

des recherches, dispense son enseignement sous une forme ou une autre. Cela ne date pas d'hier. Je l'ai d'ailleurs moi-même enseignée dès la fin des années 1970, dans un séminaire de deuxième cycle de traduction juridique, à l'Université de Montréal, puis à celle de Genève. Issue, essentiellement, de la pratique de la traduction juridique, la jurilinguistique s'est progressivement ouverte à l'analyse, à la réflexion et aux recherches conduites par des jurilinguistes, qu'ils soient juristes, traducteurs ou langagiers et, parfois, les trois réunis dans la même personne. La *Bibliographie sur la jurilinguistique française* que tient à jour le Centre de traduction et terminologie juridiques (CTTJ) de l'Université de Moncton (Nouveau-Brunswick) présente, au long de ses treize rubriques, un bon aperçu du corpus conséquent de monographies, articles et textes dédiés à la jurilinguistique française ou en traitant[11].

Ce faisant, en ouvrant le champ de ses activités à d'autres tributaires que celui de la seule traduction juridique de ses origines, les auteurs cités montrent la progression remarquable de la jurilinguistique depuis son avènement, ainsi que la richesse et la portée de son développement[12].

---

et Javier MORENO-RIVERO (dir.), « Jurilinguistics: Ways Forward Beyond Law, Translation and Discourse », (2020) 33 *Int. J. Semiot. Law* 253, en ligne : <https://doi.org/10.1007/s11196-020-09721-w> (consulté le 17 juillet 2023).

[11] À jour au 12 octobre 2022 : Micheline BOUDREAU, Sylvette SAVOIE THOMAS et Gérard SNOW, « Liste des monographies et articles sur la jurilinguistique française », *Centre de traduction et de terminologie juridiques*, Université de Moncton, en ligne : <http://www.cttj.ca/Documents/Monographiesetarticlessurlajurilinguistiquefr.pdf> (consulté le 17 juillet 2023).

[12] Comme le montrent des chercheurs universitaires dans leur article : voir E. MONZO-NEBOT ET J. MORENO-RIVERO, préc., note 10 ; voir aussi Heikki E.S. MATTILA, *Jurilinguistique comparée. Langage du droit, latin et langues modernes*, Cowansville, Éditions Yvon Blais, 2012.

Table des matières

Préface vii
Avant-propos xiii

Première partie
Des origines à nos jours, l'émergence d'une jurilinguistique

Introduction 3

Chapitre 1
Le choc des langues 9

I. La Nouvelle-France, une Histoire interrompue 9
   A. Le chemin de croix de la langue française 10
      1. Le Canada français (1601-1760) 10
      2. La traversée du désert 13
      3. L'anglicisation rampante : vers le bilinguisme 14
         a) Une acculturation par la langue 15
         b) Langue et identité, le défi linguistique 16
II. Les tribulations de la langue française 17
   A. Un siècle d'atermoiements : 1849-1959 17
   B. Les hauts et les bas de la question linguistique 19
      1. Des actions individuelles aux projets collectifs 21
      2. Une langue en voie de refrancisation 23

Chapitre 2
Ce mal nécessaire, la traduction : hasard et nécessité 27

I. La traduction : « préméditée et fortuite » 28
   A. De Babel au trialogue, ou l'identité du Canada 28
   B. L'odyssée de la langue française, « langue traduite » 30

II. Heurs et malheurs de la traduction au Canada (1774- ...) 32
   A. La traduction ou « l'imparfait du subjectif » 33
   B. Traduire: aisée, la critique, difficile, l'art 36
      1. La langue dans la presse 37
      2. La société et la langue 40

Chapitre 3
De la traduction à l'expression:
le français dans tous ses états 43

I. Langues et droits en contact 45
   A. L'anglais et le français: une cohabitation délicate 45
      1. Retours de manivelle de l'Histoire 46
         a) Langues juridiques et langage du droit 49
         b) Deux systèmes, deux esprits 51
      2. Instabilité du langage, tangage du droit 55
II. Les enjeux de la traduction 58
   A. Le langage du droit est une langue de spécialité 59
      1. Les mots du droit 60
      2. Le texte juridique est normatif 63
      3. Langage du droit et style 66
         a) Du et des styles juridiques 69
         b) Le style législatif 70
   B. Un dilemme canadien: la traduction du droit 72
      1. Fins et moyens de la traduction 75
      2. La quête de l'équivalence 78
      3. De la traduction à la corédaction 84
      4. Culture, texte et traduction 91
         a) La traduction en question 93
         b) Le virage jurilinguistique 97
Conclusion 103

Deuxième partie

Fondements de la jurilinguistique. Du savoir-faire à la méthode

Chapitre 1
Fonctions, fins et moyens d'une jurilinguistique française au Canada 111

I. Les fonctions de la traduction juridique dans le contexte canadien..... 112
   A. De la communication et ses fonctions 113
   B. Fonctions de la traduction juridique, fonctions de la jurilinguistique 115
      1. Faire ou la pratique d'une profession 118
      2. Du savoir-faire à sa transmission 123
      3. Chercher ou les fondements d'une recherche 126
      4. Théorie(s) ou doctrine(s)? 128

II. Fins et moyens des jurilinguistes 131
   A. Traduire le droit: des fins particulières 132
      1. Le traducteur juridique face au texte 133
      2. Le jurilinguiste-traducteur et le traducteur-jurilinguiste 136
         a) La révision interlinguistique 138
         b) La révision intralinguistique 139
   B. De l'absence au débordement de moyens 144
      1. Nos prédécesseurs: dans le dénuement? 144
      2. Du quasi-dénuement à la corne d'abondance 149

Chapitre 2
Savoir-faire et méthode(s) d'une discipline nouvelle 155

I. Langage et droit: des relations singulières 156
   A. Particularités du langage du droit 157
   B. Maux et difficultés du langage du droit 160

II. Les apports de la linguistique et de la traductologie 165
   A. De la traduction à la traductologie: pratique, théorie et méthodes 166
   B. D'une traductologie à l'autre: linguistes *vs* traducteurs 171
   C. Nouvelles doctrines, outils nouveaux 173

Chapitre 3
Réalisations des jurilinguistes
et effets de la jurilinguistique 179

I. La version française des lois des débuts à aujourd'hui :
« vitrine de la société » ? 180
   A. Traduire le droit : principes et enjeux 181
      1. Le droit rendras 182
      2. La forme restitueras 184
      3. Les proportions respecteras 186
   B. La loi, « texte sacré & inaltérable » 188
      1. Une symphonie législative à trois temps 189
      2. Les tribulations de la version française des lois fédérales 193

II. La décision de justice : au prisme de la jurilinguistique 197
   A. La Coutume de Paris et le régime français en Nouvelle-France ... 200
   B. Aux sources des droits 203
      1. La common law et ses sources 203
      2. Sources et caractéristiques du droit civil 205
   C. Le régime anglais de la common law 206
      1. Avant la Conquête (1760) 208
      2. Après la Conquête (1763-1867) 209
   D. De la Confédération à l'après Seconde Guerre mondiale 211
      1. La Cour supérieure : exemples et contre-exemples 214
      2. La rédaction des jugements : progrès ou regrès ? 217
         a) De 1877 à 1978 218
         b) Des années 1980 à 1997 218
   E. Fins et moyens du jugement 219
      1. De la forme et du fond 220
      2. Du fond et de la forme 225

III. Le contrat est(-il) la convention juridique ? 227
   A. Différences dans les cultures et traditions juridiques 229
      1. La formation du contrat en common law et en droit civil 230
      2. L'esprit de la langue réside dans la forme 231
   B. La forme du *contract* et ses corollaires 233
      1. La lisibilité en formules 235
      2. Le syndrome du miroir 237
         a) Le vocabulaire 238
         b) La syntaxe 240
         c) Le style 242

C. Langues et systèmes en contact: le *contract*, modèle dominant... 245
Conclusion 251

Troisième partie
Statut, méthodes, limites et perspectives de la jurilinguistique

Chapitre 1
Statut de la jurilinguistique: discipline, savoir-faire, technique, ou... art? 259

I. Statut des composantes d'une discipline duale: langue et droit 260
   A. De la nature des sciences: des sciences de la nature aux sciences de l'humain et du social 261
      1. Le vocable SCIENCE à l'épreuve du temps 262
      2. Évolution historique des vocables SCIENCE et SCIENTIFIQUE 263
         a) Le vocable SCIENCE 263
         b) L'adjectif SCIENTIFIQUE 267
II. De la science et des sciences 269
   A. Sciences «dures» et sciences «molles» ou les paradoxes de la Science 271
   B. Sciences sociales et humaines ou la complexité de la Science 273
   C. Le droit: discipline scientifique? 277
      1. Statut scientifique du droit 279
      2. Le langage du droit, un langage scientifique ou technique? ... 280
III. De la méthode en jurilinguistique 283
   A. L'approche théorisante 285
      1. La méthode de recherche scientifique 286
      2. La méthode pragmatique 290
         a) Les données du problème en question 291
         b) Formulation d'hypothèses: la méthodologie 292
         c) Mise à l'épreuve des hypothèses 293
         d) Analyse et synthèse des données 294
         e) Publication et diffusion de la traduction 296
   B. L'approche pragmatique: techniques de recherche 297
      1. Les sources fondamentales du droit privé du Québec 298
      2. La nomenclature 299

3. La formule définitoire 299
　　　4. L'expression linguistique du droit 301
IV. Avancées et limites de la jurilinguistique 302
　A. Aux confins de la langue 303
　　　1. Quelques particularités du français 305
　　　2. Concision et briéveté: *Lo bueno, si breve, dos veces bueno*... 307
　B. Limites du langage du droit 310
　　　1. Le sens et son interprétation 311
　　　　a) Interpréter les signes 312
　　　　b) L'angle du sens 313
　　　2. Interpréter l'intention 314

Chapitre 2
La jurilinguistique: perspectives d'avenir 319
I. Le défi de la relève: former des jurilinguistes 320
　A. La maîtrise de la langue maternelle 321
　　　1. La connaissance historique de sa langue 321
　　　2. La maîtrise de la synchronie 322
　B. Jurilinguiste seras 326
　　　1. Les bases de la formation 327
　　　2. La technologie au service de la langue 330
　　　　a) Enfin la machine vint 332
　　　　b) La TA et les enjeux de l'apprentissage 334
　　　　c) La machine: au service des jurilinguistes? 338
　　　　d) Former des jurilinguistes: langue et droit ou droit
　　　　　　et langue? 342
II. Le langage du droit et ses textes: quelles formes futures? 345
　A. Quelle évolution pour le français? 346
　　　1. Le français dans le monde 347
　　　2. La situation du français au Canada: le cas du Québec ... 349
　B. Le langage du droit et son évolution 350
Conclusion 355

Annexes 357
Index des auteurs 429

Première partie

Des origines à nos jours, l'émergence d'une jurilinguistique

Première partie

Des origines à nos jours :
l'émergence d'une politique unique

Introduction

Depuis que le processus de l'évolution dota l'être humain de la capacité du langage, la parole n'a cessé de se développer, de s'enrichir, faisant de la langue l'outil de communication par excellence, toujours plus efficace et sophistiqué. Lorsque l'écriture émergea du néant, quelque 4 000 ans avant l'ère chrétienne[13], elle suivit la même évolution que l'oral en s'étendant progressivement à tous les champs de l'activité humaine, dont celui du droit, où l'écrit occupe, historiquement, une place prééminente.

« Au commencement était le Verbe »[14] énonce le Prologue de l'Évangile de Jean ; « Au commencement était la Règle » lance le juriste, comme en écho[15]. Le droit ayant besoin des mots pour être exprimé, à l'oral comme à l'écrit, ces deux déclarations se complètent naturellement. Le Décalogue en est la meilleure illustration. Il va de soi que langue et droit ne font qu'un, à l'instar de chaque domaine des affaires humaines, chacun disposant de sa « langue de spécialité », de son vocabulaire propre et parfois singulier

---

[13] Les dates varient et sont approximatives, mais les chercheurs concordent sur l'origine de l'écriture pour la situer dans une fenêtre de 3550-4000 ans avant J.-C.. Voir Xavier PERRET, « The written word », *The UNESCO Courrier, The Origins of writing*, avril 1995, à la p. 8 : « Writing, as a system of symbols representing a structured language, made its appearance only in the middle of the fourth millennium B.C. in the land of Sumer, Mesopotamia. » ; Béatrice ANDRÉ-SALVINI, « The birth of Writing », *id.*, aux p. 11-13.

[14] C'est par ces mots que Jean commence son Évangile (Jn, 1,1). Il nous fait ainsi remonter au-delà du commencement de notre temps. Un malentendu persiste à propos de ce mot : verbe. Traduit à l'origine littéralement du latin *verbum, i*, il signifie alors « verbe ». En réalité, ce mot latin signifie « mot », « terme », « expression », « parole », comme le confirme tout bon dictionnaire de latin-français (*cf. Gaffiot, Olivetti*). Or, si le verbe est un mot, il relève du « genre suprême », nous apprend l'*Encyclopédie* (1re éd., 1751, t. 17, aux p. 48-53), en ligne : <https://www.lexilogos.com/encyclopedie_diderot_alembert.htm> (consulté le 16 juillet 2023).

[15] Jean CARBONNIER, *Flexible droit. Textes pour une sociologie du droit sans rigueur*, Paris, Librairie Générale de Droit et de Jurisprudence, 1969, à la p. 96.

qui n'en fait pas moins partie du vaste corpus de toute langue générale. Mise en discours, il arrive qu'une langue de spécialité présente alors des traits et caractéristiques qui la distinguent nettement des autres. C'est le cas du langage du droit. Toutefois, le droit est à distinguer des autres domaines sur un point bien particulier qui est celui de la «règle de droit», norme juridiquement obligatoire, donc contraignante. La manière d'exprimer cette norme, quel que soit son support (loi, code, traité, règlement, etc.), sollicite l'attention et les soins des juristes depuis toujours ou presque, soucieux qu'ils sont de la communiquer de façon optimale afin de respecter les termes de l'ancestral adage canonique *nemo censetur legem ignorare* (nul n'est censé ignorer la loi). Pour que cette loi soit connue de tous encore faut-il, *primo*, la communiquer; *secundo*, de la meilleure des façons pour que, *tertio*, elle soit comprise du plus grand nombre. Tel est le dilemme de la communication de la règle de droit auquel sont confrontés les juristes.

C'est sur la manière de communiquer la loi que portent les efforts des légistes et rédacteurs de lois depuis les temps les plus anciens, et sur les supports les plus divers: tablettes d'argile, bois, pierre, parchemin, métal, papier. Les modèles ont beaucoup varié, depuis le style sobre et concis des Dix Commandements jusqu'aux traités prolixes de plusieurs centaines de pages et aux contrats du monde des affaires actuel s'étalant en milliers de mots, sans oublier les jugements, des plus courts (Cassation française) aux plus longs (Cour suprême des États-Unis, du Canada). L'expression écrite du droit en révèle la complexité et les enjeux, car, avertit Robert Badinter, si «dire le droit est la mission du juge [...] écrire le droit est l'épreuve de vérité du juriste»[16], ce qui, pour la loi en particulier, est plus facile à dire qu'à réaliser. L'opération traduisante en témoigne devant les difficultés que présente l'acte de traduction[17] de textes juridiques et, notamment de textes instrumentaires. Ces difficultés, des générations de traducteurs les ont affrontées au fil du temps, relevées et notées. Par la suite, langagiers, juristes et traductologues canadiens[18] les ont compilées, analysées et classées, constituant un corpus dédié à la traduction juridique dans lequel allaient

---

[16] Robert BADINTER, dans une entrevue accordée à l'hebdomadaire *Le Point*, «Vive l'écrit», n° 1000, 16 novembre 1991.

[17] Voir *supra,* note 2.

[18] Voir *supra,* note 3. Pour la traduction juridique, voir la bibliographie établie par le CTTJ (Moncton) et la rubrique qui lui est consacrée. Sur la loi, voir en particulier Jean-Charles BONENFANT, «Perspective historique de la rédaction des lois au Québec», (1979) 20(1-2) *C. de D.* 387.

puiser, dans la seconde partie du XXe siècle, les acteurs du changement et du renouveau de la traduction et de la rédaction des lois bilingues de l'État canadien.

C'est à partir de ce corpus de réflexions, commentaires et analyses que les pionniers de la réforme du traitement des textes législatifs, les premiers jurilinguistes, ont jeté les bases d'une nouvelle discipline, la jurilinguistique.

Au confluent du droit et de la langue, elle a pour objet l'expression même du droit dans un texte, quel qu'en soit le genre. Si la loi y a longtemps tenu le haut du pavé, c'est parce qu'elle représente la norme juridique par excellence dans nos sociétés et qu'elle est la source principale, directe et symbolique du droit, au sommet de la hiérarchie des normes représentée par la pyramide de Kelsen[19]. Elle n'est pourtant pas le seul objet de la sollicitude des jurilinguistes ; ils se sont aussi penchés, entre autres textes juridiques, sur les jugements et leurs modes de rédaction, à tous les niveaux, ainsi que sur les contrats, notamment d'assurances, tous textes analysés et décortiqués afin de les rendre plus lisibles aux yeux du commun des mortels. Trois modes d'expression caractéristiques du droit, sous trois formes différentes, chacune d'elles présentant une singularité unique, *sui generis*, dans le fond comme dans la forme, et recélant son lot de difficultés tant pour la rédaction courante du texte que pour sa traduction.

La quête de l'expression optimale du droit se présente en trois grandes parties, chacune comprenant trois chapitres dans lesquels sont analysés et développés les intitulés de chaque partie. La première partie, comme il a été annoncé plus haut, porte sur l'historique des conditions et évènements qui ont amené les traducteurs des tout débuts de la période suivant la Conquête (1760) à transformer une activité aléatoire en pratique, puis en savoir-faire, voire en art, qui engendrera, à terme, une discipline nouvelle, la jurilinguistique. Cela s'est fait au prix d'une persévérance obstinée, d'un respect croissant de la langue comme vecteur d'identité culturelle et de

---

[19] Hans KELSEN, *Théorie pure du droit*, Paris, Dalloz, 1962 (traduction par Charles EISENMANN de *Reine Rechtslehre*, Leipzig & Wien, Deuticke, 1934). La thèse de Kelsen fait toujours autorité bien qu'elle suscite encore un vif débat au sein de la communauté juridique. Voir, en particulier, le point de vue critique d'un philosophe du droit, Marc LAMBALLAIS, « Kelsen et la pyramide des normes », *Les Philosophes.fr*, en ligne : <https://www.les-philosophes.fr/contributions/kelsen-et-la-pyramide-des-normes.html> (consulté le 16 juillet 2023).

ses particularités, et en s'éveillant à une pratique professionnelle progressant en rigueur et qualité d'une génération à l'autre.

La deuxième partie traite des fondements de cette nouvelle discipline. Ils ne sont pas uniquement technico-pratiques, édifiés sur le seul savoir-faire professionnel, fût-il exemplaire ; ils ont bénéficié des progrès théoriques et méthodologiques accomplis par les sciences du langage, dont la linguistique et la terminologie, dans la première moitié du XXe siècle. La traductologie, science de la traduction alors naissante, nourrie de principes théoriques et de méthodes puisant à la source de l'esprit scientifique, a peu à peu pris ses distances avec les théoriciens de la linguistique pour s'établir en science autonome, où la pragmatique, l'analyse du discours et le fonctionnalisme se sont taillé une place enviable. Ce faisceau de disciplines, de mouvements et d'influences diverses a contribué à structurer le processus et les mécanismes de la traduction et, ce faisant, à investir le champ de la jurilinguistique.

La troisième et dernière partie traite des limites et des perspectives de la jurilinguistique. Reposant sur les deux piliers constitutifs de cette discipline que sont la langue et le droit, la jurilinguistique en épouse forces et faiblesses. Si la langue sert à exprimer le déroulement de la vie et des activités humaines, souvent avec bonheur et parfois avec un art consommé, cela ne va pas sans difficultés ni déboires. La liste des maux, handicaps et obstacles que présente la langue est très longue, linguistes et langagiers de toute sorte en ont traité à satiété[20]. Ces difficultés se révèlent particulièrement dans l'écrit, mais sont portées à leur comble dans la traduction, laquelle a pour particularité de les faire ressortir lors de l'opération traduisante par la comparaison et l'analyse des langues. Le droit n'est pas épargné : sa langue et la lisibilité de ses textes font l'objet de vifs débats au sein même de la sphère juridique[21]. Quant aux perspectives ouvertes à

---

[20] Pour la langue française, l'ouvrage incontournable est *Le bon usage*, la célèbre grammaire de GREVISSE, publiée pour la première fois en 1936, et qui en est à sa 16e édition (Louvain-la-Neuve, De Boeck, 2016). Pour la traduction, voir, par exemple et entre cent autres ouvrages, le point de vue éclairant sur les maux du langage d'Irène de Buisseret, traductrice émérite (alors cheffe de la traduction à la Cour suprême du Canada) et auteure de l'ouvrage phare *Deux langues, six idiomes*, Ottawa, Carlton-Green, 1975. Voir particulièrement la première partie «Le mal», aux p. 1-117.

[21] On trouvera une bonne illustration de ce débat et de ses enjeux dans le tome XIX des *Archives de philosophie du droit*, «Le langage du droit», Paris, Sirey, 1974. Voir aussi Anne WAGNER et Sophie CACCIAGUIDI-FAHY (dir.), *Legal Language and the Search for Clarity : Practice and Tools*, Berne, Peter Lang, 2006 ; Nicole FERNBACH,

Introduction

la jurilinguistique, elles reposent sur deux inconnues : d'abord, former une relève pour poursuivre et développer l'action pionnière afin de perfectionner ou renouveler méthodes, pratiques et recherches ; ensuite, établir l'assise scientifique de la jurilinguistique pour l'amener jusqu'au statut reconnu de science sociale. Ce ne sont pas de minces défis à relever pour la génération prochaine de jurilinguistes et l'avenir de leur discipline.

Tout observateur qui, après s'être le moindrement penché sur l'histoire des siècles de cohabitation des deux langues et cultures implantées en sol canadien, ne peut qu'être impressionné, comme nombre d'historiens, par la ténacité et la résistance – pour ne pas dire « résilience » – des colons francophones. Leur langue et leur culture en ont été renforcées au sortir des rudes épreuves traversées. On est frappé, avec l'historien Lacour-Gayet, par la richesse des « manifestations du génie francophone »[22], dont un des insignes mérites est d'avoir transformé la société de traduction que fut longtemps le Québec en une « société d'expression ». Il est vrai que l'histoire du français au Canada se confond en partie avec celle de la traduction[23]. Dès le début, elles sont étroitement mêlées au destin du pays qui va naître des guerres coloniales opposant Britanniques et Français pour la conquête de la Nouvelle-France et des vastes territoires du futur Canada. Lorsqu'une société, pour s'exprimer, doit passer par la traduction[24] et que cette activité s'étend sur une période de plusieurs siècles, ce contact permanent des langues et leurs interactions laissent de profondes traces. La langue d'arrivée, le français en l'occurrence, n'en est pas sortie indemne. Les effets sont visibles, sur le plan linguistique tout au moins, sans oublier les conséquences socioculturelles et politiques en découlant. Que pourrait exprimer, en effet, une société uniquement « traduite » ? Selon le Montesquieu

---

La lisibilité dans la rédaction juridique au Québec, Ottawa, Centre canadien d'information juridique, Centre de promotion de la lisibilité, 1990 ; COMITÉ DU LANGAGE CLAIR *Le langage clair : un outil indispensable à l'avocat*, Montréal, Barreau du Québec, 2010.

[22] Robert LACOUR-GAYET, *Histoire du Canada*, Paris, Fayard, 1979, à la p. 597.

[23] Pour un bilan de l'activité traduisante, voir *Actes* du 2ᵉ congrès du Conseil des traducteurs et interprètes du Canada (Montréal, 31 mai, 1ᵉʳ et 2 juin 1990) : *La traduction au Canada. Les acquis et les défis*, Ottawa, CTIC, 1990. Voir aussi J. DELISLE, « La traduction au Canada : survol historique (depuis 1534) », préc., note 3.

[24] Voir préc., note 2.

des *Lettres Persanes* (Lettre 129), elle ne penserait pas puisqu'elle ne s'exprimerait pas par elle-même[25].

---

[25] Charles Louis DE SECONDAT, baron de La Brède et de Montesquieu, *Lettres persanes*, Paris, A. Lemerre, 1873, à la p. 85 : *Lettre 129, Rica à Usbek* : « Quoi ! Monsieur, dit le géomètre [au traducteur], il y a vingt ans que vous ne pensez pas ! Vous parlez pour les autres, et ils pensent pour vous ! ».

Chapitre 1
Le choc des langues

Au cours de sa jeune histoire, le Canada a vu se produire un phénomène rare, peut-être un cas d'espèce, une interaction étroite de ses aspects linguistiques, culturels, et sociopolitiques. La traduction en est l'élément clé. La fonction que l'activité traduisante a remplie au Canada, dépassant le stade sociologique, transcende le cadre linguistique. Par son originalité, par les formes singulières qu'il revêt et par la diversité de ses effets, ce phénomène est véritablement d'ordre ethnologique, degré où les faits culturels sont pris en compte dans leur globalité et sans éclairage idéologique particulier. La traduction, qui est par définition une activité ontique, a pris au Canada une dimension ontologique durable. Comme le rappelle Jean-Charles Bonenfant, « nous avons toujours, derrière nos problèmes de langue, le problème de la traduction »[26].

I. La Nouvelle-France, une Histoire interrompue

La conquête de la Nouvelle-France par l'Angleterre, en 1760, marque la fin de l'aventure coloniale de la France en Amérique du Nord septentrionale. Elle annonce le début des épreuves qui seront dorénavant le lot de la langue française jusqu'à nos jours. Celles-ci suivront le cours des événements et rebondissements politiques qui jalonnent l'histoire d'un Canada en devenir depuis la Proclamation royale de 1763 qui, entre autres bouleversements, impose un changement de régime juridique, faisant « table rase des anciennes lois du pays »[27], afin de « garantir aux habitants actuels et futurs de ses [Sa Majesté] colonies "les bienfaits des lois de Notre

---

[26] J.-C. BONENFANT, préc., note 18, 393.

[27] Lionel GROULX, *Histoire du Canada français*, t. 2, Montréal, Fides, 1960, à la p. 32.

Royaume" »[28]. C'est ainsi que le vocabulaire, les règles et la procédure de la common law vont s'introduire dans le quotidien des colons français.

A. Le chemin de croix de la langue française

Trois grandes étapes balisent ce chemin, de l'arrivée de Jacques Cartier dans le Nouveau-Monde en 1534, à aujourd'hui, tout d'abord avec la période française du Canada, soit depuis les premiers colons (1601), jusqu'à la conquête (1760). Elle est suivie par la période du Canada britannique (1760-1867), période au cours de laquelle le pire – la disparition pure et simple du fait français – fut évité de justesse. La langue française en a toutefois subi de durs contrecoups dont elle a mis beaucoup de temps à se remettre, si tant est qu'elle s'en soit vraiment relevée. Vient enfin l'ère de l'épanouissement progressif de la langue et de la culture françaises dans le Canada canadien, soit de 1867 à nos jours.

1. Le Canada français (1601-1760)

Durant cette période, la langue française n'est pas encore coupée de ses racines, les contacts avec la France sont constants, la population croît car l'immigration française est régulière, et les colons, puis les habitants de la Nouvelle-France pratiquent et perpétuent leur langue avec la vigueur et le dynamisme des conquérants. De nombreux témoignages ont été rapportés par les voyageurs de passage, des personnalités locales et des auteurs sur la qualité de la langue que parlaient les colons. Ceux que rapporte Maximilien Bibaud sont particulièrement éloquents, lui inspirant ces mots : « Que le Canada ait été, autrefois, le pays du beau langage français, c'est ce dont il n'est pas permis de douter, tant les témoignages à ce sujet, s'offrent en foule et se pressent »[29]. Le français d'alors était, paraît-il, remarquable[30]. Le niveau linguistique, et même culturel, des populations rurales,

---

[28] *Id.*

[29] Maximilien BIBAUD, *Le mémorial des vicissitudes et des progrès de la langue française en Canada*, Montréal, J.B. Byette, Imprimeur, 1879 à la p. 5 et suiv. Voir aussi Lothar WOLF, « La langue des premiers Canadiens », dans Michel PLOURDE (dir.), *Le français au Québec. 400 ans d'histoire et de vie,* Montréal, Fides, 2000, aux p. 25 et suiv.

[30] Les manuels d'histoire du Canada abondent en anecdotes sur le sujet. Le diplomate historien Robert LACOUR-GAYET, dans son *Histoire du Canada,* Paris, Fayard, 1966, cite à ce sujet les propos de Louis Franquet, de Peter Kalm, de La Houtan, de Le Beau

par rapport à celui de leurs homologues français, étonnait. On retrouve ces qualités de la langue commune dans les textes officiels de l'époque, qu'ils aient été rédigés en France ou en Nouvelle-France[31].

Toutefois, ce constat optimiste concernait en priorité la langue parlée par les colons, et non leurs écrits. Il devait être de courte durée : les effets de la conquête l'ont rapidement battu en brèche. Si les textes officiels, dont les édits, témoignent de la qualité de l'écrit d'avant la conquête, des témoignages portant sur la langue ou l'éducation des enfants et les écoles sont moins élogieux. Maximilien Bibaud cite les propos de John Lambert, grand voyageur et auteur britannique de renom doté d'un réel talent d'observation, qui visitait le pays en 1806 :

> Avant la conquête du pays par les Anglais, on y parlait [...] la langue française aussi correctement qu'en France même. Depuis cette époque, les Canadiens ont introduit dans leur langage plusieurs anglicismes, et ils se servent de plusieurs tournures de phrases qu'ils tiennent probablement de leurs liaisons avec les nouveaux colons [...]. Ils corrompent encore le langage en prononçant la conçonne [sic] finale en bien des mots contre la coutume des Français d'Europe. Cela peut encore venir de la fréquentation des Anglais.[32]

Quant à l'éducation, Gilles Hocquart, un des plus remarquables intendants que la Nouvelle-France ait connus, livre ce témoignage dans sa *Description des Canadiens et des Sauvages* (1737) :

> Toute l'éducation que reçoivent la plupart des enfans d'officiers et des gentilshommes se borne à très peu de chose ; à peine sçavent-ils lire et écrire ;

---

et même de Montcalm (voir Chapitre 12, à la p. 199). Voir aussi Peter HALFORD, *Le français des Canadiens à la veille de la Conquête. Témoignage du père Pierre Philippe Potier, s.j.*, coll. «Amérique française», Ottawa, Les Presses de l'Université d'Ottawa, 1994.

[31] On peut citer, comme exemples, les textes de l'Édit de création du Conseil souverain (1663) et l'Ordonnance criminelle (1760), conçus et rédigés en France, et, à titre de comparaison parmi d'autres, l'Ordonnance sur les testaments (1722), rédigée à Québec, et le texte même de la Capitulation (1760), dont on ne saurait mettre en doute la nature française de la rédaction. Voir à l'Annexe 1 l'*Édit du roy contre les jureurs et blasphémateurs* (30 juillet 1666), qu'il convient de s'abstenir de juger et critiquer avec nos grilles d'analyse actuelles, et de lire en le replaçant dans le contexte général de son époque. (Source de ces documents et textes : *Édits, ordonnances royaux, déclarations et arrêts du Conseil du Roi concernant le Can*ada, Québec, E.-R. Fréchette, 1854, vol. 1, aux p. 64-65.). En ligne : <http://www.axl.cefan.ulaval.ca/francophonie/Nlle-France-edit-1666.htm> (consulté le 16 juillet 2023).

[32] M. BIBAUD, préc., note 29, aux p. 8-9.

ils ignorent les premiers élémens de la géographie, de l'histoire ; il seroit bien à désirer qu'ils fussent plus instruits. [...]. A Montréal, la jeunesse est privée de toute éducation ; les enfans vont à des Ecoles publiques qui sont établies au Séminaire de St. Sulpice et chez les Frères Charrons, où ils apprennent les premiers élémens de la Grammaire seulement.[33]

Pierre Daviault, traducteur et auteur canadien renommé, constate que la défaite des Français marque le début de « la période noire »[34], dont les effets se font sentir de nos jours encore, malgré l'avènement de la Confédération (1867). En effet, l'*Acte de l'Amérique du Nord britannique* de 1867, la première constitution écrite des neuf dominions de l'empire britannique, jetait les bases légales du fait français au Canada, comme le fait remarquer Jean-Charles Bonenfant : « L'esprit de 1867, c'est donc aussi l'acceptation définitive de l'existence des Canadiens-français, c'est la suite logique de l'Acte de Québec »[35]. C'est surtout la suite logique des effets du Traité de Paris (1763), qui annonce le déclin de la langue française, qu'accélérera le Traité de Versailles (1918) quelque 150 ans plus tard. En effet, dans l'article 2 séparé du texte principal du Traité de Paris, il est énoncé ceci :

---

[33] HOCQUART, Gilles, *Description du caractère des Canadiens, 1737*, « Fonds des Colonies, Série C11A. Correspondance générale, Canada », vol. 67, France. Archives nationales, en ligne : <https://www.canadianmysteries.ca/sites/angelique/contexte/lasociete/montrealais/2272fr.html> (consulté le 16 juillet 2023)

[34] Pierre DAVIAULT, « L'anglicisme au Canada », (1955) 36 *Vie et langage*, à la p. 87. De nombreux auteurs, depuis deux siècles, ont constaté, analysé et commenté ce phénomène. Pour une analyse historico-linguistique de cette question, voir, par exemple, Claude POIRIER, « Histoire de l'anglicisme au Québec », dans l'étude consacrée aux anglicismes en post-face au *Dictionnaire du français plus*, Montréal, CEC, 1988, notamment à la p. 1849 ; voir aussi l'ouvrage de référence de Gilles COLPRON, *Les anglicismes au Québec. Répertoire classifié*, Montréal, Beauchemin, 1970 ; pour une analyse linguistique fine et récente du phénomène, voir Bruno COURBON et Myriam PAQUET-GAUTHIER, « Faux amis/vrais ennemis : réutilisations de la notion d'anglicisme dans le discours métalinguistique au Québec », dans Michelle LECOLLE (dir.), *Le discours et la langue*, vol. consacré au *Métalangage et expression du sentiment linguistique « profane »*, t. 6.1, Bruxelles, E.M.E., 2014 aux p. 143-173 en ligne : <https://www.flsh.ulaval.ca/sites/flsh.ulaval.ca/files/flsh/langues-linguistique-et-traduction/Courbon%2BPaquet-Gauthier_2014_notion-d%27anglicisme.pdf> (consulté le 16 juillet 2023).

[35] Jean-Charles BONENFANT, « L'esprit de 1867 », (juin 1963) 17-1 *Revue d'Histoire de l'Amérique française* 19, p. 32.

Il a été convenu et arreté que la Langue Françoise, employée dans tous les Exemplaires du présent Traité, ne formera point un Exemple, qui puisse être allégué, ni tiré à conséquence, ni porter prejudice, en aucune maniere, à aucune des Puissances Contractantes ; Et que l'on se conformera, à l'avenir, à ce qui a été observé, et doit etre observé, à l'egard, et de la Part, des Puissances, qui sont en usage, et en Possession, de donner, et de recevoir, des Exemplaires, de semblables Traités, en une autre Langue que la Françoise.

Ce traité sonne non seulement le glas de la présence française en Amérique, il entérine en outre, de ce fait, la puissance et l'étendue de l'empire britannique, désormais première puissance européenne et mondiale, dont la langue suivra une ascension que rien ne viendra contrarier. La langue française, victime directe du conflit et de la défaite, entame son recul.

2. La traversée du désert

Au lendemain de la Conquête, les conditions favorables à l'instauration du futur bilinguisme se mettent en place. Elles devaient rapidement conduire, après 1791, à une nette détérioration de la qualité de la langue française parlée et écrite[36] dans la future province de Québec, alors le Bas-Canada. Le droit à la langue française, à son usage libre et entier, est sans cesse remis en question et son avenir, incertain.

Décollée désormais de sa source française et confrontée à la présence envahissante de l'anglais, langue des vainqueurs, la langue des Français de la Nouvelle-France se fige et se replie sur elle. Sa fragilité, conséquence de la défaite, la rend vulnérable à la pression de la langue de l'autorité nouvelle et à son ascendant, conduisant à sa dégradation. Ce qui amène Bibaud à faire ce commentaire : « Quand, en Canada, on eût ainsi laissé frelater l'essence même de notre langue au contact des conquérants, il paraît qu'on ne regarda plus à aucune pureté de langage »[37]. Facteur aggravant, l'éducation des enfants, les écoles et l'enseignement qui y était dispensé n'en étaient qu'à leurs premiers balbutiements. Comme le fait remarquer Claude Galarneau, « [d]ix ans après la Conquête, moins du cinquième de la population est alphabétisé. Le taux d'alphabétisation descend même jusqu'à 13 % vingt ans plus tard (1779). Puis il se relève lentement, surtout entre

---

[36] Que l'on doit à l'action de la traduction, qui se fait sentir immédiatement. Voir en particulier P. HORGUELIN, « Les premiers traducteurs (1760 à 1791) », préc., note 3.
[37] M. BIBAUD, préc., note 29, p. 14.

1820 et 1850, pour se situer à 25 % à la fin de la période (1849) »[38]. Les conditions étaient réunies pour que la langue anglaise, heurtant de front la langue des vaincus, entre en concurrence avec le français.

C'est à cette époque que naît le mythe – profondément enraciné dans l'inconscient collectif des Canadiens français – de l'anglais, langue de prestige, des affaires et de la promotion sociale. La langue anglaise sera bientôt perçue comme le moteur de la réussite matérielle par rapport au français, langue asservie et, croyait-on alors, sur le point d'être assimilée[39].

3. L'anglicisation rampante : vers le bilinguisme

Dans la foulée de la Conquête, l'anglicisation de la nouvelle colonie progresse peu à peu, la langue anglaise s'immisçant par l'entremise du commerce et des affaires concentrés entre les mains des marchands britanniques[40]. Elle gagne d'abord les élites françaises, avant de se répandre dans les centres urbains, ce dont témoignent l'affichage et les journaux, qui retinrent l'attention de Tocqueville lors de son court séjour au Québec (1831) : « Bien que le français soit la langue presque universellement parlée, la plupart des journaux, les affiches et jusqu'aux enseignes des marchands français sont en anglais »[41]. Et il constate que « la population étrangère grandit sans cesse ; elle s'étend de tous côtés ; elle pénètre jusque dans les rangs des anciens maîtres du sol, domine dans leurs villes et dénature leur langage »[42].

L'anglicisation se propage de différentes manières, mais elle passe surtout par les voies de l'administration et de la justice, dont « l'usage des for-

---

[38] Claude GALARNEAU, « L'école, gardienne de la langue », dans M. PLOURDE, préc., note 29, à la p. 103.

[39] Non seulement les Anglais le pensaient, mais nombre d'observateurs étrangers également, dont Tocqueville lui-même, qui, dans une lettre adressée à son frère Hyppolite le 26 novembre 1831, prédit la vocation anglaise du continent nord-américain : « Aujourd'hui le sort en est jeté, toute l'Amérique du Nord parlera anglais. », en ligne : <https://www.cfqlmc.org/bulletin-memoires-vives/bulletins-anterieurs/bulletin-n-32-juin-2011/tocqueville-et-beaumont-deux-francais-au-bas-canada-21-aout-3-septembre-1831> (consulté le 16 juillet 2023).

[40] John A. DICKINSON, « L'anglicisation », dans M. PLOURDE, préc., note 29, à la p. 86.

[41] Alexis de TOCQUEVILLE, *Œuvres complètes, Voyages en Sicile et aux États-Unis*, t. 5, Paris, Gallimard, 1957, à la p. 211.

[42] *Id.*, t. 1, p. 426.

mulaires et de la procédure inspirés de la loi anglaise amena un glissement vers un bilinguisme qui corrompit la langue française »[43]. Les causes et les effets de cette détérioration linguistique singulière ont engendré de nombreuses réactions et études[44]. Aussi, lorsque Pierre Daviault parle du « niveau de déchéance [auquel] finit par tomber le français de nos rédactions officielles, [des] horreurs qui s'écrivaient vers le milieu du dix-neuvième siècle »[45], ne peut-on s'empêcher de penser que la langue française revient de loin. Le constat, en effet, est accablant. Le phénomène de l'acculturation en résultant est d'ailleurs dénoncé par les Canadiens français eux-mêmes[46].

a) Une acculturation par la langue

Le sentiment d'être acculturé par l'usage d'une langue ressentie comme corrompue, abâtardie et parsemée d'anglicismes ne cessa de hanter les esprits tout au long du XIXe siècle, pour atteindre son paroxysme dans les années suivant la Seconde Guerre mondiale. En témoignent les nombreux discours, écrits et ouvrages des acteurs des différentes périodes s'étendant des débuts du XIXe siècle jusqu'à la « Révolution tranquille », et même après elle[47]. La liste en est longue depuis Arthur Buies, premier auteur des « chroniques de langage » dans les journaux (1865), jusqu'aux Édouard Montpetit, Lionel Groulx, Gérard Dagenais et tant d'autres[48]. Édouard Montpetit (1938) pointe

---

[43] J. A. DICKINSON, préc., note 40, p. 84 ; voir aussi J. DARBELNET, préc., note 3.

[44] Outre les auteurs déjà cités, voir la copieuse bibliographie compilée dans M. PLOURDE, préc., note 29, aux p. 473-490 ; aussi l'article de J. GOUIN, préc., note 3, p. 28.

[45] Cité par J. GOUIN, *id.*, p. 29.

[46] Voir, sur la question, la communication de Jacques POISSON, « La traduction, facteur d'acculturation ? », dans *Actes du VIIIe congrès mondial de la FIT (La traduction, une profession*, Montréal, 1977), Montréal, CTIC, 1978, aux p. 281 et suiv. Sur l'acculturation frappant le domaine juridique, voir André MOREL, *Sources et formation du droit*, Montréal, Faculté de droit, Université de Montréal, 1992-1993, aux p. 20-25. Sur la question de l'acculturation en général, voir aussi : Jacques GOETSCHALKX, « Traduction et acculturation », (1980) 26-1 *Babel*, aux p. 11-13. Le grand traducteur canadien Pierre Daviault dénonçait déjà, dans les années 1950, les dangers de l'acculturation que véhicule l'excès de traduction, qui débouche sur une culture d'emprunt. Son article « Sommes-nous asservis par la traduction ? », publié dans le quotidien *Le Devoir*, 22 juin 1957, eut un grand retentissement à l'époque.

[47] Voir Chantal BOUCHARD, « Anglicisation et autodépréciation », dans M. PLOURDE, préc., note 29, aux p. 197 et suiv.

[48] *Id.*, p. 200 et suiv.

la cause extérieure: «Nous copions nos voisins [américains] et, sans nous en rendre compte, nous nous anglicisons par ce côté.»[49], et Esdras Minville (1948) résume cet état d'esprit d'une phrase éloquente: «Celui-là cesse vite de parler le français, de s'en servir comme véhicule habituel de sa pensée qui, l'esprit imprégné de culture étrangère, ou simplement vide de toute culture originale, a cessé de sentir, de penser, d'agir et de réagir en français.»[50]. L'anglicisation gagne, le bilinguisme s'insinue.

b) Langue et identité, le défi linguistique

Ce genre de propos dépréciatifs, voire négatifs, sur sa langue est, chez leurs auteurs, le plus souvent alimenté par une colère sourde, un sentiment de frustration dû à la crainte de perdre son identité et ses repères que sont la langue, les «lois civiles» et la religion catholique. Ce sentiment se double d'une vision nostalgique d'une langue idéalisée, pure de toute corruption: la langue «d'avant» (la Conquête), mais il reste le fait d'une petite élite intellectuelle que scandalisait «la déchéance de la langue française au Canada.»[51]. Selon certains observateurs et commentateurs d'alors, l'anglicisation de la langue française, au Québec, était tellement avancée qu'Arthur Buies, dans le quotidien *L'électeur* du 28 janvier 1888, pouvait s'exclamer:

> Ce qui est absolument français, dans la province de Québec, ce sont les traditions, le caractère, le type, l'individualité, la tournure d'esprit et une manière de sentir, d'agir et d'exprimer qui est propre aux vieux gaulois. Ce qu'il y a de moins français, c'est la langue.[52]

Ces propos sont inspirés par le mythe d'un retour à l'ordre normal, celui d'avant les «évènements», la Conquête ayant «réduit les Canadiens à n'être que des citoyens de seconde zone en les éliminant du pouvoir et du commerce.»[53]. D'où ce «discours extraordinairement négatif»[54] tenu

---

[49] *Id.*, p. 205.

[50] *Id.*

[51] Fernand HARVEY, «Le Canada français et la question linguistique», dans Michel PLOURDE (dir.), LE *français au Québec: 400 ans d'histoire et de vie*, Montréal, Fides, 2008, à la p. 148.

[52] Cité par Édith BÉDARD, dans *La qualité de la langue ... après la loi 101*, document préparatoire au colloque sur la qualité de la langue, Québec, Conseil de la langue française, 1979, p. 10.

[53] Jean HAMELIN et Jean PROVENCHER, *Brève histoire du Québec*, Montréal, Boréal Express, 1981 à la p. 65.

[54] C. BOUCHARD, préc., note 47, p. 205.

par une partie de l'élite intellectuelle, qui voit le verre de la langue à moitié vide plutôt qu'à moitié plein. On trouvera peut-être une esquisse d'explication d'un tel discours chez un témoin comme Tocqueville, qui confère à ce drame humain une dimension universelle en constatant que « le plus grand et le plus irrémédiable malheur pour un peuple c'est d'être conquis. »[55].

L'histoire de l'avenir n'est jamais écrite, ni prévisible ni certaine. Non seulement le fait français a survécu, quoique « de peine et de misère », mais encore il s'est affirmé par le biais de l'égalité linguistique fermement revendiquée et sans relâche par les représentants et porte-parole des Canadiens-français au Parlement de la Province du Canada du Canada-Uni (1841-1868), puis au Parlement du Canada peu après son institution. Esquissée dans la constitution canadienne (*Loi constitutionnelle de 1867*, art. 133), elle s'inscrit dans des lois subséquentes. Ensuite, l'identité fortement réclamée, entre autres sur les plans culturel et linguistique, depuis la révolution tranquille qui a agité le Québec dans les années soixante, est venue renforcer la présence du fait français et de ses assises juridiques.

II. Les tribulations de la langue française

Après avoir touché le fond de l'abîme, à la fin du XVIIIe siècle et au début du XIXe, la situation de la langue française s'améliore progressivement, surtout à partir de la réorganisation des bureaux de l'Assemblée législative, en 1854. L'avènement de la Confédération canadienne marque une date importante dans l'histoire de la langue française d'Amérique du Nord, avec la mise en place des premières conditions de son redressement progressif, dont le rôle que la traduction est appelée à remplir en devenant un service public. Désormais, au Canada, les traducteurs seront au service de leur langue.

A. *Un siècle d'atermoiements : 1849-1959*

Depuis la Conquête, le vaisseau de la langue française navigue sur des flots tumultueux, essuie des tempêtes, recule et subit des offensives politiques répétées. Malmenée tout au long d'un parcours de deux siècles qui,

---

[55] Alexis de TOCQUEVILLE, *Œuvres complètes*, *Notes de voyage*, « Voyage aux États-Unis » (1831-1832), t. 1, éd. publiée sous la dir d'André JARDIN, Paris, Gallimard, 1991, p. 209.

depuis 1763, la conduit d'un statut de langue sous emprise coloniale à un statut de langue officielle conféré par la *Loi sur les langues officielles,* adoptée en 1969, la langue française plie mais ne rompt pas : *fluctuat nec mergitur.* Cette « résilience » avant l'heure, de la part des colons français, avait frappé le grand historien François-Xavier Garneau : « Tout démontre que les Français établis en Amérique ont conservé ce trait caractéristique de leurs pères, cette puissance énergique et insaisissable qui réside en eux-mêmes [...]. Ils se conservent, comme type, même quand tout semble annoncer leur destruction. »[56]. La langue des colons de la Nouvelle France a suivi la même destinée.

Auparavant, une des dernières attaques marquantes lancées contre la langue française, *l'Acte d'union* de 1840, avait bloqué la marche de l'évolution progressive du fait français en imposant, en vertu des dispositions de l'article 41, le primat de la langue anglaise dans la législature comme seule langue officielle de la colonie britannique (Annexe 2). Si l'article 41 n'interdisait pas de traduire en français les documents énoncés dans la loi, il prévoyait en revanche que « *no such Copy shall be kept among the Records of the Legislative Council or Legislative Assembly, or be deemed in any Case to have the Force of an original Record* ». Le rôle et le statut du français étaient ainsi réduits à des traductions sans reconnaissance ni portée officielles, simples copies dénuées de force probante.

Des historiens, tel Lionel Groulx, virent dans l'*Acte d'Union* une annexion du Bas-Canada par le Haut-Canada[57]. On était fondé à penser que l'article 41 de *l'Acte d'Union* avait porté un coup fatal à la langue française. Or, par un discours célèbre prononcé en français au Parlement de l'Union, Louis-Hippolyte Lafontaine lance le mouvement qui devait conduire à l'abrogation dudit article : « Une loi qui prétend empêcher un peuple de parler sa langue est immorale et nulle de fait »[58]. C'est, paradoxalement, un ministère conservateur qui proposa « la réinstallation du français comme langue officielle »[59] à peine quelques années plus tard, en 1847. En 1848, l'article 41 étant abrogé, « le statut du français au Parlement du

---

[56] François-Xavier GARNEAU, *Histoire du Canada*, t. 1, Montréal, François Beauval-Éditeur, 1976, p. 17.

[57] Lionel GROULX, *Notre maître le passé*, t. 2, Montréal, Alain Stanké, 1977, p. 134.

[58] Louis-Hippolyte LAFONTAINE, cité par L. GROULX, préc., note 27, p. 92.

[59] Jean HAMELIN (dir.), *Histoire du Québec*, Montréal, Éditions France-Amérique, 1977, p. 353.

Canada-Uni est rétabli »[60]. Lionel Groulx en conclut que « la langue française devient, à l'égal de l'anglais, langue officielle de l'État »[61]. Ce statut de « langue officielle de l'État » que l'historien pensait acquis ne sera véritablement inscrit dans une loi qu'un siècle plus tard avec la *Loi sur les langues officielles* de 1969, après avoir connu quelques hauts et plusieurs bas. L'*Acte de l'Amérique du Nord britannique*, qui est la loi constitutionnelle du Canada de 1867 – et qui n'est en fait qu'une loi adoptée à Londres faisant du Canada, comme l'énonçait le préambule, « *One Dominion under the Crown of the United Kingdom of Great Britain and Ireland* » – ne prévoyait aucun statut de langue officielle pour le français, ce qui l'aurait placé à égalité avec l'anglais. En outre, seul le texte original anglais avait valeur de document authentique, ce qui n'était pas le cas des traductions françaises à venir. Le *British North America Act* établissait néanmoins « l'usage obligatoire du français et de l'anglais au niveau fédéral et dans la province de Québec, tant au parlement que devant les tribunaux »[62]. Il confiait aussi aux provinces la haute main sur l'éducation (art.93), corde sensible de la langue et de la culture.

Si le gain pour la langue française n'était pas négligeable et pavait la voie pour de futures et décisives avancées, qui ne manqueront pas de se manifester, la question linguistique n'était pas à l'ordre du jour ni d'ailleurs « la nature bilingue ou biculturelle du Canada »[63]. En somme, « la Confédération n'a pas apporté l'égalité promise »[64].

B. Les hauts et les bas de la question linguistique

Bien que la Confédération n'ait pas tenu ses promesses en matière d'égalité des langues, depuis la Conquête la question linguistique figure tantôt à l'avant-scène, tantôt en arrière-plan et colore les débats engagés sur les plans politique, économique, social et culturel au Canada. Elle demeure

---

[60] F. HARVEY, préc., note 51, p. 140.
[61] L. GROULX, préc., note 27, p. 11.
[62] F. HARVEY préc., note 51, p. 142.
[63] *Id.*, p. 143.
[64] Richard A. JONES, « Le discours de résistance et les associations (1920-1960) » dans M. PLOURDE, préc., note 29, à la p. 195.

une corde très sensible parmi les francophones, au Québec et dans d'autres provinces[65].

Un événement d'une portée considérable, quoique inattendue, eut lieu en l'an 1855, année de l'exposition universelle de Paris, à laquelle participa une représentation du Bas-Canada. Cet événement fut la mission commerciale envoyée par Napoléon III sous la forme d'une corvette [petit navire de guerre], *La Capricieuse*, qui provoqua une « explosion de sentiment » qui de « mission commerciale se transforma en mission d'amitié française »[66]. Cette visite marque un net regain d'intérêt envers la langue française et sa culture au sein de la population du Bas-Canada et contribua au parcours labyrinthique qui allait freiner, par la suite, la détérioration d'un français parlé et écrit, où les « anglicismes abondaient dans le langage politique et juridique de même que dans les journaux »[67]. Même si « dans tous les domaines, sinon dans l'imagination populaire, la visite de la corvette française reste isolée et sans suite immédiate »[68], il reste que « la venue de *La Capricieuse* au Canada a provoqué des réactions passionnées qui masquent les aspects positifs et durables d'un tel événement »[69]. Ce qui autorisa Daviault, dans ce concert de critiques, à faire entendre une note d'espoir et « qu'en dépit de tout, une lueur persistait, de sorte que, lorsque reprirent les relations avec la France [en 1855], les améliorations commencèrent à se manifester. Si bien que, de nos jours [1944] [...] s'écrit un français de traduction nettement supérieur à celui de la *période noire*, c'est-à-dire le 19ᵉ siècle »[70].

En soi anodin, ce bref épisode dans la riche histoire de la langue française du Bas-Canada a fait souffler un vent nouveau sur les braises du foyer linguistique, rallumant une flamme qui n'allait plus s'éteindre, celle d'un regain de conscience linguistique et pérenne des Québécois francophones. Telles sont les retombées positives et durables de cet événement.

---

[65] Comme le montre un arrêt récent de la Cour suprême dans l'affaire *Conseil scolaire francophone de la Colombie-Britannique* c. *Colombie-Britannique*, 2020 CSC 13, rendu le 12 juin 2020.

[66] L. GROULX, préc., note 27, p. 265.

[67] F. HARVEY, préc., note 51, p. 148.

[68] Jacques PORTES, « " La Capricieuse " au Canada », (1977) 31-3 *Revue d'histoire de l'Amérique française*, à la p. 365. En ligne : <https://www.erudit.org/fr/revues/haf/1977-v31-n3-haf2098/303633ar.pdf> (consulté le 16 juillet 2023).

[69] *Id.*, p. 370.

[70] Pierre DAVIAULT, *Traducteurs et traduction au Canada*, (1944) Section I Mémoire de la Société royale du Canada, travaux 81, cité par J. GOUIN, préc., note 3, p. 29.

Toutefois, elles n'allaient pas être le fait des pouvoirs publics, politiques, administratifs ou judiciaires, fort timides à cet égard, et cela sur des décennies, mais sont dues à des initiatives individuelles, à des groupes ou des associations[71].

1. *Des actions individuelles aux projets collectifs*

C'est le moment où, en réaction au défaitisme et à la critique puriste des façons de parler et d'écrire le français au Québec, qui dénonce inlassablement et fermement anglicismes et expressions vicieuses, de «bons samaritains» souvent issus de l'élite intellectuelle, férus de la langue française du Canada, de ses mots et expressions, s'emploient à faire œuvre de lexicographe. Ils le font avec les faibles moyens de leur époque; mais, ce faisant, ils établissent un corpus de base qui servira de rampe de lancement pour les travaux ultérieurs, plus ambitieux, qui verront le jour au XXe siècle. Oscar Dunn est un des premiers lexicographes majeurs du XIXe siècle. Journaliste connu et lettré, personnalité complexe, il a élaboré le *Glossaire franco-canadien*[72], «premier ouvrage à relever, malgré des imperfections, l'apport des patois français au français canadien»[73]. Sa contribution a consisté à «proposer la vision émancipatrice d'une norme qui n'est plus uniquement européenne»[74]. Avec Dunn «s'amorce la quête de l'origine des particularismes du français canadien»[75]. Son glossaire sera suivi par deux autres glossaires d'intérêt, soit, dans l'ordre, le *Dictionnaire canadien-français* de Sylva Clapin, en 1894, puis *Le parler populaire des Canadiens français* d'Eutrope Dionne, en 1909[76]. Les propos de Dunn et Clapin sont moins stigmatisants et passionnés que chez les auteurs puristes et engagés:

---

[71] F. HARVEY, préc., note 51, p. 148.

[72] Oscar DUNN, *Glossaire franco-canadien et vocabulaire de locutions vicieuses usitées au Canada*, Québec, Imprimerie A. Côté et Cie, 1880.

[73] UNIVERSITÉ LAVAL/UNIVERSITY OF TORONTO, *Dictionnaire biographique du Canada*, vol. XI (1881-1890), 1982-2020, en ligne: <http://www.biographi.ca/fr/bio/dunn_oscar_11F.html> (consulté le 16 juillet 2023).

[74] Louis MERCIER, «Des différences à décrire, un parler à revaloriser» dans M. PLOURDE, préc., note 29, à la p. 207.

[75] Monique C. CORMIER et Jean-Claude BOULANGER (dir.), *Les dictionnaires de la langue française au Québec*, Montréal, Presses de l'Université de Montréal, 2008, au par. 6. En ligne: <https://books.openedition.org/pum/9929> (consulté le 16 juillet 2023).

[76] *Id.*, par. 4.

« On assiste à l'émergence d'un nouveau discours qui se démarquera rapidement du discours puriste »[77]. Clapin, en particulier, et cela est à signaler, « évite les commentaires dépréciatifs ou mélioratifs, donnant ainsi le premier exemple d'une description lexicographique objective »[78].

Parallèlement aux initiatives et efforts de ces pionniers de la production lexicographique française au Canada, des projets collectifs voient le jour quelques années plus tard, dont le *Glossaire du parler français au Canada* produit par la Société du parler français au Canada, en 1930. Ce projet était né en 1902, à Québec, à l'initiative d'une vingtaine de lettrés, professeurs et notables, constitués en société savante. La société put compter sur l'organe de diffusion qu'était le *Bulletin du parler français au Canada*, qu'elle créa dans la foulée de sa fondation et qui fut rapidement diffusé aux quatre coins du pays, grâce à la qualité de ses articles sur la langue française. On lui doit aussi, dès 1912, plusieurs congrès de qualité consacrés à la langue française qui contribuèrent significativement à la revalorisation du français parlé au Canada, car ces travaux portaient essentiellement sur la langue orale.

Des glossaires, on est passé aux dictionnaires. C'est à Louis-Alexandre Bélisle que l'on doit le premier *Dictionnaire général de la langue française au Canada* (1957). Il s'agit de « la première tentative de description globale du français qui tienne compte des particularismes linguistiques et du contexte canadien »[79]. Malgré ses limites, ce dictionnaire a connu le succès, qui durera plusieurs décennies et jouera « un rôle capital dans le développement de la conscience linguistique, ne serait-ce qu'en rappelant aux Québécois les limites de la représentation du français telle que véhiculée par les dictionnaires de France »[80].

Les « germes du changement »[81], portés par les glossaires, dictionnaires, congrès, colloques et les divers mouvements prônant la revalorisation de la langue française, ont préparé directement le terrain aux réformes et bouleversements qu'allait produire la Révolution tranquille, dont l'entreprise

---

[77] *Id.*, par. 5.
[78] L. MERCIER, préc., note 74, p. 207.
[79] *Id.*, p. 208.
[80] *Id.*, p. 209.
[81] René DUROCHER, « Les germes du changement », dans M. PLOURDE, préc., note 29, à la p. 223.

de « refrancisation »[82] de la langue n'est pas la moindre. Les rôles ont changé, la prise de conscience linguistique passe désormais par le canal de la politique, qui dispose des voies et des moyens propres à concrétiser les attentes et aspirations des francophones. La Révolution tranquille devait être ce canal d'où sortiraient les réformes décisives qui ont favorisé la refrancisation.

2. Une langue en voie de refrancisation

Un siècle après la constitution du Canada, la langue française connaît, durant les années 1960, un puissant regain de vitalité porté par les vents de la Révolution tranquille, qui allait transformer le Québec en profondeur. Pour le philosophe Charles Taylor, lorsque se pose la question d'une langue ressentie comme « identité collective d'un groupe qui aspire à un statut politique [...] il est clair que la défense/promotion de la langue française [au Québec] est un objectif fondamental ; il est inconcevable qu'un gouvernement québécois de quelque coloration politique qu'il soit s'en désintéresse. »[83]. Et cela parce que, pour Jean-Marc Léger, « [r]ien de sérieux, de durable ne peut être accompli sur aucun plan en dehors d'une action décisive du gouvernement du Québec. »[84].

Les bouleversements qui ont transformé le Québec après la disparition du premier ministre Maurice Duplessis (1959) sont le fait d'une véritable révolution culturelle, le moindre n'étant pas la réforme de l'enseignement entreprise par le gouvernement à la suite du dépôt du rapport établi par la Commission Parent (1963)[85]. Cette réforme eut une incidence considérable

---

[82] Un quatrième congrès de la langue française, intitulé « Congrès de la refrancisation », eut lieu à Québec, en 1957. Depuis lors, ce terme fait partie du vocabulaire usuel au Québec. Voir *Le Congrès de la refrancisation, Québec, 21-24 juin 1957*, Québec, les Éditions Ferland, 1959.

[83] Charles TAYLOR, « Langue, identité, modernité », dans M. PLOURDE, préc., note 29, à la p. 353.

[84] R. DUROCHER, préc., note 81, p. 228.

[85] Sur la question des grandes commissions d'enquête, voir Jean-Claude GÉMAR, « Les grandes commissions d'enquête et les premières lois linguistiques » dans M. PLOURDE, préc., note 29, à la p. 247. C'est aussi le moment où « le Canada français se réveille », selon un article de Mathieu PELLETIER dans le quotidien *Le Devoir* (6 mai 2013), en ligne : <https://www.ledevoir.com/opinion/idees/377464/la-mission-civilisatrice-du-canada-unitaire> (consulté le 27 novembre 2022).

sur la langue française en mobilisant l'attention sur les questions d'éducation, et donc de langue d'enseignement. La même année, le fédéral met sur pied une Commission royale d'enquête sur le bilinguisme et le biculturalisme, la « Commission BB » (pour Bilinguisme et Biculturalisme), plus connue sous le nom de ses coprésidents :(Commission) Laurendeau-Dunton. Ces initiatives provinciales et fédérale, mais indépendantes, aboutissent, en 1969, au dépôt de deux projets de loi d'esprit et de portée très différents présentés, l'un à Ottawa (*Loi sur les langues officielles*), l'autre à Québec (*Loi pour promouvoir la langue française au Québec*). La première représente une avancée majeure dans l'égalité du français et de l'anglais en les instaurant langues officielles du Canada ; les institutions fédérales doivent fournir des services en anglais ou en français. La seconde consolide le statut du français au Québec en assurant « une connaissance d'usage de la langue française aux enfants à qui l'enseignement en langue anglaise est donné » (art. 1). La boucle sera bouclée une décennie plus tard avec l'adoption de la *Charte de la langue française*, dite « Loi 101 », en 1977. L'article 1er de la loi, énonce le principe cardinal de primauté de la langue française au Québec, dont elle est la « langue officielle ».

La Révolution dite « tranquille » – oxymore remarquable – impulse une prise de conscience des francophones, notamment au Québec, d'une identité nationale et, plus encore, internationale grâce, justement, à cette qualité de francophone. La langue n'est plus seulement une affaire d'État, elle devient l'affaire d'États : la francophonie découvre le fait français au Québec et réciproquement[86].

Parmi les réalisations marquantes pour la refrancisation de la langue française découlant de cette révolution figure l'Office de la langue française, institué en 1961 (depuis 2002 : Office québécois de la langue française, OQLF), qui, depuis, tient un rôle essentiel dans la défense et l'illustration de la langue française parlée et écrite, avec son *Grand dictionnaire terminologique* (GDT), banque de terminologie riche de plus de trois millions de termes, et sa *Banque de dépannage linguistique*. À cela ajoutons TERMIUM, la banque de terminologie créée à l'Université de Montréal en 1970[87], et qui, avec ses millions de fiches, figure parmi les plus grandes

---

[86] Sur le rôle du français dans le monde voir Jean-Marc LÉGER, « Le français est devenu le garant de la diversité culturelle dans le monde », (1979) 46-47 *Forces* ; du même auteur, « Le Québec et la francophonie » dans M. PLOURDE, préc., note 29, à la p. 335.

[87] Elle s'appelait alors « Banque de terminologie de l'Université de Montréal », BTUM. Elle fut rachetée par le Secrétariat d'État du Canada en 1976 et rebaptisée TERMIUM :

banques du genre au monde. Ressource et outil précieux pour traducteurs, terminologues et langagiers en général, elle intéresse aussi les jurilinguistes par son fonds de vocabulaire juridique des deux systèmes (common law et droit civil) et de fiches explicatives à disposition.

C'est à cette époque, dans les années 1970, que s'opère le passage de la société de traduction, qu'était jusqu'alors le Québec, à une société *d'expression*. À partir de là, sur ce plan tout au moins, le rôle historique de la traduction comme modèle et moyen prépondérants d'expression approche de son terme, la rédaction en langue française autonome prenant peu à peu le relais. Certains domaines, le droit et la justice particulièrement, marqués par l'influence profonde et durable de la langue anglaise conjuguée aux méfaits passés de la traduction, en portent toujours les stigmates. De là l'importance historique de la traduction dans l'évolution du français au Canada, en ce sens qu'elle porte sur deux langues véhiculaires parmi les plus importantes du monde occidental.

Le rôle de la traduction ne doit pas être vu comme étant toujours négatif, il s'en faut. Son avenir est assuré, au Canada et dans le monde, car le besoin de traduire, qui va croissant dans le concert des nations entrées dans la mondialisation, est universel et pressant. Les témoignages en ce sens abondent et, à en croire Edmond Cary, la traduction « est devenue une des fonctions humaines fondamentales. »[88]. La qualité des traductions, loin de

---

Terminologie Université de Montréal. Quadrilingue (anglais, français, espagnol, portugais), elle compte près de quatre millions de termes accessibles au public, en ligne : <https://www.btb.termiumplus.gc.ca/tpv2alpha/alpha-fra.html?lang=fra> (consulté le 16 juillet 2023).

[88] Edmond CARY, « La traduction dans le monde moderne », (avril 1958) *Le Courrier de l'Unesco* 10. L'importance et le rôle de la traduction dans le monde se reflètent dans la Journée mondiale qui, chaque année, le 30 septembre (Saint-Jérôme), est consacrée à la traduction. Voir, entre cent autres documents, Nataly KELLY and Jost ZETZSCHE, *Found in Translation. How Language Shapes Our Lives and transforms the world*, New York, Penguin Putnam, 2012 ; Umar Muhammad DEGONDAJI, « Rôle et place de la traduction dans le processus de la mondialisation », (2017) 19-1 *Advance Research Journal of Multi-Disciplinary Discovery* 7 ; Richard KITTREDGE (dir.), « La traduction dans le monde. Translation around the world » (1983) 28-1 *Meta* ; Gisèle SAPIRO (dir.), *La Traduction comme vecteur des échanges culturels internationaux. Circulation des livres de littérature et de sciences sociales et évolution de la place de la France sur le marché mondial de l'édition (1980-2002)*, Rapport de recherche, Centre de sociologie européenne, 2007.

décliner, progresse continuellement, le fonctionnement des organisations internationales, régionales et nationales qui repose sur elle en témoigne

Au Canada, la traduction est le fil d'Ariane qui guide et inspire, voire détermine, le cours de la langue française depuis 1763. Le champ de son influence n'est pas borné par le secteur linguistique, les fonctions que remplit l'activité protéenne de la traduction s'exercent, au-delà de la littérature, jusqu'aux aspects socio-culturels, économiques, commerciaux et politiques de la nation. En un mot comme en cent, elle joue un rôle indispensable dans la vie quotidienne des Canadiens.

Chapitre 2

Ce mal nécessaire, la traduction : hasard et nécessité

Si, pour Umberto Eco, « la langue de l'Europe, c'est la traduction »[89], celle du Canada l'est également, et plus encore, bien que l'on ne puisse en faire remonter l'apparition aussi loin dans le temps que les traductions du grec en latin par Cicéron, ou de la Bible en latin par Saint-Jérôme. Plus modestement, la traduction – ou, plutôt, l'interprétation – en tant qu'activité est apparue sur le continent américain avec les découvreurs de l'Amérique, parce qu'ils durent recourir à la médiation d'interprètes pour communiquer avec les autochtones. Mais la traduction, en tant qu'activité pratiquée à l'échelle d'un pays, n'a commencé, au Canada, qu'après la conquête de la Nouvelle-France par les Britanniques (1760), surtout à partir du Traité de Paris (1763), en vertu duquel la France renonçait au profit de l'Angleterre à ses vastes possessions en Amérique du Nord.

Ce faisant, au Canada, la traduction est née du conflit opposant Anglais et Français, entre autres, sur ce continent. Le Traité de Paris mit fin à une guerre qui durait depuis sept ans et réconcilia, au moins temporairement, les protagonistes. Même si l'issue de la guerre ne faisait aucun doute, les Anglais ayant la maîtrise des mers, il n'était pas prévu dans les plans des vainqueurs de recourir à la traduction pour traiter avec les vaincus. On peut avancer que, dans ces circonstances, le hasard a joué un rôle déterminant dans l'avènement imprévu et brutal de la traduction et que, cela étant, nécessité fit loi. Il fallut donc se résoudre à passer par le canal de la traduction pour communiquer à la population locale « Ordonnances, ordres, reglemens

---

[89] Phrase prononcée lors de la conférence que Umberto Eco a donnée aux Assises de la traduction littéraire en Arles, dimanche 14 novembre 1993, citée par Françoise WUILMART, « La traduction, source d'enrichissement de la langue d'accueil », (2020) *Centre européen de la traduction littéraire* (CETL), note 1. En ligne : <https://www.traduction-litteraire.com/articles/la-traduction-litteraire-source-d-enrichissement-langue-d-accueil/> (consulté le 27 novembre 2022).

et proclamations durant le gouvernement militaire en Canada, du 28ᵉ oct. 1760 au 28ᵉ juillet 1764 », décisions officielles prises par les autorités britanniques, d'abord sous le régime militaire, puis sous le régime civil, à partir de 1764. C'est ainsi que débuta l'odyssée de la traduction de l'anglais au français des textes de nature juridique produits par l'autorité britannique, puis, après 1867, par l'État du Canada.

I. La traduction : « imprémeditée et fortuite »

L'humanité doit beaucoup à la traduction, véhicule irremplaçable de la pensée, des arts et des sciences rendus accessibles au plus grand nombre grâce à la lecture des œuvres et textes traduits dans la langue de chacun et chacune. La traduction toutefois, telle la langue d'Ésope, peut produire le meilleur comme le pire. Une société qui ne vivrait que de traduction et seulement par elle, qui ne créerait pas ses propres sources et moyens d'expression, ou qui ne les maîtriserait qu'en partie, courrait le risque d'être assimilée[90] et de disparaître, cela au profit de la langue et de la culture d'emprunt, sort dévolu aux peuples conquis. Tel est le défi qui fut lancé aux ex-colons de la Nouvelle-France, lorsqu'ils furent confrontés aux difficultés et enjeux de la traduction dès l'instauration du régime militaire (1760).

A. De Babel au trialogue, ou l'identité du Canada

À cette époque-là, en Nouvelle-France, la réputation faite à la traduction, souvent accusée de tous les maux – le pire étant l'infidélité des traducteurs envers l'auteur – n'avait pas l'audience qu'elle a connue par la suite. Le régime militaire à peine instauré, la situation aurait pu paraître ubuesque. Elle est plutôt babélienne. Les Anglais ne parlaient pas la langue française, et les Français ne parlaient pas davantage la langue anglaise. Aussi « parler au peuple du jour au lendemain, une autre langue que la sienne s'avérait tentative assez chimérique. »[91]. Passer par la traduction et, forcément, par l'interprétation, était la seule voie de communication possible.

---

[90] Sur le sujet de l'assimilation, voir en particulier Charles CASTONGUAY, *L'assimilation linguistique : mesure et évolution, 1971-1986*, Québec, Conseil supérieur de la langue française, 1993. Voir aussi, du même auteur : « Assimilation linguistique et remplacement des générations francophones et anglophones au Québec et au Canada », (2002) 4361 *Recherches sociographiques* 182.

[91] Michel BRUNET, *Les Canadiens après la conquête*, Montréal, Fides, 1969, p. 24, cité par P. HORGUELIN, préc., note 3, p. 15.

C'est alors que le futur Canada a glissé, bon gré mal gré, dans le rôle qui devait le définir plus tard aux yeux du monde, celui d'un « pays de traducteurs »[92], et même de l'État du « trialogue »[93]. Cette réputation, en effet, dépasse depuis longtemps ses frontières. On distingue même dans cette particularité canadienne la marque d'une identité singulière :

> Traduire, dans l'environnement canadien n'est pas seulement un moyen de communication, ni seulement un instrument de recréation littéraire et artistique ; traduire est aussi un instrument au service de l'identité nationale, un pont jeté entre « les deux solitudes » : la traduction se trouve ici investie d'une fonction identitaire.[94]

Or, cette réputation découle de circonstances qui, à l'origine, tenaient du pur hasard et portèrent les autorités, sous l'empire de la nécessité, à recourir à la traduction, acte totalement « imprémédité et fortuit », comme l'aurait sans doute qualifié Montaigne[95]. Il s'ensuit que, pendant le régime militaire, les gouverneurs anglais s'adjoignirent des « secrétaires-traducteurs », officiers bilingues descendants de huguenots français[96], dont la fonction militaire ne les préparait pas à traduire. Toutefois, comme dans un premier temps les proclamations furent libellées en rédaction parallèle anglais-français avant de passer par la traduction, on constate que la qualité du français des textes produits, « à part quelques interférences [...] est "de bonne venue" »[97], ainsi qu'en témoigne un extrait d'une proclamation de Murray (Annexe 3).

Peu après 1764, la traduction succède à la rédaction et la qualité des traductions produites se dégrade rapidement. Cramahé, le secrétaire-traducteur du Gouverneur Murray, ne rédige plus en français, il traduit vers le français. Meilleur rédacteur que traducteur, ses traductions « vont regorger

---

[92] J.-P. VINAY, préc., note 9.

[93] Jean DELISLE, *Au cœur du trialogue canadien*, Ottawa, Publication du Secrétariat d'État, 1984. « Au Canada, on monologue, on dialogue et on trialogue. Trialogue ? Ne cherchez pas ce mot dans le dictionnaire. Au pays de l'unifolié, trialoguer, c'est se parler par l'entremise d'une tierce personne : un traducteur ou un interprète. » (à la p. 5).

[94] Paul BENSIMON, « Présentation », (1998) 11 *Traduire la culture*, *Palimpsestes*, Paris, Presses de la Sorbonne Nouvelle, 9.

[95] Expression employée par Montaigne dans *Apologie de Raymond Sebond* (Livre II, Chapitre 12) des *Essais*. Michel DE MONTAIGNE, *Essais*, 1595 [texte établi par P. VILLEY et V.L. SAULNIER, Paris, Presses universitaires de France, 1965] à la p. 546.

[96] J. DELISLE, préc., note 3.

[97] *Id.*, p. 19.

d'anglicismes et de calques »[98]. En réalité, on sait peu de choses sur le rôle exact de ces secrétaires-traducteurs et sur le rôle qu'ils ont réellement tenu dans les traductions. Puisqu'ils les ont signées, on peut en déduire qu'elles ont été agréées[99].

La suite est bien connue, et documentée. La nomination du juriste bilingue François-Joseph Cugnet comme traducteur et secrétaire officiel auprès du gouverneur Carleton et du Conseil, en 1768, va changer la donne[100]. Cugnet occupera cette fonction pendant vingt-et-un ans. Son fils lui succédera. Il passe pour un moins bon traducteur que son père qui, pourtant, n'a pas transcendé la fonction. Selon Daviault, que cite Horguelin, « Cugnet... était un bon traducteur moyen. [...] il a un style qui se ressent de l'influence de l'anglais. C'est déjà, dans la tournure de la phrase, la naissance de cette *langue de traduction* qui est maintenant notre plaie. »[101]

Ce n'était que le début du déclin, les traductions de Cugnet à la fin de sa carrière « contrastent avec sa production antérieure de traducteur et de juriste »[102] et étaient devenues, selon Daviault, « franchement mauvaises »[103]. Néanmoins, si l'on peut constater, sur la période où Cugnet exerça sa fonction comme traducteur, que les traductions officielles étaient d'un niveau « très convenable »[104] (Annexe 5), il reste que l'« on voit déjà s'amorcer une dégradation de la qualité des textes traduits [...] le calque et l'anglicisme vont bientôt caractériser la traduction officielle »[105]. Et « la langue de traduction » s'installe, qu'il sera de plus en plus difficile de remplacer par une expression française idiomatique et libérée de l'emprise du texte de départ.

B. L'odyssée de la langue française, « langue traduite »

Il est fréquent d'entendre parler d'un « style de traducteur », sous la plume, par exemple, de tel critique – littéraire le plus souvent – pour qualifier un mauvais roman, un écrivain au style jugé médiocre. Or, la critique

---

[98] *Id.*, p. 20.
[99] *Id.*, p. 16.
[100] J. DELISLE, préc., note 3.
[101] P. HORGUELIN, préc., note 3, p. 23.
[102] *Id.*, p. 25.
[103] J. GOUIN, préc., note 3, p. 28.
[104] *Id*
[105] *Id*

est facile, mais l'art, difficile... Le travail des traducteurs entre 1774 et 1934 (création du Bureau des traductions), qui ne doit pas être systématiquement critiqué mais analysé cas par cas, doit être replacé dans le contexte de chaque époque. En ces temps-là, les traducteurs ne disposaient ni des outils ni des moyens dont ont bénéficié les générations de langagiers dans la foulée de la Deuxième Guerre mondiale, et travaillaient au mieux de leurs possibilités et connaissances, certes limitées mais néanmoins présentes[106].

Lorsque deux langues sont en contact quotidien et permanent, il s'ensuit chez ceux qui les pratiquent un risque de contagion proportionnel au degré d'exposition. La forme du texte de départ (le vocabulaire, la syntaxe, la construction des phrases et le style arrive à influencer le traducteur dans ses moyens d'expression, au point qu'il se glissera dans son texte des termes et des tournures étrangers à sa langue : calques et emprunts, soit, s'agissant de l'anglais, des anglicismes. Le phénomène du calque et de l'emprunt est trop connu pour y insister[107]. À un moment donné, les moyens naturels de défense d'une personne cèdent, pour diverses raisons dont la moindre n'est pas la répétition fréquente des mêmes mots et tournures dans le texte de départ. S'ensuit une baisse des réflexes habituels de censure et d'auto-défense. Que celle-ci résulte de la passivité ou du laxisme, de la lassitude ou de l'habitude, voire de l'ignorance, ne change rien à la chose.

Plus grave encore, car plus insidieuse, est l'influence que subit le traducteur sur le plan du fond, soit de l'expression des idées, concepts et notions, et, par voie de conséquence, que reçoit le destinataire du texte traduit, qui peut aller jusqu'au grand public dans le cas de la presse écrite et des médias en général. Tenu d'exposer une pensée conçue dans une langue et une culture étrangères, souvent exprimée d'une façon radicalement différente de celle de la langue d'arrivée[108], l'agent de transmission qu'est le traducteur peut

---

[106] L'idée que les premiers traducteurs étaient totalement démunis est contredite par des écrits et documents. Voir sur le sujet Ginette DEMERS, « La traduction journalistique au Québec (1764-1855) », (1993) 6-1 *TTR* 141-142.

[107] Il existe de nombreux travaux sur les anglicismes et la langue française. Voir, entre autres et notamment, P. DAVIAULT, préc., note 34 p. 120 ; G. COLPRON, préc., note 34 ; B. COURBON et M. PAQUET-GAUTHIER, préc., note 34.

[108] Voir sur le sujet Michael D. PICONE, « Le français face à l'anglais : aspects linguistiques », (1992) 44 *Cahiers de l'Association internationale des études françaises*, aux p. 9-23 : « [En anglais] l'ordre de modification "régressif" [...] correspond à une démarche synthétique », alors qu'en français, langue analytique, l'ordre de modification "progressif" [...] « correspond à une démarche analytique » à la p. 10. En outre, en anglais, l'adjectif étant antéposé, l'ordre de modification est alors « régressif » en

être influencé aussi par le contenu, c'est-à-dire par la manière dont le message est rendu. Ignorant que l'information qu'il lit a été pensée dans une autre langue, qu'il ne connaît pas nécessairement, et construite selon des schèmes culturels différents, le destinataire naturel du texte, le public, n'est pas naturellement porté à s'interroger, à mettre en doute ou en question cette information, dans sa forme comme dans le fond. D'où la présence, souvent fortement enracinée dans le français parlé et écrit au Canada, de tournures vicieuses, de termes impropres et de barbarismes, que l'on doit en partie à la négligence des premiers traducteurs, mais aussi au laxisme de la presse et des journalistes d'alors, car le français « du fait de la Conquête [...] est considéré "langue de traduction" »[109]. Dans son Rapport, la Commission Gendron (1969) fait ce triste constat :

> L'extrême pauvreté des moyens d'expression se manifeste par l'indigence d'un vocabulaire truffé d'anglicismes, d'archaïsmes et de barbarismes ; par une syntaxe boiteuse, voire incohérente, où l'influence de la langue anglaise n'est pas absente ; par une phonétique, souvent fausse, dépourvue de mélodie intonative.[110]

Cela fait-il du traducteur un coupable tout désigné des déboires que la langue française du Canada a connus depuis 1760 ? Non. Parce que si l'on peut voir dans la traduction un vecteur d'anglicisation progressive du français, les traducteurs partagent cette responsabilité avec plusieurs acteurs et institutions de la société canadienne, dont la presse francophone, « longtemps anémique »[111], et les journalistes, sinon la société tout entière[112].

II. Heurs et malheurs de la traduction au Canada (1774- ...)

S'agissant de la traduction, le Canada n'est pas le seul pays au monde où l'on recourt à ce moyen au quotidien pour que des groupes linguistiques

---

ce sens qu'il va du déterminant (l'adjectif) au déterminé (le substantif) : *eye witness*, *punitive damages*, *fake news*. Le français suit, quant à lui, un ordre de modification « progressif », qui va du déterminé au déterminant, l'adjectif étant le plus généralement postposé : témoin oculaire, dommages punitifs, bien mobilier.

[109] Gérard LAURENCE, « La distribution linguistique de la presse au Québec », dans M. PLOURDE, préc., note 29, à la p. 124.

[110] Guy BOUTHILLIER et Jean MEYNAUD, *Le choc des langues au Québec, 1760-1970*, Montréal, Presses de l'Université du Québec, 1972, p. 720.

[111] G. LAURENCE, préc., note 109, p. 123.

[112] C. POIRIER, préc., note 34, p. 111 et suiv.

différents puissent communiquer et dialoguer. En Suisse par exemple, État confédéré depuis des siècles (1291), plurilingue depuis 1477 et officiellement trilingue depuis 1848, on traduit dans les trois langues officielles, voire en cinq langues (romanche et anglais) pour certains documents officiels, les textes de l'administration fédérale[113]. Le Canada n'en jouit pas moins d'une situation unique sur la scène mondiale de la traduction, parce que non seulement l'anglais et le français, deux grandes langues véhiculaires, se retrouvent en contact, mais encore viennent s'y surimposer, voire s'y confronter[114], les deux principaux systèmes juridiques du monde.

Aussi la traduction joue-t-elle, au Canada, un rôle peu commun depuis *l'Acte de Québec* (1774) jusqu'à aujourd'hui. Mais que faut-il entendre par « traduction »? Quelle que soit la définition que l'on donne au fait de traduire, et elles sont nombreuses, doit-on céder au réflexe de méfiance que suscite la réputation que l'adage éculé *tradutore traditore* (traduire, c'est trahir) a répandu *urbi et orbi*, ou, après mûre réflexion et en ayant pesé le pour et le contre, accorder *a minima* au travail du traducteur le bénéfice du doute?

A. La traduction ou « *l'imparfait du subjectif* »

La langue étant de nature imparfaite et le discours subjectif par essence, la traduction, qui emprunte ces deux voies, en reflète les traits[115]. Un texte traduit est le produit de l'activité langagière d'un être humain; même si son auteur parvenait à frôler la perfection, il ne saurait totalement l'atteindre, mystère du sens et ambiguïté des mots obligent. Quant à la subjectivité, elle est ancrée dans la parole et le discours humains…[116].

---

[113] CHANCELLERIE FÉDÉRALE CHF, *Traduction*, en ligne: <https://www.bk.admin.ch/bk/fr/home/soutien-gouvernement/langues/traduction.html> (consulté le 16 juillet 2023).

[114] Voir Mathieu DEVINAT, « Le bijuridisme et le bilinguisme canadien: des idéaux sous tension », (2011) 1-16 *Revue française de linguistique appliquée* 33.

[115] Le titre du recueil de poèmes de Frédéric MUSSO, *L'imparfait du subjectif*, Paris, La Table ronde, 2010, me paraît qualifier tout autant le résultat de l'opération traduisante: imparfait et subjectif.

[116] Voir en particulier, du philosophe Jocelyn BENOIST, *Les limites de l'intentionnalité. Recherches phénoménologiques et analytiques*, coll. « Problèmes & controverses », Paris, Vrin, 2005; du même auteur: « La subjectivité » dans Denis KAMBOUCHNER (dir.), *Notions de philosophie*, t. II, Paris, Gallimard, 1995, p. 501.

Les définitions de la traduction sont presque aussi nombreuses que les traductologues, chacun d'eux ayant plus ou moins élaboré la sienne, qui en fonction de principes théoriques (les «théoritrads» de Vinay), qui selon un dessein pédagogique (les «pédagotrads», du même Vinay)[117]. Nous verrons plus loin (Chapitre 3. B.) ce qu'il convient d'en penser. En l'occurrence, une définition simple et basique de la traduction pourrait être celle-ci : transfert du contenu d'un texte (source/de départ, TD) rédigé dans une langue A (langue de départ, LD) vers un texte (cible/d'arrivée, TA) rédigé dans une langue B (langue d'arrivée, LA).

À partir de là, de nombreux facteurs et données interviennent dans le processus de l'opération traduisante (OT), dont ceux portant sur des questions linguistiques et fonctionnelles, d'informations d'ordre «pratique» : contexte, domaine du message, but(s) visé(s), fonction(s) du texte, niveau de langue, style de rédaction, etc. ; et ceux qui dépendent de facteurs d'ordre intellectuel et cognitif, dont : formation du traducteur, bagage/encyclopédie, maîtrise de LD, savoir-faire, aptitude à l'interprétation (d'un texte), qualité de rédacteur, et... talent ! Imperfection et subjectivité, telles sont les tares dont souffre la traduction. Aussi, dans ces conditions, faut-il prendre au pied de la lettre George Steiner qui, dans son célèbre essai *After Babel*, prétend que «*ninety percent, no doubt, of all translation since Babel is inadequate*»[118] ?

Les premiers traducteurs canadiens, faute de méthode(s), de directives et de moyens, traduisaient sans doute à l'instinct, le premier réflexe les poussant le plus souvent vers une littéralité naturelle, commode et induite, entre autres, par un respect rituel de l'auteur, du domaine, du texte, des mots, de la tradition. On le constate surtout dans les traductions de nos textes juridiques, des débuts à nos jours ou presque[119], soit jusqu'à l'orée des années 1970, avec l'apport de la terminologie et des premières méthodes

---

[117] Jean-Paul VINAY, «Regards sur l'évolution des théories de la traduction depuis vingt ans», (1975) 20-1 *Meta* 8.

[118] George STEINER, *After Babel : Aspects of Language and Translation*, Oxford, Oxford University Press, 1975, p. 417.

[119] À commencer par la traduction française (non officielle) de *l'Acte de l'Amérique du Nord britannique* de 1867 (voir Annexe 6). Aujourd'hui encore, la «Loi criminelle» [soit le *Code criminel* du Canada, L.R.C. 1985, c. C-46] trahit ses origines par la forme du texte comme par sa substance. (voir Annexe 7)

et théories de la traduction[120]. Peu à peu pourtant, «les premiers traducteurs ayant exercé leur métier sur la colline du Parlement et dans les divers ministères de la Capitale ont acquis, au fil des ans, la réputation de spécialistes de la langue et de la traduction»[121].

Cette spécialité et ce savoir-faire, édifiés sur une dizaine de générations par ces langagiers qui vont les mettre en œuvre sans répit jusqu'à aujourd'hui, les polissant et les peaufinant sans cesse, constituant ainsi un corpus dont les générations suivantes et contemporaines feront leur profit. C'est alors que la quête de l'esprit d'un texte allait finir par se substituer à celle du mot, du terme, et qu'il en sortirait l'idée et le principe d'une discipline nouvelle, la jurilinguistique, prenant en compte la destination d'un texte de droit et son expression, orientée vers la cible plutôt qu'axée sur la source. Ce faisant, les premiers jurilinguistes avaient bien compris que la «forme» d'un texte, et particulièrement sa «lisibilité», pouvait avoir autant – voire plus ? – d'importance que le fond, la substance du message, afin de le rendre plus clair, donc plus lisible aux yeux du plus grand nombre.

Cette réexpression du sens d'un texte, qui s'appliquait à la traduction en général et à son enseignement, concordait avec les méthodes pionnières prévalant à l'époque, celles de Vinay & Darbelnet, puis de Delisle, au Canada, de Seleskovitch & Lederer, en France[122]. En somme, la traduction, tout imparfaite et subjective qu'elle fût, «a suivi l'évolution des institutions, des mœurs et des courants sociaux»[123]. Aussi, en réponse aux critiques qui raillent les traducteurs et aux doutes que certains émettent sur la possibilité même de traduire, peut-on laisser l'éminent linguiste Claude Hagège leur répondre: «Ceux qui voudraient lui [à la traduction] dénier toute valeur de critère, sous prétexte qu'on traduit toujours misérablement, doivent pourtant bien admettre que tout texte d'une langue [...] est, approximativement

---

[120] On connaît la boutade, lancée par Jean-Paul Vinay à propos des théories de la traduction, déclarant «qu'il n'y a pas eu de théoriciens dans notre discipline pendant toute la période qui s'étend de Babel à *Babel*» (revue créée en 1955), préc., note 117.

[121] Jean DELISLE, «À travers le prisme de l'histoire: Personnages colorés, privilèges et brillantes réparties», (2013) 10-1 *L'Actualité langagière* 12.

[122] Jean-Paul VINAY et Jean DARBELNET, *Stylistique comparée du français et de l'anglais*, Paris, Didier, 1958; Jean DELISLE, *L'analyse du discours comme méthode de traduction*, Ottawa, Presses de l'Université d'Ottawa, 1980; Danica SELESKOVITCH et Marianne LEDERER, *Interpréter pour traduire*, Paris, Didier, 1984.

[123] J. DELISLE et A. OTIS, préc., note 3, p. 426.

ou parfaitement, traduisible en un texte d'une autre.»[124]. N'en déduisons pas que la «tâche» du traducteur en soit facilitée pour autant.

B. Traduire : aisée, la critique, difficile, l'art

Le chemin fut long, en effet, pour les traducteurs canadiens. Accusés d'être responsables de presque tous les maux dont souffre la langue, ils durent remonter une pente des plus escarpées. Le mal étant fait[125] [la «période noire»], la traduction s'élance, aspirée dans le sillage de la dynamique produite par la naissance de la Confédération (1867). Reconnaissons que le traducteur peut donner l'impression, superficielle, qu'il ne maîtrise pas les mécanismes de sa pratique. En effet, il entretient sur son travail un doute nécessaire, cherchant sans cesse et humblement la meilleure façon de faire passer d'un texte dans un autre l'intégralité du message de départ, tout en s'efforçant d'en conserver le maximum de charge sémantique et de respecter le plus possible l'improbable «génie» de la langue d'arrivée. Les sarcasmes dont on l'abreuve depuis des siècles, dans la plupart des langues et des cultures, en sont le triste témoignage[126]. Fondés ou non, à l'emporte-pièce ou réfléchis, les jugements portés sur la traduction et les traducteurs sont innombrables et souvent déformés. Le Canada n'est pas épargné, comme nous l'avons vu plus haut, ses traducteurs ayant essuyé les feux de la critique depuis les tout débuts. Critique résultant, dans ses excès, le plus souvent d'un «purisme linguistique»[127], et sans doute

---

[124] Claude HAGÈGE, *L'Homme de paroles*, Paris, Fayard, 1985, p. 47.

[125] P. DAVIAULT, préc., note 34.

[126] Outre MONTESQUIEU, préc., note 25, citons G. STEINER, préc., note 118 et l'ouvrage incontournable de Michel Ballard, qui est un traité d'histoire de la traduction : Michel BALLARD, *De Cicéron à Benjamin. Traducteurs, traductions, réflexions*, Lille, Presses universitaires de Lille, 1992 ; voir aussi : Antoine BERMAN, *Pour une critique des traductions : John Donne*. Paris, Gallimard, 1995 ; Georges MOUNIN, *Les belles infidèles*, Lille, Presses Universitaires de Lille, 1994 ; Jean DELISLE, «L'évaluation des traductions par l'historien», (2001) 46-2 *Meta* 209.

[127] Claude POIRIER, «Une langue qui se définit dans l'adversité», dans M. PLOURDE, préc., note 29, chap. 17, p. 120. Ce purisme procède aussi de la peur que représente le «plus redoutable de tous les dangers [l'anglicisme] qui menacent la race et le génie français en Amérique», avertit l'abbé Étienne BLANCHARD, *En garde ! Termes anglais et Anglicismes*, Weedon, Comté de Wolfe, 1912, p. 15, en ligne : <https://archive.org/details/engardetermesang00blanuoft/page/4/mode/2up?q=bill> (consulté le 16 juillet 2023).

lancée par dépit de voir la langue française maltraitée et corrompue au contact de l'anglais. Or, les traducteurs ne sont pas les seuls coupables des difficultés que la langue française a connues depuis la conquête. Les médias de l'époque et la société elle-même en sont tout autant coupables. Aussi est-il préférable de parler de la coresponsabilité des parties en cause.

1. La langue dans la presse

Au lendemain de la conquête, en 1764, paraît le premier journal publié sous le régime britannique, la *Gazette de Québec*, par les soins de deux imprimeurs d'origine anglaise. Inexistante en raison de l'interdit royal (du roi Louis XV), l'imprimerie de l'ex-Nouvelle-France ne s'est développée que par la suite, laissant le champ libre aux capitaux et imprimeurs anglais. Dès le départ, la *Gazette de Québec* est un journal bilingue, mais ce bilinguisme est, déjà, celui de la traduction du texte anglais en français, et le restera jusqu'en 1842[128]. Désormais, la traduction jouera un rôle déterminant dans les journaux au Québec, y compris «dans les journaux unilingues français publiés par la suite»[129].

La *Gazette de Québec* publie les ordonnances du gouverneur général de la nouvelle colonie britannique, rédigées en anglais, cela va sans dire, et traduites en français. D'ores et déjà, le français acquiert cette réputation de «langue de traduction» qui allait le hanter jusqu'à nos jours. L'historien Lionel Groulx en fait le triste constat, voyant en la *Gazette de Québec* le symbole de «ces temps de misère [...] qui fonde à la fois au pays, et la légende du patois canadien et le français bâtard de la traduction»[130].

On sait le rôle capital de la presse, vecteur de la langue et véhicule d'une norme linguistique standard exposée à la collectivité. S'agissant des journaux de langue française au Québec, force est de constater, un siècle plus tard, qu'au XIXe siècle «le contenu des journaux de langue française [est] en grande partie le résultat d'un travail plus ou moins heureux de traduction»[131]. Les meilleurs journalistes déplorent même «la piètre qualité

---

[128] *Répertoire du patrimoine culturel du Québec. Parution du premier imprimé québécois*, en ligne : <https://www.patrimoine-culturel.gouv.qc.ca/rpcq/detail.do?methode =consulter&id=26761&type=pge> (consulté le 16 juillet 2023).

[129] G. DEMERS, préc., note 106, p. 131.

[130] L. GROULX, préc., note 27, p. 78.

[131] Jean de BONVILLE, «Les journaux et la langue», dans M. PLOURDE, préc., note 29, chap. 30, p. 214.

de la langue des journaux [...] en particulier les anglicismes qui en parsèment les articles »[132]. Cela s'explique par une démarche de traduction systématique de l'anglais au français, à laquelle sont soumis les journaux de cette époque et leurs journalistes. En témoigne une « Lettre aux abonnés » publiée par le journal *Minerve* (créé en 1826) dans son édition du 17 novembre 1828, qu'il faut reproduire en bonne part afin de mieux comprendre les enjeux et difficultés singuliers avec lesquels la presse française devait composer :

> [...] [L]a publication d'un journal en langue française dans le Bas-Canada est extrêmement difficile et pénible ; l'Éditeur est réduit à traduire laborieusement d'une langue étrangère presque tous les morceaux qui remplissent son papier [...]. Encore si l'on n'avait à traduire que les nouvelles étrangères, mais les documents authentiques et officiels de notre politique coloniale, tout ce qui peut éclairer le peuple sur ses droits, ses devoirs, ses rapports avec le gouvernement, nous vient d'une langue étrangère.[133]

Si Lionel Groulx voit dans le journal « [l]a seule forme littéraire qui ait tenté de se constituer »[134] – et encore le fut elle par des Anglais ! –, le fait est indéniable. Dès 1774, l'anglais devient rapidement la langue de référence et dominante, il s'insinue dans tous les domaines, à commencer par celui de la langue, dont la qualité est mise en question, comme nous l'avons vu. La faute en incombe-t-elle pour autant aux traducteurs ? Les avis sont très partagés sur la question. D'un côté, les critiques sévères des traductions, nombreuses, pleuvent et s'accumulent[135]. Elles sont le fait en général de langagiers ou d'historiens de la fin du XIXe. Ceux du XXe siècle disposaient de grilles d'analyse, de connaissances, d'interprétations et d'outils sans commune mesure avec la situation sociolinguistique, politique et économique – pour ne rien dire de la situation intellectuelle d'alors – et dans les conditions où vivaient les traducteurs des premières heures, soumis à des contraintes inconnues des langagiers d'aujourd'hui. De l'autre côté, les commentaires neutres ou positifs proviennent généralement, mais pas uniquement, de linguistes, et peu des traducteurs. Ils contestent la place exagérée qu'historiens et langagiers accordent aux anglicismes, dénoncés

---

[132] *Id.*
[133] Cité par G. DEMERS, préc., note 106, p. 137.
[134] L. GROULX, préc., note 27, p. 78.
[135] *Id.*, p. 142-145.

à hue et à dia comme le « plus redoutable de tous les dangers »[136]. De bons traducteurs ont pourtant œuvré au service des journaux, dont un certain Antoine Gérin-Lajoie, mais ils devaient alors cumuler les emplois pour vivre décemment, la traduction ne nourrissant pas son homme, à cette époque...[137].

Il est certain que, dans ce faux débat des « Anciens et des Modernes », on pourra toujours qualifier d'emprunt, de calque ou, terme proprement générique, d'anglicisme tel mot, telle expression qui, en français, ressemble à un mot, une expression de la langue anglaise. Or, sait-on que le vocabulaire anglais est composé de mots dont l'origine est d'environ 60 pour cent latine[138], et que le français est une langue romane, ce qui signifie que sa base, son fonds commun, est le latin[139] ? Bien que l'anglais soit une langue réputée saxonne, nous avons affaire à deux langues cousines « germaines ». Pour ma part, mes recherches sur la comparaison des deux langues dévoilent un nombre important de mots qui passent pour des anglicismes alors qu'ils sont des archaïsmes, des emprunts à l'une ou à l'autre langue, et que l'on peut remonter, en diachronie, à leur origine française (moyen ou ancien français) et, plus haut encore, latine[140]. Il en est même qui, issus de l'anglo-normand, ont été exportés en France (*cf.* Aliénor d'Aquitaine), repris plus tard en Angleterre et, finalement, copiés par les Français, dont les gardiens de la langue y voient des anglicismes. Voir, par exemple, le cas du vocable « verdict ».

---

[136] Selon É. BLANCHARD, préc., note 127, p. 15. Voir, sur la question, le débat autour de « l'endogénisme » de la langue québécoise dans Lionel MENEY, *Main basse sur la langue, Idéologie et interventionnisme linguistique au Québec*, Montréal, Liber, 2010 ; voir aussi, pour un autre point de vue : Linda LAMONTAGNE, *La conception de l'anglicisme dans les sources métalinguistiques québécoises de 1800 à 1930*, Québec, International Center for Research on Language Planning, 1996, en ligne :<https://files.eric.ed.gov/fulltext/ED401727.pdf> (consulté le 16 juillet 2023).

[137] G. DEMERS, préc., note 106, p. 140.

[138] Selon *Britannica*, le vocabulaire de l'anglais moderne est composé aux deux-tiers de mots d'origine latine : « *two-thirds Italic or Romance (especially Latin, French, Spanish, Italian)* », en ligne : <https://www.britannica.com/topic/English-language/Vocabulary> (consulté le 16 juillet 2023).

[139] Les chiffres du fonds latin du français varient selon les chercheurs. Celui de 86 pour cent est avancé par certains chercheurs. Voir, par exemple : *Histoire du lexique français*, en ligne : <http://bbouillon.free.fr/univ/hl/Fichiers/Cours/lex.htm> (consulté le 16 juillet 2023).

[140] Jean-Claude GÉMAR et VO HO-THUY, *Nouvelles difficultés du langage du droit au Canada*, Montréal, Les Éditions Thémis, 2016. Voir l'Avant-propos, p. XX-XI.

La question des anglicismes, loin d'être simple, demanderait des recherches poussées sur de vastes corpus pour être tirée au clair. Le résultat en vaudrait-il la peine ? La langue vit, elle évolue, l'Histoire ne se récrit pas et « n'est pas le jardin fleuri des légendes » comme l'énonce poétiquement Lionel Groulx[141]. Quoi qu'il en soit, dans le cas de la langue française, au Québec, les traducteurs et la presse ne sont pas les seuls responsables de son état, car la société tout entière, de haut en bas, en est complice.

2. La société et la langue

Le troisième coresponsable de la situation critiquable de la langue française est sans nul doute la société tout entière, quoique à des degrés différents car il faut distinguer en son sein des catégories dont le rôle a été plus ou moins déterminant dans les effets engendrés par le contact des deux langues. Si, en 1774, la majorité de la population française, rurale et illettrée[142], ne lit ni journaux ni livres et ne pratique que la langue orale, de petits groupes constitués de gens d'affaires, de commerçants et de professionnels vont former progressivement une élite bourgeoise, certes réduite mais dont le rôle et l'influence pèseront sur le destin de la langue et ses transformations. Ces deux composantes, celle des milieux populaires, de loin la plus importante – industrialisation et urbanisation oblige – et « celle des élites politiques canadiennes-françaises [...] qui avaient manifesté depuis la Conquête un net sentiment d'anglophilie »[143], vont fortement peser sur l'anglicisation du français tout au long du XIXe siècle. Il faut dire que le prestige de l'anglais, langue des affaires, du commerce et de l'industrie, exerce son attrait sur ces groupes, qui vont copier, pour des raisons différentes et dans le contexte de leurs activités, vocabulaire, tournures et expressions courantes. En outre, les personnes éduquées lisent la presse du moment dont la « langue de traduction » entre peu à peu dans la langue commune, oralement d'abord, puis dans l'écrit. Anglicismes et locutions s'incorporent, se transforment et se fixent : « [L]es anglicismes se fraient un chemin dans la langue quotidienne du commerce, de l'affichage, du travail. Les

---

[141] L. GROULX, préc., note 27, p. 35.

[142] Qui était de l'ordre de 95 pour cent environ, « les personnes sachant lire étaient l'exception à la fin du XVIIIe siècle ; elles représentaient moins de 4 % de la population en 1810 », selon l'historien Claude Galarneau, cité par C. POIRIER, préc., note 127, p. 117.

[143] F. HARVEY, préc., note 51, p. 148.

textes de la période qui nous occupe sont jalonnés de nombreux emprunts »[144], lesquels « pénètrent dans la langue de tous les jours prennent des désinences françaises et sont souvent réinterprétés à la lumière de formes connues ou de perceptions étymologiques naïves »[145]. Telles sont les façons dont la langue française a reçu *nolens volens* l'apport étranger en son sein.

Ces phénomènes illustrent le rôle de la traduction dans l'odyssée de la langue française au Canada depuis la conquête pour, de la « langue de traduction », enfin débarrassée de la gangue qui l'enserre et l'étouffe, accéder à une expression plus libre de son « génie ». Ils portent, comme on l'a vu, sur la langue générale mais nul domaine n'est épargné, celui de l'administration, du droit et de la justice en particulier, sont à jamais marqués par le modèle anglais, ses institutions et sa tradition juridique singulière, la common law. Dans ce long processus, la traduction juridique occupe une place à part. Depuis les débuts, les traducteurs canadiens agissent dans un contexte non seulement de langues en contact, on l'a dit, mais encore et surtout, dans le cadre de systèmes politiques conflictuels et de traditions juridiques et judiciaires en contact plus étroit encore du fait de l'emprise britannique, de sa langue et de ses institutions sur l'ensemble de la nouvelle colonie.

À cela s'ajoute, en arrière-plan, la menace que fait planer l'objectif d'assimilation quasi inéluctable, à court ou moyen terme, des colons français en vertu d'une « politique d'assimilation promulguée par la Proclamation royale du 7 octobre 1763 »[146]. Si cet objectif passe par la langue générale, il passe aussi par celle du droit et de la justice, avec leurs institutions, autrement dit par le canal du langage du droit. Aussi le fait de traduire dans de telles conditions, qu'il s'agisse de traduction en général ou en particulier – cas de la juridique – porte-t-il des enjeux particulièrement critiques.

---

[144] C. POIRIER, préc., note 127 à la p. 114.
[145] *Id.*, p. 117.
[146] L. GROULX, préc., note 27, p. 9-10.

Chapitre 3
De la traduction à l'expression : le français dans tous ses états

Le contact des langues et des cultures invite à s'interroger sur ce qu'il peut en découler de positif pour les langues et les cultures réceptrices, à faire la part des choses pour ne retenir que les éléments jugés fécondateurs et enrichissants. Les jeunes nations éprouvent moins de scrupules que les aînées à secouer l'ordre établi. Cette attitude s'étend au respect que l'on éprouve envers la langue ; aujourd'hui, celle-ci est généralement perçue comme un outil de communication plutôt que comme une institution nationale ou universelle, un marqueur identitaire que des siècles d'académisme et d'interdits ont érigé en un monument culturel sacré, donc tabou.

Dans le cas du Québec, le rapport entre la langue et les institutions se complique du fait de l'évolution différente suivie par les deux groupes linguistiques (anglophones et francophones) sur lesquels s'est fondé le Canada, et du déséquilibre de relations basées sur un malentendu, puisqu'une défaite militaire en marque le tout début. Aussi l'étude de la langue ne peut-elle être faite en ignorant le contexte politique, économique et sociolinguistique. Même si les textes juridiques postérieurs à la conquête ne mentionnent pas expressément la langue, la *Proclamation royale* du 7 octobre 1763 n'avait d'autre but que l'assimilation totale des Canadiens français. Celle-ci ne pouvait se faire qu'au détriment de leur identité linguistique. Quant à L'*Acte constitutionnel* de 1791 (Annexe 4), il séparait la *Province of Quebec* en deux colonies distinctes : le Bas-Canada à l'est (*Lower Canada*) et le Haut-Canada à l'ouest (*Upper Canada*). À l'exception des mentions à l'article 24 (prestation du serment en anglais ou en français), la Constitution de 1791 ne faisait pas allusion à la langue. L'*Acte d'Union* (1840)[147], qui fait suite au rapport Durham, en réunissant les deux Canada

---

[147] Voir le texte de l'Acte d'Union à cette adresse : <http://www.axl.cefan.ulaval.ca/amnord/cndconst1840.htm> (consulté le 27 novembre 2022).

(le Haut- et le Bas-) pour former un Canada-Uni, ne visait pas autre chose qu'une assimilation à terme des Francophones dans le grand ensemble ainsi créé. Comme le remarque F.-X. Garneau, « l'Angleterre suivait son dessein politique, de fondre graduellement en un seul peuple homogène les différentes races qui se trouvent dans les deux Canadas »[148].

Non seulement la population francophone, plus nombreuse que l'anglophone, n'est pas majoritaire au Parlement, mais encore la langue française est durement frappée : « L'usage du français est formellement aboli dans la fonction publique, et les institutions canadiennes françaises liées à l'éducation et à la loi civile sont suspendues. »[149]. La langue anglaise devient ainsi, en vertu de l'article 41 de *l'Acte d'Union*, la langue officielle (Annexe 8). Elle ne le resta que quelques années pendant lesquelles protestations, débats houleux et démarches réitérées finirent par convaincre le gouvernement britannique de faire machine arrière. Il le fit en 1848 par un amendement à l'*Acte d'Union* (Annexe 9), mais après « la bataille persévérante menée au parlement de l'Union contre l'article LXI de la constitution : bataille conduite avec stratégie et qui, par gains progressifs, rétablit peu à peu la langue française dans ses droits officiels »[150]. Toutefois, si le français était reconnu comme langue officielle, il n'en demeurait pas moins « une langue essentiellement traduite [...]. Dans les règlements et le Journal officiel de la Chambre d'Assemblée du Canada-Uni, les traductions en français laissaient grandement à désirer »[151]. Et il en fut ainsi durant les quelque cent ans qui suivirent.

La rencontre fortuite de deux langues portant deux traditions juridiques différentes sur un même territoire (A) conduisit les protagonistes à recourir à la traduction (B) pour assurer la bonne réception et l'intelligence des documents officiels produits par une confédération désormais bilingue. S'ensuivit une activité, la traduction juridique, qui, de pratique régulière et constante, évolua en savoir-faire et, finalement, en discipline tributaire de la traductologie, de la linguistique et du droit, soit la jurilinguistique.

---

[148] F.-X. GARNEAU, préc., note 56, t. 5, p. 273.

[149] *L'Encyclopédie canadienne* en ligne : <https://www.thecanadianencyclopedia.ca/fr/article/lacte-dunion> (consulté le 27 novembre 2022).

[150] L. GROULX, préc., note 27, p. 225-226.

[151] *Histoire du français au Québec*, Section 3, 1.7. En ligne : <http://www.axl.cefan.ulaval.ca/francophonie/HISTfrQC_s3_Union.htm#1_Le_Qu%C3%A9bec_sous_lUnion_(1840-1867)__> (Consulté le 27 novembre 2022).

I. Langues et droits en contact

La mise en place par l'autorité britannique du régime civil (1764) qui succéda au régime militaire (1760-1763) ne bouleversa pas le quotidien des colons du jour au lendemain. Comme le souligne Dickinson, « [m]algré la politique impériale, la survivance et la prépondérance du français ne furent pas mises en cause dans les premières années qui suivirent la Conquête. Les notaires rédigeaient toujours leurs actes dans la langue de Molière et les actes de l'état civil continuaient à être dressés en français par les curés, comme auparavant »[152]. Ce n'est qu'au fil d'un processus lent et graduel que les effets de la Conquête se firent sentir et, en ce qui me concerne, sur le double plan linguistique (A) et juridique (B). La présence de l'anglais dans tous les aspects de la vie, ou presque, va en s'affirmant de jour en jour, conduisant à la future dualité linguistique du Canada[153] ; à cela vient se superposer un nouvel élément dans le dialogue des langues, le droit et son langage. Désormais, le langage du droit, dédoublé, s'exprimera soit en anglais, soit en français, selon les circonstances, le lieu et le moment.

A. L'anglais et le français : une cohabitation délicate

Depuis toujours ou presque (Hastings, 1066), l'histoire des rapports et contacts entre les langues anglaise et française révèle des relations mouvementées, tendues, voire conflictuelles. Cousines germaines, les langues anglaise et française ont beaucoup plus en commun qu'il n'y paraît. Le vocabulaire anglais contient quelque 65 pour cent de mots d'origine française (anglo-normande, plus précisément), donc latine. De là ses nombreux gallicismes. Quant au français, il ne cesse d'emprunter à l'anglais depuis toujours. Au Canada, les deux langues étant en contact depuis plusieurs siècles (1763- ...), il est compréhensible sinon normal qu'au fil des siècles chacune d'elles ait fait des emprunts – mots et expressions – à l'autre. Le poids de l'anglais sur le français, toutefois, s'est fait plus lourdement ressentir. Une des raisons tient peut-être à leur histoire, comme le souligne Alain Rey, « la proximité entre le vocabulaire anglais, due à l'emprunt massif au latin et au français au Moyen Âge, et celui des langues romanes a pu donner à l'anglais une force de pénétration accrue sur le français »[154].

---

[152] J. DICKINSON, préc., note 40, p. 81.

[153] Voir Serge DUPUIS, *Brève histoire de la dualité linguistique au Canada*, Montréal, Septentrion, 2019, p. 24 et suiv.

[154] Alain REY, *L'amour du français*, Paris, Denoël, 2007, p. 138.

Or, paradoxalement, malgré tout ce qu'elles ont en commun les langues anglaise et française n'en sont pas moins fort différentes. Ces différences sautent aux yeux devant un écrit, et aux oreilles qui entendent parler une personne anglophone – et vice versa pour un Anglais. Pour un observateur normal, ces différences portent essentiellement sur la phonétique et la syntaxe. Elles sont pourtant plus profondes et subtiles, car elles tiennent tant à l'esprit (le soi-disant « génie ») de la langue et à ses traditions qu'à son essence, ainsi que l'a perçu Michael Edwards[155]. On sait que « l'anglais peut facilement se passer de prépositions entre les mots, voire de conjonctions de coordination entre les propositions alors que le français, héritier de la syntaxe latine, ne saurait s'en dispenser »[156]. Une autre différence entre le français et l'anglais, de nature syntaxique, réside dans la démarche <u>analytique</u> du français, alors que celle de l'anglais est <u>synthétique</u>. En français, l'ordre de modification est progressif, il va « du déterminé au déterminant (*gel nucléaire, pluie acide*), parce que, selon cette formule, l'idée « espèce » figure d'abord, avant qu'intervienne l'idée associative »[157]. Alors que l'anglais « est synthétique en ce sens qu'il brouille la hiérarchie de l'association en la renversant par l'ordre de modification « régressif », allant du déterminant au déterminé: *nuclear freeze, acid rain* »[158].

C'est ainsi que l'anglais procède à « une démarche synthétique, alors que l'ordre de modification progressif [du français] correspond à une démarche analytique »[159]. On en conclura que cette opposition naturelle qu'est la synthèse par rapport à l'analyse présente un grand intérêt « lorsqu'il est question de la concurrence entre deux langues »[160], ce qui est le cas du duo canadien, en particulier dans la comparaison de deux langages du droit aussi différents.

1. Retours de manivelle de l'Histoire

Les surprises que réserve l'Histoire ne laissent pas d'étonner, tant elles sont aussi variées qu'infinies. Dans le cas de nos deux langues, si l'on com-

---

[155] M. EDWARDS, préc., note 5.
[156] Jean-François REVEL, *L'obsession antiaméricaine*, Paris, Plon, 2002, p. 10-11.
[157] M. D. PICONE, préc., note 108, p. 10.
[158] *Id.*, p. 11.
[159] *Id.*
[160] *Id.*

pare leur parcours depuis la bataille d'Hastings (1066) et la victoire des Normands sur les Saxons, d'une part, et, sept siècles plus tard, la Conquête britannique (1760) sur une possession française, la Nouvelle-France, d'autre part, on relèvera des similitudes entre deux situations en apparence très différentes. D'un côté, les conquérants normands arrivent en Angleterre avec leur langue, leur culture et leurs lois, et les imposent aux vaincus ; de l'autre, les Britanniques font de même, en 1760, dans les terres septentrionales de l'Amérique du Nord, en s'imposant aux colons français avec leur langue, leur culture et leurs lois. La fortune des deux langues, soit l'ancêtre de l'anglais sur l'île britannique et le français des colons de la Nouvelle-France, allait connaître un sort semblable : dans les deux cas, après une odyssée de quelque quatre siècles, alternant conflits, tempêtes, espoirs et déceptions, elles ont survécu à tout !

En comparant le sort de la langue anglaise à celui de la française, François-Xavier Garneau attire notre attention sur un phénomène peu évoqué à l'époque par la plupart des historiens, soit la résilience des peuples lorsque leur langue est menacée d'être supplantée par celle de l'envahisseur[161]. L'historien Augustin Thierry, auteur d'un célèbre ouvrage sur la conquête de l'Angleterre qui établit sa renommée, décrit ainsi la situation et le statut des deux langues, celle des autochtones et celle des envahisseurs normands :

> [C]es deux terres [la française et la saxonne] sont, en quelque sorte, entrelacées l'une dans l'autre ; elles se touchent par tous les points, et cependant elles sont plus distinctes que si la mer roulait entre elles. Chacune a son idiome à part, idiome étranger pour l'autre ; le français est la langue de la cour, des châteaux, des riches abbayes, de tous les lieux où règnent le luxe et la puissance, tandis que l'ancienne langue du pays reste aux foyers des pauvres et des serfs. Durant longtemps ces deux idiomes se propagèrent sans mélange, et furent, l'un, signe de noblesse, et l'autre, signe de roture.[162]

Ces mots pourraient avoir été prononcés, à la même époque, par un Canadien français sur la situation qu'ont vécue les locuteurs des deux langues en contact depuis 1760. Cela n'a toutefois pas empêché de voir l'influence de l'anglo-normand s'éteindre peu à peu avant d'être finalement supplanté par l'anglais plusieurs siècles plus tard : « C'est ainsi qu'environ quatre siècles après la conquête de l'Angleterre par les Normands disparut

---

[161] F.-X. GARNEAU, préc., note 56, t. 5, p. 273 et suiv.
[162] Augustin THIERRY, *Histoire de la conquête de l'Angleterre par les Normands*, 11ᵉ éd., t. 2, Livre IV, Paris, Furne, Jouvet et Cie, Éditeurs, 1874, p. 241-242.

la différence de langage [...]. Il fallut donc plusieurs siècles pour éteindre la langue française en Angleterre [...]. »[163]. Elle n'a pas pour autant totalement disparu, laissant de nombreuses traces dans une langue autochtone qui compte nombre d'emprunts au français, et même un *Law French* qui s'est incrusté dans le vocabulaire du droit et de la justice de la langue anglaise et y perdure.

Si l'on fait le parallèle, quelques siècles plus tard, avec le cas du français au Canada, on découvre la similitude des situations, mais inversées. C'est le français qui est confronté à l'anglais et est menacé de disparaître par assimilation. Néanmoins, au contraire du français des Normands, la lutte pour « contrer les tentatives d'anglicisation institutionnelles »[164], menée au Canada sur plusieurs siècles, s'est révélée efficace : le français s'est maintenu. Ce qui ne l'a pas mis à l'abri des « corruptions langagières et [de] l'usage d'anglicismes »[165], et cela dès la publication du journal *La Gazette de Québec* (1764), truffé d'anglicismes comme le constate le linguiste Claude Poirier[166]. Plus grave encore « est le fait que les anglicismes se fraient un chemin dans la langue quotidienne du commerce, de l'affichage, du travail »[167]. Le domaine du droit et de la justice, dont celui de la procédure notamment, n'est pas davantage épargné ; son vocabulaire s'est progressivement garni de termes, locutions et tournures empruntés à l'anglais juridique, entre autres canaux, par l'entremise de la traduction, vecteur principal de calques et d'anglicismes, ainsi qu'en témoigne « [l]a mauvaise qualité du français à la Chambre d'Assemblée » :

> « Dans les règlements et le *Journal officiel* de la Chambre d'Assemblée du Canada-Uni, les traductions en français laissaient grandement à désirer. C'est ainsi que l'*Assemblée législative* était une traduction de l'anglais (« Legislative Assembly »), que le président de l'Assemblée était « l'Orateur » (<anglais : « speaker »), que le secrétaire portait le titre de « greffier » (<anglais : « clerk »), que les projets de loi s'appelaient des « bills » (<anglais : « bill »),

---

[163] *Id.*, p. 275.

[164] Denis MONIÈRE, « Le français et l'émergence du sentiment nationaliste », dans M. PLOURDE, préc., note 29, p. 108. Voir, sur les luttes et conflits linguistiques, *supra*, note 151, section 2.7, « La période troublée de 1791-1840 », en ligne : <https://www.axl.cefan.ulaval.ca/francophonie/HISTfrQC_s2_Britannique.htm#7_La_p%C3%A9riode_troubl%C3%A9e_de_1791-1840> (Consulté le 27 novembre 2022).

[165] *Id.*

[166] C. POIRIER, préc., note 127, p. 113.

[167] *Id.*, p. 114.

qu'une proposition était désignée par le mot «motion» (<anglais: «motion»), qu'elle devait être «secondée» et non «appuyée», que le *Journal officiel* s'appelait plutôt la *Gazette Officielle* (<anglais: «Official Gazette»), que les décrets étaient appelés «ordres» (<anglais: «Order»), etc. À cela s'ajoutaient les tournures syntaxiques traduites de l'anglais. Il faudra plus d'une centaine d'années avant que le Canada finisse par rédiger des textes en français qui n'étaient pas traduits au préalable.[168]

Et pourtant, quelque quatre cents ans plus tard, «en échappant à l'assimilation britannique, à l'annexion américaine et à la domination anglo-canadienne»[169], la langue française s'est maintenue au sein du Canada, y a prospéré et, en tant que langue officielle, dispose désormais d'un statut juridique d'égalité avec l'anglais. Tout ce qui précède démontre que ce statut n'a pas été obtenu dans la facilité, mais dans la difficulté et la douleur. Dès le lendemain de la Conquête, «l'un des tout premiers domaines envahis est celui des lois. [...] [L]es lois élaborées dans les futures chambres électives, devront l'être "conformément, autant que possible, aux lois d'Angleterre et aux règlements et restrictions en usage dans les autres colonies"»[170]. Le malaise que cette déclaration a entraîné chez les colons est aggravé par la perturbation qu'ils subissent devant le brusque changement intervenant dans leurs lois. Comme le remarque Lionel Groulx,

> Un double système de judicature et de lois fonctionnant côte à côte dans le même pays, offrait déjà quelque chose de singulièrement anormal. Si l'on y ajoute le recours autorisé de la cour des plaids communs régie par les lois françaises à la cour supérieure régie par les lois anglaises, à quel abus ne prêtait point ce mélange des deux systèmes?[171]

Depuis lors, le maintien de leurs «lois civiles», de leur langue et de leur culture a été le fil conducteur de la lutte séculaire que les Canadiens français ont menée contre l'adversité.

a) Langues juridiques et langage du droit

Cette lutte opposait deux langues juridiques, chacune d'elles faisant partie d'un système de droit, ou plutôt: d'une tradition et d'une culture

---

[168] *Supra*, note 151, section 1.7.

[169] COMITÉ SCIENTIFIQUE, «Introduction», préc., note 29, [*Le français au Québec. 400 ans d'histoire et de vie*] à la p. XXIII.

[170] L. GROULX, préc., note 27, p. 32.

[171] *Id.*, p. 44.

juridiques foncièrement différentes de l'autre système. La différence principale réside d'abord dans la langue, ainsi que nous l'avons vu plus haut. En effet, quand on passe de l'anglais au français, « on ne passe pas seulement d'une langue à l'autre, on passe essentiellement d'une culture à l'autre, d'un art de vivre à l'autre, d'une manière de penser à l'autre »[172]. Ensuite, chaque langue comporte son lot de domaines, dont celui du droit, chacun disposant de sa terminologie, de son langage. Celui du droit compte parmi les nombreuses langues de spécialité[173] (Annexe 10). La langue est le véhicule de la pensée et de l'action juridiques. Elle porte concepts et notions spécifiques au droit selon les schémas de pensée des juristes et leurs traditions, formant en conséquence un système organisé, original et unique propre à une situation, dans un lieu et à un moment donnés.

C'est le cas de la common law[174] et du droit civil[175]. Un adage célèbre résume en trois mots sonores et secs l'essence de la common law : *Remedies*

---

[172] Michel SPARER & Wallace SCHWAB, *Rédaction des lois, rendez-vous du droit et de la culture*, Québec, Conseil de la langue française, 1980, p. 154.

[173] Voir en particulier Jean-Louis SOURIOUX et Pierre LERAT, *Le langage du droit*, Paris, Presses universitaires de France, 1975 ; voir aussi Pierre LERAT, *Les langues spécialisées*, Paris, Presses universitaires de France, 1995.

[174] On dit LE ou LA common law selon que l'on fait référence au système de droit ou à son origine étymologique *commune ley* (la loi commune), qui est anglo-normande. Personnellement, le philologue que je suis aussi a toujours parlé de « la » common law. Cette position est renforcée par la décision du Comité de normalisation dans le cadre du Programme national de l'administration de la justice dans les deux langues officielles (PAJLO) : « En français, le terme "common law" ne prend pas de trait d'union, ne s'écrit ni en italique ni entre guillemets. La graphie et le genre (féminin) sont normalisés. » (TERMIUM)

[175] Couramment appelé ainsi – pour faire court ? –, alors qu'il s'agit d'un calque de l'anglais *civil law*. Employé sans discrimination, le terme « droit civil » porte à croire que l'on parle toujours du tout (le droit), quand il peut aussi désigner une partie, un style, une manière d'exprimer le droit civil, mais pas seulement puisque tous les codes, pénal compris, sont rédigés selon le modèle « civiliste ». Il s'agit, en fait, d'un droit de tradition civiliste qui fait partie de la famille romano-germanique. TERMIUM avance six équivalents français pour *civil law* selon le contexte où il se situe : « droit civil, droit romano-germanique, système romano-germanique, système continental, système civiliste, droit civiliste. » Ces "équivalents" désignent tous le droit civil dans son ensemble : le tout. Comparer avec le *Dictionnaire de droit privé du Québec,* en ligne : <https://nimbus.mcgill.ca/pld-ddp/dictionary/search> (consulté le 16 juillet 2023), qui propose trois sens au terme « droit civil » : 1. Droit qui tire son origine et son inspiration principalement du droit romain ; 2. Syn. droit privé ; 3. Branche du droit privé, qui regroupe les règles applicables aux rapports civils, par opposition au

precede rights [René David : « la procédure prime le droit »]. Ainsi, la forme l'emporterait-elle sur le fond ? Historiquement, oui, dès le XIIIe siècle et par la suite, mais cela n'est plus aussi net aujourd'hui, pour des raisons relevant de l'histoire du droit anglais et qu'il n'est pas utile de développer ici. Citons néanmoins les propos éclairants d'un historien du droit sur cette formule :

> À chaque WRIT correspondait [en 1227] une procédure différente et fort complexe, car en vertu d'un adage célèbre en Angleterre, « REMEDIES PRECEDE RIGHTS », qu'on pourrait traduire de manière triviale « la procédure d'abord », c'est-à-dire l'inverse de notre adage « Pas d'intérêt, pas d'action » ; pour les Anglais c'était plutôt pas d'action pas d'intérêt [...]. Bref, la procédure était très rigide et très contraignante ; la plus légère faute de procédure entraînait le rejet de l'affaire ou un non-lieu : NO WRIT, NO RIGHT.[176]

On voit par-là que, dès le départ et une fois mises en contact, les deux traditions et les langues juridiques qui les portaient présentaient tous les signes d'une incompatibilité chronique non seulement quant au fond (2.1), mais encore dans la forme (2.2). La rencontre fortuite de deux langues et traditions juridiques singulières jetait les bases de ce qui, deux siècles d'évolution plus tard, prendra la forme d'une discipline synthétisant le savoir-faire et les acquis accumulés depuis lors. Lorsqu'un savoir-faire transcende les éléments qui le composent, comme dans le cas du corpus accumulé par les langagiers sur deux siècles, il pourra donner naissance à une discipline. C'est le cas de la jurilinguistique, en l'occurrence. Cette dénomination disciplinaire découle, en fait, de l'action déterminante des premiers jurilinguistes canadiens (Annexe 11) conduite dans les années 1970.

b) Deux systèmes, deux esprits

Depuis François-Joseph Cugnet et Lotbinière, les Canadiens français « ont toujours vu [dans leur droit] un élément de leur culture, et tout autant

---

droit commercial et, dans la mesure de son rattachement au droit privé, à la procédure civile. Voir aussi, sur la traduction ou l'équivalent critiquable du terme *civil law* par « droit civil », Christian Néron, « L'Acte constitutionnel de 1791 », *L'Aut' Journal*, 2015/04/20, en ligne : <http://lautjournal.info/20150420/l%E2%80%99acte-constitutionnel-de-1791> (consulté le 16 juillet 2023).

[176] « La common law : définition, origine et histoire », *Cours de droit.net* (à jour le 27 septembre 2019), en ligne : <https://cours-de-droit.net/definition-et-histoire-de-la-common-law-a126574846/> (consulté le 16 juillet 2023).

que la langue et les traditions, une forme d'être, une expression sociologique de la nation»[177]. Et l'historien rappelle «les différences des deux systèmes juridiques, le franco-romain et l'anglo-saxon, pour apercevoir combien l'un et l'autre, aucunement interchangeables, sont strictement adaptés au génie de chacun des deux peuples, et en sont en quelque sorte partie constitutive»[178]. Ces différences sont-elles aussi grandes qu'il faille envisager une «impossible fusion entre un droit issu du droit romain, fondé sur des concepts immuables et sur la déduction logique, et cet autre droit à peine touché par l'influence romaine, droit empirique, tiré des recueils ou sentences des tribunaux, simple forme [...] du libre examen tourné vers les faits juridiques»[179]?

Pour répondre à cette question il faut en poser une autre: qu'est-ce qui permet de distinguer fondamentalement ces systèmes l'un de l'autre? À quoi je répondrai: 1. les sources du droit; 2. la mise en œuvre du droit et de la justice: la procédure.

Les sources sont coutumières dans le cas de la common law, traditionnellement qualifiée de «droit non écrit», et «écrites» pour le droit de tradition civiliste. Aujourd'hui toutefois, ces qualifications ne présentent plus qu'un intérêt historique, les deux droits ayant évolué dans le sens d'un rapprochement, l'un vers l'écrit, l'autre vers la jurisprudence. Il reste que la common law est un droit de tradition et de culture jurisprudentielles, alors que la tradition et la culture civilistes reposent principalement sur la loi et sa codification, dont le Code civil de 1804 est l'illustration et le symbole.

Ensuite, quant à la mise en œuvre du droit, nous avons vu plus haut que l'adage de la common law *remedies precede rights* représentait l'inverse de la tradition juridique française, dont l'adage correspondant est «pas d'intérêt, pas d'action» ou, autre façon de le voir: «le droit prime la procédure». Autrement dit, en l'absence d'un tel droit, l'action ne peut être intentée, comme l'énonce l'article 122 du Code de procédure français:

> Constitue une fin de non-recevoir tout moyen qui tend à faire déclarer l'adversaire irrecevable en sa demande, sans examen au fond, pour défaut de droit d'agir, tel le défaut de qualité, le défaut d'intérêt, la prescription, le délai préfix, la chose jugée.

---

[177] L. Groulx, préc., note 27, p. 318.
[178] *Id.*
[179] *Id.*, p. 44.

Alors qu'en common law, c'est la forme de l'action (*remedy*) qui autorise une personne à intenter une action en justice[180]. Bref, comme l'énonce l'*Encyclopædia Britannica* dans la comparaison des deux systèmes de droit qu'elle propose,

> The main difference between the systems consists of the ways in which the norms of the law are articulated and in which new rules are derived from older ones in novel cases [...]. In the common law, [the] role of adapting the law to changing conditions has traditionally been the task of the judges. In civil-law countries, the task had generally been performed by university professors [...].[181]

Quant au *civil law*, l'*Encyclopædia Britannica* accorde beaucoup d'importance à la doctrine (droit savant), sans mentionner... le Législateur et la Loi. En termes plus simples et précis, la consultation d'Internet (Google) donne cette explication :

> The most critical difference between the **common and civil law** comes from the source of the **law**. In **common law**, facts are based on case laws, or legal precedents, while **civil law** is fundamentally based on coded laws, or enacted legislation.

L'*Oxford Dictionary of Law* (7th ed.) définit la common law par ces quelques mots :

> Rules of law developed by the courts as opposed to those created by statute ». Pour sa part, le *Cambridge Dictionary* formule cette définition : « the legal system in England and most of the US that has developed over a period of time from old customs and court decisions, rather than laws made by politicians.

Les définitions concordent, même si les termes diffèrent.

Quant au droit civil, le *Dictionnaire de droit québécois et canadien* de Hubert Reid en offre cette définition : « Branche du droit privé qui contient les règles fondamentales relatives aux personnes, à la famille, aux biens et aux obligations. Il constitue le droit commun applicable aux rapports entre les individus. »

---

[180] Préc., note 176.
[181] *Encyclopædia Britannica*, 15ᵉ éd. « Macropædia », vol. 4, 1978 à la p. 666, Vo *Civil Law*.

Résumons les différences entre les deux systèmes, vues du côté anglais, dans le tableau suivant[182] :

Civil Law	Common Law
Legal system originating in Europe whose most prevalent feature is that its core principles are codified into a referable system which serves as the primary source of law.	Legal system characterized by case law, which is law developed by judges through decisions of courts and similar tribunals.

De telles dissimilitudes entre systèmes « aucunement interchangeables » ne pouvaient laisser les colons français indifférents. D'autant plus que, dès le début du régime militaire (1760-1764), intervint « une coupure très nette dans l'administration de la justice, entre les causes criminelles et les causes civiles »[183]. Le droit et son application sont source de confusion, aggravant le malaise. Lorsque le droit et ses procédures se perdent dans les sinuosités des langues, errant dans les méandres des détails juridiques au point où juges et parties n'arrivent pas à se comprendre, on s'expose à être entraîné dans le « torrent des anglicismes et des barbarismes » que stigmatisait Michel Bibaud[184]. Mais c'est le droit même qui est à risque, comme le clamait Joseph-François Perrault, appelant à des réformes du système judiciaire « avant que la gangrène n'ait tout corrompu »[185], mal menaçant une langue française soumise à de telles perturbations.

Flagrantes dans l'organisation de la justice et sa procédure, ces différences finirent par engendrer une situation chaotique et un malaise généralisé, comme en témoigne l'historien André Vachon :

> L'on assista alors à ce spectacle insolite d'une population française de 70 000 âmes gouvernée par des conseillers de langue anglaise, représentant quelque deux cent marchands et fonctionnaires anglais installés aux pays : d'une population française jugée suivant des lois dont elle ignorait le premier mot, et par des juges qui ne comprenaient pas les parties, pas plus que celles-ci ne comprenaient les juges ; les jurés mêmes, aussi de langue anglaise, n'entendaient

---

[182] DIFFEN, *Civil Law vs. Common law*, en ligne : <https://www.diffen.com/difference/Civil_Law_vs_Common_Law> (consulté le 27 novembre 2022).

[183] Danièle NOËL, « Une langue qui ne capitule pas », dans M. PLOURDE, préc., note 29, p. 72.

[184] *Id.*, p. 76.

[185] *Id.*, p. 77.

rien aux témoignages des parties de langue française. De tout cela ne pouvait résulter qu'incertitudes, confusions et quiproquos.[186]

Non seulement la langue française était malmenée, mais le droit l'était tout autant. Quant à la justice, rendue dans de telles conditions, on comprend mieux ainsi la remarque de F. X. Garneau à ce sujet : « On n'y voyait point [avant 1760], comme aujourd'hui, deux codes en lutte partager les tribunaux et les plaideurs, selon que l'un ou l'autre se montre plus favorable à leurs intérêts, à leurs préjugés ou à leurs prétentions [...]. »[187].

2. Instabilité du langage, tangage du droit

On connaît les conséquences de cette situation pour le moins ubuesque, qu'un observateur crédible et impartial tel que Tocqueville a décrite dans ses *Notes de voyage*, après avoir assisté, en 1831 à Québec, à un procès, une affaire de diffamation, constatant avec tristesse que l'ensemble « du tableau a quelque chose de bizarre, d'incohérent, de burlesque même. Le fond de l'impression qu'il faisait naître était cependant triste »[188]. C'est la forme, et non le fond, des propos tenus dans le prétoire qui choque Tocqueville, soit un langage du droit censé être exprimé en français, mais corrompu par les nombreux emprunts et interférences intervenus dans les deux langues au cours des décennies écoulées depuis 1764.

La forme des énoncés juridiques prononcés par les protagonistes ne se résume pas au style, mais englobe les mots, la grammaire et la syntaxe, tous aspects de la langue touchés par ce contact prolongé, sans oublier la manière dont le texte est présenté et rédigé : le style. Le style, toutefois, est une donnée essentielle dans la comparaison des systèmes juridiques et de leurs textes en ce qu'il s'offre immédiatement au regard critique des lecteurs par sa singularité. Les différences de style de rédaction des lois entre la tradition de common law et celle des civilistes sont bien connues

---

[186] André VACHON, *Histoire du notariat canadien*, Québec, Presses de l'Université Laval, 1962, cité dans *Histoire du français au Québec*, section 2.1, en ligne : <http://www.axl.cefan.ulaval.ca/francophonie/images/HISTfrQC_s2_Britannique.htm> (consulté le 27 novembre 2022)

[187] F.-X. GARNEAU, préc., note 56, t. 1, p. 252.

[188] Alexis DE TOCQUEVILLE, « Visite à l'un des tribunaux de Québec », *Œuvres complètes, Carnets de voyage*, 28 août 1831, en ligne : <https://www.cfqlmc.org/bulletin-memoires-vives/bulletins-anterieurs/bulletin-n-33-decembre-2011/tocqueville-carnets-de-voyage> (consulté le 27 novembre 2022).

et documentées[189]. L'histoire, la culture et les méthodes propres à chaque tradition ont façonné une manière distinctive de rédiger les lois. Dans la tradition de common law, la rédaction législative « a tendance à être très précise et technique [...]. Au contraire, le style civiliste de rédaction législative [...] a tendance à favoriser la clarté, la concision et un certain niveau de généralité »[190]. Mais cela va bien plus loin en common law, où, comme l'observe un éminent juriste canadien, on constate :

> Le besoin irrépressible de tout exprimer par le détail dans l'espoir [...] de ne laisser aucune place à l'imprévu [...]. On trouvera dans certaines parties du *Code criminel* canadien un bon exemple de ce type de discours législatif, un discours qui verse par moment dans l'amphigourisme en étant intarissable sur les détails et muet sur les principes. C'est un exemple à ne pas suivre si l'on se préoccupe de lisibilité.[191]

À la veille de la Conquête (1760), les traits distinguant une tradition de l'autre ne ressortent pas aussi nettement qu'ils se démarqueront quelques décennies plus tard, lorsque parut le Code civil (1804). La publication du *Code civil du Bas Canada* (1866), qui reprend de larges pans du Code Napoléon, illustre alors ces différences quand on le compare, par exemple, au *Criminal Code* (1892). À l'inverse, la comparaison du texte de la constitution du Canada, le *British North America Act* (1867), et, par exemple, celui de la *Constitution fédérale de la Suisse* (1848), montre des différences dans la rédaction que l'on relève au premier coup d'œil (Annexe 13), à commencer par la longueur des dispositions : quatre articles

---

[189] On trouvera, dans la copieuse bibliographie que le Centre de traduction et terminologie juridiques (CTTJ) de Moncton a établie sur la jurilinguistique, de nombreuses références dans ses treize rubriques, en ligne : <http://www.cttj.ca/Documents/Monographieset articlessurlajurilinguistiquefr.pdf> (consulté le 16 juillet 2023). Voir aussi et notamment, Stéphane BEAULAC et Jean-François GAUDREAULT-DESBIENS, *Droit civil et common law : convergences et divergences*, Fédération des ordres professionnels de juristes du Canada, 2017, en ligne : <https://flsc.ca/wp-content/uploads/2019/12/Droit-Civil-et-common-law-Convergences-et-Divergences.pdf> (consulté le 16 juillet 2023) ; Roderick MUNDAY, « The Common Lawyer's Philosophy of Legislation », (1983) 14 *Rechtstheorie* 191 ; Simon TAYLOR, « La rédaction et l'interprétation des textes législatifs français et anglais : une convergence des cultures juridiques » dans Rosalind GREENSTEIN, *Langue, culture et code : regards croisés*, Paris, L'Harmattan, 2003, p. 99-117 ; W. DALE, *Legal Drafting. A New Approach*. London, Butterworths, 1977.

[190] S. BEAULAC, *id.*, p. 11 et 12.

[191] Yves-Marie MORISSETTE, « Les caractéristiques classiquement attribuées à la Common Law », (2013) 65-3 *Revue internationale de droit comparé* 629.

de la constitution suisse comptent moins de mots que les deux articles de la constitution canadienne.

La veille de la Conquête, le droit en vigueur dans la Nouvelle-France était celui de la Coutume de Paris, codifiée dès 1510, code composé des « lois civiles »[192] (Annexe 12). Ces « lois civiles », justement, en quoi consistaient-elles ? Pour le savoir, il faut aller consulter l'ouvrage qui, à cette époque-là, faisait autorité : l'*Encyclopédie* (1751-1772) de d'Alembert et Diderot. Sous l'entrée « Loi » figure un long article définissant les différentes acceptions du terme, rédigé par l'éminent juriste qu'était Boucher d'Argis (à qui l'*Encyclopédie* doit quelque 4 000 articles sur le droit) et l'érudit Louis de Jaucourt – qui aurait rédigé plus de...18 000 articles ! Le terme « lois civiles » apparaît plusieurs fois dans l'article. La première offre cette définition :

> On trouve communément dans tous les pays trois sortes de *lois ;* savoir, celles qui tiennent à la politique & qui reglent le gouvernement, celles qui tiennent aux mœurs & qui punissent les criminels ; enfin les *lois* civiles, qui reglent les mariages, les successions, les tutelles, les contrats.[193]

Un des commentaires suivants, dans le même article, apporte un éclairage précieux sur la nature et la fonction des lois civiles ; surtout, il s'attache à décrire, en trois points, le style de rédaction recommandé dans leur cas, qui est celui que suivront les rédacteurs du Code civil de 1804. Extrait :

> Les *lois civiles* demandent essentiellement & nécessairement un style précis & concis : les *lois* des douze tables en sont un modèle. 1° Un style simple ; l'expression directe s'entend toujours mieux que l'expression réfléchie. 2° Sans subtilités, parce qu'elles ne sont point un art de Logique. 3°. Sans ornemens, ni comparaison tirée de la réalité à la figure, ou de la figure à la réalité.[194]

Le temps passe, l'esprit demeure. Deux siècles plus tard, la Coutume de Paris et ses « lois civiles » restant sous-jacentes dans le *Code civil du Québec*, un autre éminent juriste, Paul-André Crépeau, émet cette opinion sur le droit civil et son style, citée dans le *Dictionnaire de droit privé*, qui

---

[192] COUSTUMES DE LA PREVOSTE ET VICOMTE DE PARIS mises et redigees par escrit, en presence des gens des trois Estats de ladite Prevosté & Vicomté : PAR *Nous Chrestofle de Thou premier President* [...]. A PARIS, Chez Iaques du Puis, Libraire iuré à la Samaritaine, 1581. AVEC PRIVILEGE DU ROY.

[193] Denis DIDEROT et Jean Le Rond D'ALEMBERT (dir.), *Encyclopédie*, (1751-1765), 1re éd., 1765, t. 9, p. 649, en ligne : <https://fr.wikisource.org/wiki/L%E2%80%99 Encyclop%C3%A9die/1re_%C3%A9dition/LOI> (consulté le 27 novembre 2022).

[194] *Id.*, p. 655-656.

s'applique tout particulièrement à la situation que les « lois civiles » de la Nouvelle-France, puis du Québec, ont vécu *nolens volens*, depuis la Conquête, avant de se retrouver dans un *Code civil du Bas Canada* (1866), puis dans l'actuel *Code civil du Québec* : « Ainsi que le décrivait si justement le Professeur René David [...] le droit civil, c'est essentiellement "un style" : c'est une certaine manière de concevoir, d'exprimer, d'appliquer la règle de droit et qui transcende les politiques législatives mouvantes selon les époques de l'histoire d'un peuple. »[195]

Cette pérennité procède d'une longue et ancienne tradition de droit écrit qui, au fil des siècles, a vu « le principe de "une idée, une disposition législative" »[196] s'imposer dans ses lois. La tradition n'est pas moindre pour la common law, qui compte quelque dix siècles d'histoire. Aussi, compte tenu de traditions ancestrales inscrites dans une culture juridique singulière, les traduire dans un autre langage du droit pose-t-il non seulement de sérieuses difficultés dans la situation étudiée ici – la traduction de la common law vers le français, mais aussi des enjeux dépassant le stade du droit et de sa traduction, en ce sens que les textes traduits allaient servir à la fois de loi et de modèle aux Canadiens français. Les enjeux de la traduction, en l'occurrence, ne sont pas uniquement de nature linguistique, ils sont aussi d'essence socio-politique, comme la suite de son histoire l'a amplement montré.

II. Les enjeux de la traduction

L'Histoire n'est pas un long fleuve tranquille. Comme le remarque Soljénitsyne[197], « ils sont lents, les fleuves de l'histoire », car leur cours ne suit pas le tempo inaltérable du temps, mais celui que lui impriment les « sauts et gambades » de la société. On l'a constaté pour celle de la langue française depuis 1764, comme pour celle du droit (les « lois civiles ») des nouveaux colons de la Couronne britannique depuis 1774. Le cours de la traduction après la Conquête, et de la traduction juridique en particulier, entraîné dans le sillage de l'histoire mouvementée du Canada, ne fait pas exception. Une « histoire apparemment trop politique »[198] ne peut que décou-

---

[195] Paul-André CRÉPEAU, *Rapport sur le Code civil*, vol. 1, xxv, p. xxix.

[196] S. BEAULAC, préc., note 177, p. 12.

[197] Alexandre SOLJÉNITSYNE, *L'Archipel du Goulag*, éd. abrégée, Paris, Librairie Arthème Fayard, 2014, p. 841.

[198] L. GROULX, préc., note 27, p. 11.

ler du « conflit inévitable entre le conquérant et le conquis, entre deux cultures et deux civilisations »[199].

Il a fallu plus de deux siècles pour que les eaux tumultueuses de l'Histoire, emportant langue(s), droit(s) et traductions, progressivement apaisées, fassent place aux initiatives humaines et aux avancées socio-politiques sur ces trois fronts. Si les gains dans les trois cas ne font aucun doute, ils n'en sont pas moins fragiles et incertains : langues, droits et traduction sont soumis aux caprices de la politique, qu'elle provienne de l'État fédéral ou des provinces. Aujourd'hui, il est néanmoins permis de dire que « la traduction juridique est devenue une discipline à part entière, tout comme la terminologie juridique et la jurilinguistique »[200]. Si le chemin pour y parvenir a été long et ardu, le résultat en valait la peine.

Avec les progrès des sciences linguistiques, désormais établies sur des bases théoriques plus fermes, étayées par de nombreux tributaires et applications, on est parvenu à distinguer des langues de spécialité (*sublanguages*) au sein de la langue générale. Celle du droit y occupe une place à part en raison de ses particularités (A). La traduction, une des activités les plus anciennes de l'humanité, a bénéficié des avancées théoriques de la linguistique et de ses applications pour se développer et atteindre sa maturité. Ce faisant, elle s'est progressivement détachée de la linguistique pour se constituer en science autonome, la traductologie, et compte de nombreux sous-domaines, dont celui de la traduction juridique, discipline à part entière et source principale de la jeune jurilinguistique (B).

A. *Le langage du droit est une langue de spécialité*

Quel que soit le domaine, un texte, avec tous ses éléments de sens apparents et sous-jacents, sa syntaxe et sa stylistique particulières, est le produit d'une langue dont les mots sont mis en « discours »[201]. Lorsqu'elle produit

---

[199] *Id.*, p. 12.

[200] Christian DESPRÉS, « L'état des lieux en traduction juridique – regard d'un praticien », *Veille documentaire*, Centre de traduction et de terminologie juridiques (CCTJ), Moncton, 2015, p. 1. Me Després est Jurilinguiste en chef à la Cour suprême du Canada.

[201] Voir Jean DARBELNET, « Niveaux et réalisations du discours juridique », dans Jean-Claude GÉMAR (dir.), *Langage du droit et traduction*, Linguatech/Conseil de la langue française, 1982, p. 51 ; pour une perspective d'énonciation, voir Herman PARRET (dir.), *La mise en discours*, *Langages*, (1983) 70. Le terme « discours » est ainsi défini

un énoncé oral ou écrit portant sur un domaine particulier de l'activité humaine, cette langue peut être qualifiée de « langue de spécialité(s) », soit une « langue naturelle considérée en tant que vecteur de connaissances spécialisées »[202]. C'est le cas du droit et de son langage: le « langage du droit ». Mis en discours, ce langage présente au moins trois caractéristiques qui le distinguent des autres domaines: en règle générale, un texte juridique est normatif, possède un vocabulaire (la terminologie du droit) et un style distinctifs. Sans s'appesantir sur les caractéristiques du langage du droit, qui ont fait l'objet de nombre d'études et analyses[203], il importe d'en rappeler les fondements, car ces caractéristiques ont une réelle incidence sur le processus de la traduction juridique et ses enjeux. Le langage du droit est d'abord constitué de mots ou termes; ensuite, assemblés dans un texte, ces mots portent un message qualifié de juridique en vertu de sa juridicité, et de normatif lorsqu'il prescrit une norme ou règle (de droit) dans une loi, un règlement, un jugement ou une convention; enfin, le langage du droit écrit se présente sous une forme distinctive propre à la culture et aux traditions qui l'ont façonné, constituant un style particulier.

1. Les mots du droit

« Au commencement était le Verbe » énonce l'évangile de Jean dans le Prologue. Le droit a retenu la leçon – même si par « verbe », il faut comprendre MOT, car ce vocable vient du latin *verbum*, qui signifie « mot, parole ». Or il n'est pas rare qu'une disposition du code civil commence par un verbe, dont le verbe ÊTRE en particulier. C'est le cas de l'article 900 du *Code civil du Québec*: « Sont immeubles les fonds de terre, les constructions et ouvrages à caractère permanent qui s'y trouvent et tout ce qui en fait partie intégrante. » Le verbe annonce, précise et, en droit, prescrit; il est « en quelque sorte le genre suprême » nous informe l'*Encyclopédie*[204].

---

dans le *Robert*: « Ensemble des énoncés, des messages parlés ou écrits (par opposition au système abstrait que constitue la langue). ».

[202] P. LERAT, préc., note 173, p. 20. Lerat préfère employer le terme « langue spécialisée ».

[203] Consulter sur ce point la bibliographie établie par le CTTJ de Moncton sous la rubrique « Veille documentaire », préc., note 11. Il faut également rappeler l'ouvrage pionnier de SOURIOUX et LERAT (préc., note 173) et celui, plus récent et détaillé, de Gérard CORNU, *Linguistique juridique*, 3e éd., Paris, Montchrestien, 2003.

[204] L'*Encyclopédie,* préc., note 193, vol. XVII, p. 48a, en ligne: <http://enccre.academie-sciences.fr/encyclopedie/article/v17-66-0/> (consulté le 27 novembre 2022).

C'est par les mots qu'il présente que le lecteur prend connaissance d'un texte et de son énoncé. Il en va ainsi du texte juridique et de son langage, composé de termes qui lui sont propres. Par exemple: action en répétition de l'indu, contrat synallagmatique, créancier chirographaire, nuncupatif. Un trait caractéristique du droit, en tant que langue spécialisée au sein de la langue générale, est d'avoir un vocabulaire qui lui est plus ou moins exclusif, le distinguant des autres domaines. Le vocabulaire (ou terminologie) intéresse au premier chef le traducteur ou le jurilinguiste, qui doit chercher l'expression ou l'équivalent approprié pour le texte cible.

Chaque domaine, quel qu'il soit (architecture, biologie, droit, informatique, mathématique, numismatique, philatélie, etc.), dispose d'un vocabulaire particulier qui le fait distinguer des autres champs de l'activité humaine (Annexe 10). Ce vocabulaire est généralement composé de termes techniques formant une nomenclature propre à l'activité considérée et tendant vers l'univocité. Toutefois, nombre de ces termes sont d'usage courant dans la langue générale et possèdent parfois plusieurs sens[205] selon le domaine dont ils relèvent. C'est le phénomène bien connu de la polysémie, qui est, je le rappelle, la « [p]ropriété d'un terme qui présente plusieurs sens » (*Larousse*). On pourrait ajouter « [terme] revendiqué par plusieurs domaines ou disciplines ». Le droit en est également affecté dont certains termes relèvent tout autant de la comptabilité, de l'économie, des finances ou de la science politique, entre autres domaines[206].

Le trait principal du droit se résumerait-il à sa terminologie? Reconnaissons avec Denis Tallon que « [p]ar la langue, on pénètre le droit »[207] et, avec Gérard Cornu, que « [l]a connaissance du droit passe par l'initiation au vocabulaire juridique »[208]. Certes, mais par les mots seuls ? Nombreux

---

[205] Comme nous l'avons vu avec la **norme**, terme qui, d'après le *Trésor de la langue française*, fait partie du vocabulaire d'au moins six domaines différents.

[206] Voici un échantillon de termes établi à partir du *Vocabulaire juridique* de G. Cornu, des termes ayant au moins une signification différente de la juridique ou pouvant être revendiqués par une ou plusieurs autres disciplines : anatocisme, budget, capital, cotation, effet, laïque, main-d'œuvre, matricule, nomenclature, oligopole, œuvre, parole, prix, purge, quarantaine, rejet, représentation, souche, surcharge, tonneau, usure, valeur, vue.

[207] Denis TALLON, « Le choix des mots au regard des contraintes de traduction. L'exemple des Principes européens du droit des contrats et des Principes Unidroit relatifs aux contrats du commerce international », dans Nicolas MOLFASSIS (dir.), *Les mots de la loi*, coll. « Études juridiques », Paris, Economica 1999, n° 5, p. 36.

[208] G. CORNU, préc., note 203, p. 9.

sont les juristes qui le pensent, à l'instar de François Gény pour lequel « prise dans son ensemble, la technique juridique aboutit, pour la plus grande part, à une question de terminologie »[209]. Pour Gérard Cornu, « [l]a lettre de la loi [est] le premier miroir de son esprit »[210]. Un autre juriste, d'une génération différente, pense que « le droit n'est que mots ; sans mots, il n'y aurait pas plus de droit et de science du droit que de poésie et de littérature. Les mots sont [...] la manifestation et le moyen d'action du droit »[211]. À l'évidence, les mots sont le canal indispensable par lequel circule le droit. Mais les mots – ou **termes** pour une langue de spécialité –, même enfilés comme des perles pour former une phrase, suffisent-ils à rendre le message du droit ? En partie, car cela n'y suffit pas.

Posons la question : un mot/terme, isolé de son contexte, peut-il suffire à exprimer le sens d'un message du droit ? Non, parce qu'il faut d'abord un contexte pour commencer à interpréter la signification dudit mot/terme ; ensuite, un micro-contexte de quelques mots, mettons une phrase, ne suffira pas non plus à cette fin. Il faut un contexte plus étoffé, l'idéal étant celui du texte tout entier – outre les éléments cognitifs que requiert l'interprétation du sens sous-jacent dans le dessein de l'auteur ou des auteurs du texte. Le point de vue d'un autre éminent juriste, André-Jean Arnaud, qui reprend une formule d'une spécialiste de la communication, ajoute de l'eau au moulin des auteurs qui pensent que la création du discours juridique consiste en une « communication étudiée non seulement au niveau de ses éléments constituants élémentaires (le mot, par exemple), mais aussi et surtout à un niveau égal et supérieur à la phrase (propositions, énoncés, séquences) »[212]. On frôle ici la notion de « texte » [que le TLF définit ainsi : « Suite de signes linguistiques constituant un écrit ou une œuvre. »], qui permet d'approcher, en première analyse, le sens du mot/terme employé par l'auteur.

Le terme conduit à la discipline, au domaine sur lequel porte le texte. Il ouvre la fenêtre de la connaissance du sujet traité. Le langage du droit, outre cette fonction, a charge d'assurer la nature juridique des textes que

---

[209] François GÉNY, *Science et technique en droit privé positif*, Paris, Sirey, 1921, p. 456.

[210] G. CORNU, « Rapport de synthèse », dans N. MOLFASSIS, préc., note 207, p. 99.

[211] Boris BARRAUD, « La science et la doctrine juridiques à l'épreuve de la polysémie des concepts », (2016) 76-1 *Revue interdisciplinaire d'études juridiques* 7.

[212] André-Jean ARNAUD, « Du bon usage du discours juridique », dans Danièle BOURCIER (dir.), (1979) 53 *Le discours juridique : analyse et méthode, Langages*, p. 117, à la p. 119.

créent les «faiseurs de droit» que sont législateurs, juges, notaires et autres gens de loi, en leur conférant le caractère normatif qui fait du droit un cas d'espèce.

2. Le texte juridique est normatif

«Au commencement était la Règle»[213] lance Jean Carbonnier, comme en écho au Verbe. On pourrait ajouter que la coutume l'a précédée, mais la règle ou norme caractérise en effet le droit en lui conférant un caractère obligatoire, contraignant, ce que charrie son langage. L'origine de la règle, comme celle du droit, est mystérieuse. Peut-on la faire remonter jusqu'au *Décalogue*, soit à quelque 2 500 ans? Sans doute, plus loin encore... Le philosophe Michel Serres risque une hypothèse intéressante sur l'origine commune du droit et de la science, nés de concert sur les rives du Nil dont les crues requerraient chaque année des géomètres-arpenteurs pour redélimiter ou reconfigurer les terrains que les eaux avaient perturbés voire déplacés – mais cela reste une belle hypothèse[214]. Quelle que soit son origine, la règle se niche dans les textes qualifiés de juridiques. Que doit-on entendre par ce terme: «texte juridique»?

La définition du discours juridique que Gérard Cornu a produite fait toujours autorité: «Est juridique tout discours qui a pour objet la création ou la réalisation du droit.»[215]. La loi, comme nous l'avons vu, est le texte juridique phare dans la tradition civiliste et ses sources, mais le jugement ou le contrat sont loin d'être quantité négligeable, particulièrement en common law. Tous ces textes (loi, jugement, convention) sont porteurs de normes ou règles, sans doute la caractéristique principale de la juridicité[216]. Cependant, le fait que l'on parle de texte «normatif» ne doit pas être interprété comme signifiant qu'un texte juridique porte nécessairement une norme, qui est une règle de droit jugée supérieure dans le registre de la langue. Dans la plupart des cas, il s'agira d'une règle (de droit) tout simplement.

---

[213] J. CARBONNIER, préc., note 15, p. 96.
[214] Michel SERRES, *Le contrat naturel*, Paris, Éditions du Pommier, 1990.
[215] G. CORNU, préc., note 210, p. 15.
[216] Terme qui «désigne le caractère de ce qui est juridique» selon le *Juridictionnaire*. Voir l'article qui lui est consacré dans Termium en ligne: <https://www.btb.termiumplus.gc.ca/tpv2guides/guides/juridi/index-fra.html?lang=fra&lettr=indx_catlog_j&page=9mlIoU1GFsZg.html> (consulté le 16 juillet 2023).

Une norme juridique, selon le *Dictionnaire de droit québécois et canadien*, est une « [r]ègle de conduite à caractère général et impersonnel à laquelle on doit se conformer »[217]. La valeur de règle, que le vocable norme a prise, date de 1284 (TLF). On doit au grand juriste Hans Kelsen une hiérarchie des normes établie dans sa célèbre « pyramide des normes ». Il y a, en effet, des normes censées être supérieures et d'autres qui le seraient moins selon qu'elles sont établies par le législateur, le juge ou des gens de loi, dans le cadre d'un système juridique particulier. On réserve le plus souvent la qualification de norme à une règle de droit d'essence supérieure, en général de nature constitutionnelle, même si ce terme, employé à toutva de nos jours, a perdu de son lustre. Par exemple, on ne l'emploierait pas pour parler d'un règlement municipal interdisant le stationnement de véhicules dans telle rue. En revanche, l'article 9 de la *Charte canadienne des droits et libertés* prévoit que « [c]hacun a droit à la protection contre la détention ou l'emprisonnement arbitraires ». Cet article énonce un principe absolu en matière de libertés fondamentales, inspiré de *l'habeas corpus*. Il établit une norme juridique. De même, un arrêt de la Cour suprême du Canada, l'arrêt *R. c. Jordan* (2016 CSC 27) par exemple, établit une règle en matière de « délai raisonnable » « entre le dépôt des accusations et la fin du procès », qui est une véritable norme judiciaire. Mais, lorsque le *Code civil du Québec* prévoit, à l'article 10, que « [t]oute personne est inviolable et a droit à son intégrité », cette disposition énonce une norme juridique, mais subordonnée, dans la hiérarchie des droits, à la norme constitutionnelle, de la même façon que la *Charte de la langue française* du Québec est soumise à la constitution fédérale. Dans ces cas, on parlera de **règle** plutôt que de norme.

Toutefois, la distinction est fine et s'inscrit dans un courant plus sociophilosophique que linguistique. La plupart des dictionnaires, y compris ceux

---

[217] *Dictionnaire de droit québécois et canadien*, Juribistro eDictionnaire, adaptation numérique du *Dictionnaire de droit québécois et canadien* de Mᵉ Hubert REID, éd. rév. 2016, en ligne : <https://dictionnairereid.caij.qc.ca/recherche#t=edictionnaire&sort=relevancy> (consulté le 16 juillet 2023). Pour qui s'intéresse à la question, cette définition doit être complétée, d'une part, par la lecture de l'article NORME dans le *Vocabulaire juridique* de Gérard CORNU (10ᵉ éd, Paris, PUF, 2014, p. 689-690), et, d'autre part, par celle de l'article NORME dans Denis ALLAND et Stéphane RIALS (dir.), *Dictionnaire de la culture juridique* (Paris, PUF, 2003, p. 1079-1083), où l'on trouvera de l'information complémentaire permettant de replacer ce terme, complexe et débattu, dans un contexte plus large et multidisciplinaire, où la sociologie et la philosophie du droit jouent un rôle important dans le débat.

de droit, donnent les deux termes comme synonymes. Le *Vocabulaire juridique* de Cornu, par exemple, avance cette définition de **Règle**: «Règle de droit: désigne toute norme juridiquement obligatoire.» Les deux termes, souvent employés l'un pour l'autre indifféremment, ne devraient pas être confondus pour autant, le vocable «norme», dans la terminologie du droit et la hiérarchie des règles, se situant sur un palier supérieur à celui de la «règle».

Cette hiérarchie normative a des incidences sur la traduction d'un texte juridique, car on ne traitera pas de la même façon un contrat de vente et un code civil, une loi fixant les règles de la circulation et une constitution. Ces textes, code civil et constitution, requièrent des compétences et un savoir-faire peu courants de la part de l'équipe de spécialistes qui se lancent dans l'aventure unique et périlleuse qu'est la traduction d'un code[218]. La norme, relevant du droit et du législateur, donc du fond, ne concerne le traducteur ou le jurilinguiste qu'à propos de sa réexpression dans le texte d'arrivée, ce qui est alors une question de forme.

À cet égard, le style des lois et règlements relève de la forme, par opposition au fond, à la substance. Le style juridique a fait couler beaucoup d'encre, surtout pour le critiquer, parfois à juste titre. Il faut reconnaître que le style de rédaction de certains textes de droit prête le flanc à la critique, qui s'en prend au langage du droit, jugé obscur et compliqué. Or, celui-ci, comme le souligne Cornu, n'est pas le seul coupable: «Ce n'est pas seulement ni même principalement le langage du droit qui est compliqué. C'est le droit [...] c'est la pesanteur du droit qui aggrave l'opacité du langage»[219]. Le style du langage du droit n'en représente que l'écume, mais elle le colore: «**Un discours juridique se reconnaît à sa structure et à son style.**»[220], car «[i]l existe en effet un style juridique et même tout un éventail de styles (législatif, judiciaire, administratif, notarial, etc.)»[221].

---

[218] Voir l'expérience et la complexité de la traduction d'un code civil, celui de la Louisiane, de l'anglais au français chez Olivier MORÉTEAU, «Le Code civil de Louisiane, traduction et retraduction», (2015) 28 *International Journal for the Semiotics of Law* 155.

[219] G. CORNU, préc., note 203, p. 9.

[220] *Id.*, p. 15. Les mots en gras sont de l'auteur (Cornu).

[221] *Id.*, p. 133.

3. Langage du droit et style

Selon le linguiste et lexicographe Paul Imbs, qui est à l'origine du projet de *Trésor de la langue française*, « toute communication élaborée vise à l'audience et à l'adhésion du destinataire »[222]. Aussi, pour faire adhérer le destinataire du message, convient-il au préalable de le lui faire comprendre. Le langage du droit, qui véhicule un énoncé élaboré, n'échappe pas à cette règle de la communication.

Le texte juridique exprime un message. Il communique des données, de la plus simple (une information) à la plus complexe (un savoir), mais d'une façon particulière, propre à l'auteur qui le produit et en fonction du destinataire du texte. Le législateur, qui s'adresse à tous, ne s'exprime pas comme un juge, lequel, disant le droit aux parties, ne parle pas comme le notaire ; ce dernier dit les choses autrement que ne le fait l'auteur d'un traité. Le but que vise chacun d'eux en produisant un texte n'est, à l'évidence, pas le même. Cela tient à la diversité des formes et des situations juridiques auxquelles le langage du droit aura affaire. Il s'agit toujours de droit et de son langage, mais exprimé de différentes façons. Certains textes, en fait la plupart d'entre eux (loi, règlement, jugement, contrat), sont porteurs de règles juridiques. D'autres commentent, analysent, décrivent le droit et ses pratiques. Si leurs buts diffèrent, il en est de même des moyens employés pour les atteindre. Un texte à visée didactique n'est pas rédigé comme un texte normatif ; le texte collectif (la loi, le traité [entre États], le règlement, l'arrêt) tend vers le discours le plus « plat » (= neutre) possible, au contraire du texte individuel, qui reflètera plus ou moins la personnalité, les visées, les qualités et les défauts de l'auteur. Néanmoins, quel que soit le discours juridique visé, « les divers discours du droit sont eux-mêmes composites ce qui est particulièrement net pour le discours juridictionnel. La pluralité est partout présente »[223].

Or, les lois de deux nations ne diffèrent pas seulement sur le fond, dans l'esprit, elles se distinguent également par la forme. En effet, les principes de rédaction et de logique d'exposition varient souvent d'un pays à l'autre et, parfois, au sein d'une même nation. On oppose souvent le style de la common law et le style civiliste comme exemple classique de deux conceptions contraires de l'écrit juridique. Cette caractéristique n'est d'ailleurs pas propre aux lois, elle s'étend à la plupart des textes juridiques,

---

[222] Préface du *Trésor de la langue française*, t. 1, Paris, CNRS, 1971, à la p XVI.
[223] G. CORNU, préc., note 203 à la p 23.

doctrine comprise. La différence de style de rédaction entre un contrat, un jugement ou une loi conçus aux États-Unis, en Angleterre ou au Canada et leur pendant français apparaît au premier coup d'œil. Toutefois, à la lecture d'un texte, juridique ou non, le lecteur averti distinguera à tout coup le niveau stylistique auquel l'auteur s'est situé : langue familière, courante, soutenue, pédante, littéraire, relâchée, solennelle, etc.

Le texte juridique ne fait pas exception à cette règle, même si certains domaines se prêtent moins aux variations stylistiques que d'autres. Aussi la stylistique, appliquée au droit, présente-telle son utilité pour faire ressortir cet aspect du texte juridique qu'est son style. Écoutons Georges Mounin sur la question : « Si l'on admet qu'elle essaie d'être la science par laquelle on découvre ce que la façon de se servir d'une langue révèle sur l'émetteur lui-même, ou aussi la science qui étudie certains effets produits par certains messages sur les récepteurs, nul doute qu'il n'y ait place pour une stylistique du droit. »[224]. Les études consacrées au style des textes juridiques – au sens de registre ou de niveau de langue : style archaïsant, recherché, affecté, précieux, etc. – sont peu nombreuses. Les auteurs du langage du droit ne s'en expriment pas moins à divers niveaux de langue. En somme, le langage du droit est, là aussi, conforme aux lois générales du langage, il en est partie et instrument.

Dans le présent ouvrage, traiter de manière exhaustive la pluralité des styles juridiques entraînerait vers la rédaction d'un livre en soi[225]. Comme il a été dit à plusieurs reprises, c'est la loi, vitrine du droit, qui prime dans l'intention de montrer comment et en quoi les jurilinguistes canadiens ont contribué à une meilleure lisibilité des textes juridiques, la Loi figurant au premier rang de leurs réalisations. Le jugement la suit de près. Par la suite, d'autres formes de textes juridiques s'en sont ressenties, notamment dans le domaine administratif. C'est néanmoins le texte législatif qui, au Canada, a le plus bénéficié des progrès réalisés, sous l'impulsion des jurilinguistes,

---

[224] Georges MOUNIN, « La linguistique comme science auxiliaire dans les disciplines juridiques », (1979) 24-1 *Meta* 13. Pour une opinion différente sur la question « Le droit n'a pas de style », voir Marie-Anne FRISON-ROCHE, « 2ième cours : Le style juridique et le style littéraire », Enseignement : Littérature et Droit, mafr, 2012, en ligne : <https://mafr.fr/fr/article/2ieme-cours-le-style-juridique-et-le-style-littera/> (consulté le 27 novembre 2022).

[225] Dans un bref article, le professeur Adrian POPOVICI présente un point de vue original sur les principaux styles juridiques. Voir Adrian POPOVICI, « Le droit civil, avant tout un style... » dans Nicholas KASIRER (dir.), *Le droit civil, avant tout un style,* Montréal, Les Éditions Thémis, 2003, p. 207, aux p. 13-14.

par la légistique canadienne dans la seconde moitié du XXe siècle. La thèse présentée ici vise à démontrer qu'il existe un style législatif propre au droit civil qui a trouvé son expression la plus achevée dans le Code civil de 1804. Le style des textes juridiques de la Nouvelle-France, fortement imprégnés des traditions transmises par la Coutume de Paris, avant d'amorcer un regain à partir de la publication du *Code civil du Bas Canada*, en 1866, a fortement et durablement pâti du contact prolongé avec la common law, comme en témoigne F.-X. Garneau :

> Du territoire on passa aux lois. Le roi, de sa seule autorité [Par une proclamation datée du 7 octobre 1763], sans le concours du parlement, abolit les lois françaises, si précises, si claires, si sages, et y substitua les lois anglaises, amas confus d'actes du parlement et de décisions judiciaires, enveloppées de formes compliquées et barbares, dont la justice n'a pu encore se débarrasser en Angleterre, malgré les efforts de ses plus grands jurisconsultes.[226]

Par un de ces hasards dont l'Histoire a le secret, la Nouvelle-France aurait pu disposer, bien avant 1866, en 1717 (année de la nomination par règlement royal du 12 juin 1717 d'un juge d'amirauté à Québec), d'un code civil, finalement non avenu : « La même année où le gouvernement établissait une cour d'amirauté, Monsieur Collet, procureur général [...] proposa aussi de réunir l'ordonnance de 1667, le règlement de 1678 et les édits de 1679 et de 1685 en une seule ordonnance, qu'on aurait intitulée Code civil de la Nouvelle-France. »[227]. On sait ce qu'il en fut. Il fallut attendre quelque cent cinquante ans de plus pour disposer d'un code civil en français, mais du « Bas-Canada ». Il reste que le *Code civil du Bas Canada* (C.c.B.C.) a préparé le terrain pour l'avènement du futur *Code civil du Québec* (C.c.Q) adopté en 1991 et entré en vigueur en 1994, mais cela a pris un siècle et quelque de plus...

Bien que séparés dans le temps, ces deux codes (C.c.B.C. et C.c.Q.) sont fortement marqués par le modèle du Code Napoléon, dont le style les imprègne[228]. Que doit-on comprendre par ce mot, style ? Comme tant de mots, il s'agit tout d'abord d'un vocable polysémique, ce dont on se convaincra en consultant les dictionnaires les plus anciens, en partant du Moyen-Âge jusqu'à nos jours. Aujourd'hui, si sa définition générale fait

---

[226] F.-X. GARNEAU, préc., note 56, t 4, p. 16.

[227] *Id.*, p. 253.

[228] Voir, sur l'histoire résumée du droit civil au Canada, Benoît MOORE, « Le droit civil au Canada », (2014) N° Spécial IDEF : Etat réel du droit civil et du common law, *Revue de l'ERSUMA : Droit des affaires - Pratique Professionnelle*, 33-46.

davantage consensus, cette notion n'en reste pas moins sectorielle, car établie sur des critères et principes différents selon les disciplines ou matières visées. Bien qu'il existe un mode général de l'expression juridique, le droit, encore une fois, est exprimé avec des styles variés et fort différents les uns des autres.

a) Du et des styles juridiques

Le sujet du style est depuis longtemps un objet de débats et de controverses qui ne se limitent pas au seul domaine des arts. Peu de personnes, en effet, s'entendent sur une définition claire et définitive de la notion de style qui répondrait précisément à l'idée que l'on se fait de «la façon particuliere d'expliquer ses pensées, ou d'escrire, qui est differente, selon les Auteurs, & les matieres.»[229]. En fait, «on a apelé *style* la manière de composer, d'écrire»[230]. Voilà pourquoi chaque auteur, dans chaque domaine, voit la chose selon sa propre conception de l'écriture, en fonction de sa manière d'écrire. S'ensuivent les conjectures et quiproquos engendrés par le flou du terme générique «style», *the riddle of style* (le dilemme du style) comme le qualifie l'historien de l'art[231], flou qui découle des *different ways of seeing the world*[232]. Le droit n'échappe pas à la règle, d'autant plus que les juristes auraient une «approche "impressionniste"»[233] du style, ce qui renforce l'image d'une représentation incertaine.

Aussi le pavé lancé par René David lors d'un colloque international, à savoir «le droit civil, un style», a-t-il «marqué les esprits» comme le remarque Nicholas Kasirer[234]. Ce qui a conduit l'éminent juriste canadien Paul-André Crépeau à rappeler (*lato sensu*) «qu'un Code civil se caractérise, non pas par son contenu [...] mais bien [...] par le fait qu'il s'agit essentiellement d'un «style», c'est-à-dire d'une certaine manière de concevoir,

---

[229] Antoine FURETIÈRE, *Dictionnaire universel contenant généralement tous les mots françois tant vieux que modernes, et les termes de toutes les sciences et des arts...*, 1690, «STILE».

[230] Jean-François FÉRAUD, *Dictionnaire critique de la langue française (1787-88)*, «STYLE».

[231] E. H. GOMBRICH, cité par N. KASIRER, préc., note 225, p. X.

[232] *Id.*

[233] *Id.*

[234] N. KASIRER, préc., note 225, p. IX.

d'exprimer, d'interpréter et d'appliquer une règle de droit »[235]. De ces quatre fonctions du style juridique énoncées par Crépeau, le jurilinguiste en retient une, *stricto sensu*, celle du verbe « exprimer », soit « [f]aire connaître quelque chose par le langage » (*Larousse*), définition qui peut s'appliquer à tout acte de langage, oral ou écrit. S'agissant du droit, cette « chose » (l'énoncé juridique) s'exprime, entre autres, par le canal du texte de loi, et pour ce faire, emprunte une forme qui lui est propre. Ce faisant, elle correspond bien à la définition du **style** que décrivent les grands dictionnaires généraux d'aujourd'hui (*Trésor de la langue française*/TLF, *Robert*, *Larousse*) : « Façon de s'exprimer propre à une personne, à un groupe, à un type de discours » (*Robert*), ou : « Mode d'expression verbale propre à une activité, à un groupe professionnel » (TLF). Cette façon de s'exprimer correspond au « langage de groupe » ou « langage professionnel », qualifications que Cornu reconnaît au langage du droit, qui est celui de la « communauté des juristes »[236].

Le mode d'expression « verbale » des lois reflète à la fois l'activité (le droit) et le groupe professionnel (les juristes) qui l'appliquent. Le style législatif est sans doute celui qui représente le mieux le langage du droit aux yeux de la société.

b) Le style législatif

La Loi est le discours juridique par excellence. Elle reflète l'esprit et l'humeur d'une société à un moment précis de son histoire. Elle est surtout, entre tous, le texte juridique le plus visible, celui qui est le plus commenté, analysé et critiqué publiquement[237]. Pour ces diverses raisons, elle incarne l'essence du droit, d'où son rôle unique et sa valeur symbolique. Quelles que soient les préoccupations qui l'animent, le législateur s'exprime avec dignité : la loi dispose, prévoit ou décrète, elle ne « stipule » pas – au contraire du contrat. Il s'ensuit que le style d'une loi est inimitable

---

[235] Paul-André CRÉPEAU, « Réflexions sur la Codification du Droit Privé » (2000) 38.2 *Osgoode Hall Law Journal* 294-295, en ligne : <https://digitalcommons.osgoode.yorku.ca/ohlj/vol38/iss2/4> (consulté le 27 novembre 2022).

[236] G. CORNU, préc., note 203, p. 17.

[237] Pour un florilège très complet des critiques de la loi sous tous ses aspects, voir tout particulièrement Alexandre FLÜCKIGER, *(Re)faire la loi : traité de légistique à l'ère du droit souple*, Berne, Stämpfli, 2019, Chapitre 1.2.1.3, p. 12 et suiv.

et ne peut être confondu avec celui d'un jugement ou d'un acte, plus techniques dans le vocabulaire comme dans l'expression.

Tout en étant digne et, parfois, solennel – dans une constitution, une charte, par exemple –, le style du texte législatif, n'en est pas moins plus simple et général que le texte d'un jugement, moins technique et spécialisé qu'un acte notarié ou un traité de droit. En définitive, parmi les textes juridiques, le texte législatif constitue par son style un texte plus intelligible, ainsi plus accessible à la moyenne des gens que d'autres textes juridiques. Le style législatif résume ainsi la forme de la loi aux yeux des lecteurs, profanes ou non, ce que représente un code civil, dont le style est identifiable au premier coup d'œil. En outre, le langage du droit est aussi, à un haut degré, un «langage culturel»[238] par toute l'histoire et les us et coutumes d'un peuple résumés dans ses mots. Aussi la traduction des lois représente-t-elle un défi au sein d'un État non seulement bilingue mais en outre bijuridique, ainsi doté de deux langages du droit représentant deux systèmes de droit différents :

> En raison d'un compromis politique entre la population francophone et les autorités britanniques, le droit privé de la province de Québec est aujourd'hui régi par un système de droit civil, largement inspiré du modèle français, tandis que le droit public est régi par un système de common law provenant du droit anglais.[239]

Mais avant d'en arriver là, que d'obstacles, soubresauts et embûches les «lois civiles» et leur langue ont dû affronter, au lendemain de l'entrée en vigueur du gouvernement civil (1764), sur le chemin conduisant à l'égalité juridique :

> Moins d'un mois après l'inauguration du gouvernement civil, le gouverneur mettait fin par une ordonnance au régime provisoire de l'administration de la justice, calquée en matières civiles sur les institutions judiciaires du régime français, et le remplaçait par un système hybride [...]. La complexité du système dérouta et mécontenta tout le monde [...]. Les usagers ne tardèrent pas à souffrir de l'incompétence des juges, engendrée par l'utilisation conjointe des lois anglaises et de la Coutume de Paris, et par le faible bassin de recrutement imposé par la prestation du Serment du test.[240]

---

[238] G. Cornu, préc., note 203, p 17.
[239] M. Devinat, préc., note 114, p. 34.
[240] J. Hamelin, préc., note 59, p. 256-257.

L'Acte de 1774 laissait pourtant croire aux colons que « notre langue et nos lois finissaient par se relever de leur chute »[241]. Or, comparant le système judiciaire qui existait avant 1760 avec celui qui lui a succédé, F.-X. Garneau dresse un tableau édifiant de la situation :

> La justice y était en général administrée d'une manière impartiale et éclairée, et surtout à bon marché. La jurisprudence appuyée sur les bases solides introduites par la célèbre ordonnance de 1667, n'était point soumise à ces variations, à ces contradictions, qui ont fait planer depuis sur l'administration de la justice tant d'incertitude et de soupçons. On n'y voyait point, comme aujourd'hui [...] deux codes d'autant plus différents que l'un est formel, stable, positif, et que l'autre est facultatif, vague et mobile comme les passions des temps et les lumières des juges sur les décisions desquels il est fondé.[242]

Étant donné les circonstances et les conditions dans lesquelles les deux systèmes de droit et leurs langues intervenaient, et ce sur une longue période, il ne faut pas s'étonner que les traducteurs des textes produits par les autorités aient eu à affronter de sérieuses difficultés lorsqu'il fallait traduire un texte juridique (par exemple proclamations officielles, instructions de Londres) ou judiciaire de l'anglais au français, ou inversement[243].

B. Un dilemme canadien : la traduction du droit

Les premières traductions juridiques publiées dans le journal bilingue *Gazette de Québec/Quebec Gazette*, « vont regorger d'anglicismes et de calques », comme le relate, entre autres historiens de la traduction, Paul Horguelin[244]. Comme souvent, le traducteur est pointé du doigt, critiqué, sans qu'il lui soit possible de se justifier.

Or, lorsque l'on traite un fait qui s'est déroulé dans un passé lointain, quel que soit le sujet ou le domaine, il importe d'éviter de porter un jugement définitif sans avoir replacé ou relativisé l'évènement ou le fait dans son contexte historico-socio-culturel et, en traduction, sociolinguistique. Faute de quoi, on se heurte, ainsi que le pensait le grand historien Marc Bloch, au « démon des origines [...] ce satanique ennemi de la véritable

---

[241] F.-X. GARNEAU, préc., note 56, t. 4, p. 67.
[242] F.-X. GARNEAU, préc., note 56, t. 1, p. 252.
[243] P. HORGUELIN, préc., note 3.
[244] *Id.*, p 20.

histoire : la manie du jugement »[245]. Et les jugements négatifs et critiques sur le travail des traducteurs n'ont pas manqué depuis le XIXe siècle ! Ils sont résumés dans l'adage babélien dont on affuble depuis des lustres les traducteurs : *traduttore, traditore*. Comme tout aphorisme, s'il recèle sa part de vérité, cela n'en fait pas une vérité absolue pour autant.

De nombreux traducteurs se sont expliqués, dans des préfaces et des introductions à leur traduction, sur les difficultés rencontrées en chemin. On connaît celles, exemplaires, de François-Victor Hugo, grand traducteur des œuvres de Shakespeare, dans ses *Notes et commentaires*[246], ainsi que celles de son père, Victor Hugo. On connaît moins, en revanche, celle de l'un des plus éminents juristes-traducteurs canadiens – un devancier de nos jurilinguistes – du XIXe siècle, Joseph-François Perrault, mis en lumière par Jean Delisle : « Obligé de faire de nombreux emprunts à l'anglais, faute d'équivalents français [il] s'en excuse dans son épître dédicatoire [de la traduction] de la *Lex Parliamentaria* »[247], que l'Assemblée lui avait confiée en 1803 (Annexe 14). Il faut redire qu'à cette époque les traducteurs ne disposaient d'aucun des outils que la terminologie, la traductologie et l'informatique allaient leur fournir un siècle plus tard. De surcroît, un traducteur est le produit de sa société, de sa culture, il en véhicule la langue qu'elle parle et écrit, quel qu'en soit l'état. Dans le cas du français parlé et écrit des Canadiens français au XIXe siècle, les pages qui précèdent en ont présenté un tableau édifiant sur ses états successifs depuis l'entrée en vigueur du régime britannique, en 1764. La traduction des textes officiels en français a suivi la courbe et l'évolution de l'état du langage, passant par tous les stades que la langue française a franchis, du pire au meilleur. Ce faisant, le traducteur n'a joué qu'un rôle d'agent de transmission disposant des moyens langagiers disponibles *hic et nunc*, ni plus ni moins. Aussi sa « responsabilité » envers la qualité de la langue dans ses traductions doit-elle être replacée dans le contexte sociolinguistique de l'époque, qui la relativise, sans l'absoudre totalement pour autant. Comme le fait remarquer Jean Delisle comme historien de la traduction, « Pénétrer dans

---

[245] Marc BLOCH, *Apologie pour l'histoire ou métier d'historien*, Paris, Armand Colin, 1949 (Cahier des Annales, 3), p. 7.

[246] *Notes et commentaires de François-Victor Hugo traducteur*, Œuvres complètes de W. Shakespeare, Paris, Pagnerre, 1865-1872.

[247] Jean DELISLE, « La traduction », dans Patricia FLEMING, Gilles GALLICHAN, Yvan LAMONDE *et al.*, préc., note 3, Chap. 12, à la p. 48. Voir l'original à l'adresse : <https://www.bibliotheque.assnat.qc.ca/DepotNumerique_v2/AffichageNotice.aspx?idn=3115> (consulté le 16 juillet 2023).

l'atelier de l'évaluation des traductions du passé, c'est entrer dans une vaste salle où se sont accumulés pêle-mêle au fil des siècles les idées reçues, parti pris antithéoriques, opinions préconçues, ignorances, obscurités, clichés, conceptions erronées de la langue et de la littérature et autres vieilleries. »[248].

Transcrire un texte dans une autre langue est une « tâche redoutable », au sens écrasant que lui donne Walter Benjamin[249]. C'est celle du traducteur, et son dilemme. Confronté au texte à traduire, le traducteur est requis de choisir entre plusieurs stratégies selon les directives prescrites pour exécuter ce travail. Et cela, sans parler des nombreuses contraintes inhérentes à toute opération traduisante portant sur un texte juridique quel qu'il soit et sur le texte à traduire en particulier, suivant qu'il s'agira, selon la doctrine fonctionnaliste, d'une traduction envisagée comme instrument ou document[250]. Autrement dit, la tâche du traducteur consistera à fixer un objectif et une ou plusieurs stratégies, voire dans le cas d'une traduction complexe – un code, par exemple –, passer par la démarche indispensable d'une méthodologie (1.)[251].

Cette tâche s'est compliquée et alourdie à mesure que la conscience linguistique des francophones s'éveillait et s'aiguisait, au Québec, à partir de la Révolution tranquille, la langue française traînant encore sa réputation de « langue traduite ». Comme le déplorait alors Jean-Charles Bonenfant, « [q]ui dit traduction dit absence de spontanéité »[252]. Ce phénomène s'est manifesté dans le domaine du droit notamment et, surtout, des lois, où l'on traduisait plus que littéralement : « Nous traduisons mot à mot. Les juges sont portés à interpréter mot à mot, à interpréter *verbatim*. »[253] Si, depuis, le Québec est passé de l'état de société traduite à celui de « société d'ex-

---

[248] Jean DELISLE, « L'évaluation des traductions par l'historien », (2001) 46-2 *Meta*, 209.

[249] Dans la préface à la traduction des *Tableaux parisiens* de Baudelaire, « Die Aufgabe des Übersetzers » [« La tâche du traducteur »], Weisbach, Heidelberg, 1923.

[250] Valérie DULLION, *Traduire les lois. Un éclairage culturel*, Cortil-Wodon, E.M.E., 3, 2007.

[251] Par « méthodologie » il faut entendre non la ou une méthode (emploi critiqué), mais un « Ensemble de règles et de démarches adoptées pour conduire une recherche » (TLF). Voir Olivier MORÉTEAU, « Les frontières de la langue et du droit : vers une méthodologie de la traduction juridique », (2009) 61-4 *Revue internationale de droit comparé* 695.

[252] J.-C. BONENFANT, préc., note 26, p. 393.

[253] *Id.*, p. 394.

pression »[254], les lois de l'État du Canada, elles, sont passées en bonne part de la traduction à la corédaction (2.).

1. Fins et moyens de la traduction

La traduction est une pratique fort ancienne qui divise depuis toujours le monde des traducteurs en deux groupes irréductibles, les uns favorisant une forme littérale de la traduction, les autres la rejetant pour privilégier le sens. Au XVIe siècle, Fausto Sebastiano da Longiano résume la situation en une phrase éloquente : « *L'uno disse che si dovea tradurre parola per parola ; l'altro, che si doveano tradurre le sentenze e non stare punto ne le parole* »[255], en s'appuyant sur des principes établis par Cicéron (*Segondo le regole mostrate da Cicerone*).

Aujourd'hui, le débat s'est fait plus théorique et tourne autour des « sourciers » (partisans d'une traduction orientée vers le texte source) et des « ciblistes » (orientés vers le texte d'arrivée/cible), ainsi que le traductologue Jean-René Ladmiral[256] les qualifie. Ce manichéisme traductologique n'est qu'un arbre cachant la forêt des innombrables principes, méthodes et stratégies fourmillant dans le champ des théories et pratiques de la traduction, parce que, dans ce domaine comme dans tant d'autres, les choses ne sont jamais uniquement blanches ou noires et les combinaisons y abondent, situation textuelle que je qualifierais de *tertium quid*, ce tiers-espace des signes où naît et prend forme le sens et « qui rend possible l'émergence d'autres positions »[257].

---

[254] Jean-Claude GÉMAR, *Les trois états de la politique linguistique du Québec. D'une société traduite à une société d'expression*, Québec, Conseil de la langue française, 1983.

[255] Fausto Sebastiano da LONGIANO, *Del Modo de lo tradurre d'una lingua in altra secondo le regole mostrate da Cicerone*, Venise, Griffio, 1556, p. 7 [Traduction : « L'un dit qu'il faut traduire mot à mot, l'autre qu'il faut traduire le sens et ne pas s'en tenir aux mots »], en ligne : <https://www.worldcat.org/title/dialogo-del-fausto-da-longiano-del-modo-de-lo-tradvrre-dvna-in-altra-lingva-segondo-le-regole-mostrate-de-cicerone/oclc/977135855?referer=di&ht=edition> (consulté le 16 juillet 2023).

[256] Jean-René LADMIRAL, *Sourcier ou cibliste. Les profondeurs de la traduction*, coll. « Traductologie », Paris, Les Belles Lettres, 2014, p. 3.

[257] Voir le concept de « tiers-espace » chez Homi K. BHABHA and Jonathan RUTHERFORD, « Third Space », (2006) 26-3 *Multitudes* 95, par. 12, en ligne : <https://www.cairn.info/journal-multitudes-2006-3-page-95.htm> (consulté le 16 juillet 2023).

Ce débat qui, au début, portait essentiellement sur la traduction des textes sacrés, puis littéraires, s'est graduellement étendu à d'autres champs d'activité, dont celui du droit, à mesure que chaque domaine gagnait en importance et visibilité dans le grand marché de la mondialisation émergente. À l'instar de la *Weltliteratur* (littérature-monde) de Goethe, la traduction s'est répandue *urbi et orbi* en « traduction-monde », englobant tous les aspects, ou presque, de l'activité humaine. Et cela, dans la foulée de la Deuxième Guerre mondiale. L'essor de la terminologie et des langues de spécialité a fortement contribué à cet envol, de même que le concept de traduction « pragmatique »[258], qui couvre tous les domaines ne revendiquant pas l'esthétique du littéraire et où prime la communication d'un message orientée vers un public cible. On parle aussi de traduction spécialisée, pratique et même technique puisque la plupart de ces domaines non littéraires possèdent un vocabulaire (ou terminologie) spécialisé, donc technique.

C'est le cas du droit et de la traduction des textes juridiques, activité traduisante qui se distingue par la différence notable entre la traduction juridique et la traduction en général, du fait que « le texte à traduire est une règle juridique, une décision judiciaire ou un acte juridique ayant des conséquences juridiques voulues et à atteindre »[259]. Or, la traduction juridique, qui est une pratique fort ancienne, n'a commencé à éveiller durablement l'intérêt de l'internationale des juristes que dans un passé récent. En témoignent, entre autres, les conférences prononcées et interventions effectuées par d'éminents juristes comparatistes sur la problématique de la traduction juridique lors du 12e congrès de l'Académie internationale de droit comparé (Australie, août 1986), textes publiés dans les *Cahiers de droit* et présentés par Michael Beaupré, lui-même auteur d'un article[260].

---

[258] Terme que le TLF définit ainsi : « LING., SÉMIOL. Qui étudie le langage du point de vue de la relation entre les signes et leurs usagers. ». Le TLF attribue la paternité de ce terme au philosophe américain Charles William MORRIS (1901-1979), qui en a exposé sa conception dans *Signs, Language, and Behaviour*, New York, Prentice-Hall, 1946. Voir le compte rendu de l'ouvrage par Robert FEYS dans *Revue philosophique de Louvain*, 45(6-7), 1947, 249-254, en ligne : <https://www.persee.fr/doc/phlou_0035-3841_1947_num_45_6_4106_t1_0249_0000_2> (consulté le 1947).

[259] Jacques H. HERBOTS, « Un point de vue belge », (1987) 28-4 *C. de D.* 814.

[260] Michael BEAUPRÉ, « Introduction », (1987) 28-4 *C.de D.* 735. Ce numéro spécial contient cinq articles exposant le point de vue de chaque auteur sur la traduction juridique dans son pays. Ils sont dus, outre celui de M. BEAUPRÉ, aux professeurs de droit suivants : Ichiro KITAMURA (Faculté de droit de Tokyo) ; Gérard-René DE GROOT

Cet intérêt récent pour la traduction juridique découle de l'intérêt de la société en général envers la traduction dans un monde où sa nécessité s'impose devant les immenses besoins de communication en tous genres, tant du côté des sociétés industriellement avancées que de celui des pays émergents. Les avancées des sciences du langage ont accéléré le processus. Linguistes et langagiers, suivis des traductologues, ont produit les premiers ouvrages traitant de méthodes de traduction, de formation des traducteurs et de principes théoriques, parallèlement aux outils d'aide à la traduction que sont lexiques, dictionnaires et banques de données accessibles sur Internet.

La traduction est alors devenue objet de recherches, de réflexions, voire de spéculations, le tout à vocation scientifique autoproclamée, et les traducteurs se sont spécialisés. L'opération traduisante et ses mécanismes ont été scrutés, analysés, démontés et commentés, afin de pouvoir mettre au point une méthode de traduction «universelle» faisant consensus – au moins temporairement – et de répondre à une question dont la grande complexité est source de spéculations infinies et de divisions dans le monde de la traductologie contemporaine, celle que l'on (se) pose une fois que la traduction est achevée: le texte cible/d'arrivée est-il «équivalent» au texte de départ? Si oui, comment et de quelle(s) façon(s)? Dans le cas contraire, si l'équivalence est tronquée, comment, où et sur quoi le ou les traducteurs ont-ils buté? J'ai employé le mot *équivalent*, et non cet autre: identité. Ces deux mots ne doivent pas être confondus. Concept mathématique, l'identité implique que les deux textes (de départ et d'arrivée) sont semblables au point d'être interchangeables puisqu'ils auraient une «similitude parfaite» (*Larousse*), notion utopique en sciences humaines et sociales – pour ne rien dire de la linguistique.

Selon les traductologues Pergnier et Roberts, «équivalence n'est pas identité. L'équivalence en traduction est une équivalence fonctionnelle plutôt qu'une équivalence totale et parfaite»[261]. L'équivalence a lieu en parlant

---

(Univ. de Limburg, Maastricht, Pays-Bas); Jacques H. HERBOTS (Katholike Universiteit Leuven, Belgique); Rodolfo SACCO (Université de Torino). Outre ces articles, j'ajouterai celui d'un sixième intervenant au dit Congrès, le Professeur François TERRÉ: «Brèves notes sur les problèmes de la traduction juridique» (1986) 38-2 la *Revue internationale de droit comparé* 347-350.

[261] Maurice PERGNIER et Roda P. ROBERTS, «L'équivalence en traduction», (1987) 32-4 *Meta* 402.

de choses non quantifiables, lorsqu'elles sont « [d]e même valeur qualitative » (TLF), ce qui laisse la porte ouverte aux conjectures sur la nature d'une valeur « qualitative », donc subjective, donnée, les formants constituant cette valeur, l'équivalence du sens, des textes, etc. Cela explique sans doute la popularité et les critiques, positives comme négatives, du concept d'équivalence en traduction parmi traductologues, linguistes et langagiers, jurilinguistes compris, en ce que ce vocable permet d'envisager d'innombrables formes de ladite « équivalence », en la qualifiant, selon les auteurs, de : communicative, dynamique, fonctionnelle, formelle, pragmatique, sémantique, stylistique, textuelle, etc.

2. La quête de l'équivalence

Dévider l'écheveau de l'histoire de l'équivalence en traduction demanderait au moins une thèse de doctorat ! Des historiens de la traduction s'en sont chargés, auxquels je renvoie les lecteurs[262]. Ce qui nous intéresse, en l'occurrence, c'est la façon de voir ce concept sous l'éclairage des auteurs contemporains à partir des travaux pionniers du père de la linguistique moderne, le linguiste suisse Ferdinand de Saussure (1857-1913), qui ont inspiré les générations de linguistes suivantes[263]. Parmi les plus éminents linguistes du XXe siècle, Roman Jakobson est un des premiers à s'être intéressé à la question de la traduction dans un article court mais dense et pénétrant, où il évoque l'équivalence à plusieurs reprises[264], notamment à propos de la traduction interlinguale : « *Equivalence in difference is the cardinal problem of language and the pivotal concern of linguistics* »[265]. L'équivalence dans la différence, ou le dilemme du traducteur...

Au Canada, des linguistes et des traductologues ont repris le sujet de l'équivalence, l'inscrivant dans des ouvrages de référence. C'est ainsi que

---

[262] M. BALLARD, préc., note 126.

[263] Le *Cours de linguistique générale* de Ferdinand DE SAUSSURE est un ouvrage posthume publié par des disciples du maître, en 1916, à Lausanne, sur la base de notes prises durant ses cours.

[264] Roman JAKOBSON, « On linguistic aspects of translation », dans Reuben A. BROWER (dir.), *On Translation*, Harvard University Press, 1959, p. 232 ; à la page 233 de son article, Jakobson décrit les trois stades de la traduction qu'il reconnaît : « Intralingual translation or *rewording*... ; Interlingual translation or *translation proper*... ; Intersemiotic translation or *transmutation*... ».

[265] *Id.*, p. 233.

De la traduction à l'expression : le français dans tous ses états

Jean-Paul Vinay et Jean Darbelnet, les «pères fondateurs» de la traduction au Canada, probablement inspirés par Jakobson, ont inclus l'équivalence parmi les sept «procédés» de traduction préconisés dans leur ouvrage insigne *Stylistique comparée du français et de l'anglais*[266]. Ce procédé «oblique» consiste à traduire en remontant à la situation de l'original et à produire un équivalent dans la langue et le texte cibles: NO ENTRY = entrée interdite; CONSTRUCTION = travaux; DEAD END = cul-de-sac/impasse, etc. Par la suite, ce «procédé» a fait couler beaucoup d'encre parmi les linguistes et les traductologues, toujours prompts à la critique. Sans prétendre y apporter de réponse définitive, voyons comment d'éminents traductologues ont traité le sujet. Reiss (1984), Pergnier et Roberts (1987), Lederer (2002), Ballard (2006), parmi de nombreux autres, ont traité ou défini la question de l'équivalence.

La traductologue allemande Katarina Reiss, cofondatrice de la théorie du *skopos* et une des principales théoriciennes du fonctionnalisme en traduction, a défini l'équivalence dans le cadre des fonctions que le traducteur reconnaît devoir attribuer au texte cible. Selon le cas, l'équivalence sera soit «formelle», soit «dynamique», l'équivalence étant vue comme «*a relation between a source text, or some element in it, and a text or text-element in the receptor language*»[267]. C'est à K. Reiss que l'on doit l'expression «équivalence fonctionnelle» entendue du texte d'arrivée «*functionally equivalent*» au texte source[268], formule qui a peut-être inspiré celle du juge Pigeon.

---

[266] J.-P. VINAY et J. DARBELNET, préc., note 122. Voir deux commentaires très différents sur cet ouvrage, le premier dans une recension élogieuse: R. W. JEANES, (1959) 5-1 *Canadian Journal of Linguistics/Revue canadienne de linguistique* 53-55; le second, dans un article critique: Michel BALLARD, «À propos des procédés de traduction», (2006) *Palimpsestes* 113, en ligne: <http://journals.openedition.org/palimpsestes/386> (consulté le 27 novembre 2022). Voir aussi R. ROBERTS et M. PERGNIER, préc., note 261. Enfin, voir le traitement de l'équivalence et ses degrés en traduction juridique par Susan ŠARČEVIĆ dans son ouvrage *New Approach to Legal Translation*, The Hague, Kluwer, 1997, notamment aux p. 229, 327 et suiv.

[267] Katarina REISS, «Adequacy and equivalence in translation», (1983) 34-3 *The Bible Translator* 301. Voir aussi l'ouvrage fondateur du *skopos*: Katarina REISS und Hans VERMEER, *Grundlegung einer allgemeinen Translationstheorie*. Tübingen, Niemeyer, 1984.

[268] Katarina REISS, *Möglichkeiten und Grenzen der Übersetzungskritik*, München, M. Hueber 1971 [Traduit par Erroll F. RHODES, *Translation Criticism – The Potentials and Limitations*, New York/Manchester, American Bible Society/St. Jerome, p. 160.]

Un autre point de vue, mais proche de celui de Reiss, est exprimé par Pergnier et Roberts dans un article paru dans la revue *Meta*, en 1987 :

> [qu']il est de plus en plus reconnu que la traduction n'est pas la recherche d'équivalences statiques au niveau des signes et de leurs signifiés (fût-ce même en contexte), mais qu'il s'agit d'un phénomène <u>pragmatique</u> mettant en jeu des facteurs extra-linguistiques <u>dynamiques</u>. La traduction vise à fournir des équivalences non à des signes considérés comme tels, mais à des signes insérés dans des <u>situations</u> spécifiques.[269] [Je souligne]

On retiendra les trois points cardinaux que sont, pour ces éminents traductologues, les aspects pragmatique, dynamique et contextuel en traduction, vues que partagent de nombreux collègues. Il s'ensuit que « le traducteur, conscient des paramètres situationnels [...] peut obtenir un degré d'équivalence qui, bien que n'atteignant jamais l'identité, mérite pleinement le nom d'équivalence »[270].

Une autre éminente traductologue, Marianne Lederer, cofondatrice avec Danica Seleskovitch, de la théorie interprétative de la traduction, pose par la même occasion le problème du choix de la <u>méthode</u> en traduction :

> Au moment où il traduit, le traducteur peut appliquer deux méthodes différentes : soit il passe d'une langue à l'autre, introduisant dans son texte des correspondances lexicales ou syntaxiques préexistantes entre deux langues, soit il se construit une image mentale de la situation et, ayant trouvé le « sens » du texte, il l'exprime par équivalences, de façon idiomatique en langue d'arrivée.[271]

L'alternative entre la traduction littérale et la traduction du sens est celle que nous avons vue plus haut. Pour Lederer et Seleskovitch, le sens est exprimé « par équivalences, de façon idiomatique ». Ainsi, l'équivalence ne signifie pas nécessairement le sacrifice d'un style d'écriture idiomatique du texte d'arrivée. La leçon vaut également pour les textes législatifs.

Michel Ballard, traductologue et historien de la traduction, critique vertement les procédés de Vinay et Darbelnet – leur « taxinomie » – et, pour ce qui est de l'équivalence, procédé « oblique » dans leur classement, avance ceci :

---

[269] R. ROBERTS, préc., note 261, p. 392.
[270] *Id.*, p. 402.
[271] Mariane LEDERER, *Correspondances et équivalences - Faits de langue et de discours en traduction*, dans Fortunato ISRAËL (dir,) *Altérité, identité, équivalence*, « Cahiers Champollion », Paris-Caen, Lettres Modernes Minard, 2002, n° 5, à la p. 2.

Le terme « équivalence » a une portée trop large pour être appliqué à une sous-catégorie : toute traduction est une équivalence, je renvoie sur ce point au célèbre essai de Jakobson. Ladmiral fait également ce reproche à Vinay et Darbelnet : « le concept d'équivalence a une validité extrêmement générale et il tend à désigner toute opération de traduction ».[272]

Ainsi, toute opération de traduction, donc la traduction même (le fait de traduire), est une équivalence que l'on peut regarder de deux façons dans l'opération traduisante, soit *lato sensu* (Ballard) et *stricto sensu* (Reiss, Pergnier et Roberts, Lederer), et même, selon le cas, tantôt de l'une, tantôt de l'autre (Ladmiral) – contexte oblige, sans doute ?

Voilà pour ce qui est de la traduction en général, mais est-ce que cela (l'équivalence) vaut aussi pour la traduction juridique ?

Si l'on en croit l'expérience canadienne acquise sur plusieurs siècles, il revenait au Canada, où la traduction juridique est vue comme « un instrument qui contribue à maintenir symboliquement en équilibre une société partagée entre deux langues officielles »[273], de faire évoluer cette pratique et son savoir-faire en discipline, la jurilinguistique, qui découle de la rencontre conflictuelle et néanmoins fructueuse entre langues et droits sur un territoire commun. Le savoir-faire cumulé des juristes et des langagiers et leur vision de son avenir ont nourri la traduction juridique bilingue, la faisant progresser et, dépassant le stade translatif, parvenir à une expression jugée optimale sous la forme d'une rédaction bilingue, la corédaction, dans laquelle la traductologue et jurilinguiste Susan Šarčević voit une forme de traduction[274].

---

[272] M. BALLARD, préc., note 266, par. 21. D'autres critiques se font entendre, dont, parmi les plus récentes et les plus fouillées, celles de Margarete DURR [*La pertinence en traduction juridique. Un regard franco-allemand*, Bern, Peter Lang, 2020], où la pertinence, qui, selon elle, prime l'équivalence, est ainsi définie : « [I]l semble important de retenir la double définition de la pertinence en sciences de l'information : en tant que relation, d'une part et d'autre part, en tant que mesure de l'efficacité de la communication. » (p. 99).

[273] Michel SPARER, « Peut-on faire de la traduction juridique ? Comment doit-on l'enseigner ? », (2002) 47-2 *Meta* 271.

[274] S. SARCEVIC, préc., note 266, p. 399. Dans un sens très large, celui de la traduction de la pensée en mots, on peut dire que la corédaction est une forme de traduction, mais, dans son sens strict – celui d'un texte rédigé dans une langue A transféré dans un texte rédigé dans une langue B –, la corédaction n'est pas de la traduction au sens que Jakobson donne à ce mot : Interlingual translation (*voir la* note 264).

Avant d'y parvenir, toutefois, la traduction juridique s'est dotée de lettres, sinon de noblesse, du moins de référence. L'une de ces références est due à l'action inspirante et continue d'un jurilinguiste avant l'heure, un éminent juriste doublé d'un juge remarquable, Louis-Philippe Pigeon (1905-1986). Dans un article de référence, le juge Pigeon, après avoir souligné «l'énorme difficulté de la tâche du traducteur juridique»[275], démontre la réalité juridique et linguistique du concept d'«équivalence fonctionnelle», considérant qu'il s'agit du «procédé dominant» en traduction juridique[276].

Ce faisant, il s'est sans doute inspiré des travaux de traductologues comme Mounin et Nida, qu'il cite, et Reiss. Il explique que «[l]e principe même de l'équivalence fonctionnelle signifie que l'on traduit en utilisant un mot qui ne correspond pas rigoureusement au même concept juridique, mais à un concept analogue»[277]. Il en donne pour exemple, entre autres, le couple *real estate*/bien-fonds comme suit: «[L]'expression «bien-fonds» n'exprime pas exactement le même concept juridique que «*real estate*». Cependant, cela me paraît un équivalent acceptable [...].»[278].

Depuis, le concept de l'équivalence dite «fonctionnelle» semble prévaloir dans les milieux juridiques du Canada. Il prévaut aussi en d'autres lieux, pour la traduction en général et, surtout, la traduction pragmatique[279]. C'est ainsi que Katarina Reiss intègre l'équivalence «fonctionnelle», que nous avons vue plus haut, dans sa définition de la traduction (interlinguale): «*Interlingual translation may be defined as a bilingual mediated process of communication, which ordinarily aims at the production of a TL text that is functionally equivalent to a SL text*»[280]. Je partage cette façon de

---

[275] Louis-Philippe PIGEON, «La traduction juridique – L'équivalence fonctionnelle», dans Jean-Claude GÉMAR (dir.), *Langage du droit et traduction. Essais de jurilinguistique – The Language of the Law and Translation. Essays on Jurilinguistics*, Québec, Éditeur officiel du Québec, 1982, p. 271, à la p. 273. En outre, Mᵉ Pigeon a été l'un des architectes de la politique de rédaction et de refrancisation des lois du Québec et un artisan efficace d'une traduction et d'une rédaction françaises des arrêts de la Cour suprême du Canada.

[276] *Id.*

[277] *Id.*, p. 280.

[278] *Id.*

[279] S. ŠARČEVIĆ, préc., note 266.

[280] Katarina REISS, «Type, Kind and Individuality of Text», (1981) 2-4 *Poetics Today* 121. Voir aussi la thèse de Gladys González MATTHEWS, *L'équivalence en traduc-*

concevoir l'équivalence en traduction, car elle ne se limite pas à un mot/ terme ou à une expression, mais porte sur l'ensemble du texte, quant au fond et quant à la forme. Ce sujet sera traité plus avant dans la deuxième partie.

L'équivalence, donc, et fonctionnelle de surcroît, voilà l'objectif à atteindre pour les traducteurs, encore que d'autres fins soient envisageables selon les situations et les desseins, dont la fonction (*skopos*) des textes source et cible, pas forcément la même, et le concept de « pertinence »[281] du texte cible, sans oublier le principe de « *fitness-for-purpose* » [l'adéquation/adaptation aux fins visées] suivi à la Commission européenne[282], le tout tournant autour d'un principe de fonctionnalisme.

En traduction juridique, il importe avant tout de rendre de façon optimale, soit conformément au droit avant tout, la ou les règles que porte le message juridique source. Ensuite, non moins importante est la manière d'exprimer ce message en adéquation avec le langage du droit et le système ou la culture cibles. Cette seconde préoccupation n'est apparue que tard dans les habitudes des traducteurs juridiques, les Canadiens entre autres, longtemps bloqués sur l'objectif de traduire scrupuleusement la lettre du droit, de crainte de « s'éloigner du texte primitif »[283] (3.). En outre, dès le départ, les traducteurs canadiens ont dû faire face à une difficulté inédite : traiter avec une culture juridique et des institutions étrangères qu'ils ignoraient et chercher – sans toujours trouver – des équivalents crédibles aux noms, termes, concepts et notions inconnus des francophones. Ce double handicap les a accompagnés jusque dans la seconde moitié du XXᵉ siècle,

---

tion juridique..., thèse de doctorat, Université Laval, 2003, en ligne : <https://www.collectionscanada.gc.ca/obj/s4/f2/dsk3/QQLA/TC-QQLA-21362.pdf> (consulté le 16 juillet 2023) ; également : Ivo PETRÙ, « La traduction juridique : entre équivalence fonctionnelle et équivalence formelle », (2016) *Études romanes de Brno* 2-14 ; Zuzana HONOVÀ, « L'équivalence fonctionnelle – une stratégie pour la traduction juridique ? The Functional Equivalence – a Strategy for Legal Translation ? », (2016) 37-2 *Études romanes de Brno* 163 ; Vincent GAUTRAIS, « Équivalence fonctionnelle », mai 2012, en ligne : <https://www.lccjti.ca/definitions/equivalence-fonctionnelle/> (consulté le 16 juillet 2023).

[281] Voir la note 272.

[282] Voir Ingemar STRANDVIK, « Evaluation of outsourced translations. State of play in the European Commission's Directorate-General for Translation (DGT) », dans, Tomas SVOBODA, Lucja BIEL, Krzysztof LOBODA (dir.), *Quality aspects in Institutional Translation*, Berlin, Language Science Press, 2017, chapitre 7, p. 123-137.

[283] J.-C. BONENFANT, préc., note 26, p. 390.

lorsque les aspects socio-culturels, sous-jacents dans la traduction et l'opération traduisante comme dans le droit et son langage, eurent été mis en évidence[284] et progressivement transposés dans les traductions, lois incluses. Or, c'est justement à propos de la traduction législative que les critiques de la traduction se sont élevées au ministère de la Justice responsable de la préparation des lois[285] (4.).

3. De la traduction à la corédaction

Nous savons que «[Au Canada de 1763] l'un des tout premiers domaines envahis est celui des lois»[286], situation à la base de la traduction juridique et d'où s'ensuivirent calques, glissements et autres difficultés que la langue française a dès lors subis. Car il a bien fallu traduire les textes de droit que le nouveau gouvernement produisait dorénavant afin que les colons français, pour la plupart ignorants de la langue du colonisateur, en soient instruits. Les premiers traducteurs ont alors dû relever un défi peu courant, soit traduire un droit et sa langue, sans posséder vraiment les deux, voire tout en les méconnaissant. Il n'est guère étonnant, dans ces conditions, que les traducteurs d'antan – et même ceux d'après – aient fait le choix scrupuleux de traduire littéralement les textes juridiques qui leur furent soumis. À cet égard, on peut dire que la traduction juridique reflète un littéralisme institué, voire institutionnel. Là réside la source de bien des problèmes contrariants, depuis, le cours de la langue juridique – et de la langue française en général – jusqu'à nos jours.

---

[284] Pour la traduction/traductologie, voir Mary SNELL-HORNBY, «The turns of Translation Studies», *Handbook of Translation Studies Online*, John Benjamins, 2010-2016: en ligne: <https://benjamins.com/online/hts/articles/tur1> (consulté le 16 juillet 2023); William SEWELL, «The Concept(s) of Culture» dans Victoria E. BONNELL et Lynn HUNT (dir.), *Beyond the Cultural Turn. New Directions in the Study of Society and Culture*, Berkeley, University of California Press, 1999, p. 35–61; Alain CAILLÉ et Stéphane DUFOIX (dir.), *Le tournant global des sciences sociales*, Paris, La Découverte, 2013. Pour le droit, voir en particulier l'anthropologie juridique, notamment Norbert ROULAND, *Anthropologie juridique*, Paris, Presses universitaires de France, 1988, et *Aux confins du droit*, Paris, Odile Jacob, 1991; voir aussi G. CORNU, préc., note 203, p. 5-8.

[285] Lionel LEVERT, «La cohabitation du bilinguisme et du bijuridisme dans la législation fédérale canadienne: mythe ou réalité?», Ministère de la Justice, 1999, en ligne: <https://www.justice.gc.ca/fra/pr-rp/sjc-csj/harmonization/hlf-hfl/f1-b1/bf1e.html> (consulté le 16 juillet 2023).

[286] L. GROULX préc., note 27, p. 32.

Pour comprendre les enjeux de la traduction et les difficultés que cette opération oppose à sa réalisation, il importe de préciser en quoi consiste l'acte traductif. On se figurera mieux ainsi les enjeux que porte le couple traduction littérale/traduction « libre » et les stratégies, libres ou imposées, que suivra le traducteur.

Traduire est, au départ, une opération linguistique : la langue du texte de départ doit d'abord être déchiffrée ; suit le domaine ou la spécialité sur quoi porte le texte à traduire. S'agissant du droit, celui-ci est tout entier dans la langue, support du droit et de son message. On ne peut exclure ni l'une ni l'autre – sauf à « parler » en langue des signes ! Aussi les difficultés que peuvent poser un terme, une locution ou une expression à traduire ne sont-elles jamais totalement imputables à l'une, la langue (l'enveloppe/signifiant) ou à l'autre, le domaine en cause (le signifié/message), soit le droit en ce qui nous concerne.

Ces difficultés textuelles représentent parfois un subtil dosage des deux, un écheveau qu'il revient au traducteur de démêler. La langue ou le droit y tient une place plus ou moins grande selon le type de texte (loi, règlement, jugement, testament, etc.). On peut représenter cette situation par la figure suivante[287] :

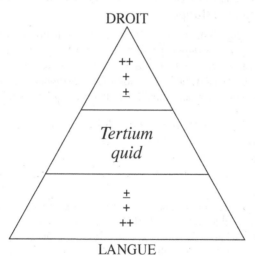

---

[287] J'ai repris le schéma et une partie de mon commentaire présentés dans l'un de mes articles : Jean-Claude GÉMAR, « L'analyse jurilinguistique en traduction, exercice de droit comparé. Traduire la lettre ou "l'esprit des lois" ? Le cas du Code Napoléon », (2019) 37 *Comparative Legilinguistics* 1.

Les parties de ce triangle, dont la base est la langue et le droit, le sommet, sont séparées par une variable inconnue représentant le «tiers espace», lieu imaginaire où figurent les nombreuses situations que peuvent produire les interactions de la langue et du droit. Les signes + indiquent une forte composante linguistique ou juridique; les signes ± indiquent une composante linguistique ou juridique moindre, tendant vers la zone plus floue de la variable inconnue *tertium quid*.

Pour illustrer ce schéma et les difficultés limitées à la terminologie, prenons un exemple, celui d'un terme en contexte: «estoppel», qui devrait permettre de mieux comprendre «l'obstacle supplémentaire qui se dresse sur le chemin du traducteur, puisqu'il lui faut choisir son horizon de référence.»[288]:

> Where a court finds that a party has done something warranting a form of <u>estoppel</u>, that party is said to be estopped from making certain related arguments or claiming certain related rights.[289]

Dans le *Vocabulaire juridique* de Cornu, sous l'entrée ESTOPPEL, on lit: «Notion empruntée au droit anglo-américain»[290]. Or, si l'on consulte les dictionnaires de langue anglaise, par exemple l'*American Heritage Dictionary of the English Language*, c'est un autre son de cloche que l'on entend, sous l'entrée **estoppel**:

> The verb is *estop*, which comes from *estoppen*, itself borrowed from Old French *estop(p)er*, *estouper*, presumably from Vulgar Latin *stuppāre, "to stop up with tow, caulk", from Latin *stuppa*, "broken flax", from Ancient Greek *stuppe*, "broken flax". The noun form *estoppel* is based on the Old French *estoupail*, "stopper, bung", a derivative of *estouper*.[291]

L'auteur du *Manual of Law French*, John H. Baker, introduit ce terme sous sa forme verbale au titre du *Law French*[292]. Son origine française ne fait aucun doute:

---

[288] Fabien GIRARD, «Prendre langue avec l'étranger. La traduction: un modèle pour l'herméneutique juridique?», *Sens [public], Revue internationale. International Web Journal*, publié en ligne, 2015/03, p. 3: <http://www.sens-public.org/article.php3?id_article=1137> (consulté le 16 juillet 2023).

[289] *American Heritage Dictionary of the English Language*, Fourth ed., Boston, Houghton Mifflin Harcourt, 2004, entrée ESTOPPEL.

[290] G. CORNU, préc., note 203, p. 416.

[291] préc., note 289, entrée ESTOPPEL.

[292] John H. BAKER, *Manual of law French*, Avery, 1979, p. 107.

estopper, 1, to stop up, to dam a river (3 H. 4, 9) ;
2 to close someone's mouth, to conclude (i.e. estop), to estop.
39 E. 3, 25v (sa bouche est estoppe).

Ainsi, on se trouve devant un terme dont le signifié, soit le concept et la notion qu'il porte, est bien propre au droit anglo-américain – quoique son origine se trouve dans le *Law French*, mais son enveloppe, son signifiant, provient du vieux français, et non du vieux ou moyen anglais. Ce mélange des genres entre les deux langues caractérise autant la langue anglaise que la française, mais particulièrement le langage de la common law pour les raisons historiques que l'on sait (Hastings, 1066). Comme le remarque un linguiste britannique, «*English language history specialist Albert C. Baugh "estimates that some ten thousand French words were borrowed by English in the Middle English period, i.e. between approximately, 1150 and 1400, and that 75 percent of them still remain in the language"* »[293]. L'exemple du « maître terme » qu'est « estoppel », ce « concept étrange et pénétrant »[294], aide à mieux comprendre le phénomène des « faux amis » – des « faux frères », plutôt ? – et de leur cheminement, qui démontre que les mots et la valeur qu'ils comportent, ayant évolué au fil du temps, n'ont plus, aujourd'hui, leur sens originel.

À partir de là, une fois les signes assemblés de manière à constituer un texte, le traducteur va le plus généralement procéder à sa traduction en trois phases principales et successives : 1. la préparation (de la traduction) ; 2. le transfert ; 3. la vérification, cela avec toutes les démarches intermédiaires afférentes, chaque étape se déclinant en un nombre variable de paliers en fonction du savoir-faire (compétence) de l'intéressé, de la difficulté du texte et de la ou des fonctions qu'est appelé à remplir le texte cible. À quoi vient s'ajouter « le besoin de communication »[295] qui est propre à tout acte de langage et détermine la manière de l'exprimer.

Historiquement, cette communication est longtemps passée par la traduction littérale, et ce pour toutes sortes de raisons, dont la moindre n'est

---

[293] Glanville PRICE, *The Language of Britain*, London, Edwards Arnold Publishers Limited, 1984, p. 228.

[294] Bénédicte FAUVARQUE-CAUSSON, « L'estoppel, concept étrange et pénétrant », (2006) 4 *Revue des contrats* 1279.

[295] Elisabeth LAVAULT-OLLÉON, « La traduction comme engagement », *Écarts d'identité*, n° 113, Grenoble, 2008, p. 12, en ligne : <https://www.revues-plurielles.org/_uploads/pdf/6/113/ei_113_lavault.pdf> (consulté le 16 juillet 2023).

pas le caractère sacré du texte, puisque ce sont des textes religieux que l'on traduisait *verbum et verbo* : mot à mot. Cette vieille tradition viendrait-elle d'Aristote, à partir de qui « la réflexion partira du mot plutôt que de l'énoncé »[296]? Quoi qu'il en soit, ainsi que l'exprime bien l'historien de la traduction Michel Ballard, « [a]fin d'éviter les erreurs dues à la subjectivité, il est conseillé de traduire de manière littérale et en préservant l'ordre des mots. La tâche du traducteur consiste alors à transférer l'original mot à mot, sans égard pour les caractéristiques de la langue d'arrivée »[297]. Des textes sacrés, cette habitude s'est progressivement étendue à d'autres domaines, à commencer par celui de la littérature, car « les principes de fidélité formelle et d'exigence dans la restitution de l'original ne sont plus appliqués seulement à des textes religieux mais à des textes littéraires. »[298]. Le droit suivra.

Au Canada, cette manière de traduire les lois s'est perpétuée jusqu'à nos jours. On la trouve encore aujourd'hui, pour le français langue traduite, en lisant les deux versions du *Code criminel* en parallèle et, pour l'anglais, en consultant le *Code civil du Québec* et sa version anglaise. Mais cela n'est pas l'apanage du Canada, tant s'en faut. Des textes fondateurs comme ceux des Nations Unies, dont sa Charte (1945) [Annexe 15] et la *Déclaration universelle des droits de l'homme* (1948), et de ses nombreuses institutions, Unesco comprise, en sont la preuve vivante. Dans l'Union européenne, les textes de l'Acquis sont traduits au plus près, ainsi qu'en témoigne Ingemar Strandvik, un des responsables de la qualité des traductions à l'UE :

« What characterizes legal translation ?

- "literal", source-text oriented approach to translation
- lots of "calques", word-for-word rendering of terms
- "texts should say the same thing"
- "translators should refrain from interpreting the text, they should just reproduce what it says" »[299]. [Je souligne]

---

[296] Christophe RICO, « Figure et théorie du signe : les solutions de Saint Jérôme », dans Jacques-Emmanuel BERNARD (dir.), « Pratiques de la rhétorique de l'Antiquité au XVIIIe siècle » (2008) 58 *Modèles linguistiques* 79, par 5, en ligne : <https://journals.openedition.org/ml/142> (consulté le 16 juillet 2023).

[297] M. BALLARD préc., note 126, p. 33.

[298] *Id.*, p. 197.

[299] Ingemar STRANDVIK, « Legal Translation, Multilingual Lawmaking and the Quest for Quality »Directorate-General for Translation, European Commission, 2011 à la p 4,

De tels exemples abondent. J'ai récemment effectué une recherche portant sur la comparaison du texte du Code civil de 1804 et de sa traduction dans quatre langues européennes : italien, allemand, espagnol et anglais [Annexe 16]. Les traductions sont toutes littérales, bien que pour des raisons parfois très différentes, selon la région concernée et son statut politique. C'est ainsi que le cas de la version italienne est atypique du fait que la majeure partie du territoire de la future Italie avait été conquis par les armées napoléoniennes, en 1801, et que le Code civil sera appliqué sur ces territoires. Mais dans les trois autres cas, il n'y avait pas de raison impérative pour le traduire littéralement, sinon pour faire connaître à leurs citoyens, dans leur langue, le texte du Code *verbum pro verbo* : mot à mot. Les traductions sont toutes littérales, bien que, pour des raisons parfois très différentes selon la région concernée et son statut politique, on note quelques adaptations. Un exemple célèbre, mais rare en témoigne, celui du juriste suisse Virgile Rossel (1858-1933), homme de grands et multiples talents, qui a rédigé, traduit et adapté le *Code civil suisse* (1912) et le *Code des obligations* (1911), textes réalisés dans l'esprit du langage du droit et de la tradition française du Code civil de 1804. Il s'ensuivra d'ailleurs une fameuse controverse animée par les conservateurs, adeptes du littéralisme[300]. Ne nous étonnons pas que les traducteurs canadiens de textes juridiques aient adopté, puis suivi cette manière de traduire sur plus de deux siècles.

Or, que lui reproche-t-on pour l'essentiel ? Parmi les très nombreux témoignages de personnes et d'auteurs autorisés, l'un d'eux émet un commentaire particulièrement éloquent sur la question. Il s'agit de l'une des personnalités majeures dans la longue histoire de la traduction, Saint Jérôme, père et docteur de l'Église, qui énonce que « [l]a traduction d'une langue dans une autre, si elle est effectuée mot à mot, cache le sens »[301]. Rien de moins ! Lorsque Saint Jérôme parle de traduction mot à mot, il ne vise pas des « phrasettes » comme « le soleil brille » (*the sun shines* ; *die Sonne scheint* ; *il sole splende* ; *el sol está brillando*, etc.), situation où l'expression

---

en ligne : <http://www.tradulex.com/LIS2011/strandvik1.pdf> (consulté le 16 juillet 2023). Ingemar STRANDVIK est *Quality Manager* à la Commission européenne – Direction générale de la traduction - Directeur-général adjoint. Responsable des Directions A, B, C et D. – Traduction (DGT.A).

[300] V. DULLION, préc., note 250, p. 371 ; S. ŠARČEVIĆ, préc., note 266, p. 36-40.

[301] Cité par Paul HORGUELIN dans *Anthologie de la manière de traduire*, Montréal, Linguatech, 1981, p. 23. Je rappelle aux lecteurs que Saint Jérôme, « parrain » des traducteurs, a traduit la Bible en latin, version connue sous le nom célèbre de *Vulgate*, « à partir des anciennes traductions latines et des Bibles grecque et hébraïque ».

se rend de façon équivalente et idiomatique dans nombre de langues, mais parle de textes d'envergure, tels ceux qu'il a traduits, ce qu'il ne faut pas confondre.

Il reste que, lors d'une rencontre entre connaissances, pour une formule de salutation habituelle telle que «Comment ça va?», la traduction mot à mot serait totalement incongrue s'il fallait rendre littéralement en anglais ou en espagnol l'expression cadienne «Comment va les z-haricots?»[302]. Les limites du littéralisme ressortent aussitôt, dès que l'on se rend compte que traduire mot à mot cette expression conduirait à un résultat absurde, voire comique – que ne renierait sans doute pas l'adepte de l'Oulipo qu'était Raymond Queneau! On comprend alors que l'art de la traduction passe par l'analyse d'un énoncé dans sa situation contextuelle et sa compréhension fine du substrat culturel qu'il porte. Et là, on entre dans «la traduction interculturelle», comme Ladmiral l'a décrit: «On ne traduit pas ce qui est écrit; on traduit ce qu'on pense qu'a pu penser celui qui a écrit ce qu'il a écrit quand il l'a écrit»[303]. Et cela, quel que soit le domaine en cause, ce qui inclut le droit et son interprétation. Toutes choses alors inconnues des traducteurs des premiers jours de la colonisation britannique et tout au long du XIXe siècle et des quelque cent années qui ont suivi la fondation de la Confédération (1867), dont la constitution, l'Acte de l'Amérique du Nord Britannique (AANB), n'est pas un modèle de traduction (Annexe 17). Ainsi que le remarque un traductologue canadien, la traduction «sera longtemps faite par des gens pleins de bonne volonté – et souvent d'ailleurs non dépourvus d'honnêtes connaissances générales et linguistiques – mais sans compétence particulière: journalistes, greffiers, commis aux écritures, hommes de loi, etc., sans oublier les inévitables secrétaires "bilingues"»[304].

Ce constat n'accable pas ces traducteurs d'occasion, mais souligne les faiblesses et les lacunes de personnes peu ou mal qualifiées pour traduire, faute d'une formation adéquate. Aussi, depuis le début du XIXe siècle,

---

[302] Sara Le Menestrel, «French music, Cajun, Creole, Zydeco», (2005) 53 *Civilisation. Revue internationale d'anthropologie et de sciences humaines* 199, par. 7. En répondant «Les z-haricots sont pas salés», l'interlocuteur évoque «les temps durs pendant lesquels on n'avait pas de viande [...] pour accompagner les haricots», la nourriture du temps des vaches maigres des Cadiens modestes.

[303] Jean-René Ladmiral, *La traduction interculturelle*, Paris, Armand Colin, 1995, p. 53.

[304] Pierre Cardinal, «Regard critique sur la traduction au Canada», (1978) 23-2 *Meta* 142.

« la qualité des textes traduits s'est dégradée petit à petit. Il faudra attendre le milieu du vingtième siècle pour que s'amorce un mouvement irréversible de redressement de la qualité linguistique »[305]. Ce redressement est dû à plusieurs facteurs décisifs, dont la formation professionnelle – l'enseignement d'une traduction qui ne soit plus strictement académique (entendre : littéraire) –, qui a débuté, modestement, à l'Université d'Ottawa, en 1936. Elle y a joué un rôle considérable – sujet qui sera traité dans le chapitre 3 de la troisième partie. Depuis, la qualité de la formation est allée croissant, au rythme des progrès des sciences du langage et de l'essor de disciplines telles que la terminologie et la traductologie. Les notions de pragmatisme, de texte avec ses fonctions, de culture et de contexte, notamment, font évoluer rapidement le champ traductionnel en introduisant de nouveaux paradigmes, esquissant un tableau plus contrasté et varié de la traduction. Celle-ci, en somme, en reflétant l'état de la langue française au fil de son cheminement, du pire des premiers temps de la Conquête au meilleur qu'annonçait le XXe siècle, « a suivi l'évolution des institutions, des mœurs et des courants sociaux. »[306].

4. Culture, texte et traduction

Les transformations politiques et sociales qui ont traversé la société occidentale au lendemain de la Deuxième Guerre mondiale, parallèlement aux avancées scientifiques et aux changements de perspectives dans les sciences sociales, n'ont épargné ni la traduction dans les manières de traduire, ni les lois ou les jugements dans la façon de les rédiger. Sans parler de révolution comme telle dans les sciences linguistiques et juridiques, ces disciplines n'en ont pas moins subi les influences portées par les mouvements sociaux visant à transformer les façons traditionnelles de voir les langues et les textes. Avec sa révolution « tranquille »[307], le Québec, d'une part, a mis en œuvre de nombreuses réformes, dont certaines, pour ce qui nous intéresse, porteront des fruits en ce qui a trait à la rédaction des lois ; le gouvernement du Canada d'autre part, a fait de même via le Bureau des traductions et la traduction en général et le ministère de la Justice pour la traduction et la rédaction des lois, mais également des décisions de justice.

---

[305] J. DELISLE, préc., note 3, p. 4.
[306] J. DELISLE, préc., note 123. P. 426.
[307] R. DUROCHER, préc., note 81, 223-229.

Si les deux entités convergeaient sur l'essentiel, soit améliorer la lisibilité des textes, des desseins néanmoins différents portaient les changements envisagés. Au Québec, il s'agissait de s'extraire de l'influence de la tradition britannique de rédaction des lois pour leur imprimer désormais une forme et une identité françaises et, ce faisant, contribuer au « redressement linguistique »[308]. Jusqu'alors, les efforts déployés par les Québécois pour refranciser leur langue n'avaient guère été « couronnés de succès car leur combat est toujours à recommencer »[309]. À Ottawa, dans le sillage du *plain English/Clear writing movement*, le but était de veiller à présenter à la population canadienne des lois bilingues plus lisibles pour les deux communautés et respectueuses des deux cultures juridiques et linguistiques, encore que le texte anglais figurât immanquablement dans la colonne de gauche et le français dans celle de droite, laissant penser qu'il s'agissait toujours d'une traduction de l'anglais, et non l'inverse. L'égalité dans la différence ? À cet égard, il faut rappeler que la traduction est, au Canada, « un véritable miroir linguistique des rapports sociopolitiques institués entre les membres des deux communautés linguistiques officielles »[310]. Or, « [j]usqu'à un passé relativement peu lointain, la version française des lois fédérales ne constituait qu'une traduction servile du texte pensé et élaboré en anglais »[311].

Cet état de fait a longtemps desservi la traduction des lois fédérales aux yeux des Québécois francophones – à ceux des Canadiens anglophones aussi d'ailleurs, lui conférant une réputation peu flatteuse, souvent à tort, car la plupart des gens sont ignorants des difficultés du travail qu'accomplissent les traducteurs. Sait-on que la décision finale sur le texte n'appartient pas au traducteur, spécialiste des questions langagières et non responsable politique... Il reste qu'aux niveaux supérieurs chargés de la production de la législation fédérale, on en est arrivé à s'interroger sur la fonction de la traduction et son utilité en l'espèce, et à les remettre en question (a)). C'est

---

[308] *Id.*, p. 227.

[309] Paul-André LINTEAU, René DUROCHER et Jean-Claude ROBERT, *Histoire du Québec contemporain. De la confédération à la crise (1867-1929)*, Montréal, Boréal Express, 1979, p. 69.

[310] P. CARDINAL, préc., note 304, p. 145-146.

[311] Gérard BERTRAND, « Préface », *LA CLEF common law en français*, Institut Joseph Dubuc, 1992, en ligne : <https://www.jurisource.ca/prj/phpWL4zCb1545318194.pdf> (consulté le 16 juillet 2023). Me Bertrand était alors Directeur du programme de rédaction législative française.

alors que des considérations textuelles et culturelles sont apparues, conduisant les responsables à envisager d'autres façons de produire des lois bilingues, dont la corédaction (b)).

a) La traduction en question

Depuis l'origine de la traduction, traduire impose trois principes canoniques que le traducteur doit prendre en compte :
1. être fidèle au sens du message que porte le texte de départ (TD) ;
2. rendre, ou ne pas rendre, la forme du TD dans le texte d'arrivée ;
3. éviter d'être prolixe ou trop laconique, au risque soit de perdre le lecteur dans les méandres d'un texte labyrinthique, soit de le laisser perplexe devant une esquisse de sens...

Nous avons vu que Saint-Jérôme croyait que traduire mot à mot cachait le sens. C'est justement cette servilité « sourcière » du traducteur au texte de départ qui est mise en cause dans la traduction des lois du Canada depuis l'Acte de l'Amérique du Nord britannique (1867), reproche qui s'est étoffé dans les années 1960 et 1970. Si les traducteurs ont été ou sont généralement fidèles au message du droit, à sa substance, ils n'en sont pas moins placés devant l'éternel dilemme que décrivait von Humboldt en ces termes : « Chaque traducteur doit immanquablement rencontrer l'un des deux écueils suivants : il s'en tiendra avec trop d'exactitude ou bien à l'original, aux dépens du goût et de la langue de son peuple, ou bien à l'originalité de son peuple, aux dépens de l'œuvre à traduire »[312], et cela quels que soient « l'œuvre » en cause et son domaine – le droit, en ce qui nous concerne, en raison de sa stylistique particulière, si souvent malmenée. Autrement dit, la « forme » du texte traduit. La cause en est révélée sans ambages par Jean-Charles Bonenfant, qui avance qu'un « traducteur en droit est par nature un homme prudent car il craint dans la traduction de s'éloigner du texte primitif »[313]. Cette raison explique cette façon de traduire, qui se fait

---

[312] Wilhelm von Humboldt, *Lettre à Hegel*, [23 juillet 1796] dans Antoine Berman, *l'Épreuve de l'Étranger*, Paris, Gallimard, 1984, p. 9.

[313] J.-C. Bonenfant, préc., note 26, p. 390. Cette opinion est des plus répandue en droit, et depuis longtemps, comme le soulignent les auteurs de l'ouvrage collectif *Les traductions du discours juridique à la lumière de l'histoire du droit* (Hugo Beuvant, Thérence Carvalho et Mathilde Lemée (dir.), Rennes, Presses universitaires de Rennes, 2018) : « [L]e domaine juridique doit par sa nature restreindre le champ des

au détriment de la forme du texte d'arrivée. Ce qui expliquerait que le droit ait été traduit, depuis toujours ou presque – depuis Babel? –, de façon littérale, et même mot à mot comme nous l'avons vu dans le cas de l'AANB ou du *Code criminel*, dont l'article 426(1) donne une bonne idée de ce que peut produire cette façon de traduire:

| **426** (1) *Everyone commits an offence who (a) directly or indirectly, corruptly gives, offers or agrees to give or offer to an agent or to anyone for the benefit of the agent – or, being an agent, directly or indirectly, corruptly demands, accepts or offers or agrees to accept from any person, for themselves or another person – any reward, advantage or benefit of any kind as consideration for doing or not doing, or for having done or not done, any act relating to the affairs or business of the agent's principal, or for showing or not showing favour or disfavour to any person with relation to the affairs or business of the agent's principal;* | **426** (1) Commet une infraction quiconque, selon le cas: a) par corruption, directement ou indirectement, soit donne ou offre, ou convient de donner ou d'offrir, à un agent ou à toute personne au profit de cet agent, soit, pendant qu'il est un agent, exige ou accepte, ou offre ou convient d'accepter de qui que ce soit, pour lui-même ou pour une autre personne, une récompense, un avantage ou un bénéfice de quelque sorte à titre de contrepartie pour faire ou s'abstenir de faire, ou pour avoir fait ou s'être abstenu de faire un acte relatif aux affaires ou à l'entreprise de son commettant, ou pour témoigner ou s'abstenir de témoigner de la faveur ou de la défaveur à une personne quant aux affaires ou à l'entreprise de son commettant; |

Soit une phrase de quelque 148 mots sans point ni point-virgule! Le travers de ce type de traduction? Favoriser la prolixité, ce qui contrevient à la tradition française de rédaction des lois qu'illustre le Code Napoléon. On est ici dans le transcodage pur, lequel peut avoir ses propres justifications selon la situation, la fonction en jeu et le contexte de traduction. Aujourd'hui, selon un éminent juriste travaillant en contexte multilingue, «la traduction juridique doit être idiomatique, et non pas strictement littérale»[314]. En somme, la forme du message juridique importe autant que son contenu, ce qui n'était pas le cas jusqu'à récemment, au Canada ni au Québec d'avant la Révolution tranquille, qui l'a projeté dans la modernité.

---

libertés offertes au traducteur [...] en droit, le risque de trahir en traduisant est une menace pour le texte.» (p. 20).

[314] Alexandre FLÜCKIGER, «Le multilinguisme de l'Union européenne: un défi pour la qualité de la législation», dans Jean-Claude GÉMAR et Nicholas KASIRER (dir.), *La jurilinguistique: entre langues et droits*, Montréal, Thémis, 2005, p. 339, à la p. 356.

À Ottawa, parallèlement aux signes et mouvements annonçant les transformations à venir au Québec, l'écho des critiques reprises à satiété par les langagiers depuis des années devint plus insistant auprès de la Direction des services législatifs du ministère de la Justice. On commence à s'interroger sur ce qui pourrait constituer une meilleure méthode de production des lois bilingues que la traduction, compte tenu des contraintes juridiques et linguistiques que comporte cette opération. Le regard qu'un ancien premier conseiller législatif jette sur la traduction législative résume clairement la façon dont on considérait la traduction des lois en haut lieu : « Jusque dans les années 1970, les lois étaient rédigées en anglais, puis traduites en français par des traducteurs auxquels on ne reconnaissait aucune compétence particulière en droit et qui, de ce fait, étaient le plus souvent astreints à rendre servilement le message du texte anglais »[315]. Un autre acteur du processus de réalisation des lois fédérales, André Labelle, alors chef du service de jurilinguistique au ministère de la Justice du Canada, précise les choses : « Les traductions, effectuées dans de mauvaises conditions, étaient critiquées pour leur manque de rigueur et d'authenticité »[316]. La messe était dite. Et, de fait, dans une traduction littérale, ce qui jusqu'alors était le cas de la traduction des lois, il manque l'authenticité, le naturel d'une langue idiomatique. Quant à l'absence de rigueur, le premier jurilinguiste de l'histoire canadienne, Alexandre Covacs, note crûment que

[f]aute de temps, de possibilité de réflexion et d'information, la seule solution du traducteur, celle du désespoir s'il est digne de son métier, c'est de faire du mot à mot. Rien de tel pour aboutir dans la plupart des cas à un résultat ignoble et qui se perpétue d'autant plus que là où le rédacteur s'inspire de tel passage de lois adoptées, le traducteur est souvent, à son corps défendant, tenu de reprendre les inepties de la version française correspondante.[317]

Cette situation découle, entre autres, des contraintes de temps imposées aux traducteurs et de leurs conditions de travail, le traducteur œuvrant dans l'isolement, « abusivement le premier, et dans de nombreux cas le seul, interprète de la loi. Pis encore, pendant longtemps le français n'a

---

[315] L. LEVERT, préc., note 285.

[316] André LABELLE, « La qualité de la législation : l'expérience canadienne », Bruxelles, Séminaires sur la qualité de la législation, Commission européenne, 23 oct. 2002, en ligne : <https://ec.europa.eu/dgs/legal_service/seminars/canada_summary.pdf> (consulté le 16 juillet 2023).

[317] Alexandre COVACS, « Bilinguisme officiel et double version des lois. Un pis-aller : la traduction. Une solution d'avenir : la corédaction », (1979) 24-1 *Meta* 105.

même pas été revu par un juriste francophone de formation civiliste »[318]. Et quand il l'était, « les conditions dans lesquelles s'effectuait le travail de ce juriste lui permettaient rarement d'aboutir à autre chose qu'à une contre-révision « traductionnelle » peu efficace. Un autre aspect, moins évident pour l'œil profane, est celui de l'interprétation des équivalents dans l'interaction des droits (common law *vs* droit civil) dans les lois bilingues, terrain glissant quand on s'y lance sans préparation adéquate. Ce qui était la situation que vivaient les traducteurs, lesquels

> [n]e disposaient d'aucune des ressources actuelles en matière de common law en français ou de droit civil en anglais, l'expression de l'interaction entre le droit fédéral et le droit privé reposait sur les équivalents de fortune qu'ils forgeaient suivant leurs moyens et sans égard aux difficultés d'interprétation qui pouvaient en découler selon les régions. Les exigences du bilinguisme étaient sauves, du moins au plan formel, mais le bijuridisme législatif, lui, était pour ainsi dire inexistant.[319]

Il s'ensuit « une présentation de la version française des lois qui a suscité de plus en plus de critiques dans les milieux intéressés »[320]. La légitimité même de la traduction était mise en question au regard de la situation particulière de bilinguisme du Canada :

> On pourrait donc légitimement se demander si cette démarche [la traduction], en situation de bilinguisme officiel des lois, était conforme au statut d'égalité du français et de l'anglais [...] cette situation ne pouvait que constituer une entrave au redressement d'une situation plus que séculaire de statut inférieur du français dans la confection des lois fédérales.[321]

Les témoignages et commentaires avancés sur l'état de la traduction des lois se multiplient de tous côtés. Alexandre Covacs, l'un des acteurs et témoins majeurs des états d'âme des spécialistes sur ce type de traduction à cette époque, cite les propos du professeur Sussman, alors membre de la Faculté de droit de l'Université d'Ottawa, particulièrement révélateurs du sentiment général envers la situation de la traduction :

> Les difficultés (de la méthode traductionnelle courante à l'Époque) sont extrêmes, et elles conduisent parfois à des résultats incongrus, sinon nuisibles [...] d'une façon générale, le traducteur peu sûr de lui a très souvent,

---

[318] Alexandre Covacs, « La réalisation de la version française des lois fédérales du Canada », dans J.-C. Gémar, préc., note 201, p. 85.
[319] L. Levert, préc., note 285.
[320] A. Covacs, préc., note 318, p. 85.
[321] G. Bertrand, préc., note 311, p. 6-7.

par souci de sécurité, collé trop littéralement à l'original. D'où, dans la version française, une formulation particulièrement gauche, absolument dépourvue de naturel et frisant le galimatias, sans compter le rendu quelquefois trompeur des mots ou expressions techniques de l'anglais.[322]

Ces critiques récurrentes amenèrent les responsables de la préparation des lois à envisager de prendre les mesures nécessaires pour corriger la situation. Plusieurs événements y ont contribué, dont deux particulièrement significatifs. Tout d'abord, l'adoption de la *Loi sur les langues officielles*, en 1969, qui portait, entre autres, création d'un Bureau du commissaire aux langues officielles (désormais Commissariat aux langues officielles), et qui a nourri la réflexion et l'action des responsables et des légistes du ministère de la Justice du Canada. Il s'ensuivit une action éclairée et stimulante du premier Commissaire aux langues officielles de l'époque, Keith Spicer. Ses premiers rapports, au long des années 1970, pointaient les insuffisances de la situation des langues officielles. Ils ont pesé dans l'émergence d'une nouvelle politique en matière de légistique qui devait aboutir à la mise en œuvre d'une méthode de corédaction des lois généralisée.

b) Le virage jurilinguistique

Le « virage jurilinguistique » que le ministère de la Justice a pris dans les années 1970 n'est pas le fruit d'une décision précipitée, prise dans l'urgence d'une situation, mais le produit d'une décision politico-administrative mûrement réfléchie et aboutie au fil d'évènements, contingents ou prévisibles, intervenus sur une période allant de la publication de la *Loi sur les langues officielles* (SRC 1970, ch. O-2), adoptée en 1969 et entrée en vigueur l'année suivante, et la mise en œuvre des réformes prescrites et retenues, en 1978.

La gestation de ces réformes s'est déroulée en quatre étapes successives.

1° La Loi sur les langues officielles

« L'adoption d'une législation sur les langues officielles a marqué le début d'une réflexion qui a abouti au remplacement de la traduction par la "corédaction" »[323]. Et de fait, la première étape d'importance dans ce

---

[322] G. BERTRAND, préc., note 311, p. 2.
[323] A. LABELLE, préc., note 316.

processus est celle de l'avènement de la *Loi sur les langues officielles,* événement politique majeur dans la longue histoire – l'odyssée, comme je l'ai souvent qualifiée – des deux langues cohabitant sur un même territoire, en ce que l'anglais et le français sont officiellement proclamées langues officielles, avec un statut d'égalité fixé en droit en vertu de l'article 2 de la Loi :

> L'anglais et le français sont les langues officielles du Canada pour tout ce qui relève du Parlement et du gouvernement du Canada ; elles ont un statut, des droits et des privilèges égaux quant à leur emploi dans toutes les institutions du Parlement et du gouvernement du Canada.

C'est aussi la première étape dans la prise de conscience de son intérêt pour la réforme à venir dans le mode de rédaction des lois de l'État fédéral canadien, en ce sens qu'elle portait création d'une nouvelle institution appelée à un bel avenir : le *Bureau du commissaire aux langues officielles.*

2° *Création du* Bureau du commissaire aux langues officielles

Parmi les réformes portées par cette loi figure celle d'un *Bureau du commissaire aux langues officielles* (depuis, *Commissariat aux langues officielles*), institué aux termes de l'article 19 :

> Est institué un poste de commissaire des langues officielles pour le Canada, dont le titulaire est ci-après appelé Commissaire.

Le mandat du titulaire est de sept ans, ce qui devait lui permettre d'observer attentivement et en détail la situation linguistique et de l'analyser. L'article 25 énonce le contenu du mandat du Commissaire et ses responsabilités consistant à prendre

> [...] toutes les mesures propres à faire reconnaître le statut de chacune des langues officielles et à faire respecter l'esprit de la présente loi et l'intention du législateur dans l'administration des affaires des institutions du Parlement et du gouvernement du Canada. À cette fin, il procédera à des instructions, soit de sa propre initiative, soit à la suite des plaintes reçues par lui et fera les rapports et recommandations prévus en l'occurrence par la présente loi.

Les articles 33 et 34 précisent en outre les conditions dans lesquelles le Commissaire soumet « chaque année au Parlement une déclaration relative à l'exercice de ses fonctions en vertu de la présente loi au cours de l'année précédente. » (art. 34).

Les rapports soumis par le premier Commissaire de l'histoire, Keith Spicer, ont marqué les esprits des responsables du ministère, notamment sur la composition et la rédaction des lois à venir. Dans une de ses études, en 1976, le Commissaire déplorait que « [e]n dépit d'une amélioration notable de la version française des lois, il reste que, les projets de lois étant rédigés en anglais au départ, leur version française demeure, de l'avis général, un calque de l'approche de la *Common Law* [....] »[324]. En conséquence, le Commissaire

> [i]nvite le ministère de la Justice fédéral, responsable de la rédaction de l'ensemble des lois fédérales depuis 1948, à mettre en œuvre "un plan visant à assurer des droits et des privilèges égaux aux deux langues officielles, dans la rédaction des lois et l'examen des règlements, tout en respectant le génie de chacune des langues et les concepts des deux systèmes juridiques du pays.[325]

Le ministère de la Justice n'a pas tardé à réagir et donner suite à cette recommandation en confiant à un groupe de travail le soin de « proposer des solutions susceptibles de remédier à la situation déplorée par le Commissaire aux langues officielles »[326].

3° Recommandations du groupe de travail

Sous la présidence de l'ancien juge Alban Garon, le groupe de travail, après avoir effectué des recherches comparatives sur les divers modes de rédaction des lois de pays et institutions multilingues, finalement jugés non appropriés à la situation et au contexte canadiens, remet, le 4 octobre 1977, son rapport au sous-ministre.

Le rapport appuyait les recommandations du commissaire qui « visaient à l'élaboration de méthodes de rédaction propres à assurer l'égalité de statut des deux langues officielles »[327] et recommandait « au ministre de la Justice d'élaborer une méthode *sui generis* de rédaction qui assurerait l'égalité de statut des deux langues officielles, notamment la corédaction »[328]. Le mot est lâché : corédaction. Elle « s'est rapidement imposée comme le choix

---

[324] Gérard BERTRAND, « Rédaction bilingue des lois – Partie II », Séminaire national sur la rédaction et l'interprétation législatives, Ottawa, Institut canadien d'administration de la justice, 1987, p. 1, à la p 9.

[325] Lionel LEVERT, « La jurilinguistique : un appui indispensable à la corédaction », (2015) 28 *Int J Semiot Law* 53, 56-57.

[326] *Id.*, p. 57.

[327] G. BERTRAND, préc., note 311, p. 3.

[328] L. LEVERT, préc., note 285, p. 57.

le plus judicieux et le plus susceptible de répondre aux attentes exprimées par le Commissaire aux langues officielles dans son étude spéciale de 1976 »[329].

Il ne restait plus à l'autorité responsable de la mise en œuvre de cette recommandation que de lui donner la suite appropriée, soit de la transposer en acte.

4° La mise en œuvre du « virage jurilinguistique »

À la suite de l'étude spéciale du Commissaire aux langues officielles, le sous-ministre de la Justice du moment, Me Roger Tassé, « engagea résolument le ministère de la Justice dans la voie d'une mise en œuvre des réformes souhaitées »[330]. Pour le ministère, « l'objectif à atteindre, c'était de produire des lois dont le sens, l'esprit et les effets juridiques soient équivalents dans les deux langues officielles »[331] et, selon Covacs, dont les textes soient « non pas issus l'un de l'autre, mais issus de prémisses communes et suivant chacun sa voie vers des buts communs »[332].

À partir de là, le ministère entrait en territoire inconnu, où tout était à (re)faire : « La transformation, en matière de rédaction législative, du français langue de remorque au français langue conforme à son génie, s'annonçait donc une entreprise périlleuse [...] »[333], car, dorénavant, « [i]l ne s'agira donc plus de faire dire au français, vaille que vaille, ce que dit l'anglais, mais de faire en sorte que les deux versions, tout en s'exprimant chacune à sa façon, transmettent le même message »[334].

---

[329] *Id.*, p. 58.

[330] G. BERTRAND, préc., note 321, p. 1.

[331] Alexandre COVACS, « Le groupe de jurilinguistique française au ministère de la Justice », (1983) *Revue parlementaire canadienne* 8, en ligne : <http://revparl.ca/6/1/06n1_83f_Covacs.pdf> (consulté le 27 novembre 2022). Alexandre COVACS était alors directeur des Services linguistiques français à la Section de la législation du ministère de la Justice du Canada.

[332] Alexandre COVACS, « La réalisation de la version française des lois fédérales », conférence prononcée lors du *IIIe Colloque international sur la rédaction des lois*, Pointe-au-Pic, septembre 1980, Conseil de la langue française, p. 8.

[333] *Id.*, p. 3-4.

[334] A. COVACS, préc., note 318, p. 86.

Cette mise en œuvre se concrétisa dans « la mise sur pied d'un groupe de jurilinguistique française composé de légistes et de jurilinguistes. Ceux-ci ont joué un rôle majeur dans l'établissement de normes rédactionnelles permettant de rédiger la version française des lois conformément au génie qui lui est propre »[335]. C'est ainsi que les services du premier jurilinguiste de l'histoire, Alexandre Covacs, puis du second, Jean Kerby, « furent retenus pour conseiller les légistes francophones »[336] et que la décision du « virage jurilinguistique » fut prise par le ministère de la Justice et son service de rédaction législative. Avant 1978, la jurilinguistique – si tant est qu'on lui eût reconnu un quelconque statut – était « absente du processus de rédaction des lois fédérales, ce qui semble difficile à croire vu la place importante qu'elle y occupe maintenant »[337]. Mais, en 1978, « tous les ingrédients étaient réunis pour permettre à la Section de la législation de passer de la traduction à la corédaction. On a donc graduellement éliminé la traduction [...] afin de jeter les bases d'un style authentiquement français qui perdure depuis »[338]. En effet, « [p]ourquoi voudrait-on écrire en vingt mots ce qui peut s'écrire en dix, si le même concept et si la même règle de droit y sont exprimés selon le génie de chacune des deux langues ? »[339] (Annexe 18). Toutefois, selon Lionel Levert, acteur et témoin de ces épisodes historiques, cette transition, comme il fallait s'y attendre, ne s'est pas effectuée sans remous ni heurts[340]. Ce passage de témoins entre traducteurs et « jurilinguistes » ouvrait une ère nouvelle où

> [l]es légistes et les réglementaristes sont appuyés dans leur tâche par des spécialistes de la langue du droit qu'on en est venu à appeler « jurilinguistes ». Il incombe notamment à ces derniers d'assurer non seulement la concordance de sens des deux versions du texte de loi, mais aussi leur parfaite équivalence culturelle.[341]

C'est justement cette équivalence « culturelle », absente jusque-là des traductions des lois fédérales, qui, jurilinguistique oblige, est désormais mise au jour et introduite dans la législation fédérale sous la forme d'une

---

[335] L. LEVERT, préc., note 325, p. 53 (Résumé).
[336] Id.
[337] Id.
[338] Id., p. 61.
[339] G. BERTRAND, préc., note 321, p. 8.
[340] L. LEVERT, préc., note 285.
[341] Id.

rédaction française correspondant à sa culture juridique. D'ailleurs, les termes « jurilinguiste » et « jurilinguistique », qui ne sont apparus qu'à partir de 1978, font maintenant partie du vocabulaire courant du langage du droit français et anglais du Canada[342], comme en fait foi la *Bibliographie de jurilinguistique française* établie par le Centre de traduction et de terminologie juridiques de l'Université de Moncton déjà évoquée. La fonction de jurilinguiste et son rôle dans la production des lois sont encore un peu mystérieux aux yeux de la majorité du monde peu au fait de la complexité d'un processus législatif, de surcroît bilingue et bijuridique. Me André Labelle, un des acteurs ayant œuvré, en tant que chef du service de jurilinguistique au ministère de la Justice, a défini la « fonction jurilinguistique » en ces termes :

> Le « jurilinguiste » est un spécialiste de la langue juridique dont la mission fondamentale consiste à aider les rédacteurs à exprimer la règle de droit de la meilleure façon possible. Il veille, d'une part, à la qualité linguistique des textes législatifs, notamment en ce qui concerne le style, la terminologie et la phraséologie propres à la rédaction législative et aux sujets traités et, d'autre part, à la concordance de sens et d'effet des versions française et anglaise des textes.[343]

Il faut néanmoins savoir que « les recommandations des jurilinguistes n'ont pas force obligatoire ; les légistes restant maîtres de leur dossier. Cependant, les avis exprimés par les jurilinguistes sont généralement pris très au sérieux par les légistes »[344] et « [d]ésormais, et de plus en plus, l'expression législative française tend à se dégager, en traduction comme en rédaction, de l'influence lexicale et stylistique de l'anglais. »[345]

---

[342] Iliana AUREVANA, « Jurilinguiste, terminologue-juriste et terminologue juridique : un problème terminologique ? », (2003) 36-3 *L'Actualité terminologique* 31. Voir aussi l'annonce du gouvernement du Manitoba, postée en décembre 2018, pour recruter un *Jurilinguist,* en ligne : <https://www.brandonu.ca/careerplanning/job/jurilinguist/> (consulté le 16 juillet 2023).

[343] A. LABELLE, préc., note 316, p. 2.

[344] L. LEVERT, préc., note 325, p. 64.

[345] A. COVACS, préc., note 331, p. 8.

Conclusion

Rien ni personne n'atteint la perfection. La méthode de corédaction mise en place n'était pas exempte de faiblesses, non perceptibles au départ. La corédaction, telle qu'elle était appliquée, faisait la part belle au bijuridisme législatif consistant à «rédiger la version anglaise en fonction de la common law et la version française en fonction du droit civil»[346]. Or, quelques années plus tard, des consultations sur la version française des textes de lois fédéraux firent «ressortir l'existence d'un profond malaise chez les minorités de langue officielle»[347]. Si, par la corédaction, on avait fortement contribué à améliorer la lisibilité des lois et le bijuridisme législatif, cette méthode n'avait pas réglé tous les problèmes liés à l'expression des langages du droit. Il restait celui de leur intelligibilité pour les «quatre auditoires du droit au Canada: les francophones de droit civil et les francophones de common law, ainsi que les anglophones de common law et les anglophones de droit civil»[348].

Pour pallier cette difficulté, le ministère de la Justice adopta par la suite une politique de bijuridisme plus conforme à la réalité du droit privé bicéphale du Canada, s'engageant à tenir compte «de la terminologie, des concepts, des notions et des institutions propres aux deux régimes de droit privé canadiens»[349]. Ce «réglage» de la méthode appliquée a fait progresser à la fois la lisibilité et l'intelligibilité de la législation bilingue établie par le ministère de la Justice du Canada.

On se rend ainsi compte qu'une méthode nouvelle doit passer par une période de «rodage», de mise au point et d'optimisation nécessaires à

---

[346] Lionel LEVERT, «Un volet particulier: le bijuridisme législatif», (1998) 29-2 *Revue générale de droit* 248.
[347] *Id.*
[348] *Id.*, p. 249.
[349] *Id.*

mesure de son application, de sa confrontation avec la réalité de faits passés inaperçus. Pour autant, la corédaction « à la canadienne » est sans doute une formule judicieuse pour s'adresser à un auditoire bilingue vivant en situation de bijuridisme ; elle demeure, quelque quatre décennies plus tard, « le meilleur gage de qualité globale des lois »[350].

Pour qui n'est pas familier du processus de corédaction, il est difficile d'imaginer ce que représente une telle opération comme bagage de connaissances multidisciplinaires, d'intelligence de l'écrit et d'esprit de finesse. Et cette avancée remarquable dans la communication bilingue des lois d'un pays, on la doit à une poignée de personnalités éclairées et visionnaires que furent les traducteurs, légistes et hauts fonctionnaires, tous jurilinguistes par anticipation voire par destination, engagés dans la voie exploratoire d'une autre manière d'aborder et de traiter le bilinguisme législatif, la jurilinguistique. Ils se sont inscrits dans l'histoire canadienne des lois par leur vision et leurs réalisations remarquables. Le présent ouvrage est donc aussi un hommage rendu à ces pionniers.

---

[350] André LABELLE, « Légiférer dans un pays bilingue sans traduire ? », (2007) 95 *Circuit* Ordre des traducteurs, terminologues et interprètes agréés du Québec 16.

Deuxième partie

Fondements de la jurilinguistique. Du savoir-faire à la méthode

On pense généralement que l'activité traduisante n'a pas une grande incidence sur l'usage de la langue. Or, l'exemple historique de l'Allemagne et de l'Angleterre démontre le contraire : avec la traduction de la Bible, une œuvre de traduction a eu un impact considérable sur le destin de la langue. En France, l'œuvre de la Pléiade, qui visait à enrichir la langue française de mots empruntés à d'autres langues, s'apparente à une forme de traduction en prônant le passage du latin, langue ancienne et symbole d'un passé révolu, au français, langue moderne et d'avenir. Au Canada, la traduction et, singulièrement, la traduction juridique, a joué un rôle particulièrement important dans la formation d'usages, la prise de conscience de l'importance, de la valeur et de la qualité d'une langue identitaire, le français, et jusqu'à un certain point, dans la revalorisation de son statut, par rapport à la langue de contact dominante, l'anglais.

Ce phénomène linguistique étonnant découle d'une évolution séculaire chaotique et improbable. Il m'a conduit à m'interroger sur les fonctions spécifiques, qui, dans certaines circonstances et selon des conditions particulières, peuvent être dévolues à la traduction lorsque le hasard a réuni sur un même territoire deux groupes linguistiques différents, que séparent en outre la culture et les traditions juridiques. De surcroît, ces deux groupes entretiennent une sourde méfiance ancestrale l'un envers l'autre, nourrie de siècles de rivalités économique, politique, culturelle et militaire, cela bien avant 1760. De plus, ces groupes sont soumis à un système juridique commun dont la grande complexité – due à un fonctionnement démultiplié selon qu'il s'applique aux rapports des particuliers entre eux (common law/droit civiliste) ou à l'organisation et au fonctionnement de l'État fédéral (common law) – a produit des effets sur l'usage de la langue française, la générale comme son sous-ensemble qu'est le langage du droit, langue de spécialité. Ces difficultés sont à l'origine des multiples efforts déployés tant au fédéral qu'au provincial pour produire, en le renouvelant, un langage du droit qui reflète à la fois l'état de la common law canadienne, en anglais comme en français[1], et la tradition civiliste du Québec, exprimée en français et traduite en anglais (*cf. Civil Code of Quebec*).

---

[1] Voir *Juriterm*, la banque terminologique bilingue de la common law établie par le Centre de traduction et de terminologie (CTTJ) de la Faculté de droit de l'Université

Ces préoccupations, activités et recherches tournant autour de la traduction ont fini par engendrer une jurilinguistique, discipline hybride puisque formée du droit et de la linguistique. Cette nouvelle discipline a trouvé au Canada le terreau propice à son épanouissement et s'y est développée plus rapidement qu'en d'autres régions du monde, parvenant très vite à maturité ainsi qu'en témoigne un corps de doctrine respectable pour une discipline aussi jeune[2]. Les travaux des jurilinguistes vont dans le sens des préoccupations des traducteurs juridiques, et vice versa. Pour les uns comme pour les autres, il importe de produire un texte – une loi, entre autres – qui corresponde le plus possible à une forme finale dont on aspire à hausser constamment la qualité, c'est-à-dire l'expression du message de la façon la plus claire (forme) et la plus fidèle (fond) possible.

Dans des travaux antérieurs, j'ai exposé le fruit d'une réflexion personnelle sur les trois états par où est passée la traduction au cours de son histoire[3]. Plusieurs auteurs, notamment George Steiner et Jean-René Ladmiral, ont avancé d'autres schémas, historiques ou traductologiques, chacun énonçant sa vision de l'histoire et de l'évolution de la traduction[4]. Par la suite, j'ai repris ce thème, en le développant davantage, dans un article publié dans un ouvrage collectif[5]. Toutefois, ces trois fonctions reconnues à la traduction

---

de Moncton (N.-B.), en ligne : <http://www.juriterm.ca/> (consulté le 16 juillet 2023). Le jurilinguiste Jacques Picotte, auteur de l'excellent *Juridictionnaire*, définit la jurilinguistique comme discipline qui «s'attache à l'étude des moyens d'expression du langage du droit, langage du législateur comme celui du juge ou du praticien» dans l'Introduction au *Juridictionnaire*, t. 1 - A, Moncton, CTTJ, 1991, p. xvii. Cette définition concorde en tous points avec ma conception de cette discipline.

[2] Dont on trouvera l'essentiel réuni dans la *Bibliographie de la jurilinguistique* établie et tenue par le CTTJ, en ligne : <http://www.cttj.ca/Documents/Monographieset articlessurlajurilinguistiquefr.pdf> (consulté le 16 juillet 2023)

[3] Soit l'état théologique (ou le caractère sacré du texte), l'âge de la métaphysique (ou le «positivisme scientifique»), l'état scientifique (ou la science au service de la traduction). Voir Jean-Claude GÉMAR, «Réflexions sur la manière de traduire ou les trois états de la traduction», (1985) 30-3 *Meta* 236.

[4] George STEINER, *After Babel*, Oxford, Oxford University Press, 1975, p. 248 et suiv., en ligne : <https://archive.org/details/SteinerGeorge_201504/Steiner%2C%20 George%20-%20After%20Babel%20%28Oxford%2C%201975%29/page/n67/ mode/2up> (consulté le 16 juillet 2023) ; Jean-René LADMIRAL, qui décrit les «quatre âges de la traductologie» dans une entrevue à (2012) 57-3 *Meta* 546.

[5] Jean-Claude GÉMAR, «Langage du droit et jurilinguistique. États et fonctions de la jurilinguistique», dans Jean-Claude GÉMAR et Nicholas KASIRER (dir.), *Jurilinguis-*

juridique, vecteur principal de l'avènement d'une jurilinguistique, ne décrivent qu'une faible partie de la fonction première reconnue à la langue : la communication, avec ses multiples courants et avatars. Or, la traduction juridique a joué un rôle primordial – quoique sous-estimé et mal connu – dans l'odyssée linguistique de la société canadienne, rôle qui dépasse la simple fonction de la communication, comme j'ai tâché de le démontrer dans une thèse doctorale[6]. Le cas de la traduction juridique est un cas d'école en raison de l'évolution singulière que cette activité a démontrée, partie quasiment de rien, en 1763, pour culminer, quelque deux siècles plus tard, dans la discipline qu'elle a contribué à créer. On peut parler à son sujet de cas d'espèce, voire *sui generis*. Aussi les fonctions de la traduction juridique, observées dans le contexte particulier du Canada, correspondent-elles en sus à des situations évoluant dans le sillage de la vague de changements qui traverse la société sur de nombreux plans, dont le politique (bilinguisme officiel), le social (identité) et le juridique (statut), sans oublier le scientifique (IA) et le technique (TA, TAO), et pour ne rien dire des enjeux linguistiques auxquels elle est confrontée, que le jurilinguiste ne peut ignorer.

Il s'agit, en somme, de retrouver le fil de la fonction première de la traduction, qui est d'ordre anthropologique et ontologique, et de le raccorder à l'axe principal du langage – tout entier voué à la communication –, le raccrochant au souci constant chez l'être humain de perfectionnement de ses outils (matériels ou conceptuels) non seulement pour en améliorer le produit ou le résultat, action des plus normales chez l'être humain, mais encore, sous l'effet d'un réflexe instinctif, pour en transformer l'aspect en suivant un dessein platonicien de quasi esthétique[7]. C'est la haute « tâche » de la traduction que Benjamin requiert du traducteur et qui incombe également au jurilinguiste.

---

tique : entre langues et droits. Jurilinguistics : Between Law and Language, Montréal-Bruxelles, Les Éditions Thémis-Bruylant, 2005, p. 5-22.

[6] Jean-Claude GÉMAR, *Fonctions de la traduction et langage du droit au Canada : traduire par l'interprétation du texte*, thèse de doctorat d'État ès Lettres, Toulouse-Le Mirail, 1994.

[7] Voir, sur ce thème, les travaux d'André LEROI-GOURHAN, notamment l'ouvrage en deux tomes, *Le geste et la parole*, t. I « Technique et langage », Paris, A. Michel, 1964, et t. II « La mémoire et les rythmes », 1965. Dans le tome II, l'auteur évoque « l'esthétique fonctionnelle » qui découle de l'évolution des techniques caractérisant l'humanité de l'*homo faber* à aujourd'hui.

Pour cerner ces enjeux, j'ai entrepris d'évoquer les fonctions de la traduction juridique-jurilinguistique (1), d'analyser le savoir-faire des traducteurs-jurilinguistes (2) et de présenter quelques-unes de leurs réalisations (3).

Chapitre 1
Fonctions, fins et moyens d'une jurilinguistique française au Canada

Dès le départ (1763), la traduction a été vue comme le seul moyen permettant d'établir une communication, sinon efficace du moins effective, entre deux groupes parlant des langues différentes. Elle fut investie d'emblée de la fonction cardinale de communication visant à la mise en place d'un *modus vivendi*, le temps que le pouvoir britannique édifie des structures étatiques, administratives et judiciaires notamment, pour assurer le fonctionnement du nouveau territoire conquis et en voie de colonisation. Tel est, en effet, le rôle de la traduction: permettre un dialogue, aussi inégal et ingrat soit-il entre «le conquérant et le conquis, entre deux cultures et deux civilisations[8]», qui, sans elle, serait irréalisable. Dans la première partie, nous avons vu les étapes de ce long et douloureux processus et comment, au terme d'une véritable épopée – une «odyssée» –, le Québec, d'une société «traduite», est parvenu à une société «d'expression» dans la foulée d'une «révolution tranquille» qui a rebattu les cartes sur bien des plans. C'est ainsi que la traduction et ses acteurs ont participé indirectement, depuis l'arrière-scène, à la création de conditions propices à l'avènement d'une révolution linguistique bouillonnante et relativement «tranquille». En sortiront des disciplines et des activités nouvelles particulièrement dynamiques (terminologie, industries de la langue, traduction automatique et traduction assistée par ordinateur, traductologie canadienne, jurilinguistique, etc.) qui, par un étonnant effet de circularité – ou de sérendipité? – contribueront à enrichir et à renouveler la discipline même, la traduction, qui a contribué à les engendrer.

---

[8] Lionel GROULX, *Histoire du Canada français*, t. 2, Montréal, Édition Fides, 1960, p. 12.

Pour se faire une idée plus précise de cette situation et de ses effets, il importe de voir plus en détail les fonctions de la traduction qui ont conduit à l'avènement de la jurilinguistique (I) avant de s'intéresser aux fins de cette jeune discipline et d'envisager les moyens dont disposent les jurilinguistes (II).

I. Les fonctions de la traduction juridique dans le contexte canadien

Chaque discipline, chaque activité remplit une ou des fonctions particulières dans la société. Au Canada, la traduction, tant écrite qu'orale (l'interprétation), a tenu et tient toujours un rôle éminent qui transcende le cadre linguistique. Selon le traductologue et historien de la traduction Jean Delisle, la traduction « est inscrite dans l'ADN du pays »[9], elle est en effet une « composante essentielle de l'entité politique qu'est le Canada »[10]. On ne saurait mieux dire à propos de la traduction et de son importance dans le fonctionnement des institutions politiques, économiques et culturelles du Canada. Aussi, l'indispensable fonction de communication qu'elle y remplit depuis toujours lui assure-t-elle une image iconique, sinon mythique, dans l'univers de la traduction. Elle revêt en effet une dimension sociétale, ontologique même, en ce sens qu'elle est le levier sur lequel se sont appuyées les autorités britanniques, puis canadiennes, depuis le tout début pour porter à la connaissance des colons français les décisions, actes, lois, règlements et autres documents produits en anglais par le gouvernement britannique et progressivement traduits en français.

Son rôle de moyen de communication unique, sans aucune concurrence sur tout le territoire, lui confère ainsi une fonction touchant à toutes les activités se déroulant au sein de l'État, faisant de la traduction un outil politique peu commun entre ses mains et une arme efficace dans le débat linguistique. Associée au langage du droit, qui fixe et impose les règles de la vie en société dans ses divers textes (lois, règlements, jugements), la traduction se trouve ainsi projetée au cœur de la « cité », dont elle consti-

---

[9] Jean DELISLE, « La traduction dans l'utopie du bilinguisme officiel depuis la Confédération », en ligne : <https://l-express.ca/une-politique-de-bilinguisme-ne-saurait-reposer-uniquement-sur-la-traduction/> (consulté le 16 juillet 2023)

[10] Frank SCOTT, cité par J. DELISLE, *id.*, p. 3. Pour un aperçu de l'histoire de la traduction au Canada, voir Jean DELISLE, « La traduction au Canada : survol historique (depuis 1534) », en ligne : <https://www.academia.edu/5940734/La_traduction_au_Canada_survol_historique_depuis_1534> (consulté le 16 juillet 2023).

tue le moteur. Sans la traduction, en effet, la marche de l'État canadien et de ses institutions serait grippée.

La fonction de « passeur » (*go-between*) que remplit la traduction dans le quotidien de la société canadienne, mais tout autant ailleurs dans le monde, découle de celle(s) que l'on reconnaît au langage, dont celle de la communication, tête de proue d'une longue liste (A.). La traduction, la traduction juridique en particulier dans le cas du Canada, remplit plusieurs fonctions, outre, à l'évidence, celle de la communication. Nous n'en verrons que certaines, leur nombre étant trop important pour être envisagé exhaustivement ici, le but du présent essai n'étant pas de traiter un tel sujet en soi (B.).

A. De la communication et ses fonctions

Traiter la question des fonctions renvoie immanquablement aux fonctions cardinales associées à l'être humain depuis des temps immémoriaux, soit faire, transmettre, chercher, fonctions que les anthropologues ont définies de longue date[11]. La fonction communicative du langage, qui relève de la fonction de transmission, tient le haut du pavé, à l'oral comme à l'écrit. Le terme « communication » peut être défini simplement, comme le fait le dictionnaire *Le Robert* : « [É]change de signes, de messages entre un émetteur et un récepteur. » Sous cette étiquette générale et laconique, on regroupe de nombreuses fonctions rattachées à la communication courante dans tous les domaines de l'activité humaine. À ce propos, on parle désormais de la communication comme d'une science de l'information qui fait alors intervenir de nombreuses disciplines, dont la sociologie, l'histoire, l'anthropologie, la psychologie, la sémiologie, etc. D'où la difficulté, au vu de cette image floue et composite, de s'entendre sur un paradigme commun, tant les situations de communication varient en nombre et d'un domaine à l'autre, réparties entre trois situations principales : (communication) entre deux personnes, entre groupes et entre un émetteur et un large public. Le domaine de la traduction ne connaît pas de limites, il s'étend d'un extrême à l'autre.

Le mot FONCTION, quoique défini par les dictionnaires, possède une identité plurielle due à la polysémie du langage et des langues propres à chaque discipline ou domaine. En effet, la notion qu'il recouvre « souffre d'abord d'une ambiguïté de langage souvent déplorée dans les sciences

---

[11] Voir l'œuvre pionnière de Georges DUMÉZIL, *Mythe et épopée I. II. III.*, coll. « Quarto », Paris, Gallimard, 1995.

sociales [qui] implique des degrés dans les conceptions fonctionnalistes »[12] – conceptions que l'on retrouve dans le discours théorique et méthodologique des traductologues, que nous verrons plus loin. De la sorte, la communication se dissout dans un marais de fonctions plus disparates les unes que les autres. Le médiologue Daniel Bougnoux est allé jusqu'à affirmer que « nulle part ni pour personne n'existe LA communication »[13]. Est-ce le cas en droit ?

La fonction de communication, en droit comme ailleurs, bien que primordiale, peut néanmoins venir en second lieu après d'autres fonctions selon la situation juridique en jeu et ses acteurs. Les décisions judiciaires, les traités et les contrats le montrent clairement. L'acte juridique qu'est un traité – au sens de convention entre particuliers – a pour objet de fixer la position des parties, leur accord, et d'en conserver la preuve écrite[14]. Quant au jugement, il peut être à la fois normatif, informatif, technico-opératif, argumentatif, et bien plus encore. Aussi l'angle communicatif du texte juridique en est-il réduit d'autant par les œillères qu'impose chacune de ces fonctions particulières, ainsi que le remarque Richard Dubé : « Il faut ainsi retenir l'idée d'une pluralité de points de vue sur la fonction et insister [...] sur l'importance de pouvoir poser la question fondamentale de "qui est l'observateur ?" »[15]. Tenter d'y répondre nous entraînerait dans une thèse doctorale !

La traduction, instrument de transmission du message que porte un texte, est liée à ces contraintes. Le traducteur juridique, non plus que le jurilinguiste, ne sauraient s'y soustraire, soumis qu'ils sont aux nombreuses fonctions découlant de la langue et du droit.

---

[12] Madeleine GRAWITZ, *Méthodes des sciences sociales*, 11ᵉ éd., Paris, Dalloz, 2001, par. 363, p. 424.

[13] Daniel BOUGNOUX, *Introduction aux sciences de la communication*, Paris, La Découverte, 2001, p. 17 ; pour une information plus étoffée sur ce sujet, voir en particulier : Daniel BOUGNOUX, *Introduction aux sciences de la communication*, coll. « Repères », Paris, La Découverte, 2011.

[14] Tito GALLAS, « Understanding EC Law as "Diplomatic Law" and its Language », dans Valentina JACOMETTI et Barbara POZZO (dir.), *Multilingualism and the Harmonisation of European Private Law*, La Haye, Kluwer Law International, 2006, p. 119, par. 2.2, à la p. 122.

[15] Richard DUBÉ, « Niklas Luhman et l'observation empirique du droit : communication, fonction, code et programme », (2017) 96 *Droit et société* 381.

B. Fonctions de la traduction juridique, fonctions de la jurilinguistique

La traduction, pour le juriste et écrivain Frank Scott, est une « composante essentielle de l'entité politique qu'est le Canada »[16]. On ne saurait mieux dire à propos de la traduction et de son importance dans le mode de fonctionnement du Canada. Le rôle qu'elle y occupe est peut-être sans égal, compte tenu du fait qu'elle porte sur les deux grandes langues de communication internationale que sont l'anglais et le français et met en jeu, en outre, les deux principaux systèmes juridiques du monde. La traductologie, science de la traduction, a repris à son compte ses fonctions traditionnelles avec les courants fonctionnalistes et littéraires, en les adaptant toutefois[17].

Pour revenir aux fonctions de base de la traduction juridique, il faut rappeler ce qu'avance à ce sujet Valérie Dullion, traductologue et jurilinguiste : « Pour les textes auxquels sont attachés des effets juridiques, la traduction est susceptible de remplir deux catégories de fonctions : informer *sur* le droit ; produire un texte qui aura une valeur *en* droit »[18]. La distinction fondamentale à faire entre les textes juridiques tient à cette étiquette commode : un texte juridique est soit normatif (loi, jugement), soit simplement informatif – fût-il parfois savant tel le texte de doctrine. À partir de là, chaque texte vient avec son *skopos*, sa ou ses fonctions propres, déléguées ou téléguidées. Cela ne simplifie pas la tâche des jurilinguistes, quelle que soit la fonction définie par son auteur pour un texte donné.

---

[16] F. SCOTT, cité par J. DELISLE, préc., note 9, p. 3. Pour un aperçu de l'histoire de la traduction au Canada, voir J. DELISLE, préc., note 10.

[17] G. STEINER, préc., note 4, et ses quatre périodes/états, chap. 4, p. 248-250 ; Louis KELLY, *The True Interpreter : A History of Translation Theory in the West*, Oxford, Basil Blackwell, 1979, présente un schéma trifonctionnel (chap. 3-7) ; Jean-René LADMIRAL, « Epistémologie de la traduction », dans Reiner ARNTZ (dir.), *Textlinguistik und Fachsprache*, Hildesheim, Georg Olms Verlag, 1988, 35-47, p. 36, où l'auteur présente quatre états de la traduction.

[18] Valérie DULLION, « Du document à l'instrument : les fonctions de la traduction des lois », dans Jean-Claude GÉMAR (dir.), *La traduction juridique : histoire, théorie(s) et pratique*, Berne/Genève, ASTTI/ETI, 2000, p. 233, à la p. 235, en ligne : <http://www.tradulex.com/Actes2000/dullion.pdf> (consulté le 19 janvier 2023). Sur les fonctions historiques de la traduction, voir Jean DELISLE, « L'histoire de la traduction : son importance en traductologie » (2003) 1-2 *Forum* 1, 3-4, en ligne : <https://www.academia.edu/5995258/Lhistoire_de_la_traduction_son_importance_en_traductologie> (consulté le 16 juillet 2023).

Le domaine du droit se distingue des autres disciplines en ce sens qu'en traductologie fonctionnaliste les textes juridiques peuvent être classés, d'après leur nature et leur degré de juridicité, en deux grandes catégories : instrument ou document[19], comme il a déjà été vu. Il s'ensuit que la ou les fonctions, la méthode et les stratégies de traduction varieront selon qu'un texte appartiendra à la première ou à la seconde ; cela déterminera la fonction principale (*skopos*) qui lui sera attribuée. Un « document » (par exemple, un traité de droit, un avis juridique) n'exerce pas de fonction normative ni n'établit d'obligation en droit, au contraire d'un « instrument » (loi, règlement, jugement). Textes juridiques néanmoins, leurs visées, leurs effets, leur interprétation n'en suivent pas pour autant les mêmes voies.

Ces diverses fonctions, dont le nombre varie selon les domaines et les doctrines, peuvent être regroupées sous trois ou quatre fonctions principales caractérisant la traduction juridique et la jurilinguistique. On pourrait présenter la question par états ou périodes, plus ou moins chronologiques, selon la façon de l'envisager, par exemple les quatre périodes que George Steiner a définies et qui vont de Cicéron à aujourd'hui (1975, date de parution de son livre). Louis Kelly, pour sa part, revient au schéma tripartite : *symbol* (référentiel), *symptom* (message), *signal* (destinataire, récepteur). Jean-René Ladmiral en propose quatre pour la traductologie[20] :

1. l'état prescriptif / normatif ;
2. l'état descriptif ;
3. l'état inductif / scientifique [recherche et théorisation] ;
4. l'état productif [l'exercice de la traduction].

L'ordre de ces états, que l'on peut aussi taxer de « fonctions », pourrait être modifié. La fonction « productive » (4) de la traduction, partant de la jurilinguistique, par exemple, est la plus évidente : elle s'exerce depuis que l'on rédige, compose, réforme, traduit[21], révise, bref, depuis que l'on produit des textes reconnus comme étant juridiques, parce qu'ils visent à

---

[19] *Id.*

[20] J.-R. LADMIRAL, préc., note 17, p. 36.

[21] Comme le montre l'histoire du Canada pour la seule traduction juridique. On en trouvera l'illustration et quelques explications sur les origines lointaines de la jurilinguistique, liées aux conflits linguistiques qui émaillent l'histoire de ce pays, dans un numéro spécial de la revue *Meta* [(1977), 22-1] consacré à l'histoire de la traduction au Canada. Voir aussi et notamment Jean DELISLE, *La traduction au Canada : survol historique (depuis 1534-1984)*, Ottawa, Presses de l'Université d'Ottawa, 1987.

créer ou à réaliser du droit[22]. Cette pratique est omniprésente dans toutes les grandes traditions et langues juridiques, et il existe de nombreuses références sur le sujet[23].

On peut regrouper ces quatre états sous les trois fonctions que j'ai retenues pour la traduction (juridique) et qui s'appliquent à toutes les situations actuelles que couvrent les jurilinguistes. Il s'agit de la pratique de la jurilinguistique, de sa transmission et de son évolution. Je me rapproche sur ce point du schéma tripartite de Kelly et des trois fonctions que le professeur Donald Poirier a énoncées : normative, formative et créative[24]. Ces fonctions résument assez bien la situation canadienne et correspondent, sous des intitulés différents, aux trois fonctions que j'ai déjà décrites : faire (pratique), transmettre (former), chercher (penser la traduction-jurilinguistique).

La traduction comme la jurilinguistique remplissent également une fonction de nature normative en suivant et en appliquant, dans le texte juridique traité, des règles d'ordre linguistique : grammaire et syntaxe, genre d'écriture, style, tonalité du texte, mots et termes – autrement dit, la «forme» du texte – qui vont servir d'exemples, de modèles non seulement aux destinataires du texte, mais également à l'ensemble de la société. On connaît à ce sujet l'importance du Code Napoléon comme corpus juridique qui a inspiré tant d'autres codes. Mais on le connaît tout autant par le style de rédaction modèle de ses rédacteurs[25]. Ainsi que le rappelle Cornu, le style

---

[22] Gérard CORNU, *Linguistique juridique*, 3ᵉ éd., «Coll. Précis Domat», Paris, LGDJ, 2005, p. 22.

[23] Voir la bibliographie sur la jurilinguistique française établie par le Centre de traduction et de terminologie juridiques de l'Université de Moncton (N.-B.), à jour au 22 juin 2021, en ligne : <http://www.cttj.ca/Documents/Monographiesetarticlessurlajurilinguistiquefr.pdf> (consulté le 16 juillet 2023).

[24] Donald POIRIER, «Les trois fonctions de la traduction dans la création et le développement de la common law en français», dans J.-C. GÉMAR et N. KASIRER (dir.), préc., note 5, aux p. 551-564.

[25] Le Code civil (1804) a suscité des commentaires enthousiastes : «un monument de l'histoire du droit français» (voir : <http://www.justice.gc.ca/fra/pr-rp/sjc-csj/pji-ilp/code/page05.html>, (consulté, le 16 juillet 2023) ; Jean CARBONNIER : «La véritable constitution de la France, c'est le Code civil» (cité par Pierre Mazeaud, voir ci-après) ; Pierre Mazeaud : «élément clé de la conscience collective française» (*Pouvoirs*, (2004) 110-3, p 152, en ligne : https://www.cairn.info/revue-pouvoirs-2004-3-page-152.htm ; Robert Badinter, *Le plus grand bien...*, Paris, Fayard, 2004 ; Konrad Zweigert and Heinz Kötz,: «beyond doubt the French Code civil is intellectually the most significant and historically the most fertile» (*Introduction to Comparative Law*,

« est, tout à la fois, une certaine façon de concevoir et d'énoncer la règle de droit et même de l'appliquer. »[26] Quoi de plus différent et contrasté que le style de rédaction (loi, contrat, jugement, etc.) des *common lawyers* et celui des civilistes ? Aussi le style n'est-il pas quantité négligeable lorsque l'on aborde le sujet de la rédaction d'une loi ou d'un jugement.

Voyons en quoi consistent les trois grandes fonctions qui, à mon sens, caractérisent la traduction juridique et, désormais aussi, la jurilinguistique : faire, transmettre et chercher.

1. Faire ou la pratique d'une profession

La première fonction est celle de l'activité professionnelle caractérisée par une pratique qui permet, à terme, d'atteindre à un savoir-faire, voire dans certains cas à un art – ou tout comme. On y parvient pas à pas, avec beaucoup de travail, de persévérance, de réflexions et de recherches. C'est le lot du traducteur, de même que celui du jurilinguiste, quel que soit le texte, bilingue ou unilingue, sur lequel ils travaillent. C'est la fonction « productive » de la traduction dont parle Ladmiral. Elle est présente dans toutes les grandes traditions et langues juridiques comme Heikki Mattila l'a démontré, entre autres, pour l'anglais, l'allemand, l'espagnol, le français et le latin[27]. En attestent les copieuses bibliographies figurant dans les thèses de doctorat de traduction juridique ou de jurilinguistique soutenues au cours des trente ou quarante dernières années, au Canada, mais aussi en France, en Espagne, en Italie, ou en Suisse, soutenances auxquelles il m'a été donné d'assister. D'ailleurs, on aurait tort de penser que les problèmes et difficultés que présente la langue juridique se limitent au Canada. Tous les pays et leurs langages du droit souffrent tout autant des mêmes maux, pays unilingues inclus[28].

3e éd., Oxford Clarendon Press, 1998, p. 85) ; mais aussi des critiques : Xavier MARTIN, *Mythologie du Code Napoléon*, Bouère, Éd. Dominique Martin Morin, 2003.

[26] Gérard CORNU, dans la recension de l'ouvrage *Le droit civil, avant tout un style ?*, (2004) 56-4 *Revue internationale de droit comparé* 1015, 1016.

[27] Heikki E. S. MATTILA, *Comparative Legal Linguistics. Language of Law, Latin and Modern Lingua Francas*, 2nd éd., Ashgate, 2013.

[28] Voir les actes du colloque international tenu à Genève sur la traduction juridique en février 2000. On constatera que treize grandes langues – de l'allemand au mandarin en passant par l'espagnol, le grec, le russe ou le portugais – posent, lorsqu'elles sont appliquées au langage du droit, plus ou moins les mêmes problèmes, et que leurs

Parallèlement aux besoins en croissance rapide de la société internationale, le rythme des activités impliquant ou associant du droit s'est accéléré au cours des quatre ou cinq décennies précédentes. Au Canada, la jurilinguistique est apparue et s'est développée, tant dans le domaine public – auprès des différents gouvernements, offices, commissions et conseils, tribunaux, soit l'Administration en général – que dans la sphère privée : associations de juristes-traducteurs, barreaux, universités, entreprises, études et cabinets (avocats, juristes et traducteurs)[29]. Ce sont toutefois ces derniers, les traducteurs, qui, souvent assistés de terminologues, en pratiquant parfois intensivement la démarche jurilinguistique au sein de leur service, lui ont donné ses lettres de créance, comme le démontre l'histoire du Canada, où la traduction a tenu un rôle peu commun dans le parcours et l'évolution de la langue française[30], rôle qui n'a jamais cessé. Aujourd'hui, la jurilinguistique a pris le relais de la traduction juridique, au moins dans le secteur législatif du fédéral et est associée à celui du judiciaire, qu'il s'agisse de jugements rédigés dans une des deux langues officielles et non traduits ou de décisions judiciaires traduites dans l'autre langue. Des organismes comme l'Institut canadien d'administration de la justice (ICAJ/CIAJ), créé en 1974, et l'Institut national de la Magistrature (INM/NJI), créé en 1988, se chargent depuis plusieurs décennies de former les juges canadiens dans les deux langues officielles. Leurs formations font largement appel aux outils linguistiques mis au point, entre autres, par des jurilinguistes et en suivent évolution et progrès en matière de rédaction des jugements[31].

---

    textes présentent des difficultés plus ou moins analogues, compte tenu des pratiques, contraintes et traditions propres à chacune d'elles. Voir J.-C. GÉMAR, préc., note 18.

[29]   Qui n'hésitent pas à mettre leur expertise au service du public, comme le montrent éloquemment les nombreux portails, adresses électroniques et sites qui y sont consacrés dans Internet. Voir, p. ex., le très riche Portail linguistique du Canada <https://.noslangues-ourlanguages.gc.ca> ; ou encore : <http://www.lisibilite.net/> (consultés le 16 juillet 2023).

[30]   Comme l'a souligné, parmi de nombreux autres, Jean-Paul VINAY, le père de la traduction au Canada, à propos des traducteurs canadiens dont le « rôle dépasse [...] de très loin celui du traducteur européen ou américain [...] au Canada, ils sont responsables de l'évolution de la langue », dans Paul HORGUELIN (dir.), *La traduction, une profession*, Montréal, Conseil des traducteurs et interprètes du Canada, 1977, p. 22 (*Actes* du VIIIe congrès mondial de la Fédération internationale des traducteurs (FIT) tenu à Montréal, en 1977).

[31]   Voir, par exemple, les ouvrages de Edward BERRY sur la rédaction des jugements : *Writing Reasons : A Handbook for Judges*, Victoria, E-M Press, 2001 (5e éd.,

Du corpus constitué au fil des décennies par des générations de traducteurs, généralistes ou spécialistes, émergent nombre d'ouvrages de nature lexicographique ou s'en approchant, tels lexiques, glossaires et vocabulaires[32], dont certains traitent plus directement du vocabulaire du droit. Aujourd'hui, la présence matérielle, la visibilité de la jurilinguistique et les effets d'une activité en développement se donnent désormais à voir. Ce terme apparaît en effet, en français comme en anglais (*jurilinguistics*), dans l'une des plus grandes banques de données terminologiques et linguistiques du monde, TERMIUM, et de nombreuses publications, canadiennes et autres[33]. Une preuve de cette présence nous est fournie par le

---

LexisNexis Canada, 2020); et sa traduction française par J.-C. GÉMAR, *La rédaction des motifs*, Montréal, Les Éditions Thémis, 2022.

[32] Voir en particulier Monique C. CORMIER et Jean-Claude BOULANGER (dir.), *Les dictionnaires de langue française au Québec : de la Nouvelle-France à aujourd'hui*, Montréal, Presses de l'Université de Montréal, 2008. On trouvera, à l'adresse suivante, une liste très fournie de la production lexicographique québécoise de la Nouvelle-France à aujourd'hui : <https://www.lexilogos.com/quebecois_dictionnaire.htm> (consulté le 16 juillet 2023).

[33] Dont voici un échantillon : Iliana AUVERANA «L'aménagement jurilinguistique au Canada», (2006) 3-3 *L'Actualité langagière* 22; Jimena ANDINO DORATO, «A Jurilinguistic Study of the Trilingual Civil Code of Québec», (2011) 4 *Journal of Civil Law Studies* 592, en ligne : <https://digitalcommons.law.lsu.edu/jcls/vol4/iss2/17/>; Sophie CACCIAGUIDI-FAHY (dir.), « La linguistique juridique ou jurilinguistique : Hommage à Gérard Cornu», (2008) 21-4 *Revue Internationale de Sémiotique Juridique* 311, en ligne : <http://link.springer.com/journal/11196/21/4/page/1> (consulté le 16 juillet 2023); Jean-Claude GÉMAR, «Aux sources de la "jurilinguistique" : texte juridique, langues et cultures», (2011) 16-1 *Revue française de linguistique appliquée* 9, en ligne : <https://www.cairn.info/revue-francaise-de-linguistique-appliquee-2011-1-page-9.htm> (consulté le 16 juillet 2023); Jean-Claude GÉMAR (dir.), *Langage du droit et traduction : essais de jurilinguistique*, Montréal, Conseil de la langue française, 1982; J.-C. GÉMAR et N. KASIRER (dir.), préc., note 5; Nicholas KASIRER, «Is the Canadian Jurilinguist–Living *entre langues et droits*–A Middle Power?», postface à J.-C. GÉMAR et N. KASIRER, (dir.), préc., note 5, p. 579-596; Thierry GRASS, «Jurilinguistique, terminologie et lexicographie juridiques au Canada», (2009) 1 *Lebende Sprachen* 11; Shaeda ISANI et Élisabeth LAVAULT-OLLÉON « À la confluence des langues, des cultures et du droit : jurilinguistique et traduction», (2009) 22-4 *Revue internationale de sémiotique juridique* 451, en ligne : <http://link.springer.com/article/10.1007/s11196-009-9124-6> (Consulté le 16 juillet 2023); Guy MAZET, *Jurilinguistique et informatique juridique*, thèse de doctorat soutenue en 2001 à l'Université de Montpellier I; Jacques PICOTTE, «Apport de la juristylistique à la lexicographie jurilinguistique : l'exemple du *Juridictionnaire*», dans Gérard SNOW et Jacques VANDERLINDEN (dir.), *Français juridique et Science du droit*, Bruxelles,

moteur de recherche *Google*. Sa consultation a produit environ 95 400 résultats (au 6 juillet 2021) pour le terme français «jurilinguistique», et quelque 58 800 pour l'anglais *jurilinguistics*. Ces chiffres sont assez impressionnants pour une discipline aussi jeune. Des colloques internationaux sont même organisés sur le thème de la jurilinguistique, à Cambridge, Genève ou Poitiers[34]. Quant au Canada, le *Centre Paul-André Crépeau* de l'Université McGill en est à sa 17ᵉ édition de *l'Institut de jurilinguistique*. Les difficultés qu'engendrent *urbi et orbi* les rapports du droit et de la langue n'en demeurent pas moins.

Bruylant, 1995, 295-310; André LABELLE, «Légiférer dans un pays bilingue sans traduire?», (2007) 95 *Circuit* [Ordre des traducteurs, terminologues et interprètes agréés du Québec] 15, en ligne: <http://www.circuitmagazine.org/images/stories/documents/archives/CI_95_07.pdf> (consulté le 16 juillet 2023); Lionel LEVERT, «La jurilinguistique: un appui indispensable à la corédaction», (2015) 28-1 *Revue internationale de Sémiotique juridique* 53: <http://link.springer.com/article/10.1007/s11196-014-9373-x> (consulté le 16 juillet 2023); Ksenia GALUSKINA, «Jurilinguistique: du langage spécialisé vers la linguistique de spécialité» (2011) 11 *Romanica Cracoviensia* 146; Jean-Marc KIEFFER, «Le traducteur "jurilinguiste", expert judiciaire près les cours d'appel et les tribunaux administratifs» dans G. SNOW et J. VANDERLINDEN, *id.*, 219-232; Anne WAGNER et Jean-Claude GÉMAR (dir.), «Legal Translation and Jurilinguistics: Globalizing Disciplines. Retrospects and Prospects» (2015) 28-1 *Revue Internationale de Sémiotique juridique*, en ligne: <http://link.springer.com/journal/11196/28/1/page/1> (consulté le 16 juillet 2023); Jean-Claude GÉMAR, «Jurilinguistique et lexicographie – Une première canadienne: le *Dictionnaire de droit privé*», (1986) 27-2 *Les Cahiers de Droit* 437, en ligne: <https://www.erudit.org/revue/cd/1986/v27/n2/042749ar.pd> (consulté le 16 juillet 2023); Gérard SNOW, «L'indispensable recherche jurilinguistique et ce qu'elle permet d'apprendre du droit», dans Lynne CASTONGUAY et Jacques VANDERLINDEN (dir.), «25 ans de common law en français: une histoire à suivre», (2003) 5-1 *Revue de la common law en français* aux pages 211; Heikki E.S. MATTILA. et Jean-Claude GÉMAR, *Jurilinguistique comparée: langage du droit, latin et langues modernes*, Cowansville, Éditions Yvon Blais, 2012; Juan JIMÉNEZ-SALCEDO et Javier MORENO-RIVERO, «On Jurilinguistics: the Principles and Applications of Research on Language and Law», (2017) 68 *Revista de Llengua i Dret, Journal of Language and Law* 1.

[34] Par ex., les professeurs Javier MORENO-RIVERO (Cambridge) et Esther MONZÓ-NEBOT (Universitat Jaume I) organisent des colloques sur le thème de la Jurilinguistique. Trois d'entre eux ont été tenus. Voir: <https://www.jurilinguistica.com/> (consulté le 16 juillet 2023); à l'Université de Genève, le centre d'études en traduction juridique et institutionnelle TRANSIUS, dirigé par le Professeur Fernando Prieto Ramos, organise également des colloques annuels sur ce thème. Voir en ligne: <https://transius.unige.ch/fr/centre/> (consulté le 16 juillet 2023).

Le constat est édifiant à cet égard si l'on prend le seul cas de l'Union européenne et ses 24 langues comme exemple limite de ce que la confrontation des langues et du droit peut produire de difficultés de toute sorte. Les millions de pages traduites chaque année en mesurent l'importance[35]. Si, comme au Canada, « la traduction est, à n'en pas douter, le ferment originel de notre Europe d'aujourd'hui »[36], il n'en demeure pas moins qu'à cette aune le volume de pages traduites au Canada, pourtant considérable, peut paraître léger. Et si l'on pense à ce que produit le secteur privé dans la seule Europe et en Amérique du Nord comme volume de traductions, les chiffres donneraient le tournis si l'on pouvait les compiler. L'UNESCO tient, depuis 1932, un *Index Translationum* où sont comptabilisées les traductions de livres effectuées par langue dans toutes les disciplines[37]. Toutefois, cet Index ne recense pas l'énorme volume des traductions du monde des affaires qui montrerait la place que tient réellement la traduction dans la marche du monde.

Aussi, au vu de ces conditions, comment produire à la fois la quantité *et* la qualité des textes, de surcroît dans des délais que l'on voudrait raisonnables ? Tel est le dilemme des responsables de services de traduction qui doivent faire face à des délais impératifs de tombée des textes fixés par les donneurs d'ouvrage. Cette quête du Graal, d'une « éthique suprême »[38], aiguisée par la *pulsio translationis*, les traducteurs la poursuivent sans répit avec, le plus souvent, la frustration de ne pas avoir atteint le but désiré.

---

[35] Voir le nombre impressionnant de textes constituant « l'acquis communautaire », soit environ 100 000, dont 17 000 actes législatifs, en ligne : <http://fr.euabc.com/word/12> (consulté le 21 janvier 2023). Sur les difficultés et maux que rencontre la traduction dans l'Union européenne, voir : Thierry FONTENELLE, « La traduction au sein des institutions européennes », (2016) 21 *Revue française de linguistique appliquée* 53, en ligne : <https://www.cairn.info/revue-francaise-de-linguistique-appliquee-2016-1-page-53.htm> (consulté le 16 juillet 2023).

[36] Leonard ORBAN, « Langues et traduction : une politique cruciale pour l'Union européenne », (2010) 56 *Hermès, La Revue* 23, par. 12, en ligne : <https://www.cairn.info/revue-hermes-la-revue-2010-1-page-23.htm> (consulté le 16 juillet 2023).

[37] L'*Index Translationum*, en ligne : <https://www.unesco.org/xtrans/bsform.aspx?lg=0> (consulté le 16 juillet 2023). On trouvera des explications sur un système qui, faute de financement, est en veilleuse depuis 2010, à cette adresse : <https://mondedulivre.hypotheses.org/4705> (consulté le 16 juillet 2023).

[38] Gao XINGJIAN, cité par Philippe FOREST, « Nous entrerons aux splendides villes », dans Annie CURIEN (dir.), *Écrire au présent. Débats littéraires franco-chinois*, Paris, Éditions de la Maison de l'homme, 2004, p. 3, à la p. 8.

Ils n'en jouent pas moins un rôle décisif dans la perpétuation de leur savoir-faire et de sa transmission.

2. *Du savoir-faire à sa transmission*

La deuxième fonction consiste à transmettre ce savoir-faire. Cette transmission se déroule de plusieurs manières, dont de façon verticale d'abord par la formation pratique présente dans certains services de traduction des secteurs de nature privée ou publique, ou par la formation théorico-pratique dispensée dans les universités, instituts et écoles spécialisés dans la formation de traducteurs et d'interprètes – et, parfois, de terminologues. Ensuite, la transmission s'effectue de façon horizontale et large par de nombreux canaux, dont celui des multiples outils mis à la disposition des traducteurs et interprètes sur Internet, ceux des nombreux colloques et rencontres consacrés à la traduction et à l'interprétation dans les pays intéressés, d'une part, et sur la scène internationale, d'autre part. Enfin, il faut souligner le rôle essentiel que jouent les administrations étatiques, les organisations internationales – dont celles de l'ONU principalement – et régionales dans la formation et le perfectionnement des traducteurs, juridiques compris, dans les organisations à vocations juridique et judiciaire (Cour internationale de justice, Cour européenne de justice, etc.).

La transmission du savoir-faire en traduction a longtemps été dispensée sur les lieux de travail par les seuls praticiens, avant de l'être dans l'université et des instituts, soit, pour le Canada, en 1936[39]. Le rôle des théoriciens ou « penseurs » de la traduction n'y est cependant pas étranger, car leurs travaux, réflexions et modèles théoriques influent sur la pratique, ce que nous verrons dans la partie suivante (*iii*). On sait que la production de dictionnaires, lexiques et autres vocabulaires unilingues, bi- et multilingues, est étroitement liée aux progrès accomplis en lexicologie et terminologie, dont découlent leurs applications : la lexicographie et la terminographie. La pratique de la traduction a profité et profite toujours des idées, principes et méthodes que conçoivent les penseurs de la traduction que sont les traductologues, eux-mêmes enseignants le plus souvent.

---

[39] Voir J. DELISLE, préc., note 10 ; Alvaro ECHEVERRI, « La recherche en enseignement de la traduction au Canada : survol historique et enjeux actuels », (2019) 30(1-2) *TTR* 149, en ligne : <https://www.erudit.org/fr/revues/ttr/1997-v10-n1-ttr04612/1060022ar/> (consulté le 16 juillet 2023).

Au Canada, c'est à l'initiative du gouvernement fédéral que le Bureau des traductions a été créé en 1934. La fonction que cette institution a remplie dans la société canadienne est, à bien des égards, exemplaire, tant pour l'exercice de la traduction comme profession de haut niveau et la formation des traducteurs que pour la normalisation de la langue française. C'est ainsi que le Bureau, nous dit Jean Delisle, « a pu mettre un frein au développement "anarchique" des services de traduction »[40] et assurer un contrôle de la qualité et s'imposer comme le service par excellence dans le domaine. Les traducteurs fédéraux en sont venus à former un groupe de spécialistes de la langue et de la traduction ; ils sont d'ailleurs à l'origine de la professionnalisation du métier de traducteur[41].

Ajoutons que les traducteurs du Bureau de la traduction (appellation officielle aujourd'hui) « ont contribué au redressement de la langue française au sein des institutions fédérales, noué des relations étroites avec les détenteurs du pouvoir et animé la vie culturelle de la capitale. Ils sont aussi à l'origine [...] de la traduction littéraire et de l'enseignement de la traduction au pays. »[42] Leur production se compte en dizaines d'ouvrages de toute sorte, dont des vocabulaires, lexiques, guides, etc., unilingues et bilingues. S'il fallait ne citer que quelques noms parmi les plus connus, il faudrait parler d'Hector Carbonneau, de Pierre Daviault, et d'Irène de Buisseret, trois éminents traducteurs qui, au XXe siècle, ont fortement contribué, directement et indirectement, à instruire, former et conseiller de nombreux traducteurs et langagiers par leurs actions et productions[43].

---

[40] Jean DELISLE et Alain OTIS, *Les douaniers des langues. Grandeur et misère de la traduction à Ottawa, 1867-1967*, Québec, Les Presses de l'Université Laval, 2016, p. 195.

[41] Jean DELISLE, « La traduction à Ottawa : de l'anarchie à la chienlit », *Le Devoir*, 26 avril 2016, rubrique « Idées », en ligne : <https://www.ledevoir.com/opinion/idees/469105/la-traduction-a-ottawa-de-l-anarchie-a-la-chienlit> (consulté le 16 juillet 2023).

[42] Dans la description de l'ouvrage *Les douaniers des langues* par les Presses de l'Université Laval, en ligne : <https://www.pulaval.com/produit/les-douaniers-des-langues-grandeur-et-misere-de-la-traduction-a-ottawa-1867-1967> (consulté le 16 juillet 2023).

[43] Hector CARBONNEAU (1889-1962), écrivain, enseignant et traducteur, a dirigé le Bureau des traductions (1930) et est l'auteur d'une œuvre riche et variée, dont le *Vocabulaire général : glossaire anglais-français* (1961) représente l'accomplissement d'une exceptionnelle carrière de traducteur accompli. Cet ouvrage, méticuleusement édifié au fil de ses années de traducteur, est une somme incomparable présentée en fascicules publiés entre 1957 et 1960 par le Secrétariat d'État. Pierre DAVIAULT (1899-1964), qui a dirigé le Bureau des traductions en tant que surintendant (1955) et créé

Fonctions, fins et moyens d'une jurilinguistique française au Canada

À cela, il faut ajouter les nombreux centres[44], instituts[45] et groupes de recherche[46] (en droit, droit comparé, linguistique, traduction, terminologie,

---

le premier cours de traduction professionnelle à l'Université d'Ottawa, est l'auteur d'une œuvre considérable consacrée à la traduction, à la langue française et à la terminologie. Pour ne citer qu'un seul de ses nombreux ouvrages, il faut mentionner *Langage et traduction* (1961), qui est une manière de synthèse de sa riche autant que diverse production. On trouvera une série de témoignages et de l'information sur les multiples aspects de ce maître Jacques de la traduction à ces deux adresses : <https://www.erudit.org/en/journals/jtraducteurs/1965-v10-n1-jtraducteurs04688/1061133ar.pdf>, (consulté le 16 juillet 2023) d'une part, et, d'autre part : <https://arts.uottawa.ca/crccf/fonds/P316> (consulté le 16 juillet 2023). Irène de Buisseret (1918-1971), auteure, traductrice et professeure, a également suivi un parcours professionnel de haut niveau comme traductrice au Secrétariat d'État dès 1950, puis à la Cour suprême du Canada et comme chef du Bureau de la traduction. La « Grande dame de la traduction » a aussi produit plusieurs ouvrages. Deux d'entre eux ont été publiés à titre posthume, soit le *Guide du traducteur* (1972) et *Deux langues six idiomes* (1975), qui reflètent la haute conception que l'auteure se faisait de la traduction. Avocate de formation, elle est celle qui, durant sa carrière de traductrice, a eu le plus de contacts avec la traduction juridique au plus haut niveau (Cour suprême). On trouvera des informations détaillées sur Irène de Buisseret dans l'article que Jean DELISLE lui a consacré : « Irène de Buisseret : "comtesse" de la traduction », Montréal, CTC, en ligne : <https://ctctraduction.ca/blog/irene-de-buisseret-comtesse-de-la-traduction>/ (consulté le 16 juillet 2023).

[44] Par ex., le *Centre Paul-André Crépeau de droit privé et comparé*, à l'Université McGill, dont les travaux et réalisations, entre autres, lexicographiques, font autorité ; le *Centre de traduction et terminologie juridiques* (CTTJ) de l'Université de Moncton (N.-B.), bien connu pour ses recherches sur le langage de la common law en français et ses dictionnaires ; le *Centre d'études en traduction juridique et institutionnelle* (TRANSIUS), à l'Université de Genève, que distinguent ses travaux et publications ; etc.

[45] *L'Institut Joseph-Dubuc du Collège universitaire de Saint-Boniface*, au Manitoba (désormais *Centre de ressources en français juridique*), œuvre dans l'élaboration d'outils de travail en français juridique ; *Le Subalpine Institute for the Analysis and Teaching of the Law of Transnational Activities*, (ISAIDAT), fondé par le renommé comparatiste Rodolfo Sacco, à Turin ; voir aussi le *Corpus-based Linguistics Centre* (CLC) établi à l'Université UNINT de Rome et son groupe de recherche *Eurolect Observatory* ; etc.

[46] Les centres et instituts présentés dans les notes précédentes (44 et 45), où se font des recherches, peuvent figurer dans cette catégorie. Pour plus de détails, voir Heikki E. S. MATTILA, « Jurilinguistique comparée : essai de caractérisation d'une discipline multidimensionnelle », (2021) 1-31 *International Journal of Semiotics of Law* en ligne : <https://link.springer.com/article/10.1007/s11196-021-09825-x> (consulté le 16 juillet 2023).

etc.), au Canada, en Europe ou... à Hong Kong, où des chercheurs travaillent sur une certaine forme de jurilinguistique[47]. Ces lieux contribuent, outre à la transmission d'un savoir, également à inculquer un savoir-faire langagier tout en informant un public plus large sur un éventail de possibilités et de solutions linguistiques.

C'est toutefois en amont, dans les universités, que se prépare cette transmission. C'est là que l'enseignement du droit, de la linguistique, de la traduction, de la terminologie, et des langues, entre autres matières, construit brique à brique l'édifice des éléments et données qui, en formant traducteurs et terminologues, vont œuvrer au développement de la jurilinguistique. Pour ce faire, il faut d'abord que ces disciplines en arrivent à se croiser et à se fondre dans une formation propre à préparer les futurs jurilinguistes.

L'action combinée de ces institutions, organismes et groupes divers contribue à transmettre et à développer le savoir-faire en traduction et dans ses spécialités, dont la traduction juridique et son corollaire, la jurilinguistique[48]. Un savoir en découle, qui puise ses racines dans les travaux, recherches et réflexions des linguistes, juristes, traducteurs, terminologues et autres langagiers. Car que seraient, à quoi serviraient une pratique qui ne serait pas suivie d'une réflexion critique et, à l'inverse, une théorie qui tournerait à vide, sans prise sur un réel que « prises isolément, ni la pratique ni la théorie ne suffisent à construire »[49] ?

3. *Chercher* ou *les fondements d'une recherche*

La troisième fonction est indispensable à la vie, au développement et au renouvellement de toute discipline, quelle que soit sa vocation. C'est celle de la recherche. Conduite avec la rigueur nécessaire, elle insuffle par ses applications le désir de dépassement générateur de progrès et d'innovation conduisant éventuellement à une réflexion théorisante. De la pra-

---

[47] Voir les travaux du *Language Information Science Research Centre*, City University of Hong Kong ; par exemple, B. K. T'SOU, K. K. SIN, S. W. K. CHAN *et al.*, « Jurilinguistics Engineering in Cantonese Chinese : An N-gram-based Speech to text Transcription System », COLING 2000, 18th International Conference on Computational Linguistics, Proceedings of the Conference, Saarbrücken, 2000, en ligne : <https://www.researchgate.net/publication/221102712> (consulté le 16 juillet 2023).

[48] Non seulement dans l'hémisphère nord, mais aussi dans celui du sud, pour illustrer : Argentine, Brésil, Mexique, Vanuatu, ...

[49] Norbert ROULAND, *Anthropologie juridique*, Paris, PUF, 1991, p. 15.

tique au savoir-faire le chemin peut être long toutefois, mais à partir d'un certain stade de connaissances, une réflexion peut naître sur sa pratique et évoluer en principes, méthodes, stratégies, démarches et schémas pratiques ou théoriques.

Réfléchir sur l'exercice d'une pratique, d'une activité professionnelle ou ludique, quelle qu'elle soit, afin de mieux la comprendre, de l'améliorer ou la perfectionner, est une habitude humaine. C'est la « faculté de se perfectionner », inscrite dans la nature humaine, qui distingue l'humain de l'animal, comme le pensait Rousseau[50]. Cela ne débouchera pas nécessairement sur une pensée théorisante mais peut l'amorcer. Bien que les difficultés inhérentes à une démarche susceptible de déboucher sur des réflexions d'ordre philosophique soient de nature à décourager l'apprenti théoricien, la traduction – et ses tributaires, dont la jurilinguistique – fait partie des activités humaines offrant prise à une forme quelconque de recherche pouvant amener une personne à réfléchir sur sa pratique professionnelle, voire à l'envisager comme objet de réflexion ou de recherche théorique. Par cet adjectif : « théorique », il ne faudrait pas en déduire que l'on peut arriver, au terme d'une étude et de longues réflexions, à produire un élément de « recherche fondamentale ». Il s'agira plutôt d'un petit maillon de la longue chaîne de la recherche appliquée, qui est le propre des sciences molles que sont les sciences humaines et sociales, dont fait partie la traduction.

La nature interdisciplinaire de la traduction, qui est aussi celle de la jurilinguistique, ne pouvait que retenir l'attention de chercheurs venus d'autres horizons et disciplines, favorisant ainsi la naissance d'une forme de discours « *meta*jurilinguistique », comme le comparatiste des jurilinguistiques Heikki Mattila l'a montré[51]. Or, le rapprochement, voire la réunion de deux « sciences » tels le droit et la linguistique, ne produisent pas par le fait même une science tierce, dotée de méthodes, de courants de pensée doctrinaux et de théories savantes. Si l'on peut concevoir qu'une pratique soit également un savoir-faire pouvant parfois atteindre une forme d'art, comme en traduction littéraire, et, quelquefois, revêtir les habits d'une discipline, en revanche le statut de science est plus difficile à démontrer. Il doit l'être en se fondant sur des critères rigoureux. La jurilinguistique et

---

[50] Jean-Jacques ROUSSEAU, *Discours sur l'origine et les fondements de l'inégalité parmi les hommes* (1755), « Collection complète des œuvres », vol. 1, Genève, 1780-1789, p. 58, en ligne : <https://www.rousseauonline.ch/Text/discours-sur-l-origine-et-les-fondemens-de-l-inegalite-parmi-les-hommes.php> (consulté le 16 juillet 2023).

[51] H. E. S. MATTILA, préc., note 27.

ses adeptes peuvent-ils le revendiquer à bon droit, alors que, depuis les travaux de Popper et son postulat de la «falsification», on sait qu'une discipline qui ne posséderait pas de théorie ne saurait revendiquer le statut de science[52]. Au demeurant, que doit-on comprendre par ce mot mystérieux autant que redoutable : théorie ?

4. Théorie(s) ou doctrine(s) ?

Le mot «théorie» est depuis longtemps utilisé, dans nombre de disciplines, à toutes les sauces intellectuelles – tout particulièrement dans les sciences sociales et humaines –, pour démontrer la rigueur d'un raisonnement ou d'une démonstration, haussant au passage le statut et le propos de son auteur. Or, pour fonder une science, quelle qu'elle soit, nous dit Edgar Morin, il faut qu'elle découle d'«un mode de connaissance fondé sur le dialogue entre les théories et les données observées ou issues de l'expérimentation »[53]. Le doute n'est pas permis : c'est l'expérimentation par où doit passer l'interaction entre théories et données, qui qualifie le statut de science d'une discipline. Ce qui n'est pas le cas de la traduction, tous domaines confondus, ni des disciplines qui en sont sorties. Danica Seleskovitch, parmi les traductologues les plus éminents du XXe siècle, ne dit pas autre chose lorsqu'elle avance que «Claude Bernard [...] disait de la *théorie* qu'elle était l'hypothèse vérifiée après qu'elle ait été soumise au contrôle du raisonnement et de la critique expérimentale »[54]. Il l'opposait à la *doctrine* qui «procède par affirmation et par déduction purement logique »[55]. D. Seleskovitch évitait d'employer le mot «théorie», auquel elle préférait le terme de «doctrine», qu'elle avait défini. Ce terme me semble refléter plus justement la nature des divers courants se réclamant de la théorie de la traduction, qui foisonnent en traductologie contemporaine. Mais aucun d'entre eux n'a produit de preuve de son bien-fondé issue de l'expérimentation. La traduc-

---

[52] Pour établir la scientificité d'une hypothèse, Karl POPPER, dans son ouvrage de référence *La logique de la découverte scientifique*, Paris, Payot, 1973 (traduction de *Objective Knowledge*, Oxford, Clarendon Press, 1935), dépasse le critère de vérifiabilité pour établir celui de «falsificabilité», soit la possibilité de réfuter une hypothèse.

[53] Edgar MORIN, «La science perd-elle la raison?», *L'Express*, n° 2157, 13 novembre 1992, p. 54.

[54] Danica SELESKOVITCH, «Pour une théorie de la traduction inspirée de sa pratique», (1980) 25-4 *Meta* 401, 402, en ligne : <https://doi.org/10.7202/004084ar> (consulté le 16 juillet 2023).

[55] *Id.*

tion, cet « art exact », ne se met pas équation. George Steiner l'avait compris lorsqu'il soulignait les limites de la théorie, en l'état actuel des choses : à l'aune des connaissances humaines actuelles, une théorie de la traduction est encore inconcevable, ainsi qu'il l'explique dans cet *obiter* :

> [...] it has been one of my principal contentions that translation is "an exact art" whose "theory", in fact, amounts to a large corpus of intuitive, metaphoric and local suggestion, that there can be no genuine "theory of translation" so long as there is no satisfactory "theory" of how the human mind produces meaningful speech, let alone interlingual transfers of such speech.[56]

L'activité des traducteurs – et depuis peu celle des jurilinguistes – n'a guère pâti, semble-t-il, de l'absence de fondements théoriques durant le dernier millénaire, la traduction se nourrissant essentiellement, mais non exclusivement, de sa propre pratique. Depuis la fin de la Deuxième Guerre mondiale, les ouvrages, travaux et recherches consacrés à la traduction, dans ses différentes branches et disciplines, dont la traduction juridique et, par ricochet la jurilinguistique, se sont succédé à un rythme soutenu, étoffant les rangs de son corps de doctrine[57].

S'agissant de la jurilinguistique, aucune pensée théorique toutefois fondée sur un métalangage, un *tertium quid* hybride du droit et de la linguistique, ne s'est encore élevée à la hauteur d'une réflexion épistémologique sur ses tenants et aboutissants, son idéal d'éthique et ses présupposés théoriques. Reconnaissons que la philosophie et l'épistémologie sont d'un faible secours lorsqu'il s'agit, non plus de retraduire en la réinterprétant suivant la théorie du moment ou en la déconstruisant selon les préceptes d'un Derrida, l'œuvre d'un Freud, d'un Kant ou d'un Hegel, mais de traduire, rédiger ou corédiger un traité, une charte, une loi ou un règlement de manière à en faciliter la compréhension pour ses destinataires, la société en général

---

[56] George STEINER, « The everyday business of translation », (1979) 1-3 *London Review of Books*, p. 22, en ligne : <https://www.lrb.co.uk/the-paper/v01/n03/george-steiner/the-everyday-business-of-translation> (consulté le 16 juillet 2023).

[57] Voir, par exemple : Michael BEAUPRÉ, *Interpreting Bilingual Legislation*, Toronto, Carswell, 1986 ; Frederick BOWERS, *Linguistic Aspects of Legislative Expression*, Vancouver, University of British Columbia Press, 1989 ; en lexicographie juridique, voir l'ouvrage d'Ethel GROFFIER et David REED, *La lexicographie juridique*, Cowansville, Yvon Blais, 1990 ; en traduction juridique, Susan SARCEVIC, *New Approach to Legal Translation*, The Hague, Kluwer Law International, 1997 ; Claude BOCQUET, *La traduction juridique ; fondement et méthode*, Bruxelles, De Boeck, 2008 ; voir aussi les travaux de Gérard CORNU, notamment *Linguistique juridique*, préc., note 22 ; etc.

ou un groupe en particulier. On admettra sans peine qu'en l'occurrence la linguistique appliquée, avec ses techniques de production d'un texte axées sur la communication et la lisibilité, sera d'une plus grande utilité pour le praticien que la philosophie ou la « théorie » à la mode. Comme l'énonce Seleskovitch,

> [I]l existe effectivement deux champs d'action distincts : le premier où œuvrent depuis des milliers d'années des praticiens qui n'expliquent pas toujours ce qu'ils font ou ne l'expliquent pas de façon convaincante, et le second où œuvrent, essentiellement depuis quelques décennies, des théoriciens qui ne formulent pas toujours leurs hypothèses de départ et ne les soumettent, moins souvent encore, à la vérification expérimentale.[58]

Aussi le traducteur praticien et son homologue théoricien ne sauraient-ils se passer l'un de l'autre tant leur complémentarité est évidente. Ils sont parfois réunis dans la même personne, tels, en jurilinguistique, le juge Pigeon au Canada, le doyen Cornu en France et Bryan Garner aux États-Unis[59]. Ces grands praticiens ont fait œuvre originale à partir d'une réflexion personnelle inspirée par la confrontation quotidienne avec les difficultés que pose le texte juridique proprement dit : loi (Pigeon), jugement (Pigeon), et parfois même celui de doctrine, tels un dictionnaire (Cornu, Garner) ou un traité de droit (Cornu) ou de linguistique juridique (Cornu). Ce faisant, ils ont contribué à poser les premières pierres de cet état que pourrait présenter la jurilinguistique à la fois « productive » et « inductive » (Ladmiral). Il n'est donc pas souhaitable de dissocier totalement la théorie de la pratique, tellement l'incidence de l'action de l'une (la pratique) sur l'autre (la théorie) est réciproque[60]. Il arrive même que les trois fonctions évoquées plus haut (faire, transmettre, chercher) soient réunies dans la même personne,

---

[58] D. SELESKOVITCH, préc., note 54, p. 403.

[59] L'éminent juriste et lexicographe (auteur du *Black's Law Dict.*) à qui l'on doit, notamment, *The Elements of Legal Style*, Oxford / New York, Oxford University Press, 1991.

[60] Voir sur la question Jean-Claude GÉMAR, « De la pratique à la théorie, l'apport des praticiens à la théorie générale de la traduction », (1983) 28-4 *Meta* 323. Dans cet article, je montre que, quel que soit le domaine (traduction, linguistique, sociologie, etc.), le flux des idées circule, qu'on le veuille ou non, entre les deux pôles, les irriguant à proportion. Robert Larose, le traductologue bien connu, a défini la théorie applicable à la traduction comme suit : « ensemble de généralisations à partir de pratiques ou de méthodes traductives, de considérations sur les rapports entre les mots et les choses, entre le fond et la forme, et même entre le langage et la pensée. » Robert LAROSE, « La traduction au-delà du texte » (1992) 1-1 *Turjumān* 7, 7.

quels que soient le système, la langue et la culture juridiques. Certains ont produit une œuvre originale à partir d'une réflexion personnelle inspirée par le difficile dialogue quotidien avec le langage du droit[61].

Juristes-traducteurs et jurilinguistes, pour accomplir leur dessein, remplir leurs fonctions et exécuter leurs travaux, disposent d'une batterie d'outils et de moyens pour rédiger, réviser, améliorer les textes juridiques, avec pour but d'en faciliter la lecture et la compréhension.

II. Fins et moyens des jurilinguistes

Après avoir vu les quelques fonctions que l'on peut reconnaître à la traduction juridique et à la jurilinguistique, les fins que vise l'exercice de la traduction d'un texte juridique ou celui de la jurilinguistique appliquée à un texte de droit comme la loi ou un jugement retiennent l'attention. En effet, elles diffèrent nettement depuis que les autorités canadiennes se sont lancées dans la corédaction des lois en 1978, tournant le dos à la traduction législative qui, jusque-là, avait été le moyen privilégié de produire un texte de loi bilingue destiné aux deux groupes linguistiques du pays[62].

La traduction, orale ou écrite, répond à un besoin ontologique de l'espèce humaine, qui est de vouloir communiquer non seulement entre personnes d'un même groupe linguistique, mais encore de pouvoir le faire entre personnes parlant des langues différentes. La fonction de la traduction, son but, consiste à permettre la communication en faisant passer le message. La jurilinguistique, à la différence de la traduction (juridique), peut s'exercer à la fois en traduction ou en dehors de celle-ci, d'où son avantage et son utilité. De fait, à moins d'avoir affaire à un traducteur-jurilinguiste ou à un jurilinguiste-traducteur («juriste-linguiste», dans l'UE), le rôle d'un traducteur se limite à traduire le texte qui lui est confié, puis à relire et réviser son texte une fois celui-ci traduit pour en assurer la mise au point finale et l'équivalence. Ce faisant, si le traducteur est responsable du texte, de

---

[61] Voir Philippe MALAURIE, *Anthologie de la pensée juridique*, Paris, Cujas, 1996. L'auteur met en évidence la filiation entre la pensée juridique et les préoccupations linguistiques des grands auteurs, de Cicéron à nos jours.

[62] Lionel A. LEVERT, «La cohabitation du bilinguisme et du bijuridisme dans la législation fédérale canadienne: mythe ou réalité?», (2000) 3(1-2) *Revue de la common law en français* 127; Marie LAJOIE, Wallace SCHWAB et Michel SPARER, *La rédaction française des lois*, Ottawa-Montréal, Commission de réforme du droit du Canada, 1982, p. 6 et 206, notes 6 et 7.

sa forme, l'est-il aussi du contenu, le droit, que porte ce texte ? (A) C'est alors que peut intervenir le jurilinguiste, ou le réviseur, agissant ici en comparatiste, d'une part ; d'autre part, contrairement au traducteur, le jurilinguiste peut aussi travailler, tel un légiste, sur un texte de loi en préparation (B). Cette double compétence lui assure un net avantage sur le traducteur. On pense, en outre – et pas uniquement en terminologie ou en lexicologie –, qu'un texte rédigé dans la langue vernaculaire prime un texte traduit comme source valable de référence[63].

A. *Traduire le droit : des fins particulières*

Les deux traductologues que sont Jean-René Ladmiral (1979) et Jean Delisle (1980) ont énoncé, dans deux publications marquantes en traductologie[64], ce qui distingue essentiellement la traduction pédagogique de la traduction professionnelle – dite aussi « pragmatique ». La recherche de la « performance » chez le traducteur professionnel diffère du dessein pédagogique du professeur de langues, vivantes ou mortes. Les visées de l'un et de l'autre, outre les aspects économiques ou pécuniaires, les situent dans des catégories différentes, bien qu'ils se complètent à l'occasion lorsque l'enseignement de la traduction est destiné à former de futurs traducteurs. Or, en règle générale, cet enseignement est dispensé lors d'une formation universitaire en langues ou en linguistique et, le plus généralement, dans le cadre d'études littéraires[65]. D'ailleurs, les deux formations cohabitent souvent dans la même université (*cf.* universités de Bruxelles, Genève, Montréal, Paris, etc.).

Depuis que l'enseignement des langues de spécialité a été introduit dans le cursus des formations de traducteurs avec la terminologie propre à chaque spécialité, le volet de la traduction juridique, corollaire du langage du droit, a rapidement gagné en importance. La traduction juridique

---

[63] Robert DUBUC : « Dans les domaines de pointe, il faut parfois se rabattre sur des textes traduits, en l'absence de toute autre documentation. Il faut alors être particulièrement exigeant sur la qualité de la traduction », dans son article « Définition d'une démarche terminologique en fonction des besoins à satisfaire », (1973) 18-1 et 2 *Meta* 269, 271.

[64] Jean-René LADMIRAL, *Théorèmes pour la traduction*, Paris, Payot, 1979 ; Jean DELISLE, *L'analyse du discours comme méthode de traduction*, Ottawa, Éditions de l'Université d'Ottawa, 1980.

[65] Voir à ce sujet, par ex., Sandina-Julia VASILE, « L'apprentissage de la traduction et ses objectifs », (2002) 6 *Dialogos* 135.

est devenue une spécialité recherchée compte tenu de la variété et du nombre de débouchés et d'emplois auxquels elle donne accès. La plupart des grandes universités l'offrent parmi les spécialités disponibles dans un programme, avec l'économie, la médecine, les techniques et d'autres. Chaque domaine possède ses particularités, ses besoins et préoccupations, mais le domaine du droit tient une place à part dans les traductions de spécialité, parce que le texte de droit porte une ou des normes contraignantes et des effets juridiques. Pour Jacques Herbots, ce qui distingue « la traduction juridique de la traduction tout court, c'est que d'une part le texte à traduire est une règle juridique, une décision judiciaire ou un acte juridique ayant des conséquences juridiques voulues et à atteindre »[66]. La règle juridique confère sa spécificité au texte juridique et, partant, à sa traduction. Cet aspect, à lui seul, différencie le texte juridique. Il s'ensuit que l'objectif que l'on vise par la traduction d'un texte juridique, surtout s'il s'agit d'un « instrument » (une loi, par ex.), répond à des besoins, des stratégies et des obligations particulières.

1. Le traducteur juridique face au texte

Tout traducteur, avant de se spécialiser dans le domaine juridique, est d'abord et avant tout traducteur ou traductrice généraliste en raison de sa formation. C'est-à-dire que les règles, principes et méthodes en usage en traduction générale s'appliquent à eux, et qu'ils les mettent en pratique. Lorsqu'il traduit un texte juridique, le traducteur ne met pas en œuvre des mécanismes foncièrement différents de ceux que requiert l'opération traduisante en général. Tout texte est fait de mots (courants) et de termes (techniques) qui véhiculent des concepts et des notions plus ou moins complexes et élaborés. Ces mots sont organisés en discours selon une syntaxe, des fonctions grammaticales précises, propres à une langue donnée, et dans un style particulier selon le domaine et la fonction du texte. Ce texte porte un sens, qu'il faut dégager à la suite d'un acte d'interprétation complexe. C'est la tâche du traducteur. Le texte prendra alors une signification précise pour le lecteur naturel qu'est le traducteur, mais pour lui seul. Ensuite, en traduction spécialisée dans le secteur juridique, ce sont les principes, règles et méthodes propres au droit local qui se superposent aux précédentes et, parfois, s'y substituent. Chaque domaine du droit possède son code, ses normes et son style. Chaque type de texte engendré dans tel domaine

---

[66] Jacques. B. HERBOTS, « La traduction juridique. Un point de vue belge », (1987) 28-4 *Les Cahiers de droit* 813, 814.

juridique répond à des besoins, à des servitudes linguistiques particuliers. D'où la complexité bien connue de ce genre de traduction. On ne s'y lance pas sans une solide préparation[67]. Aussi le temps des traducteurs peu versés en droit – et, dans le cas du Canada, les droits – est-il, sauf rares exceptions, du passé, alors que la qualité de leurs traductions n'est généralement pas à mettre en doute. Spécialisation oblige, aujourd'hui, ce sont le plus souvent des juristes-traducteurs, soit une catégorie de jurilinguistes, qui pratiquent cette forme de traduction. On peut alors considérer qu'ils sont réunis dans une seule et même personne : traducteur-jurilinguiste. Reste le plus difficile : traduire.

Quelle que soit la nature du texte à traduire, le principe est le même : faire passer un message d'un texte dans un autre pour qu'il soit compris par la ou les personnes à qui il est destiné : le ou les destinataire(s), qu'il faut avoir préalablement déterminé(s). Un postulat règne en traduction : seul compte le *sens*. Or, ce sens, il faut d'abord le comprendre, et cela dans toutes ses nuances, puis le rendre avant de le faire comprendre ensuite au destinataire. À cette fin, tous les moyens appropriés sont bons pour obtenir l'équivalence des textes ou le résultat escompté. Le législateur l'a bien compris qui, au Canada, a décrété par la loi l'égalité des langues officielles. Toutefois, en traduction juridique, l'objectif d'équivalence des textes ne se borne pas, pour le traducteur, à traduire la lettre et à rendre l'esprit, ce qui représente déjà un objectif difficile à atteindre. L'idéal serait de produire une traduction « totale » – si tant est que cela soit possible du double point de vue linguistique et juridique. Il faudrait pour cela produire « l'identité » des textes, concept mathématique hors sujet en matière de langues. Pour s'en approcher, le traducteur devrait aussi pouvoir prendre en compte les effets juridiques potentiels de sa traduction, lesquels, idéalement, devraient être équivalents dans les deux textes[68]. Est-ce possible ? Peut-être, à condition d'avoir affaire à un traducteur-jurilinguiste expérimenté,

---

[67] Voir, sur le sujet de la traduction juridique confiée à des traducteurs, Christiane BÉLANGER, Sandra FOUYON-DE AZEVEDO, Nicole MICHAUD et Claire VALLÉE, « Faut-il être juriste ou traducteur pour traduire le droit ? », (2004) 49-2 *Meta* 457. Dans cet article, les auteures réagissent à un article de Judith LAVOIE sur ce sujet dans (2003) 48-3 *Meta* 393.

[68] L'équivalence interlinguistique est courante dans la communication ordinaire. Des expressions comme « j'ai mal à la tête » (All. *mir schmerzt der Kopf* / Angl. *I have got a headache* / Esp. *me duele la cabeza*) correspondent dans nombre de langues – à situation de communication égale cependant –, même si la manière de l'exprimer diffère d'une langue à l'autre (syntaxe, style, etc.).

voire à un jurilinguiste ; non, si le traducteur n'a pas reçu de formation juridique appropriée, auquel cas, il lui est fortement conseillé de laisser le soin « à qui de droit » pour le faire dans un genre d'opération réputée des plus complexes.

On sait l'importance critique que revêtent les effets juridiques en droit. Le problème d'équivalence des effets juridiques du texte traduit par rapport à l'original ne se pose pas dans les mêmes termes pour le traducteur et pour le juriste-linguiste/jurilinguiste. Le premier, selon les situations données, cherchera sans doute à produire un *texte* équivalent, et le second une équivalence *juridique*. Or, dans l'un comme dans l'autre cas, c'est la rencontre et la fusion harmonieuses des deux éléments constitutifs du texte, le message et sa forme, qui devraient produire l'équivalence souhaitée. Le traducteur sait d'expérience tout ce que l'opération traduisante peut apporter comme contribution à l'établissement du sens du texte de départ, et donc à son interprétation. Mais ce sens et ses effets se retrouvent-ils à tout coup dans le texte d'arrivée ? Telle est la question. Il restera à savoir ce que le juriste entend par « équivalence » quand on sait qu'un texte de droit, comme tout texte appartenant à la catégorie des sciences « molles » que sont les sciences humaines et sociales[69], est susceptible d'interprétations différentes, la règle *in claris cessat interpretatio* ne faisant guère sens pour un linguiste[70].

Il reste que l'on peut s'interroger sur la possibilité d'atteindre ces trois objectifs pour réaliser une équivalence parfaite ou totale dans chaque langue et dans chaque système, sans pour autant sacrifier l'une ou l'autre. Si sacrifice il y a, doit-on, en vue de réaliser une équivalence « fonctionnelle », sacrifier l'application de la règle de droit – et, ce faisant, le but même de cette équivalence – ou l'expression même de la règle, comme le pensait Michael Beaupré[71] :

---

[69] Par opposition aux sciences « dures » (chimie, biologie, mathématiques, ...), qui tendent vers l'univocité. Aussi leurs textes prêtent-ils beaucoup moins aux interprétations que ceux des premières.

[70] Ni, semble-t-il, pour un logicien comme Chaïm PERELMAN, qui dans *L'empire rhétorique. Rhétorique et argumentation*, (2e éd., Paris, Librairie philosophique J. Vrin, 2002, p. 36, par. 25) doute de la « clarté » d'un texte qui, parce qu'il « ne fait pas l'objet d'interprétations divergentes et raisonnables » est considéré « comme clair » ; voir également Pierre-André CÔTÉ, *Interprétation des lois*, 4e éd., Montréal, Les Éditions Thémis, 2009.

[71] Michael BEAUPRÉ, « La traduction juridique -Introduction », (1987) 28-4 *Les Cahiers de droit* 743. Dans l'affaire *Gulf Oil Canada Ltd. c. Canadien Pacifique Ltée*, [1979]

Does one sacrifice the application of the rule of law in an interstitial way and the goal of absolute equivalence? Or does one rather sacrifice the expression of the rule, and, with it, the classifications and concepts of one of the legal systems within which the federal rule must have its effect?

Ces questions tournent autour de la difficulté singulière que présente la traduction d'un texte de droit, et *a fortiori* dans un contexte de bilinguisme et de bijuridisme comme le connaît le Canada. Cet État a néanmoins réussi à instaurer un système, fournir des moyens appropriés et des services adaptés pour contourner cette difficulté. Mais on ne réussit jamais à contrer totalement la malédiction de Babel et à vaincre tous les obstacles que les langues recèlent. Néanmoins, le Canada a démontré à la fois l'utilité sociale, l'intérêt politique et les résultats probants d'une traduction juridique de qualité effectuée entre deux langues officielles. Cette lourde tâche revient au traducteur, qui, sa traduction accomplie, passe le relais au jurilinguiste.

2. *Le jurilinguiste-traducteur et le traducteur-jurilinguiste*

L'étape de la traduction préliminaire franchie par le traducteur juridique, le jurilinguiste coiffe le chapeau du réviseur. C'est l'étape de la révision du texte, où le message juridique et sa réexpression dans le texte d'arrivée sont scrutés, analysés et, le cas échéant, modifiés pour le mieux, l'idéal, comme nous l'avons vu, étant l'équivalence des textes et des effets juridiques. On sait que la qualification de « jurilinguiste » est récente. Elle est apparue dans les années 1970, avec le premier jurilinguiste officiel de l'histoire, Alexandre Covacs, bientôt suivi d'un second, Jean Kerby, les deux conjuguant les compétences du linguiste (Covacs) et du juriste (Kerby).

Le travail du jurilinguiste remonte toutefois au lendemain de la Conquête, sous le régime civil, avec la nomination du premier traducteur, jurilinguiste avant l'heure, François-Joseph Cugnet (1720-89), qui était un

---

C S. 72, le litige portait sur l'équivalence juridique des termes *act of God* et « cas fortuit ou de force majeure », qu'en l'espèce (un accident impliquant un camion et une locomotive) la Cour supérieure du Québec a jugés équivalents au regard du droit civil québécois. Cette cause illustre « *the difficulty, in translation or bilingual drafting, of attaining two objects without making some sacrifices.* ». Sur les enjeux de la traduction, on lira avec profit les réflexions de H. Patrick GLENN dans son article « Commensurabilité et traduisibilité », dans (2000) 3(1-2) *Revue de la common law en français* 53.

éminent juriste, avocat et auteur de traités de droit civil, quoique traducteur moyen selon les témoignages. Il était le premier d'une longue liste de traducteurs formés en droit, avocats généralement, tels, entre autres brillants sujets, Antoine Gérin-Lajoie (1824-82), Achille Fréchette (1847-1929), avocat également, Léon Gérin (1863-1951), avocat aussi, même s'il choisit une autre voie, Irène de Buisseret (1918-71), avocate de formation. D'autres grands noms de la traduction au sein de l'État canadien, tel Pierre Daviault, qui, s'ils n'avaient pas reçu de formation juridique, avaient de vastes connaissances dans plusieurs domaines, dont le domaine administratif, au vu de leurs hautes fonctions dans les services fédéraux de traduction. La traduction «administrative» leur doit beaucoup.

La fonction de réviseur est sans doute aussi ancienne que celle de traducteur, mais sans le titre, dont l'apparition est récente. Elle s'est introduite dans les institutions internationales qui ont vu le jour après la Deuxième Guerre mondiale. Au Canada, c'est à partir de la création du Bureau de la traduction (1934) qu'il faut chercher l'équivalent d'une fonction apparentée à de la révision, celle de «traducteur principal»[72]. Aujourd'hui, en traduction juridique, on trouve des jurilinguistes à tous les niveaux de la traduction, rédaction et révision de textes juridiques[73]. On peut distinguer deux situations où le jurilinguiste agit comme réviseur; dans l'une, il intervient sur des textes bilingues en comparatiste, dans l'autre, son intervention porte sur un texte unilingue, une loi ou un règlement par exemple, rédigé par un légiste ou un réglementariste. Existent donc deux situations où intervient la jurilinguistique, celle où est exercée une révision unilingue, et celle où une révision comparative est pratiquée, soit deux formes de révision bien différentes. Dans le cas d'une traduction à réviser, c'est la révision comparative qui entre en scène; dans celui de la révision, par exemple, d'un texte législatif ou réglementaire, rédigé en anglais ou en français, il ne s'agit plus de comparer deux textes ni deux langues (rôle dévolu à la traduction/révision interlinguistique), mais de procéder à une révision intralinguistique sur deux plans, la langue et le contenu juridique qu'elle exprime.

---

[72] Fikri MÉLÉKA, «Le Bureau des traductions (1934-1977)», (1977) 22-1 *Meta* 57, 60.

[73] Voir l'intitulé de la 14ᵉ édition de l'Institut annuel de jurilinguistique, *Des nuances canadiennes de jurilinguistique*, qui s'est tenue, en distanciel, à Montréal le 19 mars 2021, démontrant «les nombreuses réalités et nuances de la jurilinguistique au Canada», en ligne: <https://www.mcgill.ca/continuingstudies/fr/nuances-canadiennes-de-jurilinguistique> (consulté le 16 juillet 2023).

a) La révision interlinguistique

Ce type de révision est celui que l'on pratique en traduction, puisque ce mode de communication implique deux langues et deux textes. La révision du texte traduit consiste alors, pour les traducteurs juridiques et les jurilinguistes, en une analyse comparée exercée sur le double plan linguistique et juridique. Si le traducteur traduit, «[le] jurilinguiste analyse, les juristes rédigent, le parlement et le gouvernement légifèrent»[74]. Depuis que la traduction est entrée officiellement dans la pratique quotidienne des institutions canadiennes, est arrivé le moment où, pour répondre à l'augmentation accélérée du nombre des textes législatifs et réglementaires et aux difficultés qu'ils présentaient, il fallut recruter des «traducteurs principaux» pour faire la révision des textes traduits souvent dans l'urgence et des conditions difficiles. Ils sont les précurseurs des réviseurs actuels. Le Canada, et le Québec tout particulièrement, se sont illustrés dans la formation et le perfectionnement de cette spécialité: la révision, unilingue ou bilingue.

Lorsque l'enseignement de la traduction professionnelle est devenu une discipline universitaire[75], les besoins du marché canadien et nord-américain en matière de traduction ont rapidement donné naissance à des cours spécialisés dans les disciplines les plus recherchées: économie, droit, technique, médecine, etc. Le niveau des formations s'élevant au fil des années, l'intérêt puis le besoin d'un enseignement de la révision se manifestèrent. Un cours de révision fit son apparition dans le cursus de la formation des traducteurs. Il est dû à un éminent professeur de traduction canadien, Paul A. Horguelin, qui le dispensa tout au long de sa carrière d'enseignant à l'Université de Montréal et en produit un ouvrage, *Pratique de la révision*, paru en 1978[76]. Jusqu'alors, cette pratique n'était pas enseignée de façon structurée et rigoureuse. Le professeur Horguelin l'établit en discipline auto-

---

[74] Corina VELEANU, «Du sens des termes juridiques aujourd'hui», *Village de la Justice*, 2020, en ligne: <https://www.village-justice.com/articles/sens-des-mots-aujourd-hui, 35626.html> (consulté le 16 juillet 2023).

[75] Voir, sur l'historique de l'enseignement de la traduction, l'article de Jean DELISLE, «Historique de l'enseignement de la traduction à l'Université d'Ottawa», en ligne: <https://www.academia.edu/5940494/Historique_de_lenseignement_de_la_traduction_%C3%A0_lUniversit%C3%A9_dOttawa> (Consulté le 16 juillet 2023).

[76] Paul HORGUELIN, *Pratique de la révision*, Montréal, Linguatech, 1978. Cet ouvrage fut réédité plusieurs fois, la quatrième et dernière édition, revue, corrigée et augmentée, date de 2009, avec Michelle PHARAND comme coauteure.

nome et indispensable dans la formation universitaire et professionnelle des traducteurs à travers le monde.

Dans le cas de la révision bilingue, nous apprend P. Horguelin, il «s'ajoute un élément d'importance: le texte de départ, dont il s'agit de vérifier l'équivalence en langue d'arrivée. La révision bilingue est donc comparative»[77]. Pour le jurilinguiste toutefois, cette comparaison, tout en s'exerçant sur les langues en jeu, dépasse le niveau linguistique pour s'assurer de la conformité juridique de la traduction, de l'équivalence des textes et des effets potentiels ou réels que porte le texte original. Car le but à atteindre est d'arriver à obtenir «par le biais de la traduction, un effet équivalent de la règle exprimée en anglais et de la règle exprimée en français»[78], objectif des plus ambitieux.

En contexte législatif, il leur revient en outre «d'assurer non seulement la concordance de sens des deux versions du texte de loi, mais aussi leur parfaite équivalence culturelle»[79]. Enfin, au Canada, comme le souligne Lionel Levert, un des objectifs majeurs que l'on vise par l'approche jurilinguistique est celui de la lisibilité de la loi, avec «[u]n juste équilibre entre les exigences du bijuridisme et celles de la lisibilité continue»[80]. Atteindre ces objectifs est un défi qui n'est pas à la portée de tout traducteur, mais que doit relever, en principe, le jurilinguiste au terme de son analyse.

b) La révision intralinguistique

La révision intralinguistique, aussi appelée révision unilingue, «consiste à assurer la qualité informative et linguistique (contenu et forme) d'un texte afin d'atteindre l'objectif de la communication: informer, inciter à agir, faire partager une opinion...»[81]. Ce type de révision est le plus répandu. Toute personne qui rédige un texte, quel qu'il soit, se relit généralement pour en vérifier ne serait-ce que l'orthographe ou repérer et corriger les erreurs, fautes et oublis possibles. Dans le monde des affaires, l'autorévision est la norme, mais elle peut être complétée par une révision

---

[77] *Id.*, 4ᵉ éd., p. 3.
[78] M. LAJOIE, W. SCHWAB et M. SPARER, préc., note 62, p. 153.
[79] L. A. LEVERT, préc., note 62, p. 130.
[80] *Id.*, p. 135.
[81] P. HORGUELIN, préc., note 76, p. 3.

en bonne et due forme pratiquée par un réviseur ou une réviseuse de métier. Il en va de même dans le domaine public, notamment en matière législative et contractuelle, une loi, une convention, un traité pouvant être produits par les autorités habilitées à le faire (législateur, ministère du Commerce ou des Affaires étrangères). Au vu de l'importance de certains instruments, leur révision s'impose. Quand il ne s'agit pas de révision de textes traduits mais de textes unilingues, le travail de la personne qui révise s'apparente beaucoup à celui de la correction d'épreuves effectuée dans une maison d'édition ou pour un quotidien, un magazine. Dans un tel contexte, c'est la seule qualité linguistique du texte qui prime, où le style tient une place importante.

En droit, à part certains textes de doctrine quasi littéraires, le style recherché n'est pas le poétique mais le pragmatique. La loi, le règlement, le jugement doivent être compris par le plus grand nombre, et cette compréhension passe, du moins en français, par le filtre de la lisibilité du texte, qui repose sur les trois facteurs clés que sont la concision, la simplicité et la clarté de la rédaction. À cet égard, le modèle de rédaction législative française reste encore celui du Code civil (1804), qui respecte ces trois principes, comme dans cet exemple :

Article 2. « La loi ne dispose que pour l'avenir ; elle n'a point d'effet rétroactif. »

1. La **concision** : Cette disposition phare, qui pose un principe essentiel du droit, ne compte que 15 mots pour l'exprimer.

2. La **simplicité** : La syntaxe et le style de la disposition sont fort simples ; en outre, divisée en deux propositions, elle se lit et se comprend facilement. Le langage employé présente peu de difficulté de vocabulaire (« effet rétroactif »).

3. La **clarté** : Elle découle des qualités que j'ai énoncées, la simplicité et la concision de l'énonciation, qui contribuent à rendre le message clair.

Voilà quelle peut être la tâche du jurilinguiste en situation de révision intralinguistique comme réviseur de textes unilingues : appliquer ces trois principes dans la révision du texte qui lui est confié. Leur classement n'est pas figé, il est possible de le changer, de mettre la simplicité en premier selon la fonction du texte que l'on vise. Mais pas la clarté, qui reste en troisième place parce qu'elle découle des deux premiers principes.

Un autre exemple convaincant du rôle à tenir et de la tâche que peut accomplir le ou la jurilinguiste – ou une équipe, un groupe de jurilinguistes – est celui de la révision possible d'une loi canadienne présentée par un groupe de jurilinguistes placé sous la direction de Jean Côté et la responsabilité du commissaire Jean-Louis Baudouin, alors vice-président (1976-

1980) de la Commission de réforme du droit du Canada[82]. Il s'agit de la *Loi prévoyant la création d'une Commission canadienne du lait*, S.R., c. C-7, présentée dans le tableau suivant :

Texte original	Texte révisé
Loi prévoyant la création d'une Commission canadienne du lait	Loi sur la Commission nationale des produits laitiers
TITRE ABRÉGÉ	CHAPITRE PREMIER
1. La présente loi peut être citée sous le titre : Loi sur la Commission canadienne du lait	1. Dans la présente loi, on entend par « produit laitier », le lait de vache, la crème de ce lait, un produit principalement ou entièrement à base de ce lait, ainsi que le sorbet.
INTERPRÉTATION	
2. Dans la présente loi	CHAPITRE DEUXIÈME
« commercialiser » signifie commercialiser sur le marché interprovincial ou sur le marché d'exportation ;	L'organisme
	2. Une Commission nationale des produits laitiers est créée.
« Commission » désigne la Commission canadienne du lait établie par la présente loi ;	3. La commission a son siège dans la ville d'Ottawa.
	[...]
« lait » désigne le lait de vache et « crème » désigne la crème obtenue de ce lait ;	5. La commission est compétente en matière de commercialisation des produits laitiers sur le marché interprovincial et sur le marché d'exportation.
[...]	
3. (1) Est établie une corporation appelée Commission canadienne du lait formée de trois membres nommés par le gouverneur en conseil, qui occuperont leur poste à titre amovible.	[...]
	Composition
[...]	12. La commission est composée de trois commissaires nommés par le gouverneur en conseil. Leur fonction est amovible.

Ce n'est qu'un bref exemple – la loi révisée porte sur une quinzaine de pages et le texte original, une dizaine –, mais il est significatif de ce que l'on peut arriver à faire d'une loi conçue par un juriste/légiste formé à la common law, texte revu et révisé dans l'esprit de la rédaction civiliste des lois par un trio de brillants jurilinguistes québécois. Les auteurs ont récidivé avec une loi pénale, La *Loi sur les stupéfiants*[83], lui faisant subir le même sort (p. 101 et suiv.). Des notes explicatives suivent le texte révisé où les auteurs commentent les choix retenus. Quand on sait comment sont

---

[82] Ce sont M. LAJOIE, W. SCHWAB et M. SPARER. Voir préc., note 62, p. 18-46.

[83] *Loi sur les stupéfiants*, 1961, c. 35 [abrogé].

rédigées et présentées les lois en matière pénale et criminelle – voir le *Criminal Code* – *Code criminel* –, on imagine sans peine les difficultés auxquelles nos jurilinguistes ont eu affaire. Si les textes révisés contiennent un plus grand nombre d'articles que les originaux anglais (51/22, 53/19), il faut relativiser cet écart en comparant la longueur des articles anglais à celle des articles français. La différence est considérable : le nombre moyen de mots dans les 10 premiers articles de la loi révisée est de 35 mots/article ; alors que le nombre moyen de mots par article dans la loi rédigée en anglais est de... 132 (Annexe 19). Du point de vue de la lisibilité – ou plutôt de l'illisibilité –, on peut difficilement faire mieux.

S'agissant de La *Loi sur les stupéfiants*, le texte révisé donne une moyenne de 58 mots/article ; mais la nouvelle loi qui la remplace présente, quant à elle, une moyenne de 255 mots/article[84] (Annexe 20). On voit par-là que les problèmes de lisibilité des lois d'ordre pénal ou criminel surpassent tous les autres – ceux de la *Loi de l'impôt sur le revenu* mis à part[85]... Cet aspect de la forme d'un texte, la concision, peut échapper à l'attention du non-initié (?), mais il est déterminant et figure dans toutes les recommandations avancées par les spécialistes renommés de la rédaction juridique, législative, judiciaire et autres : de Cicéron à Gérard Cornu, Bryan A. Garner et Ruth Sullivan, en passant par Montesquieu, Jeremy Bentham, Elmer A. Driedger, Lord Denning, James C. Raymond, Edward Berry et tant d'autres.

Les auteurs du texte de loi révisé énoncent les principales modifications apportées au texte original. De première importance dans les lois rédigées en anglais vient l'interprétation des principaux termes employés dans la loi, présentés sous la forme d'une liste de définitions *ad hoc* qui peut,

---

[84] La *Loi sur les stupéfiants*, 1961, c. 35 n'étant pas disponible en ligne, je cite la loi qui lui a succédé : *Loi réglementant certaines drogues et autres substances*, L.C. 1996, c. 19, et qui, au vu du nombre moyen de mots par article, ne marque aucun progrès quant à sa lisibilité.

[85] La *Loi de l'impôt sur le revenu*, L.R.C. 1985, c. 1 (5ᵉ supp.), comme toutes les lois du genre, représente ce qu'il y a de pire en matière de lisibilité, et ce dans la plupart des pays. Son article 6, à lui seul, fait plus de... 7 000 mots ! À titre de comparaison avec l'anglais, je renvoie les lecteurs à un article du célèbre langagier Martin CUTTS, « Plain English and the Law », (1996) 17-1 *Statute Law Review* 50, 55, où il expose le résultat de la révision d'une loi, le *Timeshare Act 1992*, qu'il a faite avec l'aide d'avocats de la firme *Linklaters & Paines* afin de la rendre plus claire et lisible. Dans cet article, il cite le cas du *United Kingdom Finance Bill 1994* de... 417 pages, « *a timely example of how poor draftmanship can deaden the most benign official measure.* ».

parfois, s'étendre sur plus d'une page. En l'occurrence, nos jurilinguistes ont décidé de ne retenir qu'une définition, celle du terme principal («produit laitier»), «essentielle à l'intelligence de la loi»[86]. C'est un léger compromis conclu avec la tradition législative française, qui, préférant la présenter dans les articles de la loi – comme dans le Code Napoléon – ne propose pas de liste de définitions en tête d'un texte de loi[87]. Un autre principe respecté en législation civiliste, que les auteurs de la révision ont retenu, est celui d'une idée par phrase ou article. Ce faisant, on aère le texte, on le rend plus simple et clair à comprendre dès la première lecture. Le fait de mettre parfois le verbe en tête de l'article peut le rendre plus lisible en cas de liste ou d'énumération. Par ailleurs, la voix active est privilégiée, alors qu'en anglais, le passif est souvent employé. Des paragraphes ont été redécoupés, etc.

Cette poignée de principes suivis par le groupe de jurilinguistes québécois ne représente qu'un aperçu de l'imposant travail de recherche et de réflexion effectué pour produire un texte révisé selon des principes de législation civiliste d'une loi conçue dans l'esprit de la common law. L'ensemble dresse un tableau pédagogique complet de la marche à suivre pour y parvenir, sans sous-estimer la difficulté de l'opération, chaque texte de loi présentant son lot particulier de défis et difficultés de toute sorte, pour le traducteur comme pour le jurilinguiste.

Nombre de ces principes ont été retenus et appliqués par les légistes et jurilinguistes appelés à corédiger les lois fédérales par la suite. On les retrouve dans la plupart des textes législatifs majeurs produits dans les années 1980, dont la *Charte canadienne des droits et libertés* (1982), la *Loi sur les langues officielles* (1985), la *Loi d'interprétation* (1985).

Pour atteindre de tels résultats, jurilinguistes comme traducteurs disposent actuellement de moyens et d'outils qui n'existaient pas aux tout débuts de l'ère de la traduction entamée après la Conquête. Cela n'a pas empêché les premiers traducteurs de traduire. Certains s'en sont sortis sans trop de peine, d'autres ont eu plus de mal avec leurs traductions, mais dans l'ensemble les uns et les autres rendaient une copie acceptable dans le contexte social et linguistique de leur temps.

---

[86] M. LAJOIE, préc., note 62, p. 48.

[87] Gérard CORNU, «Les définitions dans la loi», *Mélanges dédiés au doyen Jean Vincent*, Paris, Dalloz, 1981, p. 77-92; Mathieu DEVINAT, «Les définitions dans les codes civils», (2005) 46(1-2) *Les Cahiers de droit* 519.

B. De l'absence au débordement de moyens

Les traducteurs contemporains présentent un contraste frappant avec ceux d'autrefois quant aux moyens dont disposaient les premiers par rapport aux seconds. Mais que dire des traducteurs d'aujourd'hui qui évoluent dans un monde hyperconnecté, où les moteurs de recherche, véritables cavernes d'Ali Baba, mettent à leur disposition une profusion de moyens, d'outils et d'aides à la traduction ? En comparaison, leurs ancêtres du XVIIIe siècle vivaient dans un dénuement de moyens total ou presque, ce qui ne les a pas empêchés d'exercer un savoir-faire qui, rudimentaire au début, progressait lentement mais sûrement d'une génération à l'autre (a).

1. Nos prédécesseurs : dans le dénuement ?

Historiquement, on présente souvent le traducteur comme un travailleur solitaire, un être isolé, tel Montaigne dans sa « librairie », ou un moine penché sur ses grimoires travaillant en autarcie. Les célèbres traducteurs de l'Histoire que sont, entre cent ou mille autres et sans intention de hiérarchie, Étienne Dolet, William Tynsdale, Érasme, Saint Jérôme, travaillaient « de façon plus ou moins isolée »[88], tel le traducteur lambda. Leur outil principal résidait dans leur connaissance supérieure des langues qu'ils traduisaient, outre celle, hors du commun, de leur langue maternelle – sans négliger leur talent. Les dictionnaires, glossaires, lexiques et autres documents lexicographiques bilingues étaient rares en leur temps, même s'ils pouvaient compter sur les quelques dictionnaires unilingues et multilingues existants à leur époque. Rappelons ce fait : « Avec l'accession au pouvoir de la bourgeoisie, la langue écrite a pris une place prépondérante en France, influençant notamment plusieurs prononciations. À l'inverse, le français s'est transmis oralement au Canada pendant cette période [la Nouvelle-France], et le taux d'alphabétisation était peu élevé. »[89] Qu'en était-il pour les premiers traducteurs, une fois le régime civil mis en place et installé dans la durée, après quelques décennies ? Ils héritèrent des effets et du handicap qu'entraînèrent sur la langue écrite la rupture entre le français pratiqué en Nouvelle-France et celui de la mère patrie.

---

[88] Jean DELISLE, « Traducteurs médiévaux, traductrices féministes : une même éthique de la traduction », (1993) 6-1 *TTR* 203, 204.

[89] Nadine VINCENT, compte rendu de l'ouvrage de Chantal BOUCHARD, *Méchante langue. La légitimité du français parlé au Québec*, Montréal, PUM, 2012 dans (2014) 17-2 *Globe* 227, par. 3.

Avant d'évoquer les moyens avec lesquels travaillaient ces premiers traducteurs, il importe de distinguer plusieurs étapes ou états dans l'histoire de la traduction au Canada, à laquelle l'histoire de la traduction juridique est étroitement associée dès ses tout débuts. La première part du régime civil mis en place par les autorités britanniques (1764) et court jusqu'à la Confédération (1867), voire pour la traduction juridique, 1866, année de l'entrée en vigueur du *Code civil du Bas Canada* (1er août 1866). La deuxième, dans la foulée de la Confédération, s'étend jusqu'à la création du Bureau des traductions (1934) qui marque le début de l'ère prémoderne de la traduction au Canada. La troisième étape est celle de la période qui s'étend jusqu'aux années 1970, avec l'entrée en scène de la Banque de terminologie de l'Université de Montréal (BTUM), qui allait prendre le nom de TERMIUM (Terminologie Université de Montréal) en 1976. Depuis lors, on peut dire que la traduction est véritablement entrée dans l'ère moderne avec les avancées technologiques que sont la traduction automatique, Internet et les moteurs de recherche, qui offrent aux traducteurs aides, outils et moyens leur assurant des facilités et un rendement professionnels sans commune mesure avec ceux de leurs prédécesseurs. J'évoquerai essentiellement la période initiale, où les mécanismes du moteur, la traduction, qui allait faire tourner l'appareil administratif de l'État canadien se sont construits, puis développés dans les décennies suivantes.

Durant la période précédant la Conquête, «[i]l n'y a pas d'imprimerie en Nouvelle-France: c'est là un lieu commun de l'historiographie canadienne »[90], alors que, paradoxalement, «[la] présence de livres est notable en Nouvelle-France, en dépit de l'absence de presse à imprimer »[91]. Les livres venaient de l'extérieur, principalement des imprimeries de Paris[92].

---

[90] François MÉLANÇON et Gilles GALLICHAN, *Le livre en Nouvelle-France*, dans Patricia FLEMING, Gilles GALLICHAN et Yvon LAMONDE (dir.), *Histoire du livre et de l'imprimé au Canada*, vol. 1 «Des débuts à 1840 », Montréal, Presses de l'Université de Montréal, 2004, chap. 3, aux p. 48-61, en ligne: <https://books.openedition.org/pum/22304>, par. 4 (consulté le 17 juillet 2023).

[91] Bibliothèques de la Nouvelle-France, *Wikipedia,* en ligne: <https://fr.wikipedia.org/wiki/Biblioth%C3%A8ques_de_la_Nouvelle-France> (consulté le 17 juillet 2023).

[92] F. MÉLANÇON, préc., note 90; Robert BÉRUBÉ, «Marie Pichon imprimeure... et ses conjoints Philippe Gauthier et Charles Sevestre, imprimeurs! », *Généalogie et autres histoires, Blogue Robert Bérubé,* 17 août 2017, en ligne: <https://robertberubeblog.wordpress.com/2017/08/17/marie-pichon-imprimeure-et-ses-conjoints-philippe-gaultier-et-charles-sevestre-imprimeurs-marie-pichon-a-family-of-printers-and-publishers/> (consulté le 17 juillet 2023)

Il existait des bibliothèques privées, dont celles de « ces Messieurs » les Sulpiciens, et aussi des bibliothèques institutionnelles. En outre, les livres circulent dans la société des colons, « [le] prêt est d'ailleurs, au sein des institutions civiles et religieuses, le mode principal de circulation du livre »[93], quoique de nombreux dons aient également permis aux bibliothèques institutionnelles ou privées, points d'ancrage de la présence des livres, d'enrichir leurs collections d'ouvrages, donnant « à voir le livre comme une figure d'autorité (divine, juridique, politique, intellectuelle ou scientifique) »[94]. L'élite lettrée acquiert des livres par des successions et des achats[95], mais « [l]es établissements religieux et administratifs représentent de loin les sièges principaux de la culture écrite et du livre dans la colonie »[96].

On peut alors supposer que des traducteurs issus de milieux aisés à l'époque, tels, au départ, les Cugnet père et fils et, par la suite, les Philippe Aubert de Gaspé, Étienne Parent, Antoine Gérin-Lajoie et Eugène-Philippe Dorion (tous juristes), qui avaient, dans leur bibliothèque comme dans celles des institutions où ils travaillaient, des ouvrages à même de les aider dans leurs travaux de traduction. On pense d'abord aux dictionnaires, ceux de langue française particulièrement, très diffusés, le Nicot (*Thresor de la langue française*, 1606), le *Dictionnaire universel* (1690) de Furetière, très diffusé aussi, le *Dictionnaire de l'Académie française* (1re édition, 1694), et, plus tard, le *Dictionnaire critique de la langue française* (1787-1788) de Féraud, etc., jusqu'au *Dictionnaire de la langue française* (1872) de Littré, sans oublier L'*Encyclopédie* (1751-1772) de Diderot et d'Alembert. L'historien du livre et bibliothécaire Marcel Lajeunesse a recensé les dictionnaires « dans les bibliothèques de la Nouvelle-France », nombreux et variés, dont des ouvrages multilingues, quoique peu de dictionnaires anglais[97]. En revanche, les dictionnaires de droit n'étaient pas rares dans

---

[93] F. MÉLANÇON, *Id.*, p. 16.

[94] *Id.*, p. 18.

[95] Voir sur ce point le *Catalogue de trois bibliothèques combinées en une seule : bibliothèque de l'hon. David Ross, comprenant plus de 1 000 volumes de droit canadien* [...] *pour être vendues à l'encan lundi et mardi le 4 et 5 avril aux salles Lemieux...* Lemieux, Gale & cie, encanteurs, Québec, [éditeur inconnu] 1898 [réimprimé en 2019, Generic].

[96] F. MÉLANÇON, préc., note 90, p. 19.

[97] Marcel LAJEUNESSE, « Les dictionnaires dans les bibliothèques de la Nouvelle-France », dans M. C. CORMIER et J.-C. BOULANGER (dir.), préc., note 32, aux p. 135-160.

les bibliothèques[98]. Ils seront utiles aux traducteurs de textes juridiques et futurs jurilinguistes.

Une fois que la traduction, quelques décennies après la Conquête, est devenue une activité routinière, quasi institutionnelle, les dictionnaires de la langue française faisaient partie des compagnons de route des traducteurs. Toutefois, le contact de plus en plus étroit entre les deux langues influant sur la langue des colons français, l'écart grandissant entre le français parlé et écrit du Québec et le standard français allait donner «naissance à un mouvement de rectification langagière et provoquer l'apparition des premiers dictionnaires canadiens»[99]. Celui de Thomas Maguire, *Manuel des difficultés les plus courantes de la langue française* (1841), est bientôt

---

[98] *Id.* À cela on peut ajouter quelques titres d'ouvrages (une sélection personnelle), des dictionnaires pour la plupart, susceptibles d'avoir été présents dans les bibliothèques de certains traducteurs avant 1867 – et même après : Claude de FERRIÈRE, *Dictionnaire de droit et de pratique : contenant l'explication des termes de droit, d'ordonnances, de coutumes et de pratique, avec les jurisdictions de France*, Paris, Desaint & Saillant, 1762 ; Pierre Jacques BRILLON, *Nouveau dictionnaire civil et canonique de droit et de pratique, contenant les etimologies, définitions, divisions, & principes du droit françois & de la procedure sur les matieres civiles, criminelles & beneficiales*, Paris, Nicolas Gosselin, 1717 ; Pierre-Jacques BRILLON, *Dictionnaire des arrêts ou Jurisprudence universelle des Parlemens de France et autres tribunaux ...*, Paris, Guillaume Cavelier, 1727 ; Joseph-François PERRAULT, *Dictionnaire portatif et abregé des loix et règles du Parlement provincial du Bas Canada : Depuis son établissement par l'acte de la 31me année du Regne de Sa très Gracieuse Majesté George III. ch. XXXI jusques et compris l'an de notre Seigneur*, Québec, John Neilson, 1806 ; Justin M'CARTY, *Dictionnaire de l'ancien droit du Canada ou Compilation des édits, déclarations royaux, et arrêts du Conseil d'état des roix de France concernant le Canada*, Québec, J. Neilson, 1809 ; Joseph-Claude-François BOUSQUET, *Nouveau dictionnaire de droit, resume general de la legislation, de la doctrine et de la jurisprudence en matiere civile, commerciale, criminelle, administrative, canonique, politique et fiscale*, Paris, C. Hingray, 1843 ; Armand DALLOZ, *Dictionnaire général et raisonné de législation, de doctrine et de jurisprudence en matière civile, commerciale, criminelle, administrative et de droit public*, Paris, Bureau de la Jurisprudence, 1844 ; Victor Alexis DALLOZ, *Répertoire méthodique et alphabétique de législation, de doctrine et de jurisprudence en matière de droit civil, commercial, criminel, administratif, de droit des gens et de droit public*, Paris, Bureau de la jurisprudence générale du royaume, 1846 ; et, en matière de jurisprudence : M. DALLOZ, *Jurisprudence générale du royaume, en matière civile, commerciale, criminelle et administrative*, Paris, Tournemine, publication annuelle, 1925.

[99] Louis MERCIER, «À la découverte des particularismes canadiens et de leur origine : la lexicographie québécoise à l'époque des glossaires (1880-1930)», dans M. C. CORMIER et J.-C. BOULANGER (dir.), préc., note 32, p. 61-98.

suivi de nombreux autres dans ce que l'on a qualifié de période des glossaires (1880-1930)[100] (Annexe 21). Même si ces glossaires, lexiques et vocabulaires visant à corriger une langue que l'on pensait corrompue passent aujourd'hui pour œuvres de puristes, ils n'en ont pas moins servi de support fort utile aux travaux des traducteurs, chargés de produire des textes de la meilleure qualité linguistique possible.

Or, quand il ou elle traduit, le traducteur n'agit pas en sociolinguiste[101], ce n'est pas son rôle : il ou elle tâche de rendre son texte dans la langue la plus correcte possible sur le triple plan de la grammaire, de la syntaxe et du vocabulaire, selon la norme linguistique en usage. Comme le disait le grand traducteur Pierre Daviault, à l'époque il s'agissait de « dépister les anglicismes si répandus chez nous »[102]. Cette tâche est désormais accomplie, mais a-t-on réglé tous les problèmes pour autant ? La traduction juridique est le lieu où le langage du droit, une des langues de spécialité les plus maltraitées et critiquées au Canada, en anglais comme en français, passe au crible du traducteur, qui en élimine les scories les plus saillantes. En témoignent abondamment les écrits et déclarations sur le sujet[103]. Les traducteurs des temps héroïques d'avant les avancées technologiques étourdissantes d'aujourd'hui pouvaient-ils imaginer les moyens dont disposent traducteurs et jurilinguistes, ici et maintenant ?

---

[100] *Id.*, p. 61.

[101] Qui, telle l'éminente professeure Shana POPLACK, analyse les langues dans leurs relations avec les rapports sociaux. Ses recherches sur les anglicismes dans la langue française du Canada font autorité. Voir en ligne : <https://www.chairs-chaires.gc.ca/chairholders-titulaires/profile-fra.aspx?profileId=589> (consulté le 17 juillet 2023)

[102] Pierre DAVIAULT, *Question de langage. Notes de traduction*, vol. 2, Montréal, A. Lévesque, 1933, p. 10. Sur la question des anglicismes, voir en particulier : Gabrielle SAINT-YVES, « L'anglicisme ou le *mea culpa* des Québécois : éclairage historique », (2006) 80-2 *The French Review* 354 ; Mireille ELCHACAR et Nadine VINCENT (dir.), « A-t-on encore peur des anglicismes ? Perception actuelle des anglicismes au Québec et dans l'espace anglophone », (2019) 9 *Circula*.

[103] Voir, entre de nombreux autres, Jacques GOUIN, « La traduction au Canada de 1791 à 1867 », (1977) 22-1 *Meta* 26 ; Jean-Claude GÉMAR, *Les trois états de la politique linguistique du Québec. D'une société traduite à une société d'expression*, Éditeur officiel du Québec, 1983, p. 22-24 ; Michel SPARER, « Pour une dimension culturelle de la traduction juridique », (1979) 14-1 *Meta* 68 ; David G. REED, « Problèmes de traduction juridique au Québec », (1979) 24-1 *Meta* 95 ; Wallace SCHWAB, *Les anglicismes dans le droit positif québécois*, Dossiers du Conseil de la langue française (Études juridiques) n° 21, Montréal, Éditeur officiel du Québec, 1984.

2. Du quasi-dénuement à la corne d'abondance

En matière de moyens et d'outils documentaires, on ne passe pas du dénuement à la richesse du jour au lendemain – mais la richesse conduit à la profusion. Cela demande du temps, des efforts, des initiatives et une vision à moyen ou long terme tournée vers le souci des générations futures. Le temps qui sépare le quasi-dénuement de moyens des décennies postérieures à la Conquête et l'abondance, voire la profusion des moyens qui caractérise la société actuelle, se mesure en dizaines d'années, soit un siècle environ, en gros de 1841 à l'après Seconde Guerre mondiale.

C'est en effet à partir de 1841, avec la publication du *Manuel des difficultés les plus communes de la langue française* de Thomas Maguire, que «sa vigoureuse dénonciation de nombreux canadianismes»[104] relança le débat tournant autour de la langue française et du modèle de son orientation: français du Bas-Canada ou français de France? L'humeur était alors à la critique d'un français corrompu et déformé par les emprunts, anglicismes et expressions vicieuses que l'on décelait dans les écrits, ouvrages et journaux du temps. Une liste exhaustive de ces critiques et commentaires serait trop longue à énumérer. L'Annexe 21 en présente un bon échantillon, à laquelle je renvoie les lecteurs et lectrices intéressées. Cette période est celle des «glossairistes», précurseurs des lexicographes, s'inscrivant dans le sillage de Thomas Maguire: les Jean-Baptiste Boucher-Belleville (1855), Jules Fabian Gingras (1867), Oscar Dunn (1880), Napoléon Caron (1880), Joseph Manseau (1881), Raoul Rinfret (1896), etc. C'est le *Dictionnaire canadien-français...* de Sylva Clapin (1894) qui, avec Oscar Dunn, marque une «[r]éaction au purisme et [les] premiers efforts de valorisation»[105] des particularismes canadiens.

Par la suite, «on assiste à la publication d'une foule de répertoires de plus en plus volumineux»[106] jusqu'aux premiers travaux de la Société du parler français au Canada, avec son *Glossaire du parler français au Canada* (1930), suivi, en 1957, du premier dictionnaire décrivant la situation globale du français au Canada, le *Dictionnaire général de la langue française*

---

[104] *Dictionnaire biographique du Canada*, vol. VIII (1851-1860), en ligne: <http://www.biographi.ca/fr/bio/maguire_thomas_8F.html> (consulté le 17 juillet 2023).

[105] Louis MERCIER, «Des différences à décrire, un parler à revaloriser», dans Michel Plourde (dir.), *Le français au Québec. 400 ans d'histoire et de vie*, chap. 19, Montréal, les Éditions Fides et les publications du Québec, 2000, p. 206.

[106] *Id.*

au Canada réalisé par Louis-Alexandre Bélisle. Désormais, la traduction dispose d'une respectable et minimale ressource d'outils qui allait déployer une envergure sans précédent dans les années à venir. La pulsion lexicographique est profondément ancrée chez certains êtres ou groupes humains. Elle s'est réveillée dans la deuxième moitié du XIXe siècle chez les Canadiens français et ne s'est plus ralentie depuis. D'où, sinon la profusion du moins l'abondance de glossaires, lexiques, vocabulaires, dictionnaires et *ejusdem generis* au XX[e] siècle, unilingues et bilingues[107], élaborés au Québec, production lexicographique (et terminologique) qui, «[d]ans l'histoire culturelle du Québec [...] a joué un rôle important dont on est loin d'avoir saisi toute la signification »[108]. Ils n'en répondent pas moins aux besoins lexicaux qui croissent au rythme de l'évolution sociale, économique et technique d'une société comme celles du Canada et, particulièrement, du Québec.

Si le dictionnaire a joué un grand rôle dans l'activité de traduction au cours des siècles, il n'est pas ou plus le seul outil qu'utilisent les traducteurs d'aujourd'hui. Les ouvrages de papier des belles et riches bibliothèques de nos ancêtres se voient désormais supplantés par les outils que la révolution technologique met à notre disposition. La documentation du traducteur juridique que j'évoquais, il y a près de vingt ans[109], était très largement en papier. Elle serait aujourd'hui remplacée, en tout ou en (grande) partie, par de nombreuses adresses obtenues par «navigation» dans Internet donnant accès à une innombrable documentation «virtuelle» s'affichant sur l'écran d'un ordinateur ou d'une tablette – voire d'un téléphone «intelligent»? Ces avancées de la technologie, dont la traduction automatique a bénéficié, ont-elles définitivement supplanté la recherche traditionnelle dans les bibliothèques, où l'on peut trouver réponse à ces questions? Je ne le crois pas, et voici pourquoi. D'une part, tous les ouvrages qu'elles contiennent, n'étant pas numérisés ou numérisables, tels des documents, manuscrits, ouvrages, très anciens, donc trop fragiles, ne sont pas consultables

---

[107] M. C. CORMIER et J.-C. BOULANGER, préc., note 32, en particulier l'étude de Claude POIRIER, «Entre dépendance et affirmation: le parcours historique des lexicographes québécois», p. 13-60.

[108] C. POIRIER, *id*, p. 33.

[109] Jean-Claude GÉMAR, «Le traducteur et la documentation juridique», (2002) 25-1 *Meta* 134; voir aussi pour ce qui est d'un dictionnaire de droit de facture unique élaboré par un groupe de jurilinguistes québécois: J.-C. GÉMAR, préc., note 33.

en ligne. D'autre part, et pour ce qui me concerne comme jurilinguiste, le droit, nous dit le linguiste Pierre Lerat, un expert en la matière,

> se prête moins [que la médecine] aux traitements automatiques, du fait que le raisonnement déductif (si... alors) y est concurrencé par le raisonnement inductif (notamment par analogie), et surtout parce qu'il prévoit des scénarios types (la vente, le vol en réunion) où l'important est un jeu de relations entre des entités.[110]

C'est pourquoi, poursuit-il, «la seule tentative ontologique juridique non textuelle qui ait été présentée dans un colloque utilise un formalisme générique (appelé ONTOLINGUA) »[111]. Par ailleurs, les progrès de la traduction automatique sont réels et spectaculaires, ces systèmes sont devenus très performants. Mais je mettrais en garde toute personne se reposant uniquement sur ce moyen pour traduire des textes, les textes juridiques particulièrement. Lerat avance un exemple probant de la qualité d'une locution nominale, «contravention à la convention», que le système *DeepL* a rendue correctement par *breach of agreement* après quelques errements, finissant par trouver la bonne formule, selon Lerat. Il ne s'agit là que de remise en contexte d'un syntagme nominal, et non d'une phrase ou d'un paragraphe. Pour avoir fait de nombreux essais moi-même, je me suis rendu compte des limites de la traduction automatique, dont il faut réviser soigneusement toute production, la corriger, l'adapter au besoin, tout particulièrement en traduction juridique.

Un exemple le démontrera, celui d'un paragraphe (N° 168) extrait d'un arrêt récent de la Cour suprême présenté dans un tableau contenant côte à côte les deux versions (anglaises et françaises) du texte judiciaire[112]. Ensuite, le paragraphe choisi, dans sa version anglaise, sera soumis aux systèmes de traduction en ligne, soit *DeepL* et *Google*, censés être les plus performants. On pourra alors comparer les deux traductions, que je confronterai ensuite à la version française de l'arrêt, présumément traduite. J'invite les lecteurs à les consulter (voir Annexe 22) et à décider quelle version emporte leur faveur... Voici les textes originaux de cet arrêt, les autres textes figurent dans l'Annexe 22:

---

[110] Pierre LERAT, «La terminologie juridique», (2021) 34-4 *International Journal for the Semiotics of Law - Revue Internationale de Sémiotique Juridique* 1173, 1188.

[111] *Id.*

[112] *C.M. Callow Inc.* c. *Zollinger*, 2020 CSC 45 (CanLII)

La quête de l'expression optimale du droit : le langage du droit à l'épreuve du texte

Texte original	Traduction française
[168] To be clear, the majority's comparative methodology is not mere surplusage. Rather, its application is the only point of the exercise. As I have already recounted, the doctrine of abuse of rights is applied "to focus the analysis of whether the common law duty of honest performance has been breached on what might be called the wrongful exercise of a contractual right" (para. 63). Quebec civil law is cited as authority for the proposition that "no contractual right may be exercised abusively" (para. 67). This leads to another reason why comparative methodology is undesirable in this case, which requires me to speak plainly. The passages I have just cited from the majority's reasons, and indeed the very notion of "abuse of right", would not be familiar, meaningful or even comprehensible to the vast majority of common law lawyers and judges. And yet, many of them would reasonably assume – as many did when the language of "juristic reasons" entered the common law lexicon of unjust enrichment – that there is legal significance in their use here, and that they must therefore familiarize themselves with these concepts or retain bijural assistance in order to competently represent their clients or adjudicate their cases. At the very least, common law lawyers applying the common law concepts under discussion here will presumably need to have an eye, as the majority does, to the *Civil Code of Québec*. How they would acquire the necessary familiarity, and the extent to which they must acquire it, is left unexplained. **252 mots**	[168] En termes clairs, la méthodologie comparative qu'adoptent les juges majoritaires n'est pas superfétatoire. En effet, l'appliquer est en soi leur unique objectif. Les juges majoritaires appliquent la doctrine de l'abus de droit pour « faire porter l'analyse de la question de savoir s'il a eu manquement à l'obligation d'exécution honnête en common law sur ce que l'on pourrait appeler l'exercice fautif d'un droit contractuel » (par. 63). Ils citent le droit civil québécois au soutien de la proposition voulant « qu'aucun droit contractuel ne [puisse] être exercé de façon abusive » (par. 67). Ceci nous amène à une autre raison pour laquelle il n'est pas souhaitable d'appliquer une méthodologie comparative en l'espèce, ce qui m'oblige à m'exprimer sans détour. Les passages des motifs des juges majoritaires que je viens de citer, voire la notion même d'« abus de droit », ne diront rien à la vaste majorité des avocats et des juges de common law et seront pour eux dénués de sens, voire incompréhensibles. Pourtant, la plupart d'entre eux présumeront raisonnablement – comme plusieurs l'ont fait lorsque le terme « motif juridique » est entré dans le lexique de la common law en matière d'enrichissement injustifié – qu'une raison d'ordre juridique justifie de recourir ici à ces notions, et qu'ils doivent donc se familiariser avec elles ou obtenir de l'aide d'une ressource qualifiée dans les deux systèmes juridiques afin de représenter leurs clients ou de rendre jugement de façon compétente. À tout le moins, les avocats de common law qui appliquent les notions de common law en cause ici devront sans doute avoir le *Code civil du Québec* en tête, à l'instar des juges majoritaires. La manière dont ces avocats et juges acquerront les connaissances nécessaires et la mesure dans laquelle ils devront le faire demeurent inexpliquées. **295 mots**

La conclusion ? À mon humble avis, même si la traduction automatique, dans les deux cas, se révèle performante et, dans l'ensemble, assez juste – surtout celle de *DeepL* – lorsque l'on compare les trois, on ne peut nier la supériorité de la traduction originale sur l'automatique. Contrairement aux textes générés par les systèmes d'intelligence artificielle, la traduction humaine d'origine fait plus naturelle et idiomatique, est plus coulante et, stylistiquement parlant, supérieure aux deux autres, dont les phrases stéréotypées et, parfois lourdes, « sentent » la traduction. Un point positif des traductions automatiques est leur (relative) concision : 279 mots (*Google*), 282 (*DeepL*), contre 252 pour l'original anglais, alors que la traduction originale est la plus longue, avec 295 mots, ce qui donne, en pourcentage : (Traduction) originale = env. + 13 %, *DeepL* = env. + 9 %, *Google* = env. + 8 %. Que peut-on en déduire ?

Que la concision d'un texte traduit n'est pas toujours un critère de qualité ni un but en soi. La corédaction apporte la preuve qu'un texte législatif français, à l'instar d'un texte contractuel, peut être plus concis qu'un texte législatif anglais. De même pour un contrat. Le jugement, au contraire, fait appel à l'argumentation, au développement d'un raisonnement juridique souvent complexe. Sa traduction, notamment de l'anglais vers le français – common law oblige – est généralement plus longue[113].

Il s'ensuit que la traduction n'est pas sans avoir de conséquences marquantes sur le langage du droit, et vice versa. C'est l'objet du prochain chapitre, où sont analysés les apports particuliers de la linguistique et de la traductologie à ce langage et à ses œuvres. La linguistique, avec certaines de ses branches, telles la terminologie, la linguistique du texte, l'analyse du discours et la traductologie, science récente de la traduction, sont les disciplines qui, chacune dans son domaine et pour sa part, ont contribué à nourrir la réflexion sur la langue et, pour ce qui relève de la traduction, ses réalisations écrites, dont la jurilinguistique a fait son profit.

---

[113] Aux esprits sceptiques, je conseille d'aller voir ce qu'il en est de la version française des arrêts de la Cour suprême du Canada, qui sont généralement bien traduits, et de la comparer à l'anglaise. Par exemple, l'arrêt dont je me suis servi comme exemple fait 140 pages en anglais et... 156 en français, soit un écart de quelque 10 pour cent en plus pour le texte français, ce qui n'est pas très important comme valeur, les écarts pouvant atteindre 15 à 20 pour cent, voire plus pour certains textes et domaines.

Chapitre 2
Savoir-faire et méthode(s) d'une discipline nouvelle

Chaque domaine possède son langage, son parler composé d'un vocabulaire parfois exclusif et de manières de dire qui peuvent lui être propres, le distinguant des autres champs de l'activité humaine. Ce vocabulaire s'inscrit toutefois dans le vaste corpus que représente une langue dite générale, il en fait partie intégrante et ne peut être considéré comme distinct de celle-ci, « à part » en quelque sorte. Comme l'exprime bien Pierre Lerat, « aucune théorie linguistique, quelle qu'elle soit, n'a jamais isolé le fonctionnement des langues spécialisées de celui des langues naturelles en général »[114]. Et, de fait, il y a toujours quelque chose de général dans un mot, un terme, une expression, ou de partagé, les termes d'un domaine, particulièrement en sciences sociales, étant souvent polysémiques, revendiqués par d'autres secteurs ou champs d'activité. Prenons l'exemple d'un mot des plus courants en français : (une) clé/clef. Lorsque l'on entend ou prononce ce mot, on pense immédiatement à l'objet, généralement métallique, qui sert à ouvrir ou fermer une serrure. Soit. Mais, hormis un serrurier, qui d'autre peut le revendiquer comme terme important de sa spécialité ? La liste peut en être longue, mais un mécanicien, un charpentier (ou menuisier), un horloger, un musicien, un informaticien, un architecte, un marin, un judoka, un militaire, un botaniste, etc., peuvent le réclamer tout autant comme élément intégrant de leur vocabulaire.

En droit, des mots tels «accord», «acte», «demande» ou «terme» – pour ne prendre que ces exemples banals – appartiennent à la langue courante. Ils sont tout aussi clairement spécialisés dans le domaine juridique qu'ils peuvent paraître 'généraux' ou courants. On ne les qualifiera comme termes juridiques que si on leur adjoint l'adjectif qui les distinguera :

---

[114] Pierre LERAT, «Approches linguistiques des langues spécialisées», (1997) 15-18 *La Revue du GERAS* 1, 2.

accord synallagmatique, acte exécutoire, demande incidente, terme extinctif.

Le langage du droit n'échappe pas à ce phénomène, lui dont une grande partie de la terminologie est partagée avec la langue courante, avec un domaine connexe ou différent. Aussi, avant de voir comment ce langage, confronté à la traduction, se comporte et les difficultés qu'il pose au traducteur-jurilinguiste, importe-t-il de tâcher de le décrire afin d'espérer mieux le comprendre et en tirer des leçons utiles pour nos fins, qu'elles concernent la traduction proprement dite, et, par le fait même, la ou le traducteur/jurilinguiste, ou la rédaction/révision d'un texte de droit par le ou la jurilinguiste : loi, règlement, contrat, etc. (I). Il s'agira, ensuite, de s'interroger sur la nature et les effets dus aux disciplines tributaires que sont la linguistique et la traductologie sur l'expression du langage du droit dans certains de ses textes (II).

I. Langage et droit : des relations singulières

Il est rare qu'un texte soit d'un niveau de généralité tel qu'il ne contienne pas un ou des termes appartenant à un domaine précis de l'activité humaine. En terminologie comme en traduction, on recourt alors à une analyse de ces termes qui passe par le canal d'une «langue de spécialité». Ce concept n'est pas nouveau. Ferdinand de Saussure parlait déjà de «langues spéciales»[115], au nombre desquelles figure la langue juridique, au même titre que celle de l'ingénieur, de l'architecte ou du médecin. Le linguiste Pierre Lerat parle plutôt à ce sujet de «langue spécialisée»[116]. Les deux ont cours, le débat est ouvert, mais l'usage semble avoir privilégié le terme «langue de spécialité(s)», certains préférant employer le singulier, d'autres le pluriel. Une langue de spécialité ? Que signifie cette expression ? Les terminologues, en faisant du «terme» – unité signifiante chargée d'un sens technique qui la rattache à un domaine –, le point central

---

[115] Ferdinand de SAUSSURE, *Cours de linguistique générale*, Paris, Édition Tullio de Mauro, 1982, p. 41.

[116] Pierre LERAT, *Les langues spécialisées*, Paris, PUF, 1995. Voir le compte rendu de cet ouvrage par François GAUDIN, (1996) 41-1 *Meta* 172. Voir aussi sur la question Marie-Claude L'HOMME, «Y a-t-il une langue de spécialité ? Points de vue pratique et théorique», *Actes des journées de linguistique 1990*, Québec, Centre international de recherche en aménagement linguistique, 1990, 105-112, en ligne : <https://www.researchgate.net/publication/292983313_Y_a-t il_une_langue_de_specialite_Points_de_vue_pratique_et_theorique> (consulté le 17 juillet).

de leur analyse, ont contribué à faire progresser la notion floue de «langue spéciale» en «langue de spécialité». En ce sens, on peut dire que la langue de spécialité est une langue «technique», au sens où *Le Robert* définit cet adjectif ainsi : «Qui appartient à un domaine particulier, spécialisé, de l'activité ou de la connaissance.» Le langage du droit répond à cette définition parce qu'il est constitué d'une terminologie dénommant le mode de fonctionnement, les mécanismes et les concepts du droit[117].

Il sera intéressant de voir ce que représente cette langue de spécialité pour le domaine du droit, ses tenants et aboutissants, en quelque sorte, afin de mieux comprendre les enjeux que pose la traduction de textes juridiques entre nos deux langues officielles. Différent des autres langues de spécialité, le langage du droit l'est à plusieurs titres. Les fonctions particulières du droit, son caractère normatif, le style de ses textes et ses formes d'expression figées ou archaïques en font un langage remarquable. En définitive, il est une forme élaborée de la langue générale.

A. *Particularités du langage du droit*

Dans chaque langue, certains mots sont qualifiés de termes lorsqu'ils prennent une signification spéciale relevant d'un domaine précis. Un terme n'est qu'un élément d'information spécifique dans un énoncé. Par exemple, un terme tel que «acte sous seing privé», locution d'ordre technique, ne saurait, à lui seul, constituer un énoncé. Ce pourrait être un «testament olographe», mais sait-on de quoi il en retourne? Pour le savoir et lui conférer tout son sens contextuel, ce terme doit s'inscrire dans une phrase composée d'un cooccurrent approprié («signer», mettons) et du «vocabulaire de soutien» nécessaire ; ce qui pourrait donner la phrase suivante dans la bouche d'une des parties à l'acte : «L'acte sous seing privé sera signé demain matin à 11 h». Si la signification que porte ce terme l'inscrit clairement dans la sphère juridique, ce n'est que dans le cadre d'un énoncé ou discours (juridique) qu'il prend son sens, comme dans le contexte de la phrase donnée en exemple, où ce terme concrétise la nature et

---

[117] Gérard CORNU, dans la Préface du *Vocabulaire juridique*, 4ᵉ éd. mise à jour, coll. «Quadrige», Paris, PUF, 2003, formule l'hypothèse que «le langage du droit présente des marques linguistiques suffisantes pour constituer un langage spécialisé [qui invite à la comparaison] avec d'autres langages techniques», p. viii. Voir aussi Anne WAGNER, «Le langage de spécialité, langage de technicien», *La langue de la Common Law*, Paris, L'Harmattan, 2002, p. 117.

les effets juridiques de l'opération en cause et produit alors un énoncé juridique complet. Le mot « acte », seul, appartient à la langue courante et ne prend une signification juridique qu'accolé au syntagme « sous seing privé ». Ainsi que l'avait fait remarquer le traductologue Peter Newmark, le langage du droit « *attempts to draw precise frontiers to the meanings of ordinary words* »[118].

Comme toute langue de spécialité, le langage du droit mis en discours se plie aux règles de la langue qui l'exprime, soit à sa grammaire et à sa syntaxe, qui diffèrent d'une langue à l'autre, en particulier entre l'anglais et le français. Ensuite, à l'étape de l'énonciation ou formulation, d'autres aspects interviennent, dont celui de la stylistique. Par rapport aux aspects de grammaire et de syntaxe, le style de la formulation présente un certain degré de liberté dont dispose l'auteur du texte, qui peut choisir le niveau d'expression, les figures de style, les métaphores et les connotations de son énoncé, le tout en fonction des objectifs de la communication. Ceux-ci dépendent de la ou des fonctions attribuées au texte.

Se pose, enfin, la question du sens, qu'interprétera la personne chargée de le comprendre aux fins, soit de le traduire, soit de l'interpréter (tel un juge), soit de le rendre plus clair ou intelligible (tels un ou une réviseure, jurilinguiste).

La grammaire, nous informe *Le Robert*, est l'« [e]nsemble des règles à suivre pour parler et écrire correctement une langue ». Cette définition prescriptive correspond aux besoins particuliers des langagiers, dont ceux des traducteurs et des jurilinguistes, particulièrement attachés à produire des textes corrects à cet égard. Quant à la syntaxe, l'étymologie du mot renvoie à l'ordre, l'arrangement des mots dans une phrase, sa construction, qui obéit à certaines règles : en français, la construction d'une phrase simple suit l'ordre **S**(ujet) + **V**(erbe) + **O**(bjet) [complément d']. Cet ordre n'est pas immuable, mais une loi ou un jugement ne sont pas des poèmes, genre où l'auteur peut prendre des libertés avec la grammaire et la syntaxe. En droit, l'énonciation peut être soumise à quelques transformations. Il arrive que le verbe, par exemple, soit antéposé, comme ici : « Commet une infraction quiconque... », ou encore rejeté à la suite de plusieurs propositions en cascade : « Sous réserve des dispositions de l'article [...] et conformément à [...] le directeur [...] peut... ». On sait aussi que l'ordre des propositions peut varier. Tels sont quelques-uns des nombreux traits

---

[118] Peter P. NEWMARK, « The Translation of Authoritative Statements : A Discussion », (1982) 27-4 *Meta* 375, 380.

caractéristiques de la syntaxe de la langue juridique[119]. Ils ne concourent pas à une meilleure lisibilité du texte juridique, mais correspondent aux traditions de l'énonciation en droit.

Ensuite, vient le style, soit la façon de dire du juriste qui présente une autre facette remarquable du langage du droit. La formulation est affaire de personnalité ; chaque personnalité possède son style. L'expression écrite du droit est soumise aux mêmes servitudes linguistiques que tout acte de langage. Une des caractéristiques du langage du droit est son niveau d'expression. Le plus souvent, c'est l'État ou une manifestation des pouvoirs publics qui parle. La technicité propre aux langages techniques caractérise également le langage du droit. Les lecteurs profanes sont confrontés à un discours souvent hermétique, empreint de concepts complexes dont la formulation accentue l'opacité. On lit des mots dont on ne comprend pas le sens, ou, pis : on parcourt un texte dont on pense saisir le sens général. En revanche, l'emploi de termes techniques présente indéniablement des avantages. Les moindres ne sont pas la précision du langage et la concision du message.

La longueur des phrases des textes juridiques, dans la plupart des langues, est également un phénomène remarquable. Il ne s'agit pas toujours d'un trait propre au rédacteur, mais parfois du résultat d'un procédé d'énumération, fréquent dans les lois et les contrats anglais. Il n'est pas rare qu'une phrase fasse une page, voire plus, entrecoupée de quelques points-virgules. Comme le sens s'exprime aussi par la forme, la manière de dire n'est jamais totalement neutre. Polymorphe et polyphone, le droit s'exprime par la voie de multiples discours réalisant un grand nombre de textes, d'ordre informationnel, technique, savant ou érudit, etc., qui diffèrent autant par le fond que par la forme. Ces modes d'énonciation se répercuteront sur la forme du texte, qui variera de façon sensible sur les plans stylistique, syntaxique et lexical. Il suffit de comparer un texte de loi, un jugement et un texte de doctrine pour s'en rendre compte.

Quant à la sémantique, elle suivra la fonction première du texte et s'articulera de la même manière que pour toute autre langue de spécialité : du sens à la signification. Le linguiste Patrick Charaudeau, spécialiste de l'analyse du discours, distingue le « sens de langue » et le « sens de discours », le premier étant un sens « en puissance », le second un sens « spécifique »,

---

[119] Voir sur le sujet de la description du langage du droit Gérard CORNU, *Linguistique juridique*, préc., note 22. On trouvera dans cet ouvrage toute l'information afférente nécessaire.

situationnel, donc « plein »[120], qu'il explicite ainsi : « [L]enjeu de l'acte de langage ne se trouve pas tant dans son explicite (langue) que dans l'implicite (discours) qu'il véhicule »[121]. Le linguiste et philosophe du langage H. P. Grice ne dit pas autre chose lorsqu'il avance « *what a speaker means by an utterance can be divided into what the speaker "says" and what the speaker thereby "implicates"* » (*Wikipedia*). Dans cette ligne, la définition du « discours juridique » que propose Gérard Cornu[122] corrobore ces qualifications.

Cette brève description des caractéristiques principales du langage du droit n'efface pas les difficultés qu'il représente pour le commun des mortels et les maux qui l'affectent. Ces maux, difficultés et problèmes sont bien connus, décrits et documentés par les chercheurs de différentes disciplines et par les juristes mêmes[123].

B. Maux et difficultés du langage du droit

Chaque génération de juristes y va de ses considérations sur les travers du droit. Pour Cicéron, déjà, « [l]e droit véritable, la pure justice, n'habitent plus parmi nous ; leur impression divine s'est effacée de nos lois ; à peine en avons-nous conservé une ombre, une image imparfaite [...] »[124].

---

[120] Patrick CHARAUDEAU, *Grammaire du sens et de l'expression*, Paris, Hachette Éducation, 1992, p. 15.

[121] Patrick CHARAUDEAU, *Sémantique de langue, sémantique de discours*, Actes du colloque en hommage à Bernard Pottier, 2005, en ligne : <http://www.patrick-charaudeau.com/Semantique-de-la-langue-semantique.html> (consulté le 17 juillet 2023).

[122] G. CORNU, préc., note 22 : « Est juridique tout discours qui a pour objet la création ou la réalisation du droit », p. 15.

[123] Une liste de tous les auteurs concernés serait trop longue. On trouvera dans la bibliographie de la jurilinguistique française établie par le CTTJ (voir note 2) nombre d'articles en faisant état. Voir aussi, parmi tant d'autres ; Heikki E. S. MATTILA, *Comparative Legal Linguistics*, Aldershot, Ashgate Publishing, 2006 (Routledge, 2016) et *Jurilinguistique comparée*, Cowansville, Éditions Yvon Blais, 2012. Le professeur émérite Heikki E. S. Mattila traite dans ces ouvrages les quatre langages du droit que sont ceux de l'allemand, de l'anglais, de l'espagnol et du français, chacun avec ses particularités et ses divers « maux ». Sa copieuse bibliographie fourmille de références étayant mon propos.

[124] CICÉRON, *De officiis – Œuvres complètes de Cicéron, avec la traduction en français, Traité des devoirs*, L. III, XVII, Paris, Chez Firmin Didot Frères, Fils et Cie, Libraires, 1864 : « *Sed nos veri iuris germanaeque iustitiae solidam et expressam effigiem nullam tenemus, umbra et imaginibus utimur.* » (Trad. du latin sous la dir. de M. Nisard),

Montaigne, dans son *Apologie de Raymond Sebond,* parle de la légitimité des fictions juridiques : « et *nostre droict mesme* a, dit-on, des fictions légitimes sur lesquelles il fonde la vérité en justice »[125]. De nos jours, Jean Carbonnier évoque une incertitude du droit conduisant au « désarroi »[126]. Chez Michel Villey, le désarroi est engendré par l'incertitude méthodologique : « Comme, en fait de méthodologie, nous vivons dans l'incertitude, et ne nous soucions pas de vérifier les fondements de nos diverses méthodes, ainsi notre langage juridique est dans le désarroi. »[127] Aujourd'hui, on ne peut que constater, avec le juriste comparatiste Jacques Vanderlinden, « le développement d'une langue juridique à la fois de plus en plus complexe et de plus en plus obscure face à la langue de la population »[128].

Autant de mythes, autant de coutumes, autant de droit ? Le droit en serait-il encore au stade de la « pensée naïve » comme l'avançait Aurel David ?[129] Cette pensée « naïve » se reflète dans un langage dont certains des termes essentiels souffrent d'ambiguïté. On connaît le problème du terme fondateur de la discipline : droit. Carbonnier le souligne lorsqu'il prend cet exemple d'incertitude du droit, « une dualité, sinon une ambiguïté, la dualité même du vocable *droit,* qui désigne, selon les cas, le Droit objectif ou le droit subjectif »[130]. C'est un exemple trivial, certes, que tant de juristes ont relevé, déploré, dont Michel Villey et François Terré[131], mais il est toujours « parlant ».

---

    en ligne : <http://remacle.org/bloodwolf/philosophes/Ciceron/officiis2a.htm> (consulté le 17 juillet 2023).

[125] MONTAIGNE, *Essais,* Livre II, chap. XII, 223v., en ligne : <https://fr.wikisource.org/wiki/Essais/Livre_II/Chapitre_12> (consulté le 25 janvier 2023) ; voir aussi la longue citation de Montaigne dans Cornu, *Linguistique juridique,* 3ᵉ éd., p. 12, note (1).

[126] Jean CARBONNIER, *Flexible droit,* 8ᵉ éd., coll. « Anthologie du droit » Paris, L.G.D.J., 2013, Titre III *Les incertitudes du droit,* à la p. 183.

[127] Michel VILLEY, *Philosophie du droit,* Paris, Dalloz, 1975, à la p. 222.

[128] Jacques VANDERLINDEN, « Le futur des langues du droit », dans Rodolfo SACCO et Luigi CASTELLANI (dir.), *Les multiples langues du droit européen uniforme,* Torino, Harmattan Italia, 1999, p. 193, à la p. 197.

[129] Aurel DAVID, « Les termes élémentaires du droit » dans Jean-Claude GÉMAR (dir.) *Langage du droit et traduction,* Québec, Linguatech/Conseil de la langue française, 1982, à la p. 33.

[130] J. CARBONNIER, préc., note 126 à la p. 183.

[131] M. VILLEY préc., note 127 à la p. 7 ; François TERRÉ et René SÈVE, « Droit », *Vocabulaire fondamental du droit,* t. 35, coll., « Archives de philosophie du droit », Paris, Sirey, 1990, aux p. 43-44.

On comprend mieux ainsi les propos d'un Michel Villey, selon lequel « le sens des mots les plus habituels aux juristes [...] est très mobile et incertain » et « affecte le langage technique et les mots les plus nécessaires à la science du droit »[132]. Cette science même est contestable, comme le pense un comparatiste tel que Jacques Vanderlinden, puisque « face aux sciences dites exactes, le droit est, par essence, inexact [...] le droit ne peut faire l'objet d'une science parce qu'il n'est pas fondé sur des relations objectives véritables »[133]. Villey va jusqu'à contester l'existence même d'un langage scientifique du droit puisque cette science n'a pas de définition précise de son objet, alors que le propre de tout langage scientifique est « d'assurer à chaque terme une signification constante et relativement précise »[134].

Les maux et les faiblesses du langage du droit ne datent ni d'hier ni d'aujourd'hui, leurs causes sont diverses et ne se limitent pas aux aspects linguistiques. La cause principale de ces difficultés pourrait bien résider dans le droit lui-même. Par exemple, Gérard Cornu accuse le droit de « pesanteur » : « Ce n'est pas seulement ni même principalement le langage du droit qui est compliqué. C'est le droit [...] c'est la pesanteur du droit qui aggrave l'opacité du langage »[135]. Une autre faille que dénoncent les critiques du droit est le phénomène des fictions juridiques. Quand on passe « des réalités de la langue [aux] représentations qui en ont été faites », on pénètre « sur le terrain des "fictions théoriques" plutôt que sur celui des hypothèses et des "réalités scientifiques" »[136].

C'est ainsi que Frédéric Rouvière parle de la « légitimité douteuse de la fiction en droit »[137], dont il fait une critique sévère, qu'il explicite :

---

[132] *Id.*, p. 7.

[133] J. VANDERLINDEN, préc., note 128 p. 16. Ce qui pose les limites du droit. Voir sur cette question le numéro spécial : José Manuel AROSO LINHARES, Ana Margarida GAUDENCIO et Ines GODINHO (dir.), « The Limits of Law » (2022) 35(1-2) *Revue internationale de sémiotique juridique International Journal for the Semiotics of Law*.

[134] *Id.*, p. 8.

[135] G. CORNU, préc., note 22, p. 9.

[136] Jean-Claude CHEVALIER, compte rendu de l'ouvrage « Le Genre humain. Origines du langage », dans (2007) 29-2 *Histoire Épistémologie Langage* 234, 234.

[137] Frédéric ROUVIÈRE, *Critique des fonctions et de la nature des fictions. Les artifices du droit : les fictions*, Clermont-Ferrand, 2014, à la p. 17, en ligne : https://hal.science/hal-01316686 (consulté le 10 juin 2022).

Mais quels sont les frais véritables [de l'expédient qu'est la fiction]? À notre sens, ils sont très grands, trop grands pour que les juristes continuent d'user de la fiction avec une tranquille conscience, comme si le procédé était indolore et indifférent pour la compréhension, la cohérence et l'interprétation du droit [...] là où il y a fiction, il doit y avoir remise en question.[138]

En conséquence, il doute «de la pertinence du recours aux fictions [lesquelles] fonctionnent comme des hypothèses *ad hoc* qui conservent l'édifice conceptuel du droit en refusant de l'amender pour l'adapter à certaines réalités. La fiction est donc condamnable dans sa dimension théorique [...]»[139].

Rouvière n'est pas seul à le penser. Le sujet des fictions en droit a fait couler beaucoup d'encre chez nos voisins du sud, notamment au XIXe siècle, mais le débat est loin d'être clos[140]. Louise Harmon rapporte que les participants au débat n'arrivaient pas à s'entendre sur une définition du concept de «*legal fiction*»: «*What is a legal fiction? None of the participants in the historical debate could agree*»[141]. Jeremy Bentham, dit-elle, était farouchement hostile à toute fiction juridique, qu'il comparaît à un «abus de drogue» (*drug abuse*): «*They [lawyers] feed upon untruth, as the Turks do upon opium* [...]»[142]. Sa conclusion, sur cette question, est sans appel: «*I argue that substituted judgment is a dangerous legal fiction*»[143]. La fiction juridique dont elle parle, en l'occurrence, est celle du terme *substituted judgment* (jugement de substitution), mais cet exemple est symbolique de ce qu'une fiction du droit peut avoir comme effets, ce qui rejoint la conclusion de Rouvière, soit «là où il y a fiction, il doit y avoir remise en question»[144].

Une telle remise en question n'est, pour le moment, pas à l'ordre du jour, bien que les contestations, comme on voit, s'élèvent au sein même des deux traditions juridiques. La fiction et l'apparence, en droit, font bon

---

[138] *Id.*

[139] *Id.*, 16.

[140] Voir Louise HARMON, «Falling Off the Vine: Legal Fictions and the Doctrine of Substituted Judgment», (1990) 100-1 *Yale Law Journal* 1.

[141] *Id.*, p. 2.

[142] *Id.*, p. 3-4.

[143] *Id.*, p. 2.

[144] Le concept de *substituted judgment* américain est à rapprocher de la loi ontarienne *Substitute Decision Act*, 1992, S.O. 1992, c. 30; en français: *Loi de 1992 sur la prise de décision au nom d'autrui*, L. O. 1992, c. 30.

ménage. Il existe, en droit, une « théorie de l'apparence » qui, comme nombre de fictions, a sa raison d'être particulière. Selon Agnès Rabagny, « [l]a théorie de l'apparence constitue [...] l'une des principales illustrations du rapport particulier que le droit entretient avec le réel : le droit parvient à ne plus opposer apparence et réalité pour les rendre complémentaires. »[145] L'ouvrage *Les apparences en droit civil*[146] tourne autour de la fiction par les apparences qui y sont traitées dans les divers articles, qui répondent à la question : « Est-ce que le droit privilégie l'apparence ou la réalité ? »[147].

Fiction ou apparence, il reste que le droit apparaît « de plus en plus complexe et incertain »[148], pour ne rien dire de ses langages. Le cas du Canada, en la matière, est à la fois exemplaire et source de grandes fictions. Ce qui ne simplifie pas les opérations de rédaction, traduction et révision du droit, sans parler de son interprétation. Et pourtant, au Canada, on traduit, révise et rédige des textes juridiques depuis plus de deux cent cinquante ans, et on ne voit pas de raison pour que cela cesse à court ou moyen terme. La législation bilingue du Canada est souvent présentée, et reconnue, comme un modèle du genre, en particulier depuis que la méthode de production des lois a été modifiée et que la corédaction des lois fédérales a succédé à leur traduction. Si ce volet de la traduction juridique a été (définitivement ?) fermé, il n'en continue pas moins de régner dans les autres domaines, le judiciaire tout particulièrement. Louis Baudouin, acteur engagé et observateur assidu de la situation canadienne dans ce domaine, souligne le fait établi qu' « [e]n matière de bilinguisme et de bijuridisme, le Canada fait

---

[145] Agnès RABAGNY, *L'image juridique du monde*, Paris, PUF, 2003, présentation de l'ouvrage, en ligne : <https://www.amazon.com/Limage-juridique-du-monde/dp/2130527779> (consulté le 17 juillet 2023).

[146] Anne-Sophie HULIN et Robert LECKEY, *Les apparences en droit civil*, Cowansville, Les Éditions Yvon Blais, 2015.

[147] Dans le cadre des ateliers de droit civil 2012-2014 du Centre Paul-André Crépeau de droit privé et comparé, sous le thème « Les apparences en droit civil », les titres d'articles suivants en donnent un bon aperçu : Adrian POPOVICI : « Le mandat apparent, une chimère ? » (20 septembre 2013) ; Sylvia FERRERI : « The appearance of ownership : sale of another's property » (16 novembre 2012) ; Bertrand STOFFEL : « The appearance of truth » (4 avril 2014) ; Régine TREMBLAY : « Sans foi ni loi : appearances of conjugality and lawless love » (24 janvier 2013).

[148] Boris BARRAUD, *La prospective juridique*, Paris, L'Harmattan, 2020, à la p. 9. Voir aussi, pour se faire une idée des limites du droit, l'ouvrage collectif produit par le Centre universitaire de recherches administratives et politiques de Picardie (C.U.R.A.P.P.) *Le droit en procès*, Paris, PUF, 1984.

figure de modèle partout dans le monde et est souvent cité en exemple pour ses réalisations et ses innovations.»[149].

Ce modèle, ces réalisations, le Canada les doit pour une bonne part à la traduction, cet «imparfait du subjectif» qui flotte, sans doute, mais ne coule pas, malgré «la somme infinie des contraintes qui sont celles du traducteur»[150]. La traduction, la rédaction et la production des lois et des jugements n'ont cessé de s'améliorer au fil des générations de langagiers, juristes et jurilinguistes qui y ont consacré temps et efforts, déployant un savoir-faire en progression constante. Ils ont bénéficié des avancées linguistiques des sciences du langage et de la traduction, qui ont ruisselé sur toutes les formes d'écrits. En résultent des apports appréciables de ces deux disciplines au droit, et réciproquement: *per linguarum scientiam ad juris scientiam* [(parvenir) à la connaissance du droit par celle des langues]. Au Canada, l'adage marche dans les deux sens, la connaissance des langues (anglais et français) passant aussi par la connaissance des droits.

II. Les apports de la linguistique et de la traductologie

Aucune science ou discipline, nul domaine ne fonctionne désormais en cercle fermé. Pour se développer, il doit s'appuyer sur des disciplines et sciences tributaires ou connexes. Aujourd'hui, remarque l'astrophysicien Hubert Reeves, «on ne peut plus séparer sciences naturelles et sciences exactes, sciences naturelles et sciences humaines»[151]. Aussi, afin de comprendre la mécanique profonde d'une science ou d'une discipline à l'œuvre, est-il besoin de faire appel au domaine adjoint, par exemple la terminologie pour la traduction ou pour les langues de spécialité. Mais, le plus souvent, ce sont plusieurs domaines adjoints qu'il faut convoquer. Si, en sciences exactes, «[v]ous ne pouvez pas étudier la biologie sans étudier la chimie, la chimie sans étudier la physique, la physique sans étudier les

---

[149] Louis BAUDOUIN, *L'égalité des langues officielles au Canada : bilinguisme judiciaire et bilinguisme linguistique – un modèle à géométrie variable*, mémoire présenté au Comité sénatorial permanent des langues officielles, 15 octobre 2018, à la p. 2; voir aussi: André LABELLE, *La corédaction des lois fédérales au Canada*, Actes du colloque 2000, Genève, en ligne: <http://www.tradulex.com/Actes2000/LABELLE.pdf> (consulté le 17 juillet 2023); A. LABELLE, *L'expérience canadienne*, Séminaires sur la qualité de la législation, Commission européenne, Bruxelles, 23 octobre 2002.

[150] J. VANDERLINDEN, préc., note 128, p. 13.

[151] Hubert REEVES, dans une entrevue: (1986) 133 *Lire* 33.

mathématiques, les mathématiques sans étudier la psychologie »[152], que dire des sciences sociales, tellement imbriquées les unes dans les autres. Nous avons vu le cas du droit qui, outre l'histoire et la philosophie, s'est ouvert à la sociologie avec, notamment, un Jean Carbonnier. Quant à la traduction, elle a profité des avancées produites dans les sciences du langage. La jurilinguistique, discipline duale reposant sur les piliers du droit et de la linguistique (appliquée) véhiculée par le canal de la traduction, s'est nourrie des alluvions apportées par, au moins, ces trois courants tributaires. Comme la traduction est le vecteur qui a introduit les bases de la jurilinguistique, inspirant ses prémices par les difficultés que durent affronter des générations de traducteurs, je la traiterai en premier (A). En second lieu, je traiterai la question de la linguistique, science récente dans ses développements théoriques comme appliqués sur l'étude du langage. Elle se subdivise en deux courants principaux : la recherche fondamentale et la recherche appliquée. C'est la seconde qui retient mon attention ici (B), parce qu'elle se prête davantage que la recherche fondamentale aux aspects pragmatiques, donc pratiques, des langues de spécialité, dont fait partie le langage du droit.

A. De la traduction à la traductologie : pratique, théorie et méthodes

Je ne vais pas refaire ici l'histoire de la traduction au Canada. Elle a été faite, et bien faite, en diverses occasions par des historiens de la traduction comme Jean Delisle, Paul Horguelin ou Louis Kelly[153], les deux premiers déjà vus à plusieurs reprises. L'histoire de la traduction juridique au Canada a également été traitée, en tout ou en partie – entre autres, par moi –, dans plusieurs publications, auxquelles je renvoie les lectrices et les lecteurs[154]. Cette histoire s'inscrit néanmoins dans le grand ensemble de l'histoire de la traduction au Canada, qu'elle suit dans ses étapes, ses

---

[152] *Id.*

[153] On doit à Louis KELLY un ouvrage de référence en histoire, théorie et pratique de la traduction : *The True Interpreter : A History of Translation Theory and Practice in the West*, Oxford, Basil Blackwell, 1979. Voir un bon compte rendu de l'ouvrage par Peter BUSH, « Revisiting the Classics. Between a Grand Tradition and the Profession », (2001) 7-1 *The Translator* 91.

[154] Jean-Claude GÉMAR, « Fonctions de la traduction juridique en milieu bilingue et langage du droit au Canada », dans Jean-Claude GÉMAR (dir.), *Langage du droit et traduction. Essais de jurilinguistique*, Montréal, Linguatech-Éditeur officiel du Québec, 1982, p. 121 ; Emmanuel DIDIER, *Langues et langages du droit*, Montréal, Wilson &

échecs comme ses réussites et ses progrès échelonnés sur près de trois siècles, car la traduction, comme toute discipline ou activité humaine, ne cesse de progresser – quitte à trouver désormais sur sa route le redoutable rival qu'est la « machine à traduire », soit la traduction automatique (TA), intelligence artificielle (IA) oblige.

Il s'ensuit que cette évolution de l'art de traduire peut être observée selon deux états principaux constatés sur son histoire : avant et après la Deuxième Guerre mondiale, soit avant l'avènement de la traductologie, et depuis son apparition. Ainsi que le souligne Mathieu Leblanc, « [f]ort de son dualisme linguistique officiel, le Canada a une longue tradition de traduction, qui fait aujourd'hui partie intégrante de ses institutions et de son fonctionnement »[155]. La tradition du français comme « langue de traduction » remonte loin. En 1793, le gouvernement de Londres « décréta que l'anglais devait être *la seule langue officielle* du Parlement, le français n'étant reconnu que comme "langue de traduction" »[156]. Cette expression a fait la réputation du français que l'on sait et, comme la tunique de Nessus, elle colle depuis à la langue française du Canada. Elle ne semble pas devoir disparaître de sitôt. Comme le constate Leblanc dans une étude récente, « le français n'est jamais, dans ce milieu [de traduction institutionnelle], une langue d'expression, c'est-à-dire une langue de *rédaction* au même titre que l'anglais, mais seulement une langue de *traduction* »[157].

Bien que les traducteurs perpétuent cette situation, ils n'en sont que le moyen et non la cause, qui est politique et fort ancienne. Ils exécutent. Or, « la traduction est souvent perçue comme un processus déformateur, entraînant du même coup une perception négative tant du résultat final (le texte traduit) que de la profession de traducteur »[158]. Cette image a fortement contribué à faire changer le mode de production des lois, qui est passé

Lafleur, 1990 ; Jean-Claude GÉMAR, « De la traduction juridique à la jurilinguistique : la quête de l'équivalence », (2015) 60-3 *Meta* 476.

[155] Mathieu LEBLANC, « Traduction, bilinguisme et langue de travail : une étude de cas au sein de la fonction publique canadienne », (2014) 59-3 *Meta* 537, 538.

[156] *Histoire du français au Québec*, Québec, CEFAN, Université Laval, section2, *Le Régime britannique*, 7 : *La période troublée de 1791-1840*, en ligne : <http://www.axl.cefan.ulaval.ca/francophonie/HISTfrQC_s2_Britannique.htm#7_La_p%C3%A9riode_troubl%C3%A9e_de_1791-1840__> (consulté le 17 juillet 2023).

[157] M. LEBLANC, préc., note 155, p. 553.

[158] Judith LAVOIE, « Le bilinguisme législatif et la place de la traduction », (2003) 16-1 *TTR* 121.

de la traduction à la corédaction, jugée plus naturelle et idiomatique. Il s'ensuit que le secteur législatif est peut-être le seul domaine où la langue française est « langue de *rédaction* au même titre que l'anglais »[159].

La traduction juridique n'en continue pas moins à progresser dans tous les domaines, en qualité comme en quantité, tout comme, d'ailleurs, la traduction dans son ensemble dont, remarque Delisle, la qualité linguistique témoigne d'« un mouvement irréversible de redressement » depuis le milieu du vingtième siècle[160]. Auparavant les traducteurs, dépourvus d'une formation professionnelle ou d'une éducation préparant à la traduction, devaient compter sur les maigres ressources du moment et les faibles moyens alors à leur disposition. Les manuels et les méthodes de traduction n'étaient pas encore nés. Jusqu'à la publication du premier ouvrage consacré à la traduction de l'anglais au français[161], il fallut se contenter de son bagage de connaissances acquises au fil de ses lectures, conversations et entretiens, brefs, tiré de sa culture d'« honnête homme » – au sens que les Lumières avaient donné à cette expression. Les méthodes suivies à cette époque découlaient toujours des réflexions des Cicéron, Saint Jérôme et autres grands auteurs découpant l'acte traductif en deux modes quasi immuables : traduire littéralement – voire mot à mot pour les textes sacrés – ou (plus ou moins) librement dans le cas de textes plus « légers » (poésie, littérature). On ne parlait pas encore de textes « pragmatiques ».

La traduction juridique, celle des lois notamment, a longtemps suivi la voie de la littéralité, au Canada comme dans le reste du monde, ainsi que nous l'avons déjà vu, au motif qu'il ne faut pas déroger à la règle de droit, au risque de mal la rendre[162]. Résultat, on traduit *verbum pro verbo*. Encore une fois, les traducteurs ne sont pas les seuls coupables, le monde juri-

---

[159] M. LEBLANC, préc., note 155 p. 553.

[160] J. DELISLE, préc., note 10.

[161] Soit en...1958, avec la parution de *Stylistique comparée du français et de l'anglais. Méthode de traduction* (Paris, Didier ; Montréal, Beauchemin, 1958), ouvrage rédigé par les professeurs canadiens Jean-Paul VINAY et Jean-Louis DARBELNET. Voir le compte rendu de ce livre par Maurice LEBEL dans (1959) 4-2 *Journal des traducteurs. Translators' Journal* 101. Je tiens du Prof. Darbelnet lui-même que le sous-titre « *Méthode de traduction* » a été imposé par l'éditeur (Didier), qui trouvait le titre trop peu parlant, le mot « méthode » exerçant un argument de vente attirant. Mais ce n'était pas la volonté des auteurs...

[162] Voir, sur cette question et sur les diverses raisons invoquées, le texte de Maria GAWRON-ZABORSKA, « Le fantôme de la traduction littérale dans la traduction juridique », dans J.-C. GÉMAR (dir.), *La traduction juridique. Histoire, théorie(s) et pra-*

dique, surtout le judiciaire, l'est davantage, lui qui se méfie des traductions, dans lesquelles on voit des « informations qui ne sont pas originales mais transmises par un intermédiaire, donc, susceptibles d'être faussées »[163]. Pour le Canada, on constate cette littéralité année après année dans les lois adoptées sous le régime du Haut et du Bas-Canada ou du Canada (Annexe 23)[164]. Elle reculera progressivement dans la seconde moitié du XXe siècle, à mesure que progressera et s'étoffera la formation des traducteurs, terminologues, rédacteurs et légistes, et celle des futurs jurilinguistes. Pour s'en convaincre, il suffit de comparer des textes de loi dans les deux langues, mettons, des années 1840 à aujourd'hui. La différence saute aux yeux. Un simple exemple, banal et facile, mais parlant, le démontrera par la comparaison d'extraits de deux textes constitutionnels majeurs, *l'Acte de l'Amérique du Nord britannique* (1867), et d'extraits de la *Loi constitutionnelle de 1982* :

---

tique, Genève, ASTTI-ETI, 2000, p. 349, en ligne : <http://www.tradulex.com/Actes 2000/gawron.pdf> (consulté le 26 janvier 2023).

[163] *Id.*, p. 4.

[164] Voir les « Statuts provinciaux du Canada », en ligne : <https://www.canadiana.ca/view/oocihm.9_00922?usrlang=fr> (Consulté le 17 juillet 2023)

Loi constitutionnelle de 1867, 30 & 31 Victoria, ch. 3 (R.-U.)	*Loi constitutionnelle de 1982* Partie 1 *Charte canadienne des droits et libertés*
Loi concernant l'Union et le gouvernement du Canada, de la Nouvelle-Écosse et du Nouveau-Brunswick, ainsi que les objets qui s'y rattachent. Considérant que les provinces du Canada, de la Nouvelle-Écosse et du Nouveau-Brunswick ont exprimé le désir de contracter une Union Fédérale pour ne former qu'une seule et même Puissance (*Dominion*) sous la couronne du Royaume-Uni de la Grande-Bretagne et d'Irlande, avec une constitution reposant sur les mêmes principes que celle du Royaume-Uni : Considérant de plus qu'une telle union aurait l'effet de développer la prospérité des provinces et de favoriser les intérêts de l'Empire Britannique : Considérant de plus qu'il est opportun, concurremment avec l'établissement de l'union par autorité du parlement, non seulement de décréter la constitution du pouvoir législatif de la Puissance, mais aussi de définir la nature de son gouvernement exécutif : Considérant de plus qu'il est nécessaire de pourvoir à l'admission éventuelle d'autres parties de l'Amérique du Nord britannique dans l'union [...] **3** Il sera loisible à la Reine, de l'avis du Très-Honorable Conseil Privé de Sa Majesté, de déclarer par proclamation qu'à compter du jour y désigné, – mais pas plus tard que six mois après la passation de la présente loi, – les provinces du Canada, de la Nouvelle-Écosse et du Nouveau-Brunswick ne formeront qu'une seule et même Puissance sous le nom de Canada ; et dès ce jour, ces trois provinces ne formeront, en conséquence, qu'une seule et même Puissance sous ce nom. <u>Source</u> : https://lawslois.justice.gc.ca/fra/Const/page-1.html	Attendu que le Canada est fondé sur des principes qui reconnaissent la suprématie de Dieu et la primauté du droit : **1** La *Charte canadienne des droits et libertés* garantit les droits et libertés qui y sont énoncés. Ils ne peuvent être restreints que par une règle de droit, dans des limites qui soient raisonnables et dont la justification puisse se démontrer dans le cadre d'une société libre et démocratique. **2** Chacun a les libertés fondamentales suivantes : • a) liberté de conscience et de religion ; • b) liberté de pensée, de croyance, d'opinion et d'expression, y compris la liberté de la presse et des autres moyens de communication ; • c) liberté de réunion pacifique ; • d) liberté d'association. <u>Source</u> : https://laws-lois.justice.gc.ca/fra/Const/page-12.html

Cette différence ressort d'emblée dans la seule disposition du texte, sa présentation et son découpage. La différence toutefois ne se limite pas à cela comme nous le verrons au chapitre suivant dans la partie consacrée à la loi. J'y exposerai alors en quoi et pourquoi on peut parler à ce propos de progrès, ne serait-ce que sur le plan de la lisibilité des lois. Ces progrès sont dus aux résultats de recherches et de travaux entrepris à partir de la linguistique post-saussurienne qui a inspiré de nouvelles perspectives langagières et permis aux linguistes – suivis des langagiers, dont les traducteurs – de jeter des regards différenciés sur les langues, leurs fonctions et leurs usages à des fins diverses, et sur les textes produits.

B. D'une traductologie à l'autre : linguistes vs traducteurs

La publication du *Cours de linguistique générale* (1916) de Ferdinand de Saussure – reconnu comme le « père de la linguistique moderne » –, dont le manuscrit fut reconstitué par ses élèves, annonce l'émergence d'une linguistique générale succédant à la linguistique grammairienne. Cette linguistique va influencer quelques-uns des plus grands linguistes du siècle – de Jakobson à Chomsky –, mais aussi, par ricochet, des traductologues parmi les plus éminents. C'est que, depuis le XIXe siècle, on recherche une plus grande objectivité, que seule une démarche fondée sur une analyse scientifique rigoureuse peut apporter. Certains chercheurs, linguistes ou traducteurs, pensent la trouver dans la linguistique, chez de Saussure d'abord (Roman Jakobson, André Martinet, Vinay & Darbelnet, Peter Newmark et tant d'autres), puis chez Noam Chomsky (Nida notamment, Wolfram Wills, Katarina Reiss, etc.) et son modèle de locuteur-auditeur idéal et, surtout, celui de la double structure : « de surface » (*signifiant*) et « profonde » (*signifié*), inspirée par de Saussure et sa vision structuraliste. Ce modèle a influencé de nombreux langagiers, dont les traducteurs, progressivement inspirés par les nouvelles perspectives que la linguistique donne à voir : linguistique du texte, analyse du discours, socio et psycholinguistique, etc.

C'est ainsi que, peu à peu, une forme d'étude et d'analyse scientifiques de la traduction a vu le jour, donnant naissance à la traductologie ou « science de la traduction » comme le dit simplement l'anglais *translation science* – qui parle aussi de *Translation studies*. Premiers artisans de leur œuvre, les traducteurs se sont souvent exprimés sur leur activité. Toutefois, de l'analyse de sa traduction, ou de la réflexion qu'elle suscite, à l'étude scientifique du processus de la traduction en vue d'en comprendre les mécanismes, d'en élucider les mystères et d'en dégager des lois régissant son fonctionnement pour les organiser en système, il y avait un grand pas que les futurs traductologues n'ont commencé à franchir que depuis quelques décennies. On ne saurait comparer, en effet, les prémices d'une théorie générale de la linguistique que constitue le *Cours de linguistique générale* de Ferdinand de Saussure et l'*Introduction à la théorie de la traduction* de Andrei Fedorov (1953). Cet ouvrage est le précurseur d'une traductologie naissante, axée sur la linguistique et l'analyse du transcodage linguistique. Selon Fedorov, « [s]i l'approche linguistique ne suffit pas à résoudre les problèmes de la traduction, elle s'avère indispensable à leur étude exhaustive »[165]. Pour la plupart des traductologues et des linguistes, ce dernier ouvrage représente, sinon la première tentative formelle d'analyse et d'explicitation d'une des activités sociales et universelles les plus anciennes: la traduction, du moins un des premiers essais de théorisation de sa pratique[166]. Ce faisant, cet essai, le premier d'une longue série, plaçait la traduction sous l'autorité de la science linguistique et des linguistes, étreinte dont les traducteurs eurent du mal à se défaire avant de produire leurs propres travaux et de conquérir leur autonomie et celle de la traduction « en tant que science parmi d'autres sciences, notamment aux côtés de la linguistique à laquelle depuis trop longtemps elle a été abusivement soumise »[167]. Les objectifs pédagogiques, pratiques et professionnels des ouvrages produits par des traducteurs contrebalancent cependant les visées théoriques des linguistes, qui peinent à élaborer une théorie générale de la traduction, perspective fuyante n'ayant de cesse que d'échapper à toute tentative d'élaboration. Car nul ne saurait parler de traduction sans l'avoir jamais pratiquée, en entreprise, dans une organisation ou comme pigiste, sans en avoir au préalable reconnu les arcanes et affronté les difficultés.

---

[165] Andrei V. FEDOROV, *Principes fondamentaux de la théorie générale de la traduction*, 3e éd., Moscou, 1958, p. 24 (traduction française par R. Deresteau et A. Sergeant).

[166] La plupart des auteurs de travaux portant sur l'histoire de la traduction signalent l'importante contribution de ce théoricien: de Georges Mounin aux dernières thèses de doctorat, en passant par Vinay et Darbelnet, chaque bibliographie reprend le nom de Fedorov.

[167] Danica SELESKOVITCH, « Traductologie », (1991) 150-4 *Traduire* 5, 14, citée dans Freddie PLASSARD, « Traductologues, traducteurs, un dialogue difficile », 2016, en ligne : <https://halshs.archives-ouvertes.fr/halshs-01395999> (consulté le 17 juillet 2023).

C. Nouvelles doctrines, outils nouveaux

Les nombreux ouvrages et travaux qui vont suivre et qui visent tous plus ou moins à enseigner ou à évaluer la traduction – d'où leur nature souvent prescriptive : Bien/Mal, Fidélité/Liberté, Sourcier/Cibliste, etc. – se fondent sur des concepts dont les racines plongent dans la religion, la philosophie, la littérature, l'universalisme du langage. Le modèle de base, avec ses structures (de surface/profonde) reflète une dualité profondément ancrée dans la nature humaine. Les travaux qui se veulent scientifiques sont <u>sourciers</u> par nature : le texte de départ représente une structure profonde contenant toute l'information nécessaire pour le comprendre ainsi que son message et le réexprimer dans une autre langue (un autre texte), et le traducteur doit être fidèle à ce texte et à son message. Normative ou prescriptive, cette démarche est contraire à une approche scientifique dont le but serait plutôt de découvrir les ressorts de l'objet traduction, de les expliquer afin d'éclairer le traducteur comme le pense Jean-René Ladmiral :

> [L]a traduction est une pratique, qui a son ordre propre : comme telle, elle se définit par opposition au discours de la théorie et au fantasme de prétendues techniques. [...] le seul bénéfice que l'on est en droit d'attendre d'une théorie de la traduction ou traductologie, consiste à clarifier et à classer [...] les difficultés de traduction, à les conceptualiser pour articuler une logique de la décision. Il s'agit seulement d'«éclairer» (aufklären) le traducteur, de lui fournir des «aides à la décision» facilitant ses choix de traduction en les lui rendant conscients grâce à des outils conceptuels [...][168].

Cet «éclairage», comme on voit, ne devrait tendre que vers la prise de décision du traducteur, soit l'aider dans sa démarche pour l'amener à prendre la bonne décision, faire le meilleur choix, et non l'y inciter par un quelconque principe ou diktat abstrait et hors sol.

Comme il n'est pas question, dans un ouvrage consacré à la jurilinguistique, d'envisager un tour d'horizon complet des principales théories de la traduction et des méthodes du traduire[169], au nombre étourdissant,

---

[168] J.-R. LADMIRAL, préc., note 64, p. 211, cité dans F. PLASSARD, *id.*

[169] Parmi les nombreux ouvrages traitant de la ou des théories de la traduction, voici quelques auteurs suggérés, sans ordre d'importance : Robert LAROSE, *Théories contemporaines de la traduction*, Québec, Presses de l'Université du Québec, 1989 ; Paul HORGUELIN, *Anthologie de la manière de traduire. Domaine français,* Montréal, Linguatech, 1981 ; L. KELLY, préc., note 17 ; Michel BALLARD, *De Cicéron à Benjamin. Traducteurs, traductions, réflexions*, Lille, Presses Universitaires de Lille, 1992 ; G. STEINER, préc., note 4 (3ᵉ éd. 1998) ; Zuzana RAKOVÀ, *Les théories de la traduction,*

je m'en tiendrai aux courants de doctrine ayant pu inspirer ou ayant contribué à faire évoluer la traduction en général – la juridique en particulier – et à exercer une quelconque influence sur l'art de pratiquer la jurilinguistique. La classification des auteurs d'ouvrages de traduction pourrait facilement tourner autour des deux axes que représentent, d'une part, les tenants d'une traduction littérale, les « sourciers », et d'autre part, les « ciblistes », selon la terminologie chère à Ladmiral. Mais cela ne rendrait pas compte des différents courants ayant nourri ces doctrines. On en relève au moins six principaux, qui sont :

- le **littéraire**, sans doute un des courants les plus anciens ; il s'appuie sur la littérature et revendique la traduction comme étant une opération littéraire plutôt que linguistique (George Steiner, Even-Zohar, A. Lefevere, Gideon Toury, L. Venuti, etc.) ;
- l'**herméneutique**, « art de découvrir le sens d'un texte » par l'interprétation ; ce courant, peut-être le plus ancien, s'alimente surtout à la philosophie (Schleiermacher, Gadamer, W. Benjamin, P. Ricoeur, Derrida, etc.) et à la religion ;
- le **linguistique**, qui a donné de nombreux ouvrages de traduction produits par des linguistes ou apparentés (Fedorov, Mounin, Catford, Vinay et Darbelnet, Kade, Neubert, Wills, etc.) ;
- le **sociolinguistique**, qui, à partir du contexte social (Labov), considère ce qui est acceptable ou non, traduisible ou non, dans telle société. Maurice Pergnier est le représentant de ce volet traductionnel ;
- le **communicatif**, avec, comme figure de proue, le linguiste Roman Jacobson et ses fonctions du langage qui ont inspiré nombre de fonctionnalistes. Les interprètes Danica Seleskovitch et Marianne Lederer prônent le principe de la « théorie interprétative » (ou « théorie du sens ») et avancent que ce n'est pas la langue, les mots, que l'on doit traduire, mais le sens du message. Avec Jean Delisle, l'analyse du discours s'inscrit dans ce courant. Ajoutons la traduction sémantique et communicative de Peter Newmark. Mais Eugene Nida, avec « l'équivalence dynamique », représente l'auteur phare de la traduction communicative. On lui doit probablement la notion d'« équi-

---

Brno, Masarykova univerzita, 2014 ; Michaël OUSTINOV, *La traduction*, coll. « Que sais-je ? », Paris, PUF, 2018.

valence fonctionnelle » que le juge Pigeon a prônée pour la traduction juridique ;

- le **sémiotique** est le courant qui, dans le sillage du linguiste F. de Saussure, traite des signes, des symboles et des systèmes de signification par le canal d'une méthode d'analyse particulière (Charles S. Peirce, Greimas, R. Barthes, U. Eco, etc.) ; en sémiotique juridique, il faut signaler Anne Wagner et la revue *International Journal for the Semiotics of Law*.

De cette masse de courants doctrinaux et d'auteurs il faut extraire le très influent flux fonctionnaliste mis en évidence par le traductologue allemand Hans J. Vermeer, auteur de la théorie du s*kopos* – mot grec qui signifie but ou objectif. Son nom et cette théorie sont liés à Katarina Reiss, l'éminente traductologue allemande, avec laquelle il a rédigé l'ouvrage de référence en la matière[170]. Christiane Nord, autre éminente traductologue allemande, a repris la doctrine Vermeer-Reiss et l'a développée, raffinée, proposant un modèle d'analyse textuelle préalable à la traduction. Selon ces auteurs, afin d'obtenir une bonne traduction, il faut au préalable que le traducteur définisse la fonction que doit remplir le texte cible (le *translatum*) pour qu'il soit en harmonie et cohérence avec le texte d'origine. Cette doctrine a joué un grand rôle dans l'univers de la traduction des trente dernières années, la pratique professionnelle s'étant nourrie des principes énoncés par les théoriciens du fonctionnalisme et du pragmatisme, qui ont essaimé dans plusieurs domaines, dont celui du droit et son langage.

Si l'on cherche à suivre l'évolution de la traductologie depuis cinq ou six décennies, on pourrait en résumer brièvement les principales tendances doctrinales comme suit :

- des années 1950 à 1960, les recherches et la production d'ouvrages théoriques sont de nature linguistique, avec les Fedorov, Jakobson, Catford, ainsi que Vinay et Darbelnet. Mounin, Nida (et Taber) introduisent, chacun de son côté, une nouvelle dimension de la linguistique ;
- dans les années 1970, la linguistique du texte fait son apparition et sa marque, avec notamment l'École de Sarrebruck (W. Wills, Koller,

---

[170] Hans J. VERMEER, Katharina REISS, *Grundlegung einer allgemeinen Translationstheorie*, Tübingen, Niemeyer, 1984 (trad. : Fondation d'une théorie générale de la traduction).

K. Reiss) et celle de Leipzig (Kade, Jäger, Neubert). Les aspects textuels et communicatifs du texte sont mis en évidence. On peut rattacher à ce courant l'École de Paris et la théorie du sens avec D. Seleskovitch et M. Lederer, mais aussi l'Analyse du discours (Jean Delisle), les démarches psycho et neurolinguistiques (Krings, Séguinot, Lörscher, Tikkonnen Condit, etc.);

- à partir des années 1980 et surtout durant les années 1990, l'intérêt des traductologues se porte sur les aspects culturels de la traduction (le tournant culturel/*cultural turn*). Il faut citer à cet égard Gidéon Toury et ses « Polysystèmes », théorie littéraire où la norme sociale remplace l'équivalence. Ce courant a inspiré de nombreux traductologues européens, notamment aux Pays-Bas (A. Lefevere, J. Lambert, etc.) et au Royaume-Uni (S. Bassnett), bien que leur champ d'investigation soit celui des textes littéraires en littérature comparée. En traduction juridique, l'aspect culturel est déterminant (M. Sparer, É. Didier, J.-C. Gémar, etc.) en ce sens que, chaque système de droit étant le produit d'une culture et de traditions juridiques originales, son langage reflète ces traits singuliers;

- par la suite, l'approfondissement des éléments culturels de la traduction s'est manifesté par un intérêt croissant pour les aspects sociologiques (*cf.* Nida) d'une traduction axée sur la réception du message (à qui est-il destiné?), puis envers des considérations politiques et, enfin, idéologiques avec les études postcoloniales, de genre et féministes (p. ex., Homi Bhabha, Alexis Nouss, Paul Bandia, Sherry Simon, Barbara Godard, Luise von Flotow, Gayatri Spivak, Barbara Cassin, etc.)[171] qui occupent le devant de la scène traductologique avec l'analyse critique et déconstructionniste de l'acte du traduire.

Dans la foulée des avancées de la linguistique et de ses applications, les années 1970 et 1980 ont vu fleurir les ouvrages sur la traduction, la terminologie et les langues de spécialité, mais aussi des outils et aides à la traduction basés sur le couple de l'IA et de l'informatique. Est alors apparue l'expression, aussi large et englobante que floue, d'« industries de la langue », appelée à un bel avenir dans l'univers de la communication. Ce

---

[171] Voir en particulier sur la question Corinne OSTER, « La traduction est-elle une femme comme les autres ? – ou à quoi servent les études de genre en traduction ? », (2013) 1 *La main de Thôt : Théories, enjeux et pratiques de la traduction*, Université de Toulouse Le Mirail, 2013, en ligne : <https://hal.univ-lille.fr/hal-01745442> (consulté le 17 juillet 2023).

faisant, l'informatique mettait à la disposition des langagiers des outils de travail adaptés à leurs besoins et, avec l'appoint décisif de l'IA, n'allait cesser de les perfectionner sur de nombreux points, de la reconnaissance de la parole à la «machine à traduire» (TA pour traduction automatique, TAO pour traduction assistée par ordinateur), toujours plus performante avec, aujourd'hui, les systèmes de pointe que sont *Google traduction* et *DeepL*, dont il a été question plus haut (voir *supra*, 2. *ii.*). Les traitements de texte, qui facilitent tant la tâche de langagiers tels que les traducteurs, terminologues et lexicographes, ont relégué les machines à écrire au musée des antiquités. Quant aux banques de données, notamment de terminologie bilingue et multilingue, elles remplacent avantageusement lexiques, vocabulaires, glossaires et autres ouvrages de papier (par ex : TERMIUM) en offrant, non seulement aux langagiers mais aussi à tous les usagers, l'accès et la consultation en ligne. La manière traditionnelle de traduire, les outils habituels et le poste de travail, jusqu'alors quasi immuable, du traducteur comme celui des autres langagiers ont radicalement changé avec le tournant technologique qui s'est opéré sur une dizaine d'années avec l'apparition de la nouvelle génération d'ordinateurs personnels (voir le Macintosh, en janvier 1984). Désormais, «[o]n attend du traducteur davantage un savoir-faire qu'une simple compétence»[172]. De fait, comme le pensait déjà Darbelnet, «nous sommes à une époque où la demande [...] dépasse l'offre et où la nécessité se fait de plus en plus sentir de former des traducteurs plutôt que de compter sur leur compréhension intuitive des langues qu'ils utilisent»[173].

Ce savoir-faire, les traducteurs l'ont certes acquis au fil des longues luttes menées contre les vents contraires et souvent imprévisibles de la politique canadienne. Ils le doivent aussi aux avancées et aux travaux réalisés par les linguistes sur le traitement des langues, des langues de spécialité en particulier, mais aussi aux traductologues qui ont produit méthodes et manuels de traduction permettant de préparer plus adéquatement traducteurs, interprètes, terminologues et rédacteurs aux défis pressants du présent. C'est ainsi que la langue juridique, comme d'autres langues de spécialité, a fait

---

[172] Jean-Claude GÉMAR, «Traduction et industries de la langue : nouveau défi pour le traducteur?», (1992) 37-2 *Meta* 374, 376.

[173] Cité par Jean-Paul VINAY dans son article «Regards sur l'évolution des théories de la traduction depuis vingt ans», (1975) 20-1 *Meta* 7, 17. À noter la somme impressionnante d'auteurs, d'ouvrages et de doctrines que Vinay a rassemblée dans cet article.

son apparition dans les programmes universitaires de formation des traducteurs, terminologues et rédacteurs[174]. À partir des années 1970-1980, les traducteurs juridiques et les jurilinguistes – réunis, parfois, dans la même personne – ont pu bénéficier des œuvres de pionniers gravitant autour de la traduction, la terminologie, la rédaction et la révision, voire quelquefois en leur sein même. Outre les « pères de la traduction » canadiens que sont Vinay et Darbelnet, des praticiens tels que Paul Horguelin, Robert Dubuc, parmi tant d'autres, ont fortement contribué par leur enseignement à développer des générations de langagiers mieux formés et plus spécialisés que ceux des générations précédentes. Car, comme le faisait remarquer, en 1955, Pierre Caillé, alors président de la Fédération internationale des Traducteurs (FIT), « en dehors de quelques rares études, quelques remarques ou articles plus ou moins pertinents, la traduction jusqu'à nos jours n'a jamais fait l'objet d'études approfondies »[175].

Ce temps-là n'est plus depuis une cinquantaine d'années, la traduction, les langues de spécialité, dont la langue juridique, faisant justement l'objet d'études et d'analyses de plus en plus pointues. La jurilinguistique, pour ce qui nous concerne, n'a pas été la dernière à profiter des multiples contributions que les disciplines tributaires du droit, de la linguistique et de la traductologie lui ont apporté et que les jurilinguistes ont mises à profit dans leurs réalisations, qu'il s'agisse de traductions, de lois, de jugements ou de contrats.

---

[174] Voir, entre autres, Jean-Claude GÉMAR, « La langue juridique, langue de spécialité au Québec », (1980) 53-6 *The French Review* 880. Les Actes du Stage de Saint-Cloud (sept. 1967) recensaient à l'époque 45 domaines d'application. Je soulignais dans cet article l'absence – au Québec, mais aussi dans tout le Canada – de documentation fiable et complète dans le domaine juridique et les difficultés que posait l'enseignement des langues de spécialité, faute de documentation et d'ouvrages de référence appropriés.

[175] Cité par J.-P. VINAY, préc., note 173, p. 8.

Chapitre 3

Réalisations des jurilinguistes et effets de la jurilinguistique

État fédéral, officiellement bilingue et bisystémique, le Canada produit des lois dans les deux langues officielles, lois qui, jusqu'en 1978, étaient systématiquement traduites de l'anglais au français, la version anglaise précédant toujours la version française[176]. Les jugements des cours fédérales sont également traduits d'une langue vers l'autre, mais selon la langue de la cause, anglaise ou française, portée devant les tribunaux. Quant aux conventions, contrats en tête, la plupart d'entre elles passent par la traduction, notamment dans le domaine des affaires, et, comme les lois, sont parfois présentées en format bilingue. C'est ainsi que la traduction règne au cœur de la vie juridique canadienne, bien qu'elle s'exprime sous différentes formes selon le type de texte en cause. Traduire une loi, un jugement et un contrat représente trois sortes de traduction difficilement comparables dans leur(s) fonction(s) sinon dans leur but, qui est celui que doit viser la personne qui traduit : rendre un texte conforme à l'énoncé juridique d'origine. Quant à la forme, là encore, elle n'est comparable dans aucun des trois cas.

Quel que soit le mode retenu pour traduire, sourcier ou cibliste, on ne traduit pas un contrat de la même manière qu'une décision de justice, et encore moins comme on le ferait pour une loi. Chacun de ces textes correspond à une manière d'exprimer le droit parmi les nombreuses formes qu'il peut revêtir, se coule dans un moule établi parfois depuis des siècles. Ils ne sauraient être confondus. Or, en dépit de ces différences, ils partagent

---

[176] Cet état des choses n'a pas changé, que les lois soient traduites ou corédigées, la version anglaise précède toujours la française. Voir la *Gazette du Canada* et son histoire en ligne : <https://recherche-collection-search.bac-lac.gc.ca/fra/aider/cangaz> (consulté le 17 juillet 2023).

une même formule, la triade anglaise que j'ai présentée plus haut : *keep law and form and due proportion*. Dans les trois cas, 1) il s'agit de transmettre le message du Droit (ou de la Justice) que porte le texte de départ, 2) en respectant la forme (dans le texte d'arrivée), et 3) les justes proportions – en particulier pour la loi et le contrat. Trois principes de traduction sur lesquels je vais m'expliquer et, au fil de l'analyse, montrer comment l'action des jurilinguistes s'est exercée de façon décisive sur chacun de ces modes d'expression du droit.

I. La version française des lois des débuts à aujourd'hui : « vitrine de la société » ?

La loi, au sein de l'État fédéral canadien, est longtemps passée par la traduction, ce « masque de l'inégalité »[177], pour être communiquée dans la langue de chacun des deux groupes linguistiques. Bien que la corédaction des lois fédérales ait pris la relève de la traduction comme mode privilégié d'expression des intentions du Législateur, plusieurs provinces, dont le Québec, n'en continuent pas moins à traduire leurs lois dans l'autre langue[178]. La traduction – la traduction juridique, en l'espèce – reste le moyen de communication des lois dans les deux langues officielles le plus répandu sur le vaste territoire canadien. Aussi, afin de mieux comprendre les enjeux que comporte non seulement la traduction des lois, mais également celle des décisions de justice et des conventions, est-il nécessaire de voir plus précisément comment les trois principes de traduction que j'avance peuvent s'appliquer aux trois sortes de textes juridiques présentés (A). Ensuite, nous verrons de quelle manière la version française des lois fédérales, mais aussi celle des lois québécoises, ont évolué au fil du temps sous l'impulsion de jurilinguistes et de langagiers cherchant inlassablement à en améliorer la lisibilité (B).

---

[177] Comme la présentent Lise DUBOIS et Matthieu LEBLANC dans leur article « La traduction au Nouveau-Brunswick : contact des langues et complexités sociolinguistiques » (2014) 147-1 *Langage et société* 113.

[178] Au Nouveau-Brunswick toutefois, la *Loi sur les langues officielles* (LN-B 2002, c.0-0) prévoit, en son article 12, que les « lois de la Législature sont corédigées, imprimées et publiées dans les deux langues officielles » (Je souligne). Version en vigueur depuis le 1er janvier 2018, à jour au 24 février 2019 selon le site web des Lois et règlements du Nouveau-Brunswick, en ligne : <https://www.canlii.org/fr/nb/legis/lois/ln-b-2002-c-o-0.5/derniere/ln-b-2002-c-o-0.5.html> (consulté le 17 juillet 2023).

A. Traduire le droit : principes et enjeux

Chaque manière de dire porte une signification propre et participe au sens à sa façon. La méthode définie pour la traduction, soit l'alternative sourcière (moins-disant culturel) ou cibliste (mieux-disant culturel), en oriente le sens. Le traducteur qui opte pour le mode cibliste est bien conscient qu'il ne s'agira pas de déformer ce sens ou de l'écorner – éthique du traducteur oblige –, mais de l'exprimer par les voies et avec les moyens que recèle sa langue, cela afin de restituer le message juridique dans la plénitude de sa culture juridique et de son mode d'expression particulier. À l'inverse, celle ou celui qui optera pour une traduction sourcière, quelles qu'en soient les raisons, suivra, parfois à la lettre, la pensée et les mots de l'auteur du texte à traduire. On connaît ma position sur ce point, qui est celle, entre autres, d'un Jean-René Ladmiral, l'auteur du couple sourcier/cibliste. Il faut cependant admettre d'autres façons de faire, car, en traduction comme ailleurs, tout n'est pas noir et blanc, il existe aussi bien des nuances de vert, de bleu, ou de... gris. Il arrive que le traducteur doive tantôt suivre de plus près le texte à traduire, tantôt s'en distancier pour le rendre plus conforme à l'esprit de la culture cible.

Le cas de la traduction du *Civil Code of Louisiana* en français est intéressant à cet égard. Bien que portés vers la forme cibliste, les auteurs de cette traduction, tous juristes et comparatistes, reconnaissent l'inclinaison sourcière de leur œuvre parce qu'ils ont dû remonter aux origines du code, alternant de ce fait diachronie et synchronie[179]. En résulte une traduction empruntant aux deux formes, ainsi que le souligne le maître d'œuvre de l'opération[180] :

> Lorsque les textes ont été substantiellement réécrits mais restent dans la logique et la stylistique du système civiliste, la traduction se veut fidèle à l'esprit des origines. En revanche, lorsque le législateur emprunte la substance et le style de la *common law*, comme il le fait parfois, la lettre surabondante vient tuer l'esprit civiliste qui peine alors à vitaliser la traduction.

Tels sont le défi que doit parfois relever le traducteur d'un texte aussi symbolique que peut l'être un code civil et les accommodements auxquels

---

[179] Olivier MORÉTEAU, « Le Code civil de la Louisiane en français : traduction et retraduction », (2015) 28-1, *Revue internationale de sémiotique juridique*, p. 155, à la p. 155.
[180] *Id.*

se plier si l'on veut rendre fidèlement le droit que porte le message du texte de départ (Annexe 24).

1. Le droit rendras

Le premier commandement auquel doit obéir tout traducteur est de rendre tout le sens du message de départ, quel qu'il soit. Pour le traducteur de textes normatifs, la règle est incontournable. En traduction juridique, en effet, il est inconcevable que la traduction soit fautive, autrement dit, que l'on fasse dire à un terme ou à un mot le contraire de ce qu'il signifie (contresens), ou qu'il lui soit attribué une signification qu'il n'a pas (faux-sens), modifiant ou altérant ainsi le sens du message. Prenons un exemple simple pour illustrer cette situation, soit l'adverbe anglais *eventually*, qui, en français, a pour sens 'finalement'.

L'erreur fréquente est de rendre ce mot en français par « éventuellement », mot qui, d'après le dictionnaire *Le Robert*, a pour sens : « Selon les circonstances (le cas échéant) ». Cet adverbe dérive de l'adjectif « éventuel » qui, en droit et à propos d'une « condition éventuelle », signifie que son « exécution est subordonnée à un événement incertain » (*Trésor*), autrement dit, « dont on ne peut savoir quand il se produira, ni même s'il se produira » (*Trésor*). Le dictionnaire québécois en ligne *Usito* va dans le même sens : « Le cas échéant, selon les circonstances ». Que nous dit le *Dictionnaire de droit privé* (du Québec) à propos de « droit éventuel », en matière d'Obligations ? Ceci :

> 1. Droit actuel, encore imparfait, ayant vocation à devenir définitif par la survenance, future mais incertaine, d'un élément intrinsèque essentiel à sa réalisation. Par ex., le droit de l'appelé aux biens d'une substitution pendant la possession du grevé (art. 1235 C.c.Q.).

La différence de sens entre (un événement) « incertain » et « le caractère conclusif de qqc. » (*Trésor*) qu'introduit « finalement » – soit « en fin de compte, en dernier ressort » (*Trésor*) – est incontestable. Transposé dans un texte juridique, ce contresens peut avoir des conséquences désastreuses, il va sans dire. Voyons un exemple :

> the identity of the person reporting may **eventually** have to be disclosed
> et sa traduction : l'identité de la personne qui a fait le signalement pourra[it] être divulguée

Selon que l'adverbe *eventually* sera rendu par un futur (pourra) ou un conditionnel (pourrait), cette phrase change manifestement de sens. On imagine les conséquences possibles qu'une telle faute de traduction peut

Réalisations des jurilinguistes et effets de la jurilinguistique

entraîner. Cet exemple est loin d'être hypothétique et ne concerne pas que l'humain. Un jurilinguiste québécois émérite, Me Louis Baudouin, lors de son témoignage devant le Comité sénatorial permanent des langues officielles, le lundi 15 octobre 2018, fait état d'une traduction du français à l'anglais confiée au système Google Translate, que voici :

> In an excellent metaphor for causation, the Court of Appeal described the doomed investments as « inextricably linked in a gear where the appellants were trained by M. Salomon's faults ».

Cette phrase était censée traduire la phrase suivante :

> Ces investissements s'inscrivent de manière indissociable dans un engrenage où les appelantes ont été entraînées par les fautes de Me Salomon.

J'ai souligné les mots qui posent un (gros) problème au « système » : *gear* et *trained*, pour bien montrer les erreurs commises par la traduction automatique, censée rendre « engrenage » par quelque chose comme *slippery slope/caught up*, signification réelle de ce mot, et *trained* pour « entraînées », au lieu de *caused/triggered* ! Pourtant, le contexte dans lequel ces deux mots se situaient était, pour toute personne sachant lire, des plus clair. J'ai fait moi-même récemment plusieurs expériences de traduction automatique pour en vérifier l'efficacité. J'ai demandé aux deux systèmes *Google Traduction* et *DeepL* de traduire en français un petit paragraphe de l'ouvrage *Writing Reasons*[181] que j'étais en train de traduire en français pour le compte des Éditions Thémis de l'Université de Montréal. Là aussi, malgré un contexte judiciaire clair, les systèmes ont rendu à deux reprises *reasons* par « raisons », au lieu de « motifs ». On me dira que ce n'est pas une faute grave et qu'après tout, ce mot anglais était français à l'origine [*cf.* « from Anglo-French *resoun*, Old French *raison* « course » - *Online Etymology Dict.*]. Certes, mais un(e) juge ne donne pas « ses raisons » [*cf.* « Ce qui permet d'expliquer (un acte, un sentiment ») - *Robert*], mais énonce des « motifs » [*cf.* « Ensemble des arguments (de fait, de droit) qui justifient une décision des magistrats » - *Trésor*]. Ce n'est pas la même chose ! La plupart des lecteurs, profanes ou non, voire des juristes comme dans le cas présenté par Me Baudouin, laisseront passer ces écarts de langage, mais pas un traducteur-réviseur ni un(e) jurilinguiste. La traduction juridique doit être fidèle à l'original, un point c'est tout.

---

[181] Edward BERRY, *Writing Reasons : A Handbook for Judges*, 5th ed., LexisNexis, 2020, 176.

Si l'on cherche à produire la traduction « totale » dont parle Fedorov, il faut suivre ce conseil : « [L]a traduction totale est celle qui communique le plus complètement possible le contenu sémantique du texte original et est avec lui dans un rapport de parfaite équivalence fonctionnelle et stylistique »[182]. Ces trois objectifs, contenu sémantique, équivalence fonctionnelle et stylistique, définissent tout simplement « la tâche » du traducteur en général – et du jurilinguiste, en particulier –, comme nous allons le voir.

2. La forme restitueras

La question de la « forme » d'un texte fait l'objet de vifs débats en traductologie entre partisans d'une traduction sourcière et tenants d'une plus grande liberté laissée au traducteur cibliste. Ces débats tournent la plupart du temps autour de la traduction littéraire et, notamment, poétique, les textes dits « pragmatiques » retenant peu l'attention des traductologues orientés vers l'expression esthétique, jugée plus noble et ardue à rendre que les textes appartenant au monde des affaires. Or, cette question revêt une grande importance pour un traductologue nourri à la stylistique comparée, qu'il a appliquée notamment aux textes juridiques parce qu'ils reflètent fidèlement l'image d'une culture et de traditions propres à un peuple. On le constate très vite en comparant la common law et la tradition civiliste, à la fois si proches et si lointaines : *separate but equal* !

La question de la forme englobe celle des proportions d'un texte. J'estime que ces deux mots, forme et proportions, relèvent fort justement de ce que l'on qualifie, en français, de « forme » par opposition à son antonyme « fond »[183]. Je les traite néanmoins séparément en allant du générique : forme, au spécifique : proportions. Cela demande, en effet, que l'on se penche sur la question de la comparaison des proportions jugées « raisonnables » ou « justes » pour un texte législatif anglais ayant été traduit en français, entre deux systèmes aussi dissemblables que le sont la common law et le foisonnement de ses textes, chargés de détails à profusion, et les textes resserrés et concis issus de la tradition civiliste.

Si la forme d'un texte soulève tant de commentaires, c'est en raison du <u>sens</u> qui s'en dégage et que l'on interprètera différemment selon que l'on penche pour une traduction littérale ou, au contraire, pour une tra-

---

[182] A. V. FEDOROV, préc., note 165, p. 151.

[183] Dont le *Larousse* propose cette définition : « Manière de formuler, d'exprimer une pensée, une idée : Un exposé brillant par la forme, mais pauvre par le fond ».

duction cibliste, soit plus libre, offrant ainsi davantage prise à l'interprétation. Or, l'interprétation même est sujette à caution, ainsi que le souligne Wittgenstein : « *Any interpretation still hangs in the air along with what it interprets, and cannot give it any support. Interpretations by themselves do not determine meaning* »[184]. Quant au sens lui-même, si l'on en croit Ricoeur[185] :

> Une parole n'a qu'une permanence réduite et reste captive des circonstances où elle a été prononcée. L'écrit, lui, se libère de ces deux contraintes. Dès lors, il devient disponible pour une lecture nécessairement ouverte et plurielle. Ce que l'auteur a voulu dire n'est pas plus figé que ce que le lecteur voudra lire. Il n'y a donc pas de sens unique... (Je souligne)

Il n'en faut pas moins chercher à le saisir, ce sens, pour mieux le restituer dans le texte d'arrivée. La forme, qui contribue avec le fond à porter ce sens, varie en fonction du genre de texte l'exprimant. Le genre LOI incarne le droit ; le genre JUGEMENT, la justice ; le genre CONTRAT, des obligations entre les parties. La forme d'un texte reflète le dessein de l'auteur et la manière dont chacun l'exprimera dans son texte. Au Canada, les lois fédérales, conçues et rédigées en anglais, suivent la tradition législative britannique, qui s'incarne dans *l'Acte de l'Amérique du Nord britannique* (AANB) de 1867, soit la Constitution fondatrice du Canada. Ces lois sont traduites en français jusque dans le dernier quart du XXe siècle. La version française est le plus souvent calquée sur le modèle anglais, et s'en ressent : elle « sent » la traduction, littérale de surcroît. L'exemple classique de la traduction littérale vient donc de loin et de (très) haut. On sait que la traduction française d'origine de l'AANB n'était pas officielle, que seule la version anglaise l'était, et qu'elle le reste aujourd'hui encore. Pour replacer les choses dans leur contexte et montrer les différences de forme entre la manière anglaise de rédiger les lois et la manière française, il faut les comparer, ce qui est fait dans le tableau ci-dessous, où, dans la colonne de gauche, figure l'Article 3 de l'AANB et, dans la colonne de droite, on trouve l'Article 1 de la *Constitution de 1875*, de la IIIe République française :

---

[184] Ludwig WITTGENSTEIN, *Philosophical Investigations*, Oxford, Basil Blackwell, 1958, n° 198.

[185] Paul RICOEUR, « Qu'est-ce qu'un texte ? Expliquer et comprendre », dans BUBNER, CRAMER et WIEHL (dir.), *Hermeneutik und Dialekti*, Tübingen : Mohr, 1970, p. 181, à la p. 198.

The British North America Act, 1867	Constitution de 1875, IIIe République
3. It shall be lawful for the Queen, by and with the Advice of Her Majesty's Most Honourable Privy Council, to declare by Proclamation that, on and after a Day therein appointed, not being more than Six Months after the passing of this Act, the Provinces of Canada, Nova Scotia, and New Brunswick shall form and be One Dominion under the Name of Canada; and on and after that Day those Three Provinces shall form and be One Dominion under that Name accordingly.	Article 1. - Le pouvoir législatif s'exerce par deux assemblées: la Chambre des députés et le Sénat. - La Chambre des Députés est nommée par le suffrage universel, dans les conditions déterminées par la loi électorale. - La composition, le mode de nomination et les attributions du Sénat seront réglés par une loi spéciale. Article 2. - Le Président de la République est élu à la majorité absolue des suffrages par le Sénat et par la Chambre des députés réunis en Assemblée nationale. Il est nommé pour sept ans. Il est rééligible.

Le lecteur attentif aura remarqué ce qui, pour moi, est l'évidence même : l'article 3 de l'AANB est composé d'une disposition en une seule phrase de 82 mots – avec un point-virgule cependant –, alors que l'article 1 de la *Constitution de 1875* n'en fait que 52. Ce fait est déjà remarquable en soi, mais il y a plus : ce dernier article comporte trois phrases de 15, 17 et 18 mots. Il faut y voir ce qui distingue déjà, au 19e siècle, le mode caractéristique de rédaction législative des juristes et parlementaires anglais par rapport à celui que pratiquent les Français depuis le Code Napoléon (1804). Nous verrons plus loin ce qu'il faut en penser au sujet du jugement et du contrat. Pour le moment, voyons la question des proportions.

3. Les proportions respecteras

Quand on parle de proportions on pense généralement au « [r]apport de grandeur entre les parties d'une chose, entre l'une d'elles et le tout », à des « [d]imensions respectant un canon esthétique ou un effet d'ensemble » (*Trésor*). Les différences que nous avons vues entre l'AANB et la Constitution française de 1875 ne se réduisent pas aux seuls textes juridiques, elles s'étendent à la langue générale des deux idiomes, l'anglais et le français. En règle générale, comme l'ont constaté des chercheurs de la Société française de traduction (SFT), que cite la traductologue Christine Durieux, « pour la traduction d'anglais en français [...] la SFT annonce un coefficient de foisonnement courant de 25 pour cent »[186]. Une des causes de ce

---

[186] Christine DURIEUX, « Le foisonnement en traduction technique d'anglais en français », (1990) 35-1 *Meta* 55, 55.

foisonnement «est la *surtraduction* [...], c'est-à-dire [...] apporter des explications supplémentaires »[187]. Même si ce nombre de 25 pour cent de mots de plus dans les textes traduits que dans les textes de départ peut sembler excessif comme reflétant une situation générale, il n'en révèle pas moins un phénomène bien connu en traduction: dans la plupart des cas, le texte traduit est plus long que l'original. C'est ce que disent de nombreux auteur(e)s, tant pour l'anglais que le français[188], et que j'ai moi-même constaté. Comme le dit Istvan Fodor, «*Texts of the same content have varying lengths according to languages*, and divergencies of this sort *might* become quite considerable »[189].

Ces auteur(e)s parlent de textes en général, et non de textes juridiques. Intrigué par ce phénomène, j'ai lancé une recherche, en 1985-86, avec mes étudiants du Séminaire de traduction juridique sur «La longueur des textes en traduction juridique», présentée en congrès et publiée comme article dans les actes dudit congrès[190]. Ont été comparées des traductions de lois, de jurisprudence, de contrats et d'ouvrages de doctrine sur un corpus de plus de 1 million de mots. Pour ce qui est des lois, il s'ensuit que les écarts entre le texte anglais et sa traduction française vont de −1,5 % à +8,5 % (moyenne de 6,3 %), alors que pour la traduction anglaise de textes législatifs rédigés en français les écarts vont de −5,5 % à +9,8 % (moyenne de 1,9 %). Finalement, la différence entre les écarts des deux langues est

---

[187] *Id.*

[188] La liste des auteurs ayant traité ce sujet serait très longue. Je m'en tiens aux deux revues québécoises de traduction bien connues que sont *Meta* et *TTR*. Voir Denis Juhel, «Prolixité et qualité des traductions» (1999) 44-2 *Meta* 238; G. Cochrane «Le foisonnement, phénomène complexe» (1995) 8-2 *TTR* 175; Brian Harris, «Notation and Index for Informative Congruence in Translation» (1975) 20-3 *Meta* 184, 184; G. Barth, «French to English: Some Stylistic Considerations» (1971) 16(1-2) *Meta* 33, 40; Henri Van Hoof, Recherche d'un modèle d'analyse en traduction.» (1971) 16(1-2) *Meta* 83, 94. Voir aussi sur ce sujet l'étude récente (2020) réalisée sur une comparaison des langues européennes: Texte traduit de longueur différente pour exprimer un même contenu. En ligne: https://www.inter-contact.de/fr/blog/longueur-du-texte-dans-les-langues?dt=1632431180833 (consulté le 17 juillet 2023).

[189] István Fodor, *Film Dubbing: Phonetic, Semiotic, Esthetic and Psychological Aspect*s, Hambourg, Buske, 1976, p. 78.

[190] Jean-Claude Gémar, «La longueur des textes en traduction juridique – Domaine anglais et français», *Actes* du premier congrès international de droit linguistique comparé (UQAM, 27-29 av. 1988), Montréal, Wilson & Lafleur, 1989, p. 599.

de 10% pour les traductions françaises et de 15,3 pour les traductions anglaises.

C'est donc la traduction anglaise des textes de loi qui, contrairement à une idée reçue, présente la plus grande différence. Il ne s'agit là, toutefois, que d'une seule recherche, et il en faudrait un certain nombre, fondé sur un vaste corpus – par exemple, celui des 27 langues de l'UE –, pour confirmer ou infirmer cette tendance. Cette recherche a au moins le mérite de comparer nos deux langues officielles à partir d'un corpus de textes diversifié dont la loi fait figure de proue. Nous avons vu avec Michael Edwards que l'anglais, langue proligère, serait « centrifuge », alors que le français, langue cartésienne, plus resserrée, serait « centripète ». On le constate dans les traductions des lois fédérales lorsque, de la traduction de la langue foisonnante qu'est l'anglais juridique, on passe à la corédaction des lois et qu'alors le texte français apparaît plus concis que l'anglais. Il n'en a pas toujours été ainsi, et cela ne se limite pas à la loi mais touche toute traduction d'un texte juridique.

B. La loi, « texte sacré & inaltérable »

> Vous êtes en possession de la règle que vous voulez établir, tout n'est pas fait encore. Il faut trouver une expression, et une expression claire, simple, précise. C'est ce que tout le monde sait et ce que tout le monde dit, même ceux qui ne se sont jamais doutés des difficultés que présente l'application de l'instrument du langage aux matières de législation.[191]

Comme l'ont exprimé De Jaucourt et Boucher d'Argis dans l'article LOI de *L'Encyclopédie*, « Les *lois* peuvent changer, mais leur style doit toujours être le même, c'est-à-dire simple, précis, ressentant toujours l'antiquité de leur origine comme un texte sacré & inaltérable. » Depuis, le sage précepte de la continuité de style « simple, précis » semble avoir été perdu de vue un peu partout dans le monde, Canada compris. Le modèle anglais a régné au Canada via la traduction depuis près de trois siècles et règne encore sur la grande majorité du territoire[192]. Toutefois, le fédéral, avec

---

[191] Alexandre FLUECKIGER, *(Re)faire la loi : traité de légistique à l'ère du droit souple*, Bern, Stämpfli, 2019, p. 761, citant Pellegrino Rossi, *Traité de droit pénal*, Bruxelles, 1829, p. 19.

[192] Dans la première partie de cet ouvrage nous avons vu ce que certains éminents juristes (*cf.* Jean-Charles Bonenfant, Paul-André Crépeau, Louis Marie Morissette, Beaulac et Gaudreault-Desbiens, etc.) pensaient des lois, de la traduction des lois et de l'in-

la corédaction de ses lois, et le Québec, avec la rédaction des siennes, sont arrivés à s'en détacher pour adopter un mode de rédaction qui, dans le premier cas, rend son idiomaticité au français et, dans le second, son identité française. Dans les deux cas, on constate une différence nette dans le style et la forme législatives d'énonciation des règles de droit. S'agissant de la législation fédérale et pour s'en convaincre, sans pour autant remonter aux origines, il suffira de comparer l'AANB de 1867 et la *Charte canadienne des droits et libertés* (1982), que sépare un siècle et quelques, en y ajoutant la *Charte des droits et libertés de la personne* (c. C-12, 1975) du Québec (Annexe 25).

Que ressort-il de cette comparaison, compte tenu du fait que la version française de l'AANB est une traduction (non officielle), que la version française (officielle, elle) de la *Charte canadienne des droits et libertés* est le produit d'une corédaction et que la *Charte des droits et libertés de la personne* du Québec est une loi conçue et rédigée en français?

1. Une symphonie législative à trois temps

Tout d'abord, convenons que trois modes différents de production des lois cohabitant sur un même territoire, le Canada, ne sont pas une situation ordinaire et courante. À l'évidence, il faudrait lire et comparer intégralement les trois textes pour se faire une idée plus claire et plus précise – ce que j'ai fait pour nombre de textes de loi de toute sorte. Ensuite, de cette comparaison-ci, qui n'est toutefois qu'un exemple, plusieurs différences ressortent.

Ce qui frappe, à la lecture de ces textes, est la série des « Considérant » ou «Attendu» qui donne à ces trois textes législatifs le ton ou l'allure d'une décision de justice plutôt que celui d'une constitution[193], produit d'une œuvre collective reflétant la volonté d'un peuple démocratique. J'y vois plutôt trois actes unilatéraux s'apparentant davantage à la décision d'une

---

fluence de l'anglais sur la façon de traduire ou rédiger les lois, celles du fédéral comme celles du Québec.

[193] Comparer avec les « *We the People of the United States...* » ; de la Constitution des États-Unis d'Amérique (1788) ; « Les représentants du Peuple français, constitués en Assemblée nationale... » de la Déclaration des droits de l'homme et du citoyen ; « L'Assemblée nationale a adopté la loi dont la teneur suit... », de la Loi constitutionnelle du 25 février 1875 relative à l'organisation des pouvoirs publics de la IIIe République.

personne (un juge ?) – la Reine, Victoria pour l'AANB, Elisabeth II pour les deux autres, symbole du régime colonial et monarchique du Dominion, puis du Canada[194] – qu'à un accord bilatéral, produit d'une entente entre le peuple et ses représentants. D'un autre côté, nous lisons deux textes (les Chartes) semblables à celui d'un code (*cf.* le Code civil), avec des articles courts, une ponctuation, un principe par article et un style fluide, idiomatique, qui sont des vertus propres à la tradition française d'une écriture favorisant la lisibilité. C'est toute la différence entre l'acte unilatéral d'un monarque et celui d'une assemblée constituante, telles l'Américaine et la Française.

D'autres différences, moins visibles, n'en ressortent pas moins. Elles procèdent des modifications apportées au fil des ans – des décennies, plutôt – dans les traductions des lois fédérales à mesure que s'éveillait la prise de conscience de la qualité dans l'expression française des lois. Les changements linguistiques, par exemple, qui ont vu l'élimination systématique dans les lois de termes et expressions critiquables : anglicismes et archaïsmes. Ce lent éveil s'est produit à Ottawa comme à Québec, où, en 1936, « [p]our l'esprit et pour la forme, la rédaction des lois de la province [du Québec] revient à la technique française »[195]. Le fédéral a suivi quelques décennies plus tard en remettant en question le rôle de la traduction. Ce saut qualitatif, on le doit à des pionniers, tel Antonio Perrault, éminent juriste et précurseur de la jurilinguistique, qui, en 1919, remarquait alors : « Notre législature de Québec, quand elle ne copie pas les lois du parlement fédéral, s'inspire de leur esprit, modèle sur elles sa législation »[196]. Il développe sa critique en comparant les deux modèles de rédaction des lois[197] :

> Au lieu d'édicter des lois, attrayantes de concision, de clarté, de précision, comme seul l'esprit français sait les composer, nos législateurs québécois, trop souvent gonflent nos statuts de lois diffuses, longues, sans symétrie,

---

[194] Sait-on qu'une loi, une fois que le « *Royal Assent* » a été donné, est annoncée au Parlement de Londres en (vieux) français : *La Reyne le veult* ? Voir : https://www.lefigaro.fr/langue-francaise/actu-des-mots/la-reine-le-veut-pourquoi-une-loi-anglaise-est-elle-promulguee-en-francais-20190910 (consulté le 17 juillet 2023).

[195] L. Groulx, préc., note 8, p. 319.

[196] Antonio Perrault, *Pour la défense de nos lois françaises*, brochure reproduisant le texte de la conférence donnée pat Antonio Perrault au Monument National (Montréal), le 15 janvier 1919, sous les auspices de *l'Action française* ; en ligne : https://archive.org/stream/pourladefesenden00perr/pourladefesenden00perr_djvu.txt (consulté le 17 juillet 2023).

[197] *Id.*

comme seul l'esprit anglais sait les faire. Leur rédaction s'inspire de la mentalité anglaise.

De 1841, année de la parution du premier numéro de *The Canada Gazette* (le 2 octobre 1841), à 1936, la route fut longue, périlleuse et ardue. Aussi les progrès accomplis furent-ils lents et laborieux des deux côtés, à Ottawa comme à Québec. Ils s'échelonnent au fil de l'évolution du statut de la «Puissance du Canada», courant sur trois périodes, des années 1841-1867 (Province du Canada), puis des années 1867–1931 (Dominion du Canada), et de la période post-Dominion 1931 à nos jours. *La Gazette du Canada*, journal officiel de cet État, consultable en ligne, a entre autres servi d'outil de recherche sur les lois du Canada de 1841 à aujourd'hui. L'intérêt de cette consultation vient du fait que les lois adoptées par le Parlement canadien y figurent parfois avec leur traduction française, bien que le contenu français ait été quasi inexistant les premières années et que ce ne fut qu'à partir de 1970 que l'on commence à présenter les versions anglaise et française des lois en deux colonnes parallèles, présentation aujourd'hui aussi courante que banale. On trouve néanmoins des textes bilingues dès les années 1860 comme on le voit à l'Annexe 26, où la façon de présenter les textes anglais et français représente bien la forme, le style et la façon d'énoncer de tels «Actes». Il en va de même pour les «Proclamations», dont l'exemple de celle du 19 novembre 1904 que j'ai retenu (*cf.* Annexe 26). Quant à la traduction, point n'est besoin de remonter au siècle précédent pour trouver un exemple de traduction calquée sur l'original...

Par ailleurs, la consultation des «Publications gouvernementales», via la page *Canadiana en ligne*, est une source d'information des plus intéressante, consultée avec profit, tout comme la ressource précieuse qu'est LLMC Digital. Elles m'ont permis de tempérer des jugements parfois excessifs portés sur la qualité critique du français de nos textes de loi, certes traduits – littéralement, ce qui transparaît vite lorsqu'ils sont comparés au texte anglais –, mais par des traducteurs de qualité et, à mon sens, plus compétents que la mauvaise réputation qui leur a été faite. On en jugera par le bref exemple que je propose, montrant l'article 3 de l'*Acte concernant l'Union et le gouvernement du Canada, de la Nouvelle-Ecosse et du Nouveau-Brunswick, ainsi que des objets qui s'y rattachent*[198], daté du 29 mars 1867 :

> **3.** Il sera loisible à la Reine, de l'avis du Très-Honorable Conseil privé de Sa Majesté, de déclarer par proclamation qu'à compter du jour y désigné, – mais pas plus tard que six mois après la passation du présent acte, – les

---

[198] 30e et 31e VICTORIAE, Cap. 3.

provinces du Canada, de la Nouvelle-Ecosse et du Nouveau-Brunswick ne formeront qu'une seule et même Puissance sous le nom du Canada; et dès ce jour, ces trois provinces ne formeront, en conséquence, qu'une seule et même Puissance sous ce nom.

On cherchera en vain, dans cet article, qui traduit fidèlement l'original anglais, des fautes de grammaire ou de syntaxe qui en feraient un texte critiquable à ce titre. Tel était le langage du droit de l'époque. Le reste de la loi est à l'avenant[199], comme le sont les «Actes» adoptés les années suivantes. Néanmoins, tous les textes ne sont pas de valeur égale. Par exemple, *Les Statuts révisés du Canada : promulgués et publiés en vertu de l'acte 49*[200] retombent dans les travers habituels, dont la longueur et la lourdeur de parties des énoncés: Considérants de 15 lignes et plus, articles de quelque 20 lignes, etc. Même chose dans cet autre exemple: *Acte pour faire droit à William Henry Featherstonhaugh*[201], loi privée dont le Considérant fait 25 lignes, alors que ses articles, eux, sont concis. On retrouve aussi dans certaines lois la liste souvent longue des définitions des termes employés dans la loi, comme dans la *Loi de l'immigration* de 1910 (Chap. 27), où, après quelque trois pages de définitions (dont celle de «fonctionnaire», d'une dizaine de lignes, celle de «domicile», qui fait dix-sept lignes !), on retombe sur des articles longs (dix lignes et plus: voir art. 18, où l'on arrive à un point après onze lignes de texte; et l'art. 19, long de 19 lignes, avec un premier point à la treizième ligne), maladroits et peu clairs (*cf.* art. 6 et 7 qui commencent lourdement par un adverbe pesant: «Subordonnément à...»). Ces énoncés sont un classique du genre législatif britannique, fidèlement traduits en français. Si, fort heureusement, l'on ne rédige plus les lois de cette manière aujourd'hui, il reste que, *nolens volens*, c'était la façon de le faire à cette époque, et qu'elle s'est longtemps perpétuée.

Longtemps, en effet, la version française des lois canadiennes est présentée comme «Acte», terme calqué sur l'anglais «*Act*», avant de l'être comme «Loi»[202]. C'était aussi la façon de faire au Québec. Par exemple,

---

[199] Ce que l'on constatera en consultant le texte complet de la loi en ligne: https://www.canadiana.ca/view/oocihm.9_01839_1_1/4?r=0&s=1 (consulté le 17 juillet 2023).

[200] Vic., chap. 4, A.D. 1886.

[201] 63-64 Victoria, chap. 126 [Sanctionné le 7 juillet 1900].

[202] Il s'agit bien d'un calque de l'anglais *Act*, ainsi que le soulignent déjà, au 18e siècle, D'Alembert et Diderot dans leur *Encyclopédie*, sous l'article ACTE: «*Acte du Parlement*, en termes de Jurisprudence Angloise, est synonyme à *Ordonnance*. Cepen-

la Chambre du Conseil législatif du Parlement de Québec, le 15 octobre 1863, a sanctionné un grand nombre de «*Bills*», chacun étant présenté en tant qu'«Acte». En 1869, le 5 avril, la Législature de Québec a sanctionné un *Acte concernant les chemins de fer*. Quelque vingt ans plus tard, en 1890, on retrouve ce même terme, mais dix ans plus tard, en 1900, on constate un changement: «Acte» disparaît au profit de «Loi», comme dans la loi sanctionnée le 23 mars 1900, intitulée *Loi amendant la loi constituant en corporation la compagnie du chemin de fer de Québec et Lac Saint-Jean, ainsi que les lois qui l'amendent*[203], avec, à l'article 15, l'annonce de son entrée en vigueur: «La présente loi entrera en vigueur le jour de sa sanction».

Cela dit, la forme des textes publiés par la *Gazette Officielle du Québec*, qui sont rédigés en français, ne différait guère de celle des textes que l'on trouve dans *The Canada Gazette* ou *Canadiana*, textes qui, eux, sont traduits[204]. Le modèle anglais, avec ses intitulés, ses définitions, ses longs articles, s'est longtemps imposé avant que les lois adoptées par l'Assemblée nationale prennent la forme qu'on leur connaît aujourd'hui.

De son côté, la version française des lois fédérales a mis beaucoup de temps avant de revêtir la forme que les légistes jurilinguistes ont commencé à lui imprimer depuis 1978. Pour l'amateur intéressé, son parcours ressemble étrangement à la visite d'une exposition des tableaux de Manet représentant la cathédrale de Rouen sous des angles, périodes et moments différents: même sujet, mais jamais exactement le même...

2. Les tribulations de la version française des lois fédérales

Nous avons vu la traduction non officielle de l'AANB (1867) et son état préfigurant le modèle législatif canadien qui allait suivre. Pour m'assurer des modifications apportées au fil des années, j'ai parcouru, via *LLMC Digital*, les *Statuts Révisés du Canada* des débuts à aujourd'hui par tranche de dix ans, en partant de 1870, soit peu après l'année de l'AANB. Cette

---

    dant les Jurisconsultes du pays [France] mettent quelque différence entre ces deux termes. *Voyez-la* au mot Ordonnance.».

[203] 63 Vict., chap. 67.

[204] Voir, par exemple, la *Gazette Officielle du Québec* de l'année 1869 avec ses nombreux Avis, Proclamations et Nominations dont la forme est en tout point semblable à celle que pratique *The Canada Gazette*. En ligne: https://numerique.banq.qc.ca/patrimoine/details/52327/2353956 (consulté le 13 septembre 2021).

année-là, L'*Acte pour amender l'acte réglant les timbres*[205] a attiré mon attention par son article 1 de plus de quinze lignes et 249 mots ponctués de deux points-virgules seulement. Rien n'avait changé dans la présentation ni dans la forme, identiques aux années précédentes. Le même schéma se répète en 1880 avec l'*Acte à l'effet d'amender de nouveau l'Acte concernant la cruauté envers les animaux*[206], loi dont le nouvel article 1 fait 23 lignes et compte quelque 190 mots sans point ni point-virgule pour couper un tel flot de mots. L'article 2 est à l'avenant.

Dix ans plus tard, en 1890, *l'Acte modifiant l'Aete du chemin de fer Canadien du Pacifique, 1889, et a d'autres fins*[207] ne montre aucune velléité de progrès en matière de lisibilité ou de clarté, son Préambule – sous forme de Considérant faisant 25 lignes – comptant quelque 248 mots sans point ni point-virgule. De quoi décourager toute lecture à voix haute d'un même souffle !

En 1900, à l'orée du 20e siècle, si le Considérant de l'*Acte concernant la Compagnie du chemin de fer Canadien du Pacifique*[208] est concis, son article 3, lui, fait 23 lignes en 243 mots (avec deux points-virgules). On pouvait penser que quelque trente années après la fondation du Canada, ses lois auraient présenté quelque progrès dans leur présentation. Tel n'est pas encore le cas.

En 1911, on a changé de souverain (de Victoria à George V) et le terme **Loi** a remplacé **Acte** dans la *Loi concernant les droits de douane sur les importations du Japon*[209]. Toutefois, l'ordonnance traditionnelle des lois demeure, comme le montre l'article 1 avec ses 154 mots, encore sans point ni point-virgule.

En 1921, dans la *Loi concernant l'arbitrage du Grand Tronc*[210], le Considérant s'étend sur 22 lignes et 213 mots, encore sans point ni point-virgule.

En 1932, une année après le *Statut de Westminster* (1831), la *Loi concernant la Compagnie du chemin de fer Canadien du Pacifique*[211] démontre

---

[205] Cap. II., sanctionné le 1er février 1870.
[206] Chap. 38., sanctionné le 7 mai 1880.
[207] 53 Vict., Chap. 47, sanctionné le 26 mars 1890.
[208] 63-64 Vict., Chap. 55, sanctionné le 7 mai 1990.
[209] 1-2 George 7, Chap. 7, sanctionnée le 19 mai 1911.
[210] 11-12 George V, Chap. 9., sanctionnée le 3 mai 1921.
[211] Chap. 58, sanctionnée le 3 mai 1932.

que tout est resté en l'état sur le front législatif. Là encore, le Considérant est d'une longueur raisonnable, ce que n'est pas la définition de «placement en propriété» qui compte 10 lignes et 87 mots. Deux ans plus tard (1934), afin de vérifier de façon aléatoire l'état des lieux, j'ai observé la *Loi concernant la «Buffalo and Fort Erie Public Bridge Company»*[212]. Son Considérant fait 34 lignes avec 314 mots, encore sans point ni point-virgule !

En 1940, la *Loi relative à la conservation des changes* (4-5 George VI, Chap. 2, sanctionnée le 6 décembre 1940) semble marquer un léger progrès dans la longueur de ses articles par rapport aux lois précédentes.

Ce répit, toutefois, n'est que de courte durée. L'année suivante, en 1941, figure une loi dont le titre fait 60 mots : *Loi autorisant la prestation de fonds pour couvrir des dépenses...*[213] et son article 2, 16 lignes et 148 mots... (encore) sans point ni point-virgule !

En 1950, on commence à percevoir l'ombre d'un progrès dans la rédaction législative au fédéral, manifeste dans la *Loi modifiant la Loi de 1940 sur l'assurance-chômage*[214]. Un effort de concision apparaît dans les articles, bien que certains contiennent encore des dispositions de quelque 100 mots sans point ni point-virgule (*cf.* art. 11, art 19(1)).

Les progrès semblent être ponctuels au fil des circonstances[215]. Aucune ligne de conduite sur la continuité et la présentation des lois ne ressort de ces comparaisons, comme le montre la *Loi concernant la Compagnie canadienne d'inspection et d'assurance des chaudières à vapeur*[216], dont le Considérant présente des proportions normales, mais dont certains articles (*cf.* art.1(2) et (3) et 8) dépassent encore, et de loin, la norme de clarté et de lisibilité. Le premier fait 15 lignes et 128 mots ; le second, 282 mots

---

[212] Chap. 63, sanctionnée le 28 mars 1934.

[213] 4-5 George VI, Chap. 12, sanctionnée le 4 juin 1941.

[214] 14 George VI, Chap. 1., sanctionnée le 28 février 1950.

[215] Par exemple, sur le plan terminologique, domaine éminemment stratégique, les traducteurs ont fait un travail remarquable de refrancisation d'une langue juridique imprégnée de nombreux anglicismes. Ce travail est parfois durement contesté par des élus... francophones. Voir sur la question Jean DELISLE, «L'affaire des «Béotiens» et des traducteurs : une querelle de mots», s. l. ni date, en ligne : https://www.academia.edu/6003533/L_affaire_des_b%C3%A9otiens_et_des_traducteurs_une_querelle_de_mots (consulté le 20 septembre 2021)

[216] 7-8 Elisabeth II, Chap. 57, sanctionnée le 20 mars 1959.

sur 33 lignes, parfois ponctuées de points-virgules. Quant à l'article 8, avec ses 306 mots et ses 34 lignes (!), personne ne s'aventurerait à le lire dans l'espoir de le comprendre. Même si certains articles comprennent des points, leur lecture n'en reste pas moins des plus ardue.

Il faut arriver aux Statuts révisés du Canada 1970 pour constater de réels progrès par rapport à tout ce qui a précédé, à commencer par la présentation bilingue des lois en deux colonnes, comme dans cet exemple, tiré de la *Loi sur l'Amirauté* (S.R., c. 1, art. 1) :

4. (1) The Governor in Council may appoint any judge of a superior or county court, or any barrister of not less than ten years standing, to be a district judge in Admiralty of the Exchequer Court in and for any Admiralty district.	4.(1) Le gouverneur en conseil peut nommer juge de district en amirauté de la Cour de l'Échiquier, dans et pour un district d'amirauté, tout juge d'une cour supérieure ou d'une cour de comté, ou tout avocat inscrit pendant au moins dix ans.
(2) Subject to section 10, every district judge holds office during good behaviour, but he is removable by the Governor in Council on address of the Senate and House of Commons.	(2) Tout juge de district exerce, sous réserve de l'article 10, sa charge durant bonne conduite, mais il est révocable par le gouverneur en conseil sur adresse du Sénat et de la Chambre des communes.

En outre, même si la traduction est littérale – et même mot à mot en ce sens que les deux textes (*cf.* 4(1) comptent le même nombre de mots (41) –, elle est fidèle, plus idiomatique que beaucoup de précédentes et généralement bien traduite. Les deux textes se lisent et se comprennent beaucoup plus facilement que dans les exemples antérieurs.

Une quinzaine d'année plus tard, les *Lois révisées du Canada* (1985), corédaction oblige, marquent un net progrès sur tout ce qui a précédé. La *Loi sur l'accès à l'information* (1980-81-82-83, c. 111, ann.1 « 1 ») en représente un bon exemple, que l'on retrouvera dans la plupart des lois qui suivront.

2. (1) The purpose of this Act is to extend the present laws of Canada to provide a right of access to information in records under the control of a government institution in accordance with the principles that government information should be available to the public, that necessary exceptions to the right of access should be limited and specific and that decisions on the disclosure of government information should be reviewed independently of government. **72** mots	2. (1) La présente loi a pour objet d'élargir l'accès aux documents de l'administration fédérale en consacrant le principe du droit du public à leur communication, les exceptions indispensables à ce droit étant précises et limitées et les décisions quant à la communication étant susceptibles de recours indépendants du pouvoir exécutif. **49** mots

Dans cet exemple, comme dans nombre d'autres, un simple coup d'œil montre la différence de l'expression du droit dans les deux textes : le texte français (corédigé) est plus court que l'anglais (corédigé), sans que cela ampute le droit d'aucune façon. Conclusion : la manière française rend les mêmes notions juridiques que l'anglaise, mais en moins de mots, retrouvant par la rédaction, et non plus par la traduction[217], son style naturel, libéré du cadre imposé par la langue et le texte de départ. Cette réussite, ce retour à une forme de rédaction instaurée depuis le Code Napoléon, on le doit aux jurilinguistes canadiens d'expression française, qui ont fait école, inspirant au passage – et cela doit être souligné – leurs collègues anglophones. C'est un grand pas que les jurilinguistes ont franchi vers l'expression optimale de la Loi, quoiqu'un petit pas vers son expression idéale, si tant est que l'on puisse la produire un jour.

La jurilinguistique ne se limite pas au texte législatif. Même si celui-ci incarne la Loi par essence aux yeux de la société, la jurilinguistique étend sa portée aux autres textes porteurs de droit que sont le jugement et la convention. Ces textes ont bénéficié des progrès insufflés par les spécialistes de ces domaines du droit dont, chacun selon sa manière, a pareillement gagné en clarté et visibilité.

II. La décision de justice : au prisme de la jurilinguistique

Si, à propos de la justice, « tout branle avec le temps »[218], il en va de même pour les jugements qu'elle rend, et cela tant dans la forme que dans le fond. Les deux n'ont cessé d'évoluer depuis les origines, tantôt au fil de réformes progressives et conventionnelles, tantôt du fait d'événements, heureux ou funestes, interférant dans le cours de l'Histoire, au gré des mœurs, des lois et des régimes. S'agissant des lois, nous avertit Montaigne, il est « dangereux de les ramener à leur naissance, car elles grossissent et s'ennoblissent en roulant, comme nos rivières ; suyvez les contremont jusques à leur source, ce n'est qu'un petit surjon d'eau à peine reconnoissable, qui s'enorgueillit ainsi et se fortifie en vieillissant. »[219]. On peut appliquer ces

---

[217] Traduction due à des traducteurs qui n'ont pas démérité pour autant. Si ce changement constitue un net progrès dans la rédaction législative, la traduction de textes juridiques et judiciaires, au Canada, n'en reste pas moins nécessaire et des plus courante.

[218] PASCAL, *Pensées et opuscules*, Paris, Classiques Hachette, 1959, à la p. 467.

[219] MONTAIGNE, *Essais*, Livre III, Chapitre 13, *Œuvres complètes*, Paris, Gallimard, coll. Bibliothèque de la Pléiade, 1962, à la p. 567.

mots de Montaigne tout autant au jugement, « discours composite » s'il en est parce qu'il est « à la charnière du droit et du fait, du général et du particulier, de l'abstrait et du concret »[220].

Les origines du jugement[221] – au sens de décision de justice –, comme celles de la loi, se perdent dans la nuit des temps, fragmentées en d'innombrables « surjons ». On en trouve la trace dans le Décalogue, dont les brèves injonctions divines peuvent passer pour autant de normes morales à ne pas transgresser, à peine de sanctions, souvent lourdes. Également, le Code de Hammurabi (env. 1694 av. J.-C.) – du nom du roi de Babylone, en ce temps-là –, est sans doute l'artefact juridique sinon le plus ancien, du moins le plus complet du genre. L'historien du droit John Gilissen le qualifie de « monument juridique le plus important de l'Antiquité avant Rome »[222]. Il y est traité, en grande partie, de la justice et de ses pratiques dans quelque 280 articles, pratiques reflétant mœurs et coutumes du temps. Elles s'apparentent parfois à des ordalies (art. 2, épreuve de l'eau), entraînant souvent la mort (art. 1, fausse accusation de meurtre ; art. 3, faux témoignage ; art. 108, fraude sur les poids ; art. 143, noyade de l'épouse ; *cf.* art. 6, 8, 14, 21, ...), dans des conditions atroces, du « coupable », ou sa mutilation par l'amputation d'un ou plusieurs de ses membres (art. 192, 194, 195), quand ce n'est pas la sanction par la loi du talion : « œil pour œil, dent pour dent » (art. 196 et 200). Autres temps, autres mœurs...

Depuis, le droit et la justice ont bien changé, dans la forme comme dans le fond, et, pour ce qui nous concerne, dans les deux traditions juridiques et judiciaires du Canada. Sous le régime de la Nouvelle France (du 16ᵉ siècle à 1763) c'est la Coutume de Paris qui règne sur ce territoire français, avec ses us et coutumes, ses traditions d'écriture des textes juridiques et judiciaires, « ses lois civiles ». Après la conquête des terres de la Nouvelle France par l'Angleterre, c'est le régime britannique qui, à partir de 1763 – année du Traité de Paris, par lequel la France cédait les terres de la Nouvelle France à la couronne anglaise –, prend le relais, introduisant ses propres

---

[220] Gérard CORNU, « Linguistique juridique » dans Denis ALLAND et Stéphane RIALS, *Dictionnaire de la culture juridique*, coll. « Quadrige », Paris, PUF, 2003, p. 952, à la p. 959.

[221] Selon le *Trésor de la langue française*, la première apparition de ce mot date de 1100 environ, avec la signification de « sentence prononcée par un juge ou un tribunal ». Le dictionnaire *Usito* avance cette définition : Action de juger ; décision émanant d'un juge, d'une juridiction.

[222] John GILISSEN, *Introduction historique au droit*, Bruxelles, Bruylant, 1979, p. 64-68.

lois, les «lois civiles»: la common law, comme les criminelles. Dès lors, deux conceptions très différentes de la justice, notamment criminelle, de sa procédure et de la production de jugements vont s'affronter sur le terrain de l'écriture. Si *l'Acte de Québec* (1774) rétablissait fort heureusement les «lois civiles» dans la colonie, il n'en remplaça pas moins les «lois publiques» par celles de l'Angleterre. Ces allers et retours des droits, leurs chevauchements et contradictions avaient de quoi semer la confusion dans l'esprit de la population. Dans son *Histoire du Canada français*, Lionel Groulx soulignait éloquemment «l'impossible fusion» entre deux systèmes aussi différents:

> Un double système de judicature et de lois fonctionnant côte-à-côte dans le même pays, offrait déjà quelque chose de singulièrement anormal. Si l'on y ajoute le recours autorisé de la cour des plaids communs régie par les lois françaises à la cour supérieure régie par les lois anglaises, à quels abus ne prêtait point ce mélange des deux systèmes?[223]

Ce mélange des genres, instauré dès 1764, aggravé par la traduction avec les nombreux calques, emprunts et anglicismes qu'elle a produits, est une des causes de l'avènement de la jurilinguistique quelque deux siècles plus tard. Des propos tenus par le personnel judiciaire dans le prétoire, dans une langue dénaturée, et que Tocqueville, en observateur pénétrant et témoin lucide – et éberlué –, avait entendus lors de son court passage au Québec, en 1831, on pourrait en conclure que les jugements reflètent cet état de la langue. Or, il ne faut pas confondre langue parlée et langue écrite, qui sont deux choses fort différentes.

Après avoir analysé et comparé quelques dizaines de jugements allant de la période de la Nouvelle-France jusqu'à nos jours, en passant par le régime civil instauré par Londres au lendemain de la Conquête, trois périodes ressortent nettement de ces observations. La première précède la Conquête, alors que régnait jusqu'alors la Coutume de Paris (codifiée en 1510) sur le territoire de la Nouvelle-France (A). La deuxième période, la plus longue, court dans le sillon tracé par le régime civil instauré formellement dès 1764 et s'étend jusqu'aux décennies de l'après Deuxième Guerre mondiale, autour

---

[223] L. GROULX, préc., note 8, à la p. 44. Voir aussi les reproches adressés par Pierre Du Calvet dans son *Appel à la Justice de l'Etat ou Recueil de lettres au ROI, au Prince de Galles et aux ministres*, Londres, 1784, où cet Écuyer dénonce l'administration de la justice, la «masquerade de jurisprudence française» que l'*Acte de Québec* a introduite dans la Province et prône la conservation des lois civiles d'origine française. En ligne: https://www.canadiana.ca/view/oocihm.34621/5?r=0&s=1 (consulté le 12 janvier 2023).

de 1980 (B). La troisième période, celle de l'ère moderne, commence avec les années 1980 (C). À ce sujet, une précision s'impose. Contrairement aux dates marquant un fait historique incontesté (une bataille, la signature d'un traité, une révolution; par exemple, 1066, 1774, 1789), les dates retenues ne doivent pas être prises *stricto sensu*, au pied de la lettre, mais plutôt comme des repères dans un domaine, la Justice, où les choses n'avancent qu'à petits pas et à bas bruit.

A. La Coutume de Paris et le régime français en Nouvelle-France

Jusqu'à la Conquête (1760), la Nouvelle-France était soumise au régime de la Coutume de la Prevôté et Vicomté de Paris, dite Coutume de Paris, qui est une coutume générale, codifiée dans un recueil de 862 articles (sous 16 titres) de lois civiles, en 1510, et introduite en Nouvelle France par la Compagnie des Cent-Associés, en 1627 (Annexe 27)[224]. En 1663, le Conseil souverain de la Nouvelle-France est créé par un édit royal afin de «pourvoir à l'établissement de la justice [Nous] créons, érigeons, ordonnons et établissons un conseil souverain, en notre dit pays de la Nouvelle-France »[225]. Ce n'est qu'en 1664 que la Coutume de Paris entra officiellement en vigueur dans la colonie française. Durant le régime français, c'est le Conseil souverain, juridiction de compétence générale, en première instance et en appel, qui remplit les fonctions judiciaires couvrant tout le territoire de la colonie[226]. À l'échelle judiciaire locale figurent les tribunaux royaux que sont la Prévôté de Québec et les juridictions de Montréal et de Trois-Rivières. Ces diverses instances ont rendu de nombreuses décisions. L'examen et l'analyse de plusieurs dizaines d'entre elles révèlent des traits caractéristiques de la manière française de rédiger, à cette époque, des textes formels comme les décisions de justice.

De ces lectures, deux observations ressortent, parmi d'autres. On est frappé d'emblée par la brièveté des textes, en particulier si on les compare

---

[224] Sur la question de la Coutume de Paris, voir notamment: Yves F. ZOLTVANY, «Esquisse de la Coutume de Paris», (1971) 325-3 *Revue d'histoire de l'Amérique française*, 345.

[225] Voir: *Édit de création du Conseil souverain de la Nouvelle-France*, en ligne: https://biblio.republiquelibre.org/index.php?title=%C3%89dit_de_cr%C3%A9ation_du_ Conseil_souverain_de_la_Nouvelle-France (consulté le 15 décembre 2021).

[226] *Guide des archives judiciaires*, Québec, Bibliothèque et Archives nationales, 2017, à la p. 9.

à des décisions rendues par des tribunaux britanniques à la même époque, entre 1700 et 1760. Elles annoncent d'ores et déjà les jugements élaborés et prolixes que rendront les tribunaux anglo-américains et canadiens dans les siècles suivants. Ensuite, toujours en comparant les textes français et anglais, les décisions françaises sont anonymes («Nous...»), même si l'on sait que c'est la «Prévôté» ou le «Conseil» qui en est l'auteur, alors que les anglaises sont le plus souvent signées par un ou deux juges, nominalement. Comparons les exemples suivants, reproduits ici tels quels:

| LOUAGE.–LOCATAIRE. PREVOSTE DE QUEBEC, 13 avril **1728**. PIERRE LEGER, faiseur de galoches, Demandeur, et PIERRE MONFILS, Defendeur. Sentence qui condamne un locataire a garnir les appartements loues, et a vider les lieux, en cas de plainte de bruit par rapport a sa profession. Nous, conformément au bail passe entre les parties, avons ordonne qu'il sera execute, en mettant, par le Demandeur, dans la chambre, des meubles suffisants pour la sureté du loyer de la dite chambre et grenier, a condition toutefois, que s'il y a des plaintes de bruit que le dit Leger pourra faire par rapport a sa profession, il sera oblige de vider les lieux. (Prev., p. 11.) Pierre Leger et sa femme ont appele de ce jugement au Conseil Superieur, et le Conseil a, le 9 aout 1728, confirme le jugement de la Prevoste par l'arret suivant: Le Conseil a mis et met l'appellation au neant, ordonne que la sentence dont est appel sortira son plein et entier effet, sauf par le Conseil a faire droit, au cas qu'il soit porte quelque plainte du bruit que le dit Leger pourrait faire a l'occasion de sa profession. **147** mots | *Finckle* v. *Stacy,* Executor of Stacy. April 27, 1725. Finkle and Gilbert.] Two persons join in doing a particular work, one of whom refused to join in a suit to recover what was dire; the other got his moiety; he will not be obliged to pay half of that moiety to the other. Joint articles were entered into for the doing a particular piece of work for the late Duke of Marlborough, on account of which several sums of money had been jointly received by them, and immediately divided between them; there being a sum demanded by them in arrear, which the Duke refused to pay, as being unreasonable, Stacy applied to Finckle to join with him in a suit to recover what was in arrear, which he refused to do, declaring he had several advantageous works under the Duke which he should lose, should he join in a suit; on which Stacy applied, and got his own half of the money which was due to them two. Bill is now brought for a moiety of the money so received; and insisted, it should be considered as a partnership in trade, and this money as so much received on the joint account. But the Court were of opinion, it was not to be considered as a partnership, but only an agreement to do a particular act, between which there is a great difference; and that it is so is plain, for the money which they had received they immediately divided, and did not lay out on a common account. It is pretty extraordinary, that he should come here to have the benefit of another's act in which he refused to join; which refusal was with a corrupt view for his own advantage, and not on the common account, the money due on which he would rather sacrifice than forego his own particular advantage; and here is no insolvency in the Duke, if there had, perhaps had deserved consideration. Bill dismissed with costs. [**325** mots] |

Ces deux décisions ne sont qu'un exemple dont on ne doit pas tirer de conclusion définitive. Il s'en trouve des deux côtés qui sont plus courtes, d'autres plus longues selon l'objet de la cause. Néanmoins, elles représentent bien une façon différente de rédiger des décisions et une longueur caractéristique des deux manières de concevoir l'énoncé du droit. J'ai calculé la longueur moyenne de cinq décisions françaises et celle d'autant de décisions anglaises, prises au hasard. La longueur moyenne des décisions françaises est de 185 mots; celle des décisions anglaises s'élève à plus du double : 517 mots. Là encore, on ne peut tirer de conclusion définitive. Toutefois, si l'on peut comparer le droit que portent les deux textes, il reste que son véhicule, le langage, l'exprime, et qu'il le fait avec ses moyens et sa culture, comme l'a constaté Michael Edwards en comparant les deux langues. Le langage du droit français est généralement concis (centripète), alors que celui de l'anglais est prolixe (centrifuge), et cela dans tous ses langages du droit (loi, règlement, jugement, contrat, etc.). Le jugement anglais de l'exemple présenté comprend deux phrases de 149 et 127 mots, ponctuées de points-virgules cependant; la phrase française ne fait que 64 mots. Cette différence dans la longueur des phrases, qu'il s'agisse de dispositions législatives, de stipulations et de conditions contractuelles, caractérise les deux manières de rédiger les textes juridiques dans les deux traditions et cultures juridiques que sont la common law et les «lois civiles», au Canada comme en France.

La qualité de la langue de ces deux textes n'est pas en cause, elle est le reflet de son époque et peut nous sembler archaïque, aujourd'hui. Il faut la lire en se replaçant dans l'esprit et le contexte de la fin du XVIIe siècle et du début du XVIIIe, lorsque régnait Louis XIV. La sobriété française traduit le classicisme de la langue de Racine et de Corneille; la langue anglaise de cette époque reflète, quant à elle, les soubresauts qui ont conduit Anne Stuart au trône d'Angleterre et tend vers la modernité. Il reste que les deux textes sont rédigés dans une langue qui, selon les canons linguistiques de l'époque, ne prête pas le flanc à la critique. Un jugement n'est pas un poème.

L'autre aspect caractéristique différenciant les décisions française et anglaise tient à l'anonymat du juge français qui rend le jugement, alors que le ou les juge(s) anglais rédigent un jugement sous leur nom propre, dissidence incluse, faisant preuve d'une transparence plus marquée que son homologue français.

Les différences dans la manière de rédiger un jugement de part et d'autre ne sont pas anodines, leur origine se perd dans la nuit des temps. Pour le comprendre, il faut remonter aux sources des deux systèmes et à leur histoire, qu'il n'est pas question dans un ouvrage comme celui-ci de traiter comme on le ferait dans un cours de droit comparé. Je me suis donc limité, de façon sommaire, aux grandes lignes qui constituent l'architecture générale de chaque tradition. Un cours d'introduction au droit commence le plus généralement par les sources de tel ou tel système, qui déterminent sa ligne générale.

B. Aux sources des droits

Le classement et la catégorisation des sources d'un droit nous éclairent sur la façon dont le monde du droit regarde ses origines et suit le fil conducteur de principes et de règles tissés au cours des siècles et des générations jusqu'à nos jours. Sans entrer dans les détails, le classement des sources généralement invoquées par les milieux juridiques diffère nettement entre la common law et la tradition civiliste, mais aussi, parfois, au sein de chaque système, car « ces deux traditions se manifestent de différentes façons à travers le monde »[227]. Les sources possibles du droit sont nombreuses et variées. Parmi les sources que l'on peut évoquer, les innombrables « surjons » dont se sont nourris les systèmes juridiques, quatre sources principales reviennent dans les classements parce qu'elles sont le plus souvent reconnues comme fondement du droit et classées dans l'ordre de l'importance que les acteurs de chaque système leur reconnaissent. On retrouve à peu près les mêmes dans nos deux grands systèmes juridiques, soit : la loi, la jurisprudence, la coutume et la doctrine, mais classées différemment selon l'importance que leur accorde le système.

1. La common law et ses sources

Les origines de la common law sont essentiellement coutumières en ce sens que les racines de ce droit dérivent des coutumes britanniques ancestrales du Haut Moyen-Âge (IIIe -VIIe s.). Cette origine en faisait autrefois un droit qualifié de « non écrit », par opposition au droit « écrit » qu'est la tradition civiliste, qui remonte à l'antiquité romaine et à son droit, le droit romain. Cette qualification est de moins en moins valable aujourd'hui,

---

[227] Stéphane BEAULAC et Jean-François GAUDREAULT-DESBIENS, « Droit civil et common law : convergences et divergences », Fédération des ordres professionnels de juristes au Canada, 2017, à la p. 4.

les traités, lois et règlements de toute sorte ayant pris le dessus sur les traditions coutumières. Il n'en reste pas moins que la common law s'est édifiée à partir de coutumes, qui, à l'occasion de litiges et de différends portés devant les tribunaux, ont fait l'objet de jugements, donc d'écrits. Avec le temps, la somme des décisions judiciaires a formé un corpus de jurisprudence (le case law) considérable, établissant un *stare decisis* (s'en tenir à ce qui a été décidé) faisant autorité, auquel les juges anglais se référaient, et qu'ils devaient suivre impérativement lorsqu'ils avaient à rendre un jugement. Cela, est-il besoin de le préciser?, afin d'assurer la cohérence des décisions et garantir la certitude et la constance du droit. Aujourd'hui, cette règle – qui a sa raison d'être : les décisions des tribunaux supérieurs priment – n'est plus aussi contraignante.

C'est ainsi que la jurisprudence est devenue la première source de la common law, devant la loi (*statute*), qui est, elle, la première source du droit de tradition civiliste. Il s'ensuit que la différence fondamentale entre les deux systèmes tient au rôle des juges de part et d'autre. En common law, la décision judiciaire repose sur des faits, partant de ceux-ci pour remonter au droit, à la règle qui se dégagera à la suite du raisonnement juridique <u>inductif</u> du juge, souvent longuement motivé. La démarche civiliste est inverse : elle part de la loi (la règle de droit en cause) et descend vers les faits ; elle est de nature <u>déductive</u>. C'est ainsi, comme l'a fait remarquer Benoît Moore, juge à la Cour d'appel du Québec, que «le juge civiliste statue alors que le juge du Québec, à l'image de celui de common law, tente de convaincre»[228]. Deux façons de dire le droit, deux esprits et cultures singuliers.

On les retrouve, particulièrement marqués, en matière pénale et criminelle, où, dans la tradition britannique, la procédure est de type accusatoire, alors que dans la française, on parle de justice inquisitoire. Dans le premier cas, le juge arbitre les débats entre les avocats, alors que dans le second, le juge les dirige. Là encore, les traditions, les modes de pensée et les modalités qui s'ensuivent diffèrent.

---

[228] Benoît MOORE, «Le droit civil au Canada», texte écrit d'une conférence prononcée dans le cadre de la chaire Jean-Louis Baudouin en droit civil ; en ligne : http://www.institut-idef.org/IMG/pdf/M._MOORE_Le_droit_civil_au_Canada.pdf (consulté le 17 juillet 2023).
Cet article est à recommander pour qui voudrait comprendre, à partir d'un texte synthétique et clair, la «mixité culturelle» du droit civil québécois. Voir, en particulier, la note 41 (p. 15) sur la comparaison de la règle *du stare decisis* et de la règle du précédent.

2. Sources et caractéristiques du droit civil

Selon l'auteur (anonyme) d'un article du célèbre hebdomadaire *The Economist*, la différence entre la common law et le droit civiliste tiendrait dans les quelques mots de cette définition : « *Common law gives judges an active role in developing rules ; civil law is based on fixed codes and statutes* »[229]. Une autre manière, lapidaire celle-là, de le dire en trois mots revient à citer encore le vieil adage anglais *remedies precede rights* (la procédure prime le droit). Inversée, elle qualifierait l'essence du droit civiliste. Ces vérités de La Palice ressemblent à l'arbre qui cache la forêt. La signification de ces mots n'effleure que la surface du sens, car les caractéristiques du droit de tradition civiliste sont autrement complexes que ne le laisse penser cet apophtegme. Pour s'en convaincre, il faut plutôt aller voir ce qu'en pensent deux éminents juristes québécois, les professeurs Stéphane Beaulac et Jean-François Gaudreault-Desbiens, qui regardent la tradition civiliste sous l'éclairage de ses caractéristiques essentielles. Ils en ont relevé six, présentées dans cet ordre[230] :

1. Lien de filiation avec le droit romain ;
2. La loi est la source principale du droit ;
3. La codification incarne l'idéal d'intelligibilité et d'accessibilité du droit ;
4. Le raisonnement tend à être déductif et syllogistique ;
5. Les tribunaux omni-compétents sont l'exception plutôt que la règle ;
6. Le modèle inquisitoire prédomine.

Cette liste n'est pas exhaustive[231], elle n'en résume pas moins l'essentiel et pointe les principales caractéristiques qui font du droit civil un système différent de celui de la common law.

---

[229] En ligne : https://www.facebook.com/TheEconomist/posts/common-law-is-a-peculiarly-english-development-it-gives-judges-an-active-role-in/10157335181614060/ (consulté le 17 juillet 2023).

[230] S. BEAULAC, préc., note 227, à la p. 5.

[231] On pourrait y ajouter le raisonnement juridique, la place de la doctrine, la coutume, les modes d'interprétation, les principes généraux du droit, les travaux préparatoires des lois, etc. ; voir aussi, en particulier, pour plus d'information, les *Sources du droit* présentées par le gouvernement du Canada en ligne : https://www.noslangues-ourlanguages.gc.ca/fr/juridictionnaire/sources-du-droit (consulté le 17 juillet 2023).

S'agissant du rôle des juges dans les deux systèmes, quelle conclusion est-il possible de tirer de cette comparaison des deux traditions juridiques ?

Convenons-en, le cas du Québec, avec son droit mixte ou hybride selon les points de vue, nous invite à réfléchir :

> La jurisprudence est à l'image de la loi ; abstraite en France ou dans les traditions civilistes, elle est ici plus concrète. Le juge québécois s'il crée du droit le fait, comme le juge anglo-saxon, de manière pragmatique alors que le juge civiliste, à l'image du législateur civiliste, a tendance à poser des règles abstraites détachées des faits[232].

Ces considérations sur la comparaison des sources et caractéristiques principales de nos deux systèmes étaient nécessaires pour comprendre les enjeux critiques auxquels la langue française et la Coutume de Paris vont être exposés à partir de la mise en œuvre du régime juridique anglais dès 1763. Jusque-là, comme nous l'avons vu, les décisions prises sous le régime de la Coutume de Paris reflétaient, dans leur rédaction au XVIIIe siècle, une tradition juridique synthétisée en une coutume générale codifiée dans un recueil, rédaction présentant des traits de lisibilité (brièveté, clarté, simplicité) annonciateurs du Code Napoléon (1804). La défaite des troupes françaises subie devant l'armée anglaise sur les Plaines d'Abraham, en 1759-60, un roi chassant l'autre, allait changer le cours de l'histoire du droit français en Amérique septentrionale. La justice et ses jugements vont alors prendre un virage culturel aussi brutal qu'inattendu.

C. *Le régime anglais de la common law*

La Proclamation royale de 1763 met fin au régime militaire et instaure un régime civil[233]. Dorénavant, les lois – civiles et criminelles – sont anglaises. La seule exception concerne les colons, qui bénéficient des lois civiles fran-

---

[232] B. MOORE, préc., note 213, à la p. 15.

[233] Voir le texte de la Proclamation à ces adresses : https://axl.cefan.ulaval.ca/francophonie/Rbritannique_proclamation1763.htm / https://www.rcaanc-cirnac.gc.ca/DAM/DAM-CIRNAC-RCAANC/DAM-PPLCOM/STAGING/texte-text/nahm_250_pc_1379595405061_eng.pdf (consulté le 17 juillet 2023) ; sur la Proclamation royale, voir en particulier : Proclamation royale (1763) », *Encyclopédie du parlementarisme québécois*, Assemblée nationale du Québec, 15 octobre 2018, en ligne : http://www.assnat.qc.ca/fr/patrimoine/lexique/proclamation-royale-(1763).html (consulté le 17 juillet 2023).

çaises à condition d'être les seules personnes impliquées. Même si, onze ans plus tard, l'*Acte de Québec* de 1774 devait rétablir, notamment, l'usage des lois civiles que réclamaient avec force les colons et que, de ce fait, la Coutume de Paris reprenait partiellement vie, l'avenir paraissait sombre. En effet, deux langues, deux cultures et deux traditions juridiques différentes allaient désormais cohabiter sur un même territoire et se confronter. De nombreuses études ont démontré, depuis, les effets néfastes que produit le contact entre deux langues : la langue dominante pèse lourdement sur la langue et la culture dominées, engendrant un statut inégal. De cette situation procède une domination sur les trois plans, le politique, l'économique et le social[234], comme le souligne fortement le linguiste canadien Jean-Claude Corbeil[235] :

[...] sur le plan linguistique, les conséquences furent désastreuses. La langue française perdit de son prestige au sein de la population, même chez les francophones, à l'avantage de la langue anglaise, langue du pouvoir politique, langue du commerce et des affaires et langue de gestion et de travail des entreprises. En conséquence, les francophones se sont insidieusement anglicisés.

Cette anglicisation est manifeste dans le domaine juridique, et plus particulièrement judiciaire. Le langage général du droit de tradition française, sujet à l'influence de la common law, de son langage et de ses procédures, lui emprunte peu à peu nombre de termes et d'expressions. À propos de la jurisprudence, l'historien Lionel Groulx parle de la «dangereuse évolution» qu'elle a subie[236]. Évolution est bien le mot propre, car cela ne s'est pas fait du jour au lendemain, mais au goutte à goutte, distillée au fil des ans.

Pour le comprendre, il importe de comparer les manières française et anglaise de rédiger les décisions avant la Conquête (1), soit dans la première moitié du 18e siècle, et d'en tirer une première conclusion avant d'observer la situation découlant de cette conquête, après 1763 (2) jusqu'à la

---

[234] Une des grandes autorités en matière de langues en contact est le sociolinguiste Uriel WEINREICH. Voir son ouvrage phare *Languages in contact*, La Haye, Mouton, 1963 ; voir aussi, entre de nombreux autres auteurs, le sociolinguiste français, Louis-Jean CALVET, *Les langues en contact*, chap. 2, dans *La sociolinguistique*, Paris, PUF, coll. Que sais-je?, 2013, aux p. 17-41.

[235] Jean-Claude CORBEIL, «La langue française au Québec face à ses défis», dans Robert LALIBERTÉ (dir.), *À la rencontre d'un Québec qui bouge : introduction générale au Québec*, Paris, Éditions du Comité des travaux historiques et scientifiques, 2009, p. 107, en ligne : http://corbeil.recherche.usherbrooke.ca/document-corbeil-2009-a (consulté le 17 juillet 2023).

[236] L. GROULX, préc., note 8, à la p. 128.

Confédération (1867), et, en gros, depuis la période de la Révolution tranquille jusqu'à aujourd'hui.

1. Avant la Conquête (1760)

La consultation des archives disponibles chez LLMC Digital, site de recherche recommandé par des bibliothécaires de la bibliothèque de droit de l'Université de Montréal, m'a permis de retenir, de façon aléatoire et aux fins de comparaison, plusieurs décisions pour en déterminer les principales caractéristiques[237]. J'ai procédé de même pour les décisions anglaises retenues[238].

La première constatation que l'on peut faire, en comparant les décisions visées, c'est la différence de longueur entre les françaises et les anglaises. Sur sept décisions françaises, échelonnées entre 1728 et 1759, la longueur moyenne représente **219** mots par décision. Pour les six décisions anglaises relevées, cette moyenne s'est établie à **515** mots par décision. Si l'on ne peut tirer de conclusion définitive de ces écarts entre les façons de rédiger une décision de justice, ils n'en marquent pas moins une constante dans la différence de longueur de part et d'autre. Cet écart n'ira qu'en s'accentuant jusqu'à nos jours lorsque l'on compare la longueur des

---

[237] Les personnes intéressées par les textes des jugements présentés peuvent les consulter en ligne par le biais de LLMC Digital, puis Browse collections : https://llmc.com/docDisplay5.aspx?set=81083&volume=0001&part=001 (consulté le 17 juillet 2023) Les sept décisions françaises [les intitulés sont parfois simplifiés] sont les suivantes : Prévosté de Québec (13 avril 1728), *Pierre Léger c. Pierre Monfils* ; Prévosté de Québec (6 mai 1732), *Joseph Ferré Duburon c. Louis Foitrnel* ; Prévosté de Québec (25 novembre 1735), *Pierre Gervais Voyer c. Pierre Michelon* ; Prévosté de Québec (1er octobre 1737), *Joseph De Chavigny De La Tesserie c. Geneviève Guyon Després* ; Prévosté de Québec (19 février 1740), *Juste Crenet dit Beauvais et Marie Marchand c. Charlotte Vergeat* ; Conseil supérieur, Québec (13 février 1750) *Thomas Côté c. Étienne Simard* ; Conseil supérieur, Québec (2 avril 1759), *Messire Jacreau c. Louis Soumande*.

[238] Voir en ligne : https://llmc.com/docDisplay5.aspx?set=75030&volume=0001&part=001 (consulté le 17 juillet 2023). Les six décisions anglaises sont : SELECT CASES ARGUED and ADJUDGED in the HIGH COURT OF CHANCERY, before the Late Lords Commissioners of the Great Seal, and the Late LORD CHANCECELLOR KING, from the year 1724 to 1733. By a Gentleman of the Temple. *Lord Lucy* v. *Watts* (Nov. 7, 1724) ; *Dews* v. *Brandt* (April 17, 1725) ; *Finckle* v. *Stacy* (April 27, 1725) ; *Ord* v. *Smith* (April 28, 1725) ; *Richard* v. *Cock* (April 30, 1725) ; *Rogers* v. *Rogers* (June 1 & 5, 1733).

jugements en anglais (Angleterre, Canada, États-Unis, etc.) et celle des jugements en français (Belgique, France, Suisse, etc.). En revanche, le deuxième constat qu'il est possible de faire tient à la longueur des phrases, qui est quasi semblable dans les deux cas. De part et d'autre, on trouve quelques phrases un peu longues (par exemple, 79 mots, sans ponctuation, du côté anglais) et beaucoup de courtes, mais la grande majorité d'entre elles sont ponctuées (point-virgule, point), ce qui est à signaler, car la lisibilité en est améliorée. On voit ici la différence avec la rédaction législative, verbeuse et mal ponctuée, de l'époque (*cf.* l'AANB de 1867).

2. *Après la Conquête (1763-1867)*

Au lendemain du bouleversement que furent la défaite des Français aux mains des troupes britanniques et l'occupation consécutive de la Nouvelle-France, les changements dans la rédaction des jugements auxquels on aurait pu s'attendre n'arrivèrent pas *de facto*. Un bref rappel des événements s'impose pour en comprendre la portée et les effets.

Pendant la période qui suivit la « conquête » (terme retenu par les historiens), soit la période qualifiée de « régime militaire » (1760-1763), la vie quotidienne poursuivit son cours sans grands désordres. En effet, l'acte de reddition (accord du 8 septembre 1760) signé par les belligérants, en attendant le traité qui devait suivre (traité de Paris, 1763), garantissait à la population conquise un éventail de droits lui permettant de poursuivre ses activités courantes (*cf.* art. 27-42), notamment ceux de continuer « d'être gouvernés suivant la coutume de Paris, et les lois et usages établis pour ce pays ; et ils ne pourront être assujettis à d'autres impôts que ceux qui étaient établis sous la domination française.» (art. 42)[239]. Or, trois ans plus tard, par le Traité de Paris, la Nouvelle-France devient colonie anglaise avec les institutions britanniques qui en découlent, sur les trois plans classiques que sont la politique, le droit et l'Administration. L'État colonial impose son droit et remplace les lois civiles et criminelles françaises par les équivalents anglais, déclenchant le mécontentement de la population française, hostile à ces remplacements, et de violentes réactions.

Une décennie plus tard, l'*Acte de Québec* (1774) rétablit les lois civiles, si importantes aux yeux de la population française, tout en maintenant le droit criminel anglais. C'est le point de départ de la partition entre les

---

[239] *Articles de la capitulation de Montréal* (1760), en ligne : https://www.axl.cefan.ulaval. ca/francophonie/Montreal-capitulation-1760.htm (consulté le 17 juillet 2023).

décisions civiles et criminelles que vont rendre les tribunaux, dorénavant. La tradition civile reprend et poursuit son cours, alors que la tradition anglaise, en matière criminelle, va changer progressivement la donne. S'ensuit un décalage conséquent, le style de rédaction des jugements au criminel adoptant la manière anglaise, alors qu'au civil, au moins dans les premiers temps, on ne constate que très peu de changements, comme il m'a été permis de le constater sur les documents que les Archives nationales du Québec à Montréal ont mis à ma disposition. Il faut attendre la deuxième moitié du 19e siècle pour relever les changements que de nombreux auteurs ont commentés et critiqués[240], car ils se sont produits par capillarité et ruissellement plutôt que par de soudaines avancées. Par exemple, ce n'est qu'à la fin du 18e siècle, en 1777, qu'est créée par une ordonnance royale la Cour du banc du roi, chargée des affaires criminelles de la Province. Mais ce n'est que quelque vingt ans plus tard, en 1794, qu'elle est remplacée «par des cours du banc du roi de juridiction locale pour les districts de Québec, de Montréal et de Trois-Rivières»[241].

On peut supposer que c'est à partir de là, après 1777, que le droit criminel britannique et son langage ont commencé à s'imposer progressivement dans les jugements que rendaient ces cours. Comme il a été précisé plus haut, c'est la situation des juridictions civiles qui a particulièrement retenu mon attention dans cet ouvrage, en raison de l'incertitude du sort réservé aux lois civiles et à la procédure françaises depuis 1763, et non celle des juridictions criminelles, sujettes à la «loi criminelle» et à la procédure britannique, fort différentes de la française. En outre, pour compliquer encore les choses, comme l'a souligné J.-M. Brisson, «la pratique variait entre les tribunaux de Québec et de Montréal»[242].

---

[240] La liste en serait très longue. Je ne cite que quelques grands auteurs parmi les nombreux juristes qui se sont exprimés sur la question, par ordre chronologique: Pierre-Basile MIGNAULT, «Les rapports entre le droit civil et la "common-law" au Canada, spécialement dans la Province de Québec», dans *Introduction à l'étude du droit comparé. Recueil d'études en l'honneur d'Édouard Lambert*, Paris, L.G.D.J., 1938; Jean-Maurice BRISSON, *La formation d'un droit mixte: l'évolution de la procédure civile de 1774 à 1867*, Montréal, Les Éditions Thémis, 1986; Daniel JUTRAS, «Culture et droit processuel: le cas du Québec», *McGill Law Journal / Revue de droit de McGill*, (2009) 54-2 273; Jean-Louis BAUDOUIN, «L'art de juger en droit civil: réflexion sur le cas du Québec», (2016) 57-2 *Les Cahiers de droit* 327.

[241] Archives Canada, Québec (Province). Cour du banc du roi, en ligne: https://archives-canada.accesstomemory.ca/quebec-province-cour-du-banc-du-roi-3 (consulté le 17 juillet 2023).

[242] J.-M. BRISSON, préc., note 240, à la p. 111.

Il a donc fallu attendre que le 19ᵉ siècle soit bien avancé pour constater les changements intervenus dans les jugements rendus par les juridictions civiles, dont la Cour supérieure en particulier.

D. De la Confédération à l'après Seconde Guerre mondiale

Au lendemain de la Confédération, les jugements des tribunaux du Québec reflètent le style et la manière de rédiger que les cours anglaises ont adoptés au fil des siècles, introduits et perpétués en Nouvelle-France. C'est dans le domaine criminel que l'influence du droit et de la procédure anglaises s'exercera avec le plus de vigueur sur le langage du droit en français. De nombreux ouvrages lexicographiques, généraux ou spécialisés, en attestent depuis le 19ᵉ siècle jusqu'à nos jours[243]. Parmi les mots et expressions de la langue générale qu'ils présentent, on trouve des termes relevant du langage du droit, tels « offense », « bris de contrat » ou « mérite » (d'un jugement), par exemple. Ces anglicismes, calqués sur l'anglais *offence* pour parler d'infraction ou de délit, *breach of contract* pour qualifier une rupture de contrat, et *merit* pour dire le bien-fondé d'une cause, sont caractéristiques du genre[244]. Au Québec, le pli est pris depuis plusieurs décennies. Comme le constate William H. Kerr à propos des juridictions civiles, « *[i]n Quebec the English system, with respect to the organization of Courts has, in great part, been adopted* »[245]. Or, les tribunaux du Québec n'ont pas seulement adopté l'organisation judiciaire anglaise, mais aussi la manière de rédiger les jugements. Comme le remarque Jean-Louis Baudouin, « [l]e style de jugement de common law au Canada présente [...] beaucoup de similitudes ou de points communs avec le jugement en droit civil québécois »[246]. On

---

[243] Voir, par exemple, l'ouvrage de référence en la matière : Monique CORMIER et Jean-Claude BOULANGER (dir.), *Les dictionnaires de la langue française au Québec*, Montréal, Presses de l'Université de Montréal, 2008, OpenEdition, en ligne : https://books.openedition.org/pum/9929 (consulté le 17 juillet 2023) ; dans cet ouvrage, voir en particulier l'article de Claude POIRIER, « Entre dépendance et affirmation : le parcours historique des lexicographes québécois », 13-60, article où l'on trouvera, dans les Références, la liste complète des ouvrages des auteurs cités.

[244] L'ouvrage de référence en la matière reste celui du jurilinguiste canadien W. SCHWAB, préc., note 103.

[245] William H. KERR, « The Judicature system of the Province of Quebec », (1873) 5 *Revue critique de Législation et de jurisprudence du Canada*, 146, 146.

[246] J.-L. BAUDOUIN, préc., note 240, à la p. 335. En ligne : https://doi.org/10.7202/1036488ar (consulté le 17 juillet 2023).

le constate par l'examen de la jurisprudence précédant la Confédération dans des décisions rendues par la Cour supérieure du Québec, la Cour du Banc du Roi (ou de la Reine) et la Cour d'appel dans les années 1830-1850[247]. La comparaison de décisions rendues en anglais avec des décisions écrites en français montre éloquemment la parenté de la forme, du style, et de la longueur des textes, laquelle ira en s'accentuant jusqu'à aujourd'hui.

Des exemples du modèle anglais de rédaction des jugements peuvent être trouvés dans les arrêts rendus par le *Judicial Committee of the Privy Council* d'Angleterre. Au fil des pages, on y voit clairement ce qui caractérise, en common law, la décision judiciaire par rapport à la civiliste, soit la part consacrée au traitement et à l'analyse des faits, suivie de la partie consacrée à l'examen et à la discussion de la jurisprudence. Il s'agit toutefois d'appels portés devant cette haute cour. Voyons un exemple parmi les nombreux arrêts rendus au 19e siècle par cette instance, l'affaire *Martin v. Mackonochie* [delivered on the 23 December, 1868], la décision étant rendue par les six juges composant la cour[248]. Cet arrêt fait une dizaine de pages, longueur normale. Chaque page contient 53 lignes de 10 mots, soit quelque 5300 mots/page. La longueur peut varier comme le montre l'affaire *Pipon v. Coutanche* [June 7, 1809], qui ne fait «que» 750 mots.

Voyons maintenant, afin de comparer, de quoi il retourne à la *Court of King's Bench,* pour l'année 1820, consultée en ligne par l'entremise de LLMC Digital. L'affaire *The King against Sir Francis Bennett*, tenue en assises devant un jury de douze personnes et quatre juges, est la première présentée dans le recueil, lequel compte plusieurs dizaines de causes et autant de jugements[249]. Les dix premières causes ont été examinées. Elles courent en moyenne sur 105 pages, chaque page comprenant quelque

---

[247] Jugements que l'on peut consulter en ligne dans les *Jugements révisés de la Province de Québec*, où l'on trouve de nombreux jugements rendus par les divers tribunaux et cours du Québec. Voir, par exemple, un des nombreux volumes y consacrés, notamment les vol. 1-9: https://llmc.com/docDisplay5.aspx?set=81083&volume=0002&part=001 (consulté le 17 juillet 2023)

[248] *Report of the Judicial Committee of the Privy Council in Martin v. Mackonochie, together with the monition and other documents [1869]*, London Oxford, Great Britain. Copy supplied by the British Library from its digital collections. En ligne: http://explore.bl.uk/primo_library/libweb/action/dlDisplay.do?vid=BLVU1&search_scope=LSCOP-ALL&docId=BLL01010462106&fn=permalink (consulté le 17 juillet 2023).

[249] *Reports of State Trials*, vol. 1, 1820 – 1823. En ligne: https://llmc.com/docDisplay5.aspx?set=68787&volume=0001&part=001 (consulté le 17 juillet 2023).

63 lignes sur deux colonnes de quelque 882 mots. Un rapide calcul mental donne une idée approximative du nombre total, étourdissant, de mots. Précisons, toutefois, qu'il s'agit de transcriptions *verbatim* de débats tenus lors de procès et que le dispositif (*judgment*) n'occupe qu'une petite place sur le total, comme le montre celui du procès de William Palmer (1856), qui a duré plusieurs jours.

Tournons-nous maintenant vers les *Common Bench Reports* des causes plaidées devant la *Court of Common Pleas* durant l'année 1845 (huitième année du règne de Victoria) et examinons une affaire – de *trespass* portant sur le montant des dommages et intérêts à attribuer – prise au hasard parmi des dizaines d'autres sur les 1071 pages que compte ce recueil, soit la cause *Eliot* v. *Allen* (18 janvier 1845)[250]. Le jugement porte sur 23 pages (p. 18-41) du recueil. La question des faits se déroule sur huit pages ; suit l'analyse du droit et de la jurisprudence relatifs à l'attribution et à la somme des dommages et intérêts, exposée sur quelque 13 pages, chacun des quatre juges développant son analyse, ses convergences et divergences de vue. Le dispositif, en l'espèce, tient sur moins d'une page.

Cette longueur de jugement et la part qui est faite à chacun des trois éléments représentent une forme de normalité propre à la tradition britannique s'exerçant dans le domaine judiciaire. Certaines décisions sont plus longues que d'autres, certes, mais il en est de plus courtes, pas moins nombreuses d'ailleurs. D'où vient cette longueur caractéristique des décisions de justice en common law ? Elle n'est due ni au hasard ni au gré des juges, mais découle de deux causes au moins ; d'une part, du temps consacré «à la description et à l'analyse des faits»[251] et, d'autre part, à «l'examen détaillé de la jurisprudence antérieure»[252], principaux facteurs responsables de la longueur du texte des décisions. En dehors du facteur de lisibilité, critère d'importance pour tout(e) jurilinguiste, la qualité juridique des jugements observés, qui semble probante, n'est pas en cause : elle est hors sujet du point de vue de la jurilinguistique. Cela demande une mise au point : la tradition juridique qui s'exprime dans ces jugements n'est ni pire ni meilleure que la tradition civiliste, elle est tout simplement différente de celle-ci, en ce qu'elle exprime une culture juridique autre. En revanche, les façons

---

[250] *Common Bench Reports : cases argued and determined in the Court of Common Pleas...1845*. En ligne : https://llmc.com/docDisplay5.aspx?set=95269&volume=0001&part=001 (consulté le 17 juillet 2023).

[251] J.-L. BAUDOUIN, préc., note 240, à la p. 335.

[252] *Id.*

d'exprimer le droit, de rendre la justice, peuvent être critiquées dans leur forme, leur style, voire leur syntaxe et leur grammaire.

Le genre de jugement importé par le conquérant britannique, de forme (présentation, style, longueur, etc.) comme de fond (analyses, raisonnement et conclusion juridiques), sera le modèle que reproduiront, toutes proportions gardées, les juridictions canadiennes, anglaises et françaises. Il perdurera fort avant dans le 20e siècle.

À un moment donné, cependant, un peu partout dans le monde, en particulier dans la sphère anglo-saxonne, des critiques et des remarques de plus en plus vives vont s'élever contre les défauts que présente la rédaction des jugements, à tous les niveaux juridictionnels. Ces défauts ont fini par mettre les textes judiciaires toujours plus en porte-à-faux avec les valeurs d'une société aspirant à une plus grande clarté, à davantage de simplicité et de lisibilité d'un langage jugé archaïque, aux yeux d'un public profane et de sociétés de moins en moins latinisées. Autorités et dirigeants (législateurs, barreaux, associations, etc.) sont soumis à des pressions en vue de corriger la situation et, à cette fin, d'envisager les réformes appropriées pour améliorer la lisibilité des jugements afin de les rendre plus clairs et compréhensibles. Pour diverses raisons, tenant, entre autres, à la nomination des juges par le fédéral et à leur bilinguisme institutionnel, la Cour supérieure du Canada – du Québec, particulièrement – est très représentative du style de jugements inspiré de la tradition anglaise. En outre, son importance n'est plus à souligner quand on sait qu'elle est le tribunal de droit commun dans chacune des provinces canadiennes. Une trentaine de décisions rendues entre 1865 et 2022 par la Cour supérieure du Québec ont été examinées. Elles témoignent des progrès accomplis dans la présentation des jugements sur le triple plan de la concision, de la simplicité et de la clarté.

1. La Cour supérieure : exemples et contre-exemples

Dès la seconde moitié du 19e siècle, on remarque – par exemple, dans la cause *Mitchell* vs *Moreau*, 1865[253] – que les paragraphes du jugement observé sont numérotés, ce qui n'était pas le cas auparavant, facilitant ainsi le repérage et la référence; que la longueur est loin d'être excessive (840 mots

---

[253] Les intitulés des causes (p. ex., *Chevalier* vs. *Beauchemin*) sont présentés tout au long de cette partie, tels qu'ils ont été relevés avec les variations constatées à l'occasion : v., vs.

Réalisations des jurilinguistes et effets de la jurilinguistique

en l'occurrence); que la plupart des paragraphes sont brefs, mais que l'on abuse des «Considérant» (13 dans cette cause) et que le premier paragraphe est une phrase de 99 mots, trait que l'on retrouve dans la plupart des jugements. Un peu plus tard, une autre cause (*Sarault* vs. *Viau*, 1881) présente les mêmes caractéristiques, longueur exceptée (2980 mots), soit un premier paragraphe introductif de quelque 364 mots, donc illisible, même si la grande majorité des paragraphes sont d'une longueur «normale» de trois ou quatre lignes, parfois moins. Le dispositif ne compte pas moins de onze Considérants.

Il y a mieux toutefois. Une cause de 1889, *Chevalier* vs. *Beauchemin*, cumule les défauts que l'on ne cessera de dénoncer jusqu'à aujourd'hui. Sa longueur n'est pas excessive (1682 mots), mais elle se déroule en 20 Considérants, tout en énonçant des phrases comme celle-ci:

> La Cour, parties ouies, par leurs avocats, sur le mérite de l'opposition afin de distraire du dit opposant, ainsi que de la contestation faite, à l'encontre de la dite opposition, par le demandeur contestant, examiné la procédure, la preuve et le dossier, et délibéré».

On y trouve par ailleurs un paragraphe cumulant la plupart des maux dont sont atteints certains jugements et qui ont fait dire à un éminent juge français que «le public se figure la langue judiciaire comme un dialecte hermétique, tissu d'archaïsmes et d'idiotisme insaisissables aux simples mortels»[254]. Voici le paragraphe en question:

> Considérant que, postérieurement encore, à savoir, le neuf décembre, 1886, le nommé William Boivin, le propriétaire, comme susdit, des dits terrains, par acte de vente fait et passé à Sorel, pardevant Mtre Désy, N. P., vendit au dit Joseph Emmanuel Beauchemin les dits terrains, ainsi que les dites pièces de machineries, outils, engins, bouilloires, etc., sus-mentionnés, et réclamés par l'opposant en cette cause, entr'autres charges, clauses et conditions, à la charge, par le dit Beauchemin, de payer, à son acquit, par forme de délégation de paiement, la créance hypothécaire susdite du dit Pierre Rémi Chevalier, le demandeur-contestant, lequel est intervenu au dit acte pour décharger le dit William Boivin, son débiteur originaire, et accepter la délégation de paiement y mentionnée, sans toutefois *créer de novation* dans ses droits hypothécaires, contre les susdits terrains ainsi vendus;

---

[254] Pierre BOUCHARDON (président de chambre honoraire à la Cour de cassation), dans la *Préface* de l'ouvrage de référence de Pierre MIMIN, *Le style des jugements*, 1ère éd., Paris, Godde, 1927, à la p. 10.

Voilà un paragraphe de 135 mots (sans point ni point-virgule), caricature du jargon judiciaire de l'époque, tant décrié, qui s'est perpétué jusque dans la seconde moitié du 20e siècle. On y relève onze mentions de «dit» sous toutes ses formes : le dit/les dites, au dit/du dit, susdit(e) !

En 1900, la décision *Hart et al* v. *Dubreuil*, présente un contre-exemple de la précédente. Elle est un modèle de présentation et de concision. Le premier paragraphe et le deuxième résument brièvement l'objet de l'action, fait à signaler. En outre, le jugement ne fait que 276 mots en phrases courtes.

Dix ans plus tard, en 1910, un autre jugement, *Vallières* vs. *Villeneuve*, retombe dans les travers habituels. L'exposé des motifs du premier paragraphe commence par une longue phrase de quelque 183 mots. Le deuxième paragraphe suit avec une phrase de 110 mots. Le jugement compte 4196 mots sur sept pages, ce qui est loin d'être long. Rappelons néanmoins que la capacité d'attention et mémorielle du lecteur moyen est de l'ordre de 25 mots. Au-delà, le risque d'incompréhension croît à mesure que s'allonge la phrase.

Une cause de 1920, *Desbiens* v. *Simard*, ne montre guère de progrès. Les paragraphes 2 (176 mots) et 3 (123 mots), parmi d'autres paragraphes, sont trop longs et, de ce fait, inintelligibles, même si le jugement est d'une longueur raisonnable (1500 mots).

Une autre cause, rendue en 1929, ne témoigne toujours pas des progrès attendus. Dans *Desbiens* v. *Bluteau*, le paragraphe 2 bat un record de longueur avec 692 mots, ponctués de quelques points-virgules toutefois, mais qui ne le rendent pas plus lisible. Le paragraphe 3 poursuit dans cette veine avec une phrase de 128 mots, et le 33e paragraphe, celui du dispositif, en compte 199. Enfin, une série de 14 Considérants conclut l'affaire.

En 1940, on observe encore la même chose. Bien que le jugement *Dulac* v. *Michaud* ne fasse que quelque 1700 mots, il commence par deux paragraphes de 259 et 236 mots. En outre, les parties en litige sont encore présentées à l'anglaise, comme dans toutes les affaires précédemment examinées : A **v.** B, la lettre v étant l'abréviation du mot latin *versus*, selon la tradition anglaise. À l'époque, on ne recourait pas encore aux italiques dans les intitulés.

En 1946, rien ne semble avoir changé, comme le montre le jugement rendu dans *Gagnon* v. *De Moffett*, où les paragraphes 2 et 3 contiennent respectivement 194 et 197 mots, bien que le jugement soit bref : 597 mots.

Dans les années 1950, on trouve encore des jugements dont les phrases sont très longues, donc difficiles à retenir, sinon à comprendre. Par exemple, en 1958, dans *Darrah et autres* c. *Sa Majesté la Reine*, jugement de longueur moyenne (2 724 mots), plusieurs paragraphes (7, 17) dépassent les 100 mots. En revanche, le c. français a remplacé le v. anglais. Les petits ruisseaux forment les grandes rivières !

L'habitude est une seconde nature, dit-on. On le voit, en 1985, dans la décision *Morel* vs *Cité de Dorval*, où le v. (vs., ici) est présent. En outre, il n'y a pas de numérotation des paragraphes. La cause ne fait que 1 606 mots, mais se lit non sans difficulté.

Terminons ce large tour d'horizon en 2022, avec une cause formée de 163 paragraphes et 13 858 mots dont nous tairons les noms pour n'offenser personne. On y trouve encore quelques longues phrases, mais loin de ce qui précède ; les paragraphes sont numérotés et tournent généralement autour de 4-5 lignes. Le tout se lit sans grande difficulté. La longueur de ce jugement est comparable à celle d'un article publié dans une revue doctrinale. Ce défaut est récurrent. Il a de multiples causes sur lesquelles je m'expliquerai un peu plus loin. Or, la même année, 2022, un autre jugement observé révèle que son auteur l'a rédigé en dix pages, 57 paragraphes et 3 691 mots. Ce faisant, la justice s'est exprimée en respectant les principes cardinaux que sont la concision, la simplicité et la clarté. Que peut-on conclure de ces observations ?

2. La rédaction des jugements : progrès ou regrès ?

Pour m'assurer que des progrès ont ponctué la longue odyssée des décisions rendues par les tribunaux québécois depuis le 19e siècle, j'ai analysé et comparé les jugements qui ont été présentés. Rendu en 2022, toutefois, j'ai voulu savoir si les progrès étaient bien réels, et non supposés. Pour ce faire, j'ai analysé et comparé une dizaine de jugements rendus par la Cour supérieure du Québec en 2009 et 2010. Les résultats de cette recherche ont de quoi surprendre et invitent à réfléchir :

- le nombre de pages s'élève, en moyenne, à 11, 7 p. / jugement ;
- le nombre de mots, en moyenne, s'établit à 4 732 mots / jugement ;

Comparés à tout ce qui précède, ces chiffres marquent un net progrès en matière de longueur, de pages comme de mots. Toutefois, pour en avoir le cœur net et m'assurer que la plus haute autorité judiciaire du pays, la Cour suprême du Canada, présente l'exemple à suivre en matière de rédaction des jugements, j'ai procédé à deux ultimes analyses de dix décisions rendues par la Cour suprême entre 1877 et 1978 et de douze décisions rendues entre 1980 et 2022.

a) De 1877 à 1978

Un des premiers arrêts que la Cour suprême, nouvellement créée, a rendus en 1877 est l'arrêt *Kelly* v. *Sulivan* (1877) 1 S.C.R. 3. Rédigé en anglais comme la plupart des décisions observées jusqu'en 1978, il court sur 64 pages et compte 18 963 mots. Ces chiffres, comparés aux jugements analysés jusque-là montrent une nette différence dans la longueur. Il ne faut cependant pas en tirer une conclusion hâtive, car on trouve nombre d'arrêts bien plus courts, par exemple : en 1887, *The Queen* v. *Farwell* (14 S.C.R. 392), en fait la moitié (31 p.) ; en 1899, *Bingham* v. *McMurray* (30 S.C.R. 159) ne fait que 10 pages et ne compte que 4 371 mots ; *David* v. *Swift* (1910) 44 S.C.R. 179, quant à lui, tient sur 7 pages et n'a que 2 187 mots ; *Pitre* v. *The King* (1933) S.C.R. 69 et *Héroux* v. *Banque Royale du Canada* (1942) S.C.R. 1 ne comprennent que 9 pages ; de même, *Martineau* c. *La Reine* (1966) R.C.S. 103 fait encore mieux avec 8 pages (on notera l'apparition du c. français dans cette cause). Au total des dix arrêts analysés sur cette période, la moyenne de la longueur des pages est de 19 p. / décision, et le nombre de mots s'élève à 4 700 / décision.

À partir de cet échantillon des arrêts de la Cour suprême sur un siècle, on ne peut reprocher à cette Cour de produire des jugements excessivement longs, les plus longs relevés, hormis le premier cité, ne font que 31 et 22 pages. Il s'agit de *The Queen* v. *Farwell* (1887) et *Marcoux* v. *L'Heureux* (1921). Depuis lors, en a-t-il toujours été ainsi ?

b) Des années 1980 à 1997

À partir des années 1980, on note un changement par rapport aux années précédentes. Le nombre de mots augmente, entraînant celui des pages. Sur la seule année 1985, prise comme exemple, six arrêts ont été analysés. La moyenne du nombre de pages par décision est de 43 p., et celle des mots, de 13 746. Comparativement aux moyennes des arrêts analysés dans la période précédente (1877-1978), cela montre un doublement des chiffres en moins de dix ans.

Pour voir si, depuis 1997, cette tendance à l'allongement des jugements se poursuivait, s'intensifiait ou régressait, j'ai analysé six autres décisions sur la période 1997-2021, retenues dans les années suivantes : 1997, 2001, 2012, 2019, 2020, 2021.

Les résultats sont édifiants. D'une part, la moyenne du nombre de pages de ces décisions est passée à 76 pages, et celle du nombre de mots, à 27 539.

Soit le double des résultats précédents. À ce rythme, si la tendance se maintient, comme disait l'autre, en 2030 nous pourrions avoir à lire des « romans judiciaires » s'apparentant par leur longueur à *Eugénie Grandet* ou *Le Père Goriot*, les romans de Balzac, avec leurs 200 pages et quelques. Néanmoins, dans cette propension suprême, en cherchant bien on trouvera des décisions plus courtes, notamment lorsque la Cour suprême comprenait dans ses rangs des juges aussi rigoureux et exigeants que Louis-Philippe Pigeon (qui révisait souvent les traductions), Robert G.B. Dickson et Jean Beetz, parmi les juges ayant imprimé leur marque sur la rédaction des jugements, comme le juge Pigeon sur la rédaction des lois.

À la décharge des juges exerçant en contexte de common law et de droit mixte comme au Canada, il faut tenir compte de leur liberté de « s'exprimer à l'unisson ou à plusieurs voix [...] la tradition de dissidence dans les tribunaux des pays de common law admet, au moins dans une certaine mesure, une polyphonie de voix et de voies du droit »[255]. Cela ne contribue pas à réduire la longueur et à améliorer la lisibilité d'un jugement, voire son intelligibilité. Il reste que lorsque l'on compare les résultats de la Cour suprême et ceux de la Cour supérieure, notamment de celle du Québec, c'est cette dernière qui en ressort à son avantage sur le plan d'une lisibilité procédant des trois principes déjà énoncés : concision, simplicité, clarté. En découle une intelligibilité accrue pour le public profane. Le public, justement, quel rôle joue-t-il dans ce processus ?

E. Fins et moyens du jugement

Pascal, déjà, mettait le doigt sur la plaie lorsqu'il énonçait que « [l]a juridiction ne se donne pas pour le juridiciant mais pour le juridicié »[256]. Cette pensée de Blaise Pascal ne fait que reprendre ce que pensent nombre d'observateurs, critiques et satiristes de la justice exprimée dans le jugement : le juridiciant ne rédige pas les motifs d'un jugement pour lui mais, en premier lieu, pour les parties au procès. Cette évidence est longtemps restée lettre morte, elle n'a été prise en compte que récemment, dans la

---

[255] Claire L'HEUREUX-DUBÉ, *Cahiers du Conseil constitutionnel No 8*, dossier : Débat sur les opinions dissidentes, juillet 2000, s.p. Dans le même document, l'ex-juge-en-chef de la Cour suprême du Canada précisait que « trente pour cent seulement des jugements de la Cour suprême du Canada sont l'objet d'une dissidence [...] les juges ne rédigent des opinions dissidentes qu'en cas de différents importants. »

[256] Blaise PASCAL, *Pensées et opuscules*, Paris, Classiques Hachette, 1959, à la p. 735.

seconde moitié du 20ᵉ siècle. Ce n'est toutefois qu'un des maux dont souffre la Justice dans ses modes d'expression. Les maux du langage du droit constitué en texte procèdent de son expression et sont répandus dans tous les domaines, de la loi et de ses règlements au contrat, en passant par le jugement. Et cela dans la plupart des grandes langues de communication, à commencer par l'allemand, l'anglais, l'espagnol et le français, comme le montre le Professeur Mattila[257].

S'agissant du français, les réformes de la langue française ont été nombreuses dans l'Histoire depuis le Concile de Tours (813) et l'Ordonnance de Villers-Cotterêts (1539). D'autres langues ont connu le même sort au cours de leur histoire: allemand, espagnol, grec, italien, néerlandais, portugais, etc. Les langages du droit de ces nations n'ont pas été épargnés par la critique, non plus. Les critiques dirigées contre l'anglais et sa langue juridique ne datent pas d'hier, la littérature anglaise, comme la française, en est constellée. Haro sur le jargon juridique, les *legalese*, *Juristensprache*, *jerga legal*!

1. De la forme et du fond

Il faut reconnaître que la simplification des langages du droit ne laisse personne indifférent. La consultation par moteurs de recherche dans internet le confirme. À la question «*simplify legal writing*», on obtient 48 700 000 résultats (le 15 janvier 2022); et à la question «simplifier l'écriture du droit», la réponse apporte 8 290 000 résultats (même date). L'esprit de réforme de ce langage n'a cependant commencé à se manifester qu'à partir de la publication de l'ouvrage pionnier du juriste américain et professeur de droit David Mellinkoff, *The Language of the Law*. Publié en 1963, son livre a agi comme un «lanceur d'alerte» d'aujourd'hui en lançant un pavé dans la mare du langage du droit, dénonçant vertement les nombreux archaïsmes (*the junk antiques*), lourdeurs et maladresses, et prônant la clarté et la concision du langage. De nombreux émules, parmi lesquels Eliott L. Biskind, Bryan Garner, Peter M. Tiersma, James C. Raymond[258], l'ont suivi dans cette voie.

---

[257] Voir sur cette question H. E. S. MATTILA, préc., note 27.

[258] Eliott L. BISKIND, *Simplify Legal Writing*, New York, Arco, 1971; Bryan A. GARNER, *The Elements of Legal Style*, Oxford, Oxford University Press, 1991; B. GARNER (ed.), *Black's Law Dictionary*, 8ᵗʰ ed., West Publishing Company, 2004; Peter M. TIERSMA and Lawrence M. SOLAN (ed), *The Oxford Handbook of Language and*

Même si, pour l'anglais, les luttes contre le *gobbledygook* remontent au moins au philosophe anglais Jeremy Bentham, elles n'ont pris que récemment leur élan, dans le sillage du mouvement de simplification du langage dans le domaine des affaires, de l'administration et, surtout, du droit. S'agissant du langage du droit, Tiersma en énonce la raison principale[259] :

> The premise behind the plain English movement is that legal documents ought to be plainer—and more comprehensible—to the average person. It's probably fair to say that the modern movement began in the 1970s. But people have objected to the obscurity of lawyer's language for many centuries.

Lancé aux États-Unis dans les années 1970, le mouvement du *plain language*[260] a fait tache d'huile, se répandant un peu partout dans le monde, à commencer par le voisin canadien. Or, la situation du langage du droit au Canada n'était pas plus brillante qu'aux États-Unis ou au Royaume-Uni, en particulier dans le domaine de la justice et des jugements qu'elle produit, où «*for the longest time, few could understand what judges were saying*»[261]. Aussi, dès le début des années 1970, le monde de la justice canadienne – à l'instar de l'américaine –, après de nombreuses consultations et rencontres entre juges, associations et organismes concernés, conscient

---

Law, Oxford, Oxford University Press, 2012 ; James C. RAYMOND and Ronald L. GOLDFARB, *Clear Understandings : A Guide to Legal Writing*, New York, Random House, 1983 ; J. Raymond, *Writing for the Court*, Toronto, Carswell, 2010.

[259] Peter M. TIERSMA, «The Plain English Movement», en ligne : http://www.language andlaw.org/PLAINENGLISH.HTM/ (consulté le 17 juillet 2023). Pour se limiter au 20e siècle, citons un des principaux auteurs des violentes critiques adressées au langage des avocats – les *lawyers* américains en particulier –, Fred RODELL et son célèbre pamphlet *Woe Unto You, Lawyers!*, New York, Reynal & Hitchcock, 1939.

[260] Voir, sur les origines du mouvement aux États-Unis, Mark ADLER, «The Plain language movement», dans Lawrence M. SOLAN and Peter M. TIERSMA, *The Oxford Handbook of Language and Law*, 2012, published on line : https://www.oxfordhandbooks.com/view/10.1093/oxfordhb/9780199572120.001.0001/oxfordhb-9780199572120-e-1 (consulté le 17 juillet 2023).

[261] JUSTICE GEORGE STRATHY OF ONTARIO'S SUPERIOR COURT. En ligne : https://www.thestar.com/news/crime/2011/08/05/clarity_in_the_courts_justices_go_to_writing_school.html (consulté le 21 janvier 2022) ; voir aussi sur cette question Daniella Murynka, «The Rise of Lucid Writing in Canadian Law», *The Walrus*, 2012, en ligne : https://thewalrus.ca/the-rise-of-lucid-writing-in-canadian-law/# (consulté le 17 juillet 2023). Sur des sources plus anciennes de mouvements semblables, voir Heikki E. S. MATTILA, préc., note 123, aux p. 96-97.

du problème d'éducation et de formation des futurs juges, prit le taureau par les cornes en se penchant sérieusement sur la formation des juges.

On sait que les juges, selon la tradition anglo-américaine, sont nommés après avoir exercé la fonction d'avocat (*lawyer*) un certain nombre d'années – dix le plus généralement. Or, si l'avocat connaît la procédure et le fonctionnement d'un procès, il ne rédige pas pour autant des jugements. Une fois devenu juge, il ou elle ne sait trop comment s'y prendre pour en rédiger. Or, cela s'apprend, comme toute chose, car, ainsi que le démontre James Raymond, *Writing (is an unnatural act)*[262]. Dans ses allocutions, entre autres devant les associations professionnelles, l'ancien juge-en-chef de la Cour suprême du Canada Brian Dickson recommandait avec insistance la mise sur pied de programmes de formation pour les juges afin d'améliorer le plus possible la qualité des jugements, dans la forme comme dans le fond[263]. Doté, en outre, d'une plume alerte, il fut l'artisan des avancées que la Cour suprême a connues dans les années 1980[264]. Certains de ses vœux se sont réalisés avec les initiatives que les personnes impliquées dans la formation des juges ont engagées, parce que «*a need existed for a seminar designed to enhance the facility of federally appointed judges in the preparation of written judgments and to improve the quality of such judgments.*»[265].

C'est ainsi qu'est né le concept d'un institut dédié, le Canadian Institute for the Administration of Justice (CIAJ), en 1980, avec l'appui du juge en chef d'alors Bora Laskin. Dans un premier temps, dès 1981, cet institut tiendra des séminaires de formation à la rédaction de jugements en anglais et, dès 1982, dans les deux langues (Institut canadien d'Administration de la Justice, ICAJ). « Les juges y répondent avec enthousiasme »

---

[262] James RAYMOND, *Writing (is an Unnatural Act)*, New York, Harper & Row, 1986.

[263] Voir, par ex: Remarks for Canadian Bar Association Executive Dinner, June 14, 1987, en ligne: https://biblio.uottawa.ca/ext/static/pdf/dickson/CBA-87.pdf (consulté le 17 juillet 2023).

[264] Voir plus de détails sur *Brian Dickson: A Judge's Journey* dans la note biographique que lui consacre la bibliothèque de l'Université d'Ottawa: « Brian Dickson was the leading figure in this transformation of the Supreme Court and Canadian law.». En ligne: https://biblio.uottawa.ca/en/brian-dickson-law-library/brian-dickson-judges-journey (consulté le 17 juillet 2023).

[265] David C. MCDONALD, «The Role of the Canadian Institute for the Administration of Justice in the Development of Judicial Education in Canada», dans William Kaplan and Donald McRae (dir.), *Law, Policy, and International Justice*, McGill-Queen's University Press, 1993, p. 455, à la p. 471.

nous apprend la juge Louise Mailhot[266]. Le rôle et le succès de ces formations sont célébrés quelques années plus tard par Brian Dickson dans une allocution prononcée à l'Institut même : « *The programs which you have established and operate for the Canadian Judicial Council, and the Institute's own programs and conferences, have been of the very highest order. They are deeply appreciated by the Canadian judiciary and by the entire Canadian legal community* »[267].

Ce succès est dû en bonne part aux enseignants – juges, universitaires et experts –, jurilinguistes triés sur le volet, qui animent des séminaires de rédaction des jugements, tenus sur une semaine chaque année depuis 1982, auxquels participent les juges canadiens nouvellement nommés aux Cours supérieures. Parmi ces enseignants de la première heure, notons, entre autres, la juge Louise Mailhot, les professeurs James Raymond et Edward Berry. Leurs enseignements, ouvrages, recherches et travaux[268] ont contribué à former des cohortes de juges, avec les insignes résultats que nous avons vus plus haut sur des jugements rendus par les Cours supérieures dans les années 2009-10. Dans la grande majorité des cas, on retrouve trois grands principes de lisibilité des jugements exposés tant par ces auteurs que par de nombreux autres, de langue et de culture différentes, soit la règle d'or à suivre pour rendre un texte (juridique) clair : concision, simplicité, précision. L'accent est mis sur la concision, qui occupe une grande place dans ces ouvrages, anglais comme français. En suivant ces principes, on réalise une meilleure lisibilité d'un texte – la fameuse « clarté » –, quel qu'il soit, tout en reconnaissant qu'il est pour le moins difficile, comme le pense le juge Donzallaz, de satisfaire tout à la fois « aux exigences de simplicité, de transparence et de technicité »[269]. Cela n'est cependant pas

---

[266] Louise MAILHOT, *Écrire la décision. Guide pratique de rédaction judiciaire*, 2ᵉ éd. Cowansville, Éditions Yvon Blais, 2004, à la p xv.

[267] Brian DICKSON, Speech to the Canadian Institute for the Administration of Justice, October 16, 1987, Montréal CIAJ, p. 1.

[268] Voici un échantillon de leurs publications : Edward BERRY, *Writing Reasons. A Handbook for judges,* Peterborough, E-M Press, 1998 (5ᵉ éd., 2020) ; Louise MAILHOT, auteure de deux ouvrages sur la rédaction judiciaire : *Écrire la décision* (1996 et 2004) *et Decisions, Decisions. A Handbook for judicial writing*, Cowansville, Éditions Yvon Blais, 1998 ; James RAYMOND and Ronald L. GOLDFARB, *Clear Understandings : A Guide to Legal Writing*, New York, Random House, 1983 ; *Writing for the Court*, Toronto, Carswell, 2010

[269] Yves DONZALLAZ, « La technique de rédaction des jugements au regard des finalités de la motivation », Association des cours constitutionnelles francophones (ACCPUF), *Bulletin nᵒ 13, L'écriture des décisions*, avril 2019, 73-86, à la p. 86.

nouveau, de grands penseurs se sont penchés sur la question au cours de l'histoire, de Diderot à Bentham en passant par Montesquieu, même si les deux derniers l'ont fait en pensant à la rédaction des lois.

Or, ces principes de communication s'appliquent tout autant aux jugements, aux conventions et aux autres textes juridiques, doctrine incluse. Montesquieu a défini les règles de la lisibilité/clarté en recommandant trois principes cardinaux : concision, simplicité, précision[270]. Diderot, dans l'*Encyclopédie*, avait déjà proposé sa définition de la clarté[271] :

> Au figuré, c'est l'effet du choix & de l'emploi des termes, de l'ordre selon lequel on les a disposés, & de tout ce qui rend facile & nette à l'entendement de celui qui écoute ou qui lit, l'appréhension du sens ou de la pensée de celui qui parle ou qui écrit. On dit au simple, la *clarté du jour* ; au figuré, la *clarté du style*, la *clarté des idées*.

Le principe de clarté a guidé mes recherches sur la lisibilité[272]. Il doit s'appliquer aux décisions de justice pour la bonne raison que, selon Brian Dickson et tant d'autres auteurs, « *[w]e are not writing simply for legal academics or other judges. The cases we deal with... affect every man, woman and child in the country* »[273]. Ce principe doit s'appliquer aussi parce que « le juge doit utiliser un langage clair, compréhensible et adapté à des non-juristes [et] puisque la décision de justice s'adresse avant tout aux parties, elle doit pouvoir être comprise par elles »[274]. En découle naturellement « l'exigence de clarté et d'intelligibilité des décisions [...] Le style utilisé n'est ainsi pas indifférent au caractère lisible de la décision pour le justiciable »[275]. Mais la clarté n'est pas la seule en cause.

---

[270] Montesquieu, *Oeuvres complètes*, vol II, *De l'esprit des lois*, LXXIX, ch XVI, Paris, Gallimard, coll. « Bibliothèque de la Pléiade », 1951, à la p. 263.

[271] Denis Diderot et Jean le Rond d'Alembert (dir.), *L'Encyclopédie ou Dictionnaire raisonné des sciences, des arts et des métiers*, Paris, Le Breton, 1751 à la p. 505, en ligne : <//fr.wikisource.org/ wiki/L'Encyclopedie/1re_édition/CLARTÉ> (consulté le 17 juillet 2023).

[272] Voir en particulier Jean-Claude Gémar, *Traduire ou l'art d'interpréter. Langue, droit et société : éléments de jurilinguistique*, t. 2, Sainte-Foy (Qc), Presses de l'Université Laval, 1995 aux p 60-65 ; voir aussi sur la lisibilité : Jean-Claude Gémar, « Analyse jurilinguistique des concepts de « lisibilité » et d'»intelligibilité » de la loi », (2018) 48-2 *Revue générale de droit* 299.

[273] Voir : *Remembering Brian Dickson* (1916-1998), en ligne : https://fairduty.wordpress.com/2016/05/19/remembering-brian-dickson-1916-1998/ (consulté le 17 juillet 2023).

[274] Yves Donzallaz, préc., note 254, p 86.

[275] *Id.*

2. Du fond et de la forme

La clarté, toutefois, ne réside pas tout entière dans le style, la forme d'un texte, elle dépend aussi grandement de son organisation formelle, de la façon dont le droit est rendu par l'entremise de la motivation et de sa présentation. On l'oublie souvent, mais le fond et la forme ne font qu'un, comme le rappelle Benjamin Cardozo : « *The strength that is born of form and the feebleness that is born of the lack of form are in truth qualities of the substance. They are the tokens of the thing's identity. They make it what it is* »[276]. Le droit lui-même et, parfois, sa complexité opacifient le texte, occultant sa clarté. Ces aspects du jugement retiennent l'attention des experts depuis les tout débuts des séances de rédaction des jugements organisées par l'Institut (CIAJ/ICAJ). Le juge Mimin l'avait compris qui s'exprimait ainsi sur la « construction » d'un jugement :

> En avançant à petits pas, dans la carrière judiciaire, en changeant de centre d'observation, j'ai pu me convaincre chaque jour davantage que la probité de la langue allait de pair avec l'exactitude de la pensée, qu'il y avait un lien préétabli entre les formes de la diction et les règles du raisonnement et qu'un jugement se défendait d'autant mieux qu'il était mieux construit.[277]

Cette logique de la construction a guidé l'affirmation des principes cardinaux repris en boucle dans la formation des juges à la rédaction de jugements. Par exemple, James Raymond soulignait dans ses séminaires la logique du raisonnement tripartite classique appliquée au jugement, ainsi résumée : « *When several issues are involved, each must be resolved with the same logic : certain facts, considered in the context of a particular law, lead to an ineluctable conclusion.* »[278] et présentée simplement dans ce tableau sommaire, mais si parlant[279] :

---

[276] Benjamin N. CARDOZO, *Law and Literature and Other Essays and Addresses*, New York, Harcourt, Brace, 1931, à la p. 6.

[277] Pierre MIMIN, *Avant-Propos*, dans *Le style des jugements*, 4ᵉ éd., Paris, Librairies techniques, 1978, à la p. 11.

[278] James C RAYMOND, « The Architecture of Argument », (2004) 7 *The Judicial Review : Journal of the Judicial Commission of New South Wales* 39, 40, en ligne : http://www.judicialcollege.vic.edu.au/eManuals/Downloadable%20documents/Coroners/The%20Architecture%20of%20Argument%20%20J%20Raymond%202004.pdf (consulté le 17 juillet 2023).

[279] *Id.*

These facts (narrate facts)
Viewed in the context of this law/contract/regulation/precedent/section of the Constitution/principle of equity (choose one)...
Lead to this conclusion (relief sought).

Un des vecteurs souvent ignorés de cette clarté du droit se niche dans la toute première page d'un jugement, dans les premiers paragraphes, lesquels devraient contribuer à l'intelligibilité du texte. Il faut distinguer ici deux situations bien différentes : selon que le jugement est écrit pour les juristes, la profession, ou pour son ou ses destinataires naturels que sont les parties, sa présentation – la « première page qui dit tout »[280] – changera. La tendance actuelle, croissante, est de s'adresser plutôt aux parties ; auquel cas, il importe de « capter l'intérêt du lecteur, l'informer de l'objet du jugement et lui résumer les questions principales qui y sont traitées »[281] plutôt que de le noyer d'emblée sous un flot de détails énumérant règles, précédents et procédures en jeu, comme on l'a trop souvent vu[282]. Aussi est-il nécessaire de bien distinguer les enjeux que recouvre la manière de s'adresser au public visé : « Les professionnels du droit, qu'il s'agisse de l'autorité de recours, d'exécution ou de la doctrine, attendent un texte technique fondé et documenté. Cependant, telles ne sont pas les attentes des parties et du public. »[283] Et pour cause. Si, d'un côté, le juge est tenu de dire le droit avec les mots du droit, son langage, de l'autre côté, « les arrêts et décisions doivent être rédigés de façon à être compris par des non-juristes »[284]. Les jurilinguistes canadiens ont montré que l'on peut y arriver avec des énoncés clairs et simples sans avoir à écrire « des phrases compliquées et des tournures artificielles généralement incompréhensibles. »[285]

Tel est le virage socioculturel que les visées jurilinguistiques ont conduit le monde de la justice à prendre, car elles sont axées sur le texte clair,

---

[280] Selon l'expression courante employée par les spécialistes de la rédaction des jugements que sont Louise Mailhot, James Raymond et Edward Berry, soit « *the first page / paragraph says it all* ». Voir Louise MAILHOT, *Écrire la décision. Guide pratique de rédaction judiciaire*, Cowansville, Les Éditions Yvon Blais, 1996, à la p. 41 ; Louise MAILHOT and James D. CARNWATH, *Decisions, Decisions... A Handbook for Judicial Writing*, Cowansville, Les Éditions Yvon Blais, 1998.

[281] L. MAILHOT, préc., note 265, à la p. 41.

[282] Sur la destination du jugement, voir James C RAYMOND, préc., note 263, à la p. 39.

[283] Y. DONZALLAZ, préc., note 254, p. 86.

[284] *Id.*

[285] *Id.*

à la portée d'un public errant, sinon, dans les méandres d'un langage du droit prolixe et obscur. En somme, pour faire sens commun, un jugement devrait être le plus clair possible, c'est-à-dire lisible et intelligible pour le commun des mortels. Depuis une poignée de décennies, le monde judiciaire a pris conscience du fait que le jugement est un acte de communication. En tant que tel, vu son importance au sein d'une société de droits et de justice comme la canadienne, il importe qu'il soit bien écrit. Cela ne veut pas dire fleuri ou littéraire, mais rédigé dans un français (ou un anglais) simple et courant, soit la langue de tout le monde. Le succès de la communication, ainsi que le pense Louise Mailhot, « dépend grandement de la clarté du style et de son adaptation au type d'auditoire auquel s'adresse le message »[286].

Un style particulier caractérise les textes que produit chaque système juridique. Nous l'avons vu à propos de la loi et, maintenant, du jugement. La convention, dont le contrat est la figure de proue, n'échappe pas aux maux dont est atteint un langage du droit vestige d'un autre temps. On pourrait aller jusqu'à dire que la convention incarne tous les excès de ce langage lorsque l'auteur cède à la facilité, à la routine.

III. Le contrat est(-il) la convention juridique?

Ce titre, emprunté à Gérard Trudel, cité dans les *Dictionnaires de droit privé en ligne*, avertit l'usager que les deux termes sont considérés comme synonymes et que « dans notre droit, la convention se dénomme contrat. L'identité est totale »[287]. Ce que confirme le *Dictionnaire du droit privé* de Serge Braudo: « Dans le langage juridique, "convention" est synonyme de contrat et d'accord »[288]. Au Québec comme en France, la synonymie serait donc totale. Ces deux termes seraient alors interchangeables. Dans le langage courant, peut-être. En linguistique, on distingue les termes « génériques » et les termes « spécifiques »: convention est le terme *générique* (hyperonyme), il définit le genre; contrat est l'espèce, un terme *spécifique*. Les Encyclopédistes, déjà, les distinguaient en remontant au droit romain,

---

[286] L. MAILHOT, préc., note 265, p 7.

[287] Gérard TRUDEL, *Traité de droit civil du Québec*, t. 7, Montréal, Wilson & Lafleur, 1942, à la p. 46; en ligne: https://nimbus.mcgill.ca/pld-ddp/dictionary/show/20520 ?source=OBLFR (consulté 17 juillet 2023).

[288] Serge BRAUDO, *Dictionnaire de droit privé*, en ligne: https://www.dictionnaire-juridique.com/definition/convention.php (consulté le 17 juillet 2023).

qui reconnaissait « deux sortes de *conventions*, savoir les pactes & les contrats proprement dits »[289]. Comparons-les[290] :

Convention	Contrat
[...] le mot *convention* est un terme général qui comprend toutes sortes de pactes, traités, contrats, stipulations, promesses, & obligations. Il est vrai que chacun de ces termes convient plus particulièrement pour exprimer une certaine *convention* ;	On appelle *contrats*, les *conventions* par lesquelles deux personnes s'obligent réciproquement, & qui ont un nom propre, comme un contrat de vente, d'échange, &c.

Nos Encyclopédistes sont clairs : ces deux termes, tout en étant situés dans un rapport de synonymie, ne sont pas interchangeables, puisque le premier est un chapeau englobant différentes espèces qui expriment « une certaine convention » – dont le contrat –, alors que le second possède « un nom propre ». Avec Marty & Raynaud, on dira que le contrat « est une *convention génératrice d'obligations* »[291] et, pour en finir, que « [t]out accord de volonté sur un objet d'intérêt juridique peut être qualifié de convention »[292]. Le temps a fait son œuvre de simplification, rapprochant jusqu'à les confondre deux termes synonymes mais non identiques.

Cette mise au point était nécessaire pour qui veut employer le mot juste opportunément, en particulier dans un contexte bisystémique et bilingue comme le nôtre. Pourquoi ? Parce que le contrat, document essentiel à la bonne marche du monde des affaires et de toutes les sociétés respectant les principes qui le constituent, est l'acte juridique le plus répandu dans la vie courante des gens, car les contrats « sont de tous les tems & de tous les pays, ayant été introduits pour l'arrangement de ceux qui ont quelques intérêts à régler ensemble »[293]. Et parce que, selon W. Friedmann, « le concept de contrat apparaît essentiel à tout système juridique développé »[294].

---

[289] D'ALEMBERT, BOUCHER D'ARGIS, MALLET, *L'Encyclopédie*, 1re éd., t. 4, 1751, à la p. 161, entrée « convention ».

[290] *Id.*

[291] Gabriel MARTY et Pierre RAYNAUD, *Droit civil*, t. II, *Les obligations*, Paris, Sirey, 1962, par. 23, à la p. 25.

[292] *Id.*

[293] D'Alembert, *L'Encyclopédie*, préc., note 274, entrée « contrat », article rédigé par Boucher d'Argis, à la p. 122.

[294] Wolfgang FRIEDMANN, *Théorie générale du droit*, 4e éd., vol. vi, Paris, L.G.D.J., 1965, à la p. 321.

De là l'importance de cet acte juridique, qui pose les mêmes problèmes de rédaction que la loi et le jugement quant à la clarté et la lisibilité du texte (B), sans oublier les difficultés singulières que présente la confrontation des traditions juridiques en droit privé : common law c. droit civil (A). Par exemple, le *contract* anglais peut-il se traduire en français à bon droit par « contrat » ? Ces deux termes sont-ils « équivalents » ? Les réponses à ces questions se trouvent dans la comparaison des deux systèmes en présence. Les différences de fond et de forme que l'on peut relever entre le *contract* et le contrat ne peuvent s'expliquer que par la nature du droit des contrats de chaque système. Ces différences ressortent sur le double plan du droit et de la langue.

A. *Différences dans les cultures et traditions juridiques*

La façon dont les systèmes juridiques se sont formés et dont ils ont évolué se reflète dans l'expression de leur droit, comme nous l'avons vu à propos de la loi et de la décision de justice. Le contrat, par sa manière d'exprimer l'accord des parties, ne fait pas exception à cette règle. C'est cet aspect de l'expression de « la loi des parties » qui intéresse la jurilinguistique au premier chef, et non le fond juridique qui sous-tend le contrat, domaine d'intérêt du juriste, du comparatiste. Aussi ne doit-on pas s'attendre ici à un exposé de droit comparé sur la question des obligations contractuelles de l'un et de l'autre système, mais plutôt à un résumé des caractéristiques distinguant le *contract* du contrat sous l'angle de leur forme.

Le style de rédaction des contrats les différencie nettement des autres modes d'expression du droit. L'histoire du droit des contrats révèle la façon dont ils se sont formés, ont évolué[295]. Les origines du contrat, à l'instar de celles de la loi et du jugement, se perdent dans la nuit des temps, restent nébuleuses et sujettes à controverses, comme le montre Carbonnier[296]. Chaque système a édifié son droit des obligations à sa manière, la common law par « sauts et gambades » successifs des tribunaux, le droit civil suivant pour sa part la voie romaine, linéaire, de la loi.

---

[295] On trouvera l'information pertinente et un historique détaillé de la question chez René DAVID, *Les contrats en droit anglais*, 4ᵉ éd., Paris, L.G.D.J., 1973 ; voir aussi un résumé complet de la question René DAVID, *Le droit anglais*, Paris, PUF, coll. « Que sais-je ? », 1965, où, sous la rubrique « Obligations », l'auteur consacre un chapitre aux délits et au droit des contrats.

[296] J. CARBONNIER, préc., note 126, p. 308 et suiv.

De ces deux cultures juridiques si différentes *a priori* est apparu un type de contrat reflétant la nature et les caractéristiques de chacun des deux systèmes. Ces différences sont succinctement résumées en quelques mots lourds de sens par deux grands historiens du droit[297] :

> Le droit anglais répugne à une théorie générale de l'obligation ; il traite séparément des contrats et des délits, insiste sur l'aspect concret de l'obligation ; pour lui tout rapport obligatoire se traduit par une prestation et il met l'accent sur le caractère matériel de celle-ci.

Il s'ensuit que les règles de formation et de validité du *contract* diffèrent de celles du contrat civiliste et que la forme du texte contractuel est tout entière dans l'usage qui est fait de la langue.

1. La formation du contrat en common law et en droit civil

En common law, trois conditions essentielles doivent être présentes pour qu'il y ait obligation contractuelle et que le contrat soit formé et valide. Au départ, il faut, bien sûr, une offre *(offer)*, et que celle-ci soit acceptée *(acceptance)*. Jusque-là, rien ne vient contredire ou contrarier le mode de formation d'un contrat civiliste ni sa validité. La grande différence réside toutefois dans la troisième condition, qui exige une contrepartie, le plus souvent pécuniaire : la célèbre *consideration* – terme généralement traduit par «contrepartie». Ce terme a fait l'objet de nombreux débats, en traduction comme en droit, puisqu'il a longtemps figuré dans le *Code civil du Bas Canada* (art. 984, 989, 990), ce qui lui conférait une apparence de légitimité, alors que l'article 984 énonçait : « Une cause ou considération licite » [je souligne]. La cause précédait, suivie du «ou» : conjonction d'équivalence de désignation ou disjonctive ?

Aujourd'hui, le *Code civil du Québec* (C.c.Q. 1991) prévoit, à l'article 1385, quatre conditions essentielles. Outre l'échange de consentement (1) entre «des personnes capables de contracter» (2), le Code prévoit qu'il «est aussi de son essence qu'il ait une cause (3) et un objet (4)». On a vu la cause (ou «considération» du C.c.B.C.) ; l'objet (ce sur quoi porte le contrat) vient s'ajouter comme quatrième condition.

De cette différence dans la formation du contrat, il découle qu'en common law on regarde le contrat comme un marché *(bargain)* résultant d'un échange de promesses, alors que le droit civil, dans la tradition romaine,

---

[297] Paul OURLIAC et J. MALAFOSSE, *Histoire du droit privé*, 2ᵉ éd., t. 1, Paris, PUF, 1969, à la p. 13.

voit en lui plutôt un accord de volontés. On peut imaginer, en conséquence, qu'un marché, énoncé par écrit, demandera plus de détails de toute sorte, prenant donc plus de place qu'un «accord de volontés» – ce qui n'exclut pas pour autant la présence toujours possible de contrats plus «resserrés».

C'est tout le problème de la forme que présente le contrat anglo-américain. Le juriste de common law, contrairement à son homologue français «se sent obligé [...] d'énumérer toutes les situations»[298], alors que le civiliste «se contente de présenter la situation dont on peut déduire toutes les autres»[299]. Dans la tradition civiliste, en effet, on «envisage traditionnellement le contrat écrit comme un document assez bref, présentant dans ses termes généraux les principales obligations des parties [...] En revanche, dans les pays de common law, la tradition est de rédiger des contrats détaillés»[300]. On retrouve là les traits caractéristiques des deux langues – l'anglais «centrifuge» et le français «centripète» – transposés dans le droit. On touche, ici, à l'essence des langues, à leur esprit, lequel se manifeste dans la différence de l'expression du droit dans le texte contractuel. L'image du contraste qu'offre le jardin anglais par rapport au jardin français rend bien cette différence.

2. *L'esprit de la langue réside dans la forme*

La façon dont la common law s'est édifiée, à coups de décisions jurisprudentielles successives, a prédisposé les auteurs de ses textes juridiques – législateurs, juges et, surtout, avocats – à rechercher l'exhaustivité de crainte de ne pas avoir été compris ou, s'agissant du contrat, d'entrouvrir la porte à d'éventuelles poursuites en cas de formulation jugée incomplète ou peu claire. L'exemple le plus banal est la répétition des nombres dans les contrats, l'un en lettres, l'autre entre parenthèses: «les quatre (4) exemplaires du contrat», comme si le(s) destinataire(s) étaient incapables de lire correctement ou, pire, de comprendre... Ce sont de tels petits détails qui, s'ajoutant aux vecteurs critiques qu'est la doctrine du *stare decisis* «*and the fact that the common law itself is shaped by practitioners*»[301],

---

[298] Geoffrey VITALE, Michel SPARER et Robert LAROSE, *Guide de la traduction appliquée*, Montréal, Les Presses de l'Université du Québec, 1978, à la p. 204.

[299] *Id.*

[300] Olivier MORÉTEAU, *Droit anglais des affaires*, Paris, Dalloz, 2000, à la p. 8.

[301] Heikki E.S. MATTILA, *The development of Legal Language*, Helsinki, Kauppakaari – Finnish Lawyers' Publishing, 2002, à la p. 66.

contribuent à « l'abondance de verbiage inutile dans les contrats », comme le fait remarquer la jurilinguiste Barbara Beveridge[302].

Le Canada en a hérité depuis ses origines, rappelle Louis Baudouin : « Les Anglais s'emparèrent du commerce et dès lors la formation et la preuve de leurs contrats, se firent selon la discipline, la technique et l'esprit de la Common Law »[303]. À quoi l'on pourrait ajouter : l'économie de la Province, soit également la finance et les affaires, et cela avant même le Traité de Paris (1774). Les propos que Jean-Charles Bonenfant tenait sur la loi et ses problèmes de langue et de traduction[304] valent tout autant pour le contrat[305]. En effet, la traduction française des contrats anglais a longtemps suivi le texte de départ à la lettre, et même au mot près. D'où des contrats s'étalant sur une dizaine de pages, des paragraphes constitués d'une phrase unique de plusieurs lignes, sans point ni point-virgule, comme le montre cet exemple de clause dans un contrat d'assurance[306] :

> Advenant tout défaut de l'Acheteur dans l'accomplissement de l'une ou l'autre des obligations imposées en vertu du présent contrat et notamment, mais sans restreindre la généralité de ce qui précède, advenant le défaut de l'Acheteur dans le paiement d'un des versements du solde dû en capital ou intérêts, ou encore dans l'éventualité d'un défaut de paiement de loyer entre... et l'Acheteur tel que ci-haut stipulé et advenant que tel défaut ne soit pas corrigé dans un délai de cinq (5) jours d'un avis donné à cet effet, ou advenant la faillite ou l'insolvabilité de l'Acheteur ou de l'une ou l'autre des cautions pendant que les cautions sont encore effectives, ou advenant qu'un bref d'exécution soit émis contre les actions de la compagnie ou de la compagnie elle-même en exécution d'un jugement rendu en vertu des présentes deviendra dû et exigible à la seule discrétion du Vendeur ou de ses successeurs ou ayant cause et ce, sans autre avis ni délai ou demande à cet effet.

Passons sur la lourdeur du texte, ses maladresses, ses impropriétés, sa syntaxe, toutes choses habituelles du genre contractuel, pour ne voir

---

[302] Barbara BEVERIDGE, « Droit et langue dans le contexte des contrats commerciaux internationaux », (2000) 3(1-2) *Revue de la common law en français* 7, à la p. 8.

[303] Louis BAUDOUIN, *Les Aspects généraux du droit privé dans la province de Québec*, Paris, Librairie Dalloz, 1967 (Voir en partic. le Chap. V – « Les problèmes de terminologie juridique du droit privé », aux p. 37-48].

[304] *Supra*, 1ère partie, note 26.

[305] Jean-Charles BONENFANT, « Perspective historique de la rédaction des lois au Québec », (1979) 20(1-2) *Les Cahiers de droit* 393.

[306] Exemple tiré du Guide de Louise MAILHOT, *Écrire la décision. Guide pratique de rédaction judiciaire*, 2e éd., Cowansville, Éditions Yvon Blais, 2004, à la p. 25.

que sa longueur critique. Avec cet exemple de clause, nous avons affaire à une phrase de quelque 165 mots sans point ni point-virgule, très représentative du type de texte contractuel courant dans le monde des affaires. Question longueur, cette clause n'est pas la pire, loin de là ; elle représente néanmoins un sérieux casse-tête pour tout esprit rationnel imprégné de logique cartésienne. Rappelons qu'au-delà de 25 mots, une phrase perd en lisibilité et clarté à mesure qu'elle s'allonge. On est loin du compte.

Se pose alors la question : d'où vient cette façon de rédiger en tant de mots un texte conventionnel porteur de droits ? La réponse n'est pas simple, elle niche dans l'histoire de la common law et des différentes étapes de son évolution.

B. La forme du contract et ses corollaires

Ce n'est qu'à partir du 15ᵉ siècle que les cours anglaises commencèrent à reconnaître une forme d'action pouvant rendre les contrats exécutoires (*enforceable*). Toutefois, ce n'est qu'au 16ᵉ siècle que les tribunaux reconnurent, à partir de l'*assumpsit*, une forme d'action, *action in assumpsit*, mais à condition que le plaignant démontre que le défendeur n'a pas tenu ses engagements (*breach of contract*)[307]. Quant à la *consideration* – condition essentielle pour la validité d'un contrat –, son origine ne coule pas de source, compliquant ainsi sa compréhension. Selon J.B. Ames, en effet, « *it seems impossible to refer consideration to a single source* »[308]; mais, lorsque ce terme calqué de l'anglais apparaissait dans nos textes juridiques, on savait d'où il venait : de la common law et de son cortège de jargon et d'archaïsmes, dont voici un simple aperçu, composé d'extraits de clauses authentiques de limitation / exclusion de responsabilité :

- des verbes en cascade :

    modify, adjust, amend or otherwise change......

    the Seller shall sell, deliver, transfer, assign, and convey to the Purchaser,

    Borrower hereby pledges, assigns, transfers and grants to Lender a security interest

---

[307] Sur l'histoire de l'*assumpsit*, voir J. B. AMES, «The History of Assumpsit», (1888) 2-1 *Harvard Law Review* 1, en ligne : https://www.jstor.org/stable/pdf/1321512.pdf (consulté le 17 juillet 2023).

[308] *Id.*, p. 1.

- des listes de termes censées couvrir une illusoire exhaustivité, composant des phrases trop longues pour être retenues à la première lecture :

    any losses, actual damages, costs, fees, expenses, claims, suits, judgments, awards, liabilities (including but not limited to strict liabilities), obligations, debts, fines, penalties, charges, costs of Remediation (whether or not performed voluntarily),

    amounts paid in settlement, litigation costs, reasonable attorneys' fees, engineers' fees, environmental consultants' fees, and investigation costs (including but not limited to costs for sampling, testing and analysis of soil, water, air, building materials, and other materials and substances whether solid, liquid or gas), of whatever kind or nature,

    Subject to Sections 10.6 and 10.7, the Shareholders, jointly and severally, hereby agree to defend, indemnify and hold Parent harmless from and against, and to reimburse Parent with respect to, any and all losses, damages, liabilities, claims, judgments, settlements, fines, costs and expenses

On comprend mieux ainsi les propos de l'avocat d'affaires américain Matt Johnston, lorsqu'il avance : « *I read a lot of contracts in my work and despite the nature of the contract, what it is for, and what it is about, I would say 98 percent of them suffer from the same infirmity... they are essentially unreadable.* »[309] Ce qui peut donner le genre de clause que voici[310] :

> UNDER NO CIRCUMSTANCES SHALL COMPANY HAVE ANY LIABILITY, WHETHER IN CONTRACT, TORT (INCLUDING NEGLIGENCE), STRICT LIABILITY, OTHER LEGAL THEORY, OR BREACH OF WARRANTY FOR : (i) ANY LOST PROFITS ; (ii) ANY LOSS OR REPLACEMENT OF DATA FILES LOST OR DAMAGED ; (iii) CONSEQUENTIAL, SPECIAL, PUNITIVE, INCIDENTAL OR INDIRECT DAMAGES ARISING OUT OF THIS AGREEMENT, THE DELIVERY, USE, SUPPORT, OPERATION, OR FAILURE OF THE SYSTEM ; OR (iv) CONSEQUENTIAL, SPECIAL, PUNITIVE, INCIDENTAL OR INDIRECT DAMAGES ARISING OUT OF THE INACCURACY OR LOSS OF ANY DATA GENERATED BY THE SYSTEM ; EVEN IF COMPANY HAS BEEN ADVISED OF THE POSSIBILITY OF SUCH DAMAGES, PROVIDED THAT THE FOREGOING DISCLAIMER UNDER SUB-

---

[309] Matt JOHNSTON, « The Waste of Poorly Written and Unreadable Contracts », Johnston Business Law Group, en ligne : https://johnston-legal.com/2017/07/31/poorly-written-unreadable-contracts/ (consulté le 17 juillet 2023).

[310] Exemple tiré de Shawn BURTON, « The case for Plain-Language Contracts », (2018) *Harvard Business Review*, en ligne : https://hbr.org/2018/01/the-case-for-plain-language-contracts (consulté le 17 juillet 2023).

SECTION (iii) ABOVE DOES NOT APPLY TO THE EXTENT SUCH DAMAGES ARE BASED UPON THE USE OF THE SYSTEM AND ARE ARISING OUT OF ...'S WILLFUL MISCONDUCT OR GROSS NEGLIGENCE THAT RESULTS IN A BREACH OF SECTION 6 HERETO.

Soit une longue phrase de quelque 142 mots, dont l'absence de ponctuation (points, points-virgules) aggrave le manque de clarté et érode la lisibilité. Par ailleurs, malgré les apparences, la ponctuation ne contribue néanmoins que peu à la lisibilité et à la clarté d'un texte, comme le démontre l'extrait suivant[311]:

> The completion of each Phase, and the Deliverables associated with each such Phase, shall be subject to the prior written approval of Association in each instance. Prior to moving from one Phase to the next, Vendor shall be required to obtain Association's written approval for all Deliverables described for such Phase, as well as written approval to proceed to the next Phase. In the event that Association does not approve a Deliverable for a reasonable non-conformity, the Parties shall work together in good faith to resolve the identified problems with the Deliverable, after which Vendor, at its sole cost, shall modify the Deliverable and re-submit the revised Deliverable for Association's review and approval. In the event that Association rejects a Deliverable after three (3) revision cycles and Association determines, in its reasonable business judgment, that such Deliverable is critical to the value of the Services, Association shall have the right to terminate the Agreement upon written notice to Vendor, which notice shall reference the terms of this Section 4. (**170 mots**)

Le problème de lisibilité que pose ce second texte ne relève pas tant du fond (les conditions) que de la forme, soit de la manière dont ces conditions y sont présentées, même si le texte est ponctué: les quatre phrases sont séparées par des points, et non des points-virgules. Avant d'en évaluer la lisibilité, voyons la façon dont la longueur d'un texte et de ses phrases influe sur la compréhension d'un texte.

1. La lisibilité en formules

L'American Press Institute (APR) a publié en 2009 une étude (*Readers' Degree of Understanding*) portant sur 410 journaux. Les résultats de l'étude

---

[311] M. JOHNSTON, préc., note 294.

montrent une corrélation entre la longueur des phrases et la compréhension des lecteurs, résumée ainsi[312] :

- When the average sentence length in a piece was fewer than eight words long, readers understood 100 percent of the story.
- Even at 14 words, they could comprehend more than 90 percent of the information.
- But move up to 43-word sentences, and comprehension dropped below 10 percent.

Il s'agit en l'occurrence d'articles de journaux, qui sont généralement rédigés dans une langue que la majorité des gens peut comprendre. Toutefois, transposés dans des textes contractuels, rédigés dans la langue de spécialité qu'est le langage du droit, ces résultats se révéleraient sans doute bien pires devant les deux exemples de clauses présentés plus haut, où l'on voit des phrases dépassant largement la barre des 43 mots. Pour vérifier cette hypothèse, j'ai utilisé six formules de mesure de la lisibilité d'un texte[313] en calculant un nombre, qui, sur une échelle de 10 à 100, révèle la simplicité ou la difficulté du texte : plus le nombre est élevé (0 → 100), plus le texte est lisible, facile à lire et à comprendre ; à l'inverse, plus le nombre est bas (0 ←), plus le texte est difficile à lire et à comprendre. Appliquées aux deux clauses de 142 et 170 mots vues ci-dessus, ces formules donnent, en faisant la moyenne des six résultats, le résultat suivant : 18,192.

Ce qui situe ces deux clauses, des plus banales au demeurant, dans la catégorie des textes très difficiles à lire, dans le tableau établi selon le niveau scolaire des lecteurs américains, qui part du Grade 5 (10-11 ans) pour arriver au niveau professionnel, en passant par l'université. On en mesure la difficulté si l'on sait que les articles de la *Harvard Law Review* obtiennent un résultat de 30, situant cette revue dans la catégorie des textes très difficiles à lire. Or, il ne s'agit en l'occurrence que de courts extraits de contrats. Si ces extraits représentent correctement la difficulté de lecture et de

---

[312] Ann WYLIE, « How to make Your Copy More Readable : Make your sentences shorter », Public Relations Society of America (PRSA) 2009, en ligne : https://prsay.prsa.org/2009/01/14/how-to-make-your-copy-more-readable-make-sentences-shorter/ (consulté le 17 juillet 2023).

[313] Ces six formules sont : 1) score de facilité de lecture Flesch (FRES) ; 2) niveau de lecture Flesch-Kincaid (FKGL) ; 3) Score automated RI ; 4) indice de Coleman-Liau ; 5) niveau SMOG (indice de lisibilité) ; 6) indice de Gunning FOG. En ligne : https://www.dcode.fr/test-lisibilite (consulté le 25 janvier 2022).

compréhension des contrats en général qu'éprouvent les non-spécialistes, on en déduira que, sur la totalité du contrat, les lecteurs n'en comprendront que quelque 10 pour cent, avertit Matt Johnston : « *[...] readers of this contract* [de 170 mots] *are going to understand ten percent of what is presented which is a major problem and a waste of time and money* »[314]. Cette remarque vaut pour les deux clauses présentées. En outre, quelle que soit la complexité de l'opération juridique, la manière de l'exprimer dans un contrat doit rester lisible. C'est ce qui distingue la bonne de la mauvaise rédaction.

Les phrases de ces clauses gagneraient à être réduites, de même que ces clauses gagneraient à être généralement réorganisées. Il ne m'appartient cependant pas d'en proposer une correction, tâche incombant aux jurilinguistes anglophones, dont j'ai cité certains de leurs travaux et qui ne se sont pas privés de critiquer la rédaction problématique des contrats tout en proposant des solutions pour en améliorer la visibilité et la compréhension[315]. En revanche, pour ce qui est des traductions françaises de contrats anglais, je crois avoir droit à la parole critique pour en dénoncer les « dits et maux ».

2. Le syndrome du miroir

Ce mal affecte les textes juridiques, à l'arrivée, une fois que la traduction a fait son œuvre de transfert du message d'une langue à l'autre, d'un système à l'autre et d'une culture à l'autre. Ce mal, c'est la traduction littérale et, parfois, mot à mot. De tous les textes juridiques, le contrat est celui qui donne le plus mauvais exemple en suivant trop souvent à la lettre le principe du « respect » du texte de départ, de la fidélité à l'auteur, principes chers aux juristes de tous bords. Au Canada, et particulièrement au Québec, cette tendance a duré jusqu'à nos jours – et perdure ! –, non seulement en traduction, mais aussi en rédaction unilingue, modelée sur le style de rédaction des contrats en common law. Le littéralisme parasite la traduction depuis les origines : « L'histoire de la traduction est faite de la coexistence de contraires qui semblent s'alimenter réciproquement », nous

---

[314] M. JOHNSTON, préc, note 294.

[315] Voir, parmi nombre d'autres auteurs, les solutions des trois auteurs cités plus haut : M. JOHNSTON, préc, note 294, S. BURTON, préc., note 295 et A. WYLIE, préc., note 297.

dit Michel Ballard[316]. En traduction juridique, «le fantôme de la traduction littérale» hante les traducteurs[317]. Bien que l'on puisse en comprendre les raisons historiques, le littéralisme est le grand coupable des maux dont souffre la traduction depuis les origines et, aujourd'hui encore, la traduction juridique.

Il s'ensuit que les textes contractuels canadiens, rédigés ou traduits en français, portent les stigmates transmis par le modèle anglais dans le vocabulaire emprunté, la syntaxe copiée et le style imité, soit les principaux éléments constitutifs de la forme d'un texte.

a) Le vocabulaire

On a fait grand cas du terme «corporation» depuis son apparition dans le *Code civil du Bas Canada* (C.c.B.C., 1866). Or, pour filer une métaphore usée, il n'est que l'arbre qui cache la forêt des mots. Passons sur des mots banals, tels «le banc (des juges)», «*bill*» (projet de loi), «canceller» (annuler), «compléter» (terminer, achever), «siéger sur (un comité)», des archaïsmes tels «nonobstant» (= malgré), «ci-haut/ci-bas» (ci-dessus/ci-dessous), «ledit/ladite», ou des locutions comme «à l'effet que», qui ne changent pas le droit mais en appauvrissent l'expression en donnant un mauvais exemple.

Il en est d'autres, épines dans le corps du droit, qui trahissent à la fois la langue et le droit. Moins nombreux que les premiers, leur présence n'en pèse pas moins lourd sur les messages juridiques et leur sens, qu'ils peuvent rendre équivoques, voire déformer. La célèbre expression «termes et conditions» n'en est qu'un exemple bien connu parmi d'autres[318]. On

---

[316] Michel BALLARD, *De Cicéron à Benjamin*, Lille, Presses universitaires de Lille, 1995, à la p. 262.

[317] M. GAWRON-ZABORSKA, préc., note 162, p 349. Ce «fétichisme de la source», que dénonce J.-R. Ladmiral [dans *Sourcier ou cibliste. Les profondeurs de la traduction*, Paris, Les Belles Lettres, 2014, p. 95], hante tous les traducteurs, dans tous les domaines.

[318] De nombreux jurilinguistes s'y sont commis, dont l'auteur de ces lignes : Jean-Claude GÉMAR et Vo HO-THUY, *Nouvelles difficultés du langage du droit au Canada*, Montréal, Les Éditions Thémis, 2016, aux p. 614-618; voir aussi : Philippe HOUBERT, *Dictionnaire de l'anglais des contrats*, Paris, La Maison du Dictionnaire, 2000, aux p. 77-78; Arnaud TELLIER-MARCIL, *La rédaction en droit des affaires : Principes fondamentaux et recommandations pratiques*, Montréal, Éditions Yvon Blais, 2016, aux p. 68-73; voir aussi l'OFFICE DE LA LANGUE FRANÇAISE (Québec), Banque de dépan-

pense aussi à une autre expression non moins célèbre et critiquable «conjointement et solidairement», traduction littérale de l'anglais *jointly and severally*, que proscrivent fermement les autorités linguistiques et juridiques canadiennes, dont le Barreau du Québec, le *Dictionnaire de droit privé* du Québec, TERMIUM et le ministère de la Justice du Canada, qui la condamne en ces termes: «L'expression"conjointement et solidairement" est à proscrire. Les débiteurs conjoints ne sont responsables que de leur part respective dans la dette tandis que les débiteurs solidaires sont chacun responsables de la totalité»[319]. En dépit de ces critiques, cette expression, qui apparaît déjà dans des causes plaidées dans les années 1820 et 1830, perdure quelque deux siècles plus tard.

Parmi de nombreux autres exemples, citons les termes «négligence grossière» et «inconduite délibérée» dénoncés par le jurilinguiste Tellier-Marcil, termes traduisant littéralement l'anglais *gross negligence* et *wilful misconduct*, alors qu'en français il existe les équivalents naturels que sont «faute lourde» et «faute intentionnelle»[320]. Et que dire des «procédures légales» [= judiciaires] – en existe-t-il d'«illégales»? Traduire systématiquement *legal* par «légal» peut conduire à des aberrations étonnantes. C'est ainsi que le terme «dommages punitifs», calqué sur *punitive damages*, s'est introduit dans notre droit – en Europe aussi –, transformant en sanction ce qui, en droit civil, n'était historiquement que réparation compensatoire (d'ordre civil) pour punir (ordre pénal) une éventuelle faute «morale»[321].

Ce modeste florilège de terminologie calquée sur le modèle anglais ne fournit qu'un aperçu de l'état de la situation linguistique de nos contrats depuis le 19e siècle. Selon l'avocat d'affaires Shawn Burton, «*[f]or the most part, the contracts used in business are long, poorly structured, and*

---

nage, «Terme», en ligne: http://bdl.oqlf.gouv.qc.ca/bdl/gabarit_bdl.asp?id=3807 (consulté le 17 juillet 2023).

[319] Ministère de la Justice, SOLIDARITÉ, en ligne: https://justice.gc.ca/fra/pr-rp/sjc-csj/redact-legis/juril/no123.html (consulté le 17 juillet 2023). On trouvera une analyse détaillée de la question dans un article de Jean-Claude GÉMAR, «L'analyse jurilinguistique en traduction, exercice de droit comparé. Traduire la lettre ou «l'esprit des lois»? Le cas du Code Napoléon», (2019) 37 *Comparative Legilinguistics* 9.

[320] Arnaud TELLIER-MARCIL, «Plaidoyer pour la prise en compte de la spécificité du Québec dans la traduction de contrats», (2019) 32-1 *TTR* 177, à la p. 186.

[321] Sur l'historique de la question, voir Louis PERRET, «Le droit de la victime à des dommages punitifs en droit civil québécois: sens et contresens», (2003) 33-2 *Revue générale de droit* 233.

full of unnecessary and incomprehensible language »[322]. Cette remarque s'applique tout autant au contrat du Québec. Si l'on ajoute la syntaxe, aspect fort original du contrat, inspirée du *contract* anglais, cela ne contribuera pas vraiment à sa clarté.

b) *La syntaxe*

La syntaxe est la discipline qui s'occupe de l'organisation de la phrase et de sa construction (*Larousse/ Le Robert*). Le contrat de common law, comme dans chaque système de droit, possède une syntaxe particulière, que l'on reconnaît au premier coup d'œil. Elle est le produit d'une longue tradition de rédaction des *lawyers* anglais, qui répugnent à modifier, changer ce qui, ayant fait ses preuves, présente des lettres de créance sanctifiées et réitérées au fil des générations. Or, nous l'avons vu, la longueur des phrases dans les contrats est un important, voire le plus important, facteur d'illisibilité et d'incompréhension pour le lecteur ordinaire, comme dans cette phrase de 176 mots défiant toute première lecture :

> Lessee shall indemnify and hold harmless Lessor and each Lessor Assignee, on an after tax basis, from and against any and all liabilities, causes of action, claims, suits, penalties, damages, losses, costs or expenses (including attorney's fees), obligations, demands and judgments (collectively, a Liability) arising out of or in any way related to: (a) Lessee's failure to perform any covenant under the Lease Documents, (b) the untruth of any representation or warranty made by Lessee under the Lease Documents, (c) the order, manufacture, purchase, ownership, selection, acceptance, rejection, possession, rental, sublease, operation, use, maintenance, control, loss, damage, destruction, removal, storage, surrender, sale, condition, delivery, return or other disposition of or any other matter relating to any Equipment or (d) injury to persons, property or the environment including any Liability based on strict liability in tort, negligence, breach of warranties or Lessee's failure to comply fully with applicable law or regulatory requirements; provided, that the foregoing indemnity shall not extend to any Liability to the extent resulting solely from the gross negligence or willful misconduct of Lessor.

Ensuite, comme dans les lois (*statutes*), le sujet de l'action est souvent rejeté plus loin ou à la fin de la phrase – ou de l'alinéa. Cette organisation de la phrase rend sa lecture et sa compréhension plus difficiles. On a vu, à propos des jugements, que la première page, la première phrase ou le

---

[322] S. BURTON, préc., note 294.

premier paragraphe sont déterminants pour comprendre la suite de l'énoncé. Lorsque les conditions du contrat, les dates et délais sont placés en tête, le sujet de l'action s'éloigne, au risque de le perdre de vue. Par exemple :

> **Upon the terms and conditions** set forth herein, effective as of the Effective Date but subject to the Closing, **the Seller** shall sell, deliver, transfer, assign, and convey to the Purchaser, and the Purchaser shall purchase from the Seller, all of the Seller's right, title and interest...

> **To the extent that** the assignment of any Assumed Contract, lease, license, Permit, Business Regulatory Approval, qualification or the like to be assigned to Purchaser pursuant to this Agreement shall require the consent of any other party, **this Agreement** shall not constitute a contract to assign the same, if an attempted assignment would constitute a breach thereof.

> **From the date hereof** until the Closing, except as otherwise provided in this Agreement or consented to in writing by the Purchaser, **the Seller** shall (a) conduct the Business...

> **Subject to** the termination provisions of this Agreement, **this Agreement** shall be effective from the date it is made and shall continue in force for a period of five (5) years...

Cette manière de procéder peut conduire parfois à une distance critique séparant le sujet et son verbe, comme dans cet exemple, où il faut chercher le sujet de l'action cinq lignes plus bas :

> **If,** after the Closing Date, any Change in Law has or would have the effect of reducing the rate of return on the capital or property of Lender or Person Controlling Lender as a consequence of, as determined by Lender in its reasonable discretion, the existence of Lender's commitments or obligations under this Agreement or any other Loan Document, then, upon demand by Lender and upon automatic acceleration of Indebtedness, **Borrower agrees** to pay to Lender, from time to time as specified by Lender, additional amounts sufficient to compensate Lender in light of such circumstances.

Il y a pire cependant. Dans l'exemple suivant, on voit une phrase de 170 mots, avec onze lignes séparant le sujet (*Any monies*) du verbe (*shall be applied*) :

> **Any monies** received, collected, generated or that arose from the exercise of any personal action, provisional measure, any other real or personal right, any other remedy, whether or not hypothecary, otherwise by way of the enforcement of any Security, or whether same is exercised under the terms of any security or any other recourse whatsoever against any Obligor or other

person in relation to the Facility, including any monies involved in any operation of compensation or set-off received by Fonds (as Collateral Agent or as lender), whether directly or indirectly and whether through enforcement, realization of any and all property of any Obligor, distributions resulting from any voluntary or involuntary insolvency, bankruptcy, receivership, custodianship, liquidation, dissolution, reorganization, assignment for the benefit of creditors, appointment of a custodian, receiver, trustee, liquidator, monitor, or other officer with similar powers or any other similar proceeding, set-off or compensation received by Fonds (as Collateral Agent or as lender) in relation to the Facility **shall be applied**, and distributed by the Collateral Agent as follows...

Enfin, la manière dont sont rédigées certaines clauses oblige le ou les rédacteurs du contrat à répéter mots, termes et noms dans un souci de précision et pour s'assurer que les lecteurs (les parties) ne perdent pas le fil de l'énoncé ou les obligations des parties, comme dans cet exemple :

> If the **Indemnifying Party** is controlling the defense of a Third Party Claim, the **Indemnifying Party** may compromise or settle the same, provided that the **Indemnifying Party** shall give the Indemnified Party advance notice of any proposed compromise or settlement...

Ces traits caractéristiques du *contract*, on les retrouve dans le contrat, au Québec principalement puisque la tradition civiliste y règne. La cause principale de ce transfert tient à la mainmise des Anglais sur le monde du commerce et des affaires en général, ainsi que le soulignait Louis Baudouin[323]. La langue a suivi. Le langage du droit étant par essence un langage culturel, chaque système de droit exprime sa culture de façon singulière, *sui generis*, comme nous l'avons constaté à propos de la loi, du jugement et, enfin, du *contract*. La situation de langues et de systèmes de droit en contact a favorisé ce phénomène de décalcomanie, entre le *contract* et le contrat. En reprenant les mots de Cornu à propos de la loi, on pourrait dire que la lettre du contrat est « le premier miroir de son esprit ».

c) Le style

Le style est ce qui caractérise les innombrables façons de s'exprimer, oralement ou par écrit. Il y a un style législatif, comme il y a un style juridictionnel. Le contrat possède, lui aussi, son style propre, adapté à la nature et aux fins de la convention visée. Parce qu'il est rare que deux situations

---

[323] L. BAUDOUIN, préc., note 303.

contractuelles soient identiques, au vu du nombre étourdissant de potentialités qu'offre le monde des affaires, du commerce et des intérêts privés, chaque contrat devrait donc être unique, conçu pour la situation juridique en cause. Or, actuellement, on dirait que les contrats sont calqués sur le même modèle : l'anglo-américain. Il faut dire que la Toile regorge de modèles et de formules généraux, adaptables à toutes les situations et modulables à volonté. En conséquence, de nombreux traits du texte contractuel, d'abord anglais, puis américain, se retrouvent dans nos contrats, qu'il s'agisse de traductions françaises ou de textes rédigés en français. On y voit des listes de définitions semblables à celles que l'on trouve dans les *contracts*, où elles sont parfois interminables (Annexe 27).

Voici quelques exemples de formules caractéristiques que l'on rencontre dans les contrats rédigés selon la tradition de common law, avec les équivalents français courants :

- **For the purposes of this Agreement,** the following terms have the meanings set forth below... / Aux fins du présent contrat...

- **Without limiting the generality of...** / Sans limiter la généralité de

- In this Agreement, unless the context requires otherwise, **the following definitions will apply** / les définitions suivantes s'appliquent :

- **The Seller hereby represents and warrants** to the Purchaser that the following representations and warranties are true and correct as of the date hereof, / Le vendeur déclare par les présentes et garantit....

- **Subject to Sections 10.6 and 10.7,** the Shareholders, **jointly and severally,** hereby agree to defend, indemnify and hold Parent harmless from and against, and to reimburse Parent with respect to, any and all losses, damages, liabilities, claims, judgments, settlements, fines, costs and expenses / Sous réserve des articles... les actionnaires conviennent solidairement par les présentes...

- **Except as contemplated by the terms hereof** or as required by applicable law,... / À l'exception de ce que prévoient les conditions aux présentes...

- **Where required by law** or by a regulatory body having jurisdiction over it... / Lorsque la loi ou... l'exige.

- Lessee **shall indemnify and hold harmless** Lessor and each Lessor Assignee, on an after tax basis, from and against any and all liabilities, causes of action, claims, suits, penalties, damages, losses, costs or expenses (including attorney's fees), obligations, demands and judgments (collectively, a Liability) arising out of or in any way related to : / Le locataire couvre le locateur et le dégage de toute responsabilité...

- **NOW THEREFORE**, in consideration of the representations, warranties, covenants and agreements contained herein... / EN FOI DE QUOI, en contrepartie des déclarations...
- **Upon the terms and conditions set forth herein**, effective as of the Effective Date but subject to the Closing, the Seller shall / Sous réserve des conditions énoncées aux présentes...
- **Unless otherwise indicated to the contrary** herein by the context or use thereof : (a) the words, "herein," "hereto," "hereof" and words of similar import refer to this Agreement as a whole... / Sauf stipulation contraire...
- **IN NO EVENT WILL** ... OR ITS LICENSORS OR SERVICE PROVIDERS **BE LIABLE** FOR ANY CONSEQUENTIAL, INCIDENTAL, SPECIAL, INDIRECT, PUNITIVE OR EXEMPLARY DAMAGES OF ANY KIND... / En aucun cas ... ne seront tenus responsables ni des dommages indirects, accessoires, spéciaux ou fortuits, ni des dommages et intérêts exemplaires quels qu'ils soient...
- **Time will be of the essence** of this Agreement / Le respect des délais est une condition essentielle du contrat.
- The provisions of this Agreement **shall be binding upon and inure to the benefit of the parti**es, their successors and permitted assigns. / Les stipulations des présentes engagent les parties ; elles prennent effet au bénéfice des parties, de leurs successeurs et ayants droit.
- Without affecting any other right or remedy available to it, **either party may terminate this Agreement with immediate effect** by giving written notice to the other party if / chaque partie peut résilier le présent contrat avec effet immédiat...
- **If this Agreement is terminated pursuant to** this Article X, then each of the Parties shall be relieved of its duties and obligations arising under this Agreement as of the date of such termination and this Agreementshall become void and have no further force or effect... / En cas de résiliation du présent contrat conformément à...

Ce ne sont là que quelques exemples de formulations courantes, susceptibles d'apparaître dans la plupart des contrats. Pour de multiples raisons – dont la moindre n'est pas la place que les États-Unis occupent sur la scène de l'économie, des affaires et du commerce, à l'échelle planétaire, depuis la fin de la Deuxième Guerre mondiale –, le modèle contractuel de la common law anglo-américaine domine la scène internationale – la française comprise. Voici un exemple classique de clause (de 246 mots) apparaissant dans un tel contrat[324] :

---

[324] La plupart des exemples de clauses contractuelles présentés dans cet ouvrage m'ont été fournis par deux traducteurs-jurilinguistes distingués, un Canadien : Mᵉ Arnaud

Subject to Sections 10.6 and 10.7, the Shareholders, jointly and severally, hereby agree to defend, indemnify and hold ... harmless from and against, and to reimburse ... with respect to, any and all losses, damages, liabilities, claims, judgments, settlements, fines, costs and expenses (including reasonable attorneys' fees and reasonable expenses of investigation), determined as provided in Section 10.6 ("Indemnifiable Amounts"), of every nature whatsoever incurred by ... (which will be deemed to include any of the foregoing incurred by Xyz) caused by or arising out of or in connection with (i) any inaccuracy in or breach, by Xyz or any of the Shareholders, of any representation or warranty of Xyz or the Shareholders contained in this Agreement or in any agreement, certificate or other document delivered to... pursuant to this Agreement, other than under Article I and Article [__] [Shareholders' separate reps.]; (ii) the failure, partial or total, of Xyz or any of the Shareholders to perform any agreement or covenant required by this Agreement or any other agreement executed in connection herewith to be performed by it or them; and (iii) any federal or state Tax liability, or asserted liability, of Xyz attributable to periods (or any portion thereof) ending on or prior to the Closing but only to the extent such liabilities were not accrued for on the Balance Sheet [additional indemnification, if any, for specified liabilities to be discussed upon the conclusion of due diligence and the delivery of the disclosure schedules].

Au Canada, ce modèle remonte plus loin dans le temps, il n'en perdure pas moins dans les contrats conclus au Québec encore aujourd'hui, comme nous allons le voir.

C. *Langues et systèmes en contact: le* **contract**, *modèle dominant*

Il arrive que deux langues en contact portent, chacune, une tradition juridique différente. Ce fut le cas au Canada, après la Conquête, lorsque l'anglais est venu concurrencer le français en territoire francophone. Ce faisant, l'Angleterre n'amenait pas que sa langue avec elle, elle arrivait avec ses institutions et sa culture, dont sa tradition juridique. Dans la première partie du présent ouvrage, nous en avons vu les conséquences sur le langage du droit français et ses textes. Le contrat, à l'instar de la décision de justice, reflète l'état de la langue *hic et nunc*, parce qu'il est rédigé par des professionnels du droit qui peuvent choisir leurs mots, leur formulation, faire œuvre originale ou se contenter de calquer un modèle donné,

---

TELLIER-MARCIL, et un Français: Philippe HOUBERT. Je les en remercie vivement. L'anonymat des parties au contrat est de rigueur.

avec ses qualités et ses défauts. La plupart du temps, c'est la seconde option qui est retenue parce qu'elle fait gagner du temps, alors que la première, selon une idée fixe, en fait perdre.

En effet, réfléchir sur la manière de rédiger un texte, sur la qualité de la langue, la lisibilité et la clarté du texte produit, cela demande du temps. Du temps qu'on gagne en reproduisant le premier modèle venu, puisé dans internet. Or, c'est oublier que le texte contractuel, figure de proue du droit privé, est un modèle d'écrit juridique pour toutes les personnes appelées à le lire, voire à le reproduire. La qualité de la langue d'un texte fait œuvre utile, pédagogique, auprès de la population. Rédigé dans une langue et des formules archaïques et contournées, avec des phrases interminables et mal ponctuées, le contrat rebutera la personne la mieux intentionnée à son égard. À l'inverse, rédigé de façon claire et lisible, en phrases de longueur raisonnable et ponctuées à propos, le contrat sera un texte que l'on lira sans trop de peine, sinon avec le sentiment d'avoir affaire à un texte qui «vous parle». L'exemple de la clause contractuelle que cite la juge Mailhot[325] est représentatif de ce qu'il ne faudrait plus voir ni faire : une phrase de 165 mots sans point ni point-virgule, comprenant pas moins de cinq «advenant» introduisant autant de conditions noyées dans les méandres d'une clause obscure et contournée à souhait. Imaginons un instant ce genre de clause reproduit dix, vingt ou trente fois dans un contrat complet de quelques dizaines de pages. À part la personne qui l'a rédigé, qui oserait se lancer dans une lecture exhaustive ? Tel est le modèle que la common law a introduit au Canada français et qui n'a cessé de se reproduire.

Depuis lors, outre une ou plusieurs pages de «définitions» des termes employés dans le contrat, les majuscules attachées à la convention (*this Agreement*), aux parties (*the Shareholders, the Lessee*), chaque contrat comporte son lot de clauses telles que celles-ci, toutes authentiques :

- Aucune des parties n'est responsable du défaut ou du retard dans l'exécution de ses obligations en vertu du présent contrat dans la mesure où un tel défaut ou retard est causé par des circonstances indépendantes de la volonté de cette partie au rang desquelles, mais sans s'y limiter, les dégâts résultant de la guerre, de la rébellion, des troubles civils, des grèves, des lock-outs et des contentieux industriels, des incendies, des explosions, des tremblements de terre et/ou autres activités sismiques, des actes divins, des inondations, de la sécheresse ou du mauvais temps, l'indisponibilité

---

[325] Voir *supra*, note 305.

des autres médias ou d'autres lois ou arrêtés provenant de tout département ministériel, commune urbaine ou d'autres corps constitués. (112 mots)

- Par ailleurs, la fiducie doit et s'engage à indemniser et à tenir indemne et à l'écart chacun des fiduciaires ainsi que leurs héritiers et ayants droit de tout dommage, perte et frais (incluant les frais et dépenses) et ainsi que de toute responsabilité, réclamation, directe ou indirecte, ou poursuite judiciaire engagée contre eux ainsi que des jugements y étant relatifs, résultant ou pouvant être imposés aux fiduciaires relativement à l'exercice de leurs fonctions aux termes de la présente fiducie, sujet cependant à ce que la fiducie ne soit pas tenue d'indemniser le fiduciaire concerné dans les cas résultant de sa malhonnêteté, sa mauvaise foi, ou sa malveillance ou de manquement flagrant et volontaire à son devoir de fiduciaire. (118 mots)

- Si, avant la fin de la période de garantie, le titulaire de la licence notifie ... par écrit de toute imperfection ou défaut dans les logiciels qui résulte de leur non-conformité à la documentation à tous égards importants et que cette imperfection ou ce défaut n'ait été causé ni par le titulaire de la licence ni par toute personne agissant avec son autorisation, qui aurait modifié ou utilisé ces logiciels en dehors des modalités du présent contrat, ou en association avec tout autre logiciel qui n'est pas vendu par ..., ce dernier remplace ou répare donc les logiciels, à condition que le titulaire de la licence fournisse à ... toutes les informations nécessaires susceptibles d'aider ce dernier à réparer le défaut, y compris des information suffisantes qui permettront à ... de corriger cette imperfection ou ce défaut. (137 mots)

De telles clauses sont courantes dans les contrats rédigés, négociés et conclus de nos jours. Elles demandent une lecture très attentive pour être bien comprises. La plupart du temps, une deuxième, voire une troisième, lecture s'avère nécessaire. Dans ces cas-là, une révision jurilinguistique va de soi.

Pour ce faire, revenons à la clause citée plus haut[326], qui commence par le participe présent « advenant ». Ce mot présente un cas intéressant, car il est soit le verbe advenir au participe présent, soit un adjectif en découlant, ce qui ne doit pas être confondu. Toutefois, l'*Encyclopédie* de Diderot et d'Alembert (1751) le signale comme nom masculin dans le champ juridique (*Jurisprudence*), avec le sens de « portion légitime des héritages & patrimoine en laquelle une fille peut succéder ab intestat ». À l'évidence, ce terme relève du champ notarial. Il est néanmoins rare qu'un mot ait trois genres.

---

[326] *Id.*

Selon la plupart des grands dictionnaires généraux, l'adjectif « advenant » est reconnu comme terme appartenant à la langue administrative ; le *Larousse* le situe dans la langue juridique, mais comme participe présent ; l'*Usito* le reconnaît aussi, en signalant qu'en France, il s'agit d'un terme vieilli. Les exemples parcimonieux des dictionnaires, *Dictionnaire de l'Académie* (9ᵉ éd.) compris, le présentent dans une phrase, et non comme mot introduisant une phrase. Le *Vocabulaire juridique* de Gérard Cornu l'ignore : ce n'est ni un concept ni une notion de droit, mais un vocable technique fréquemment employé par les juristes. Or, au Canada, dans les textes juridiques (contrats surtout), il apparaît le plus souvent en tête de phrase, comme dans l'exemple retenu. La *Banque de dépannage linguistique* de l'OQLF en donne cet exemple : Advenant le cas où. L'OQLF le classe parmi les expressions marquant une hypothèse, ce qui est le cas de notre exemple : **Advenant** tout défaut de l'Acheteur... Autrement dit, « Dans l'éventualité d'un défaut de l'Acheteur, ... ». Passons sur le mot lui-même, archaïsme juridique, pour parler de son statut syntaxique et stylistique.

Dans la langue juridique, « advenant », lorsqu'il est placé en début de phrase, est un participe présent, comme ici : Advenant la résiliation du contrat... Or, un participe présent ainsi employé est d'un maniement délicat, car il « doit se rapporter à un nom ou un pronom »[327]. Cette tournure, aussi courante soit-elle dans les contrats, n'est pas du meilleur aloi, comme le signale le jurilinguiste-conseil Jacques Picotte dans le *Juridictionnaire*, qui lui préfère, entre autres, « En cas de / Si »[328]. Il faut y voir une fois encore l'influence de l'anglais et de sa grande propension à utiliser le participe présent, qui « se faufile dans des constructions qui n'ont plus rien à voir avec la démarche naturelle du français. »[329].

Si l'on applique la recommandation de J. Picotte à la clause en question – qui ne compte pas moins de cinq « advenant » sur huit lignes –, on peut arriver à produire un texte tel que celui-ci :

---

[327] Jacques DESROSIERS, « Grandeur et misère du participe présent », (2001) 34-3 *L'Actualité terminologique*, à la p. 25.

[328] Jacques PICOTTE, *Juridictionnaire*, Moncton, CTTR, 2018, à la p. 142. En ligne : http://www.cttj.ca/Documents/Juridictionnaire.pdf.

[329] *Id.*

Advenant tout défaut de l'Acheteur dans l'accomplissement de l'une ou l'autre des obligations imposées en vertu du présent contrat et notamment, mais sans restreindre la généralité de ce qui précède, **advenant** le défaut de l'Acheteur dans le paiement d'un des versements du solde dû en capital ou intérêts, ou encore dans l'éventualité d'un défaut de paiement de loyer entre... et l'Acheteur tel que **ci-haut** stipulé et **advenant** que tel défaut ne soit pas corrigé dans un délai de cinq (5) jours d'un avis donné à cet effet, ou **advenant** la faillite ou l'insolvabilité de l'Acheteur ou de l'une ou l'autre des cautions pendant que les cautions sont encore effectives, ou **advenant** qu'un bref d'exécution soit émis contre les actions de la compagnie ou de la compagnie elle-même en exécution d'un jugement rendu en vertu des présentes deviendra dû et exigible à la seule discrétion du Vendeur ou de ses successeurs ou **ayant** cause et ce, sans autre avis ni délai ou demande à cet effet. (165 mots)	Tout défaut de l'Acheteur dans l'exécution d'une des obligations prévues aux présentes, sera dû et exigible à la discrétion du Vendeur, de ses successeurs ou ayants-cause, sans autre avis ni délai ou demande à cet effet, notamment dans les cas suivants : - défaut de paiement d'un des versements du solde dû en capital ou intérêts ; - défaut de paiement de loyer entre... et l'Acheteur, si ce défaut n'est pas corrigé dans les 5 jours d'un avis donné à cet effet ; - faillite ou insolvabilité de l'Acheteur ou de l'une des cautions encore effectives ; - avis d'exécution émis contre les actions de la société ou de la société en exécution d'un jugement rendu en vertu des présentes. (117 mots)

S'il n'est pas parfait, le texte de la colonne de droite présente néanmoins le mérite d'être plus clair et lisible que celui de la colonne de gauche – où le lien entre le(s) sujet(s) et le verbe est loin d'être évident : qu'est-ce qui « deviendra dû et exigible » ?

De nombreux jurilinguistes ont procédé ainsi, au cours des quatre ou cinq décennies écoulées, les uns avec les lois (Annexe 28), comme Alexandre Covacs (fédéral) et Michel Sparer (Québec), de nombreux autres avec les jugements, telle Louise Mailhot, et d'autres, encore plus nombreux, avec les contrats (Annexe 28), en particulier dans le domaine des assurances – où il y avait fort à faire : les contrats rédigés en français étaient calqués sur le modèle américain –, où Roger Beaudry, jurilinguiste à sa manière, s'est illustré. La terminologie n'a pas été en reste avec, notamment, Wallace Schwab, à l'Office de la langue française (OLF).

Conclusion

L'action pionnière et opiniâtre de nombreux jurilinguistes, la plupart anonymes, a conduit à des progrès notables dans la production de textes juridiques et judiciaires en français. Ces progrès – dont la plupart sont passés inaperçus aux yeux de la majorité de la population... –, ont contribué au tournant culturel qu'a représenté la prise de conscience tardive, mais bien réelle, des effets produits par une improbable cohabitation de l'anglais et du français, longue et déséquilibrée. La langue juridique française et sa tradition civiliste en sont sorties renforcées, tant dans la législation bilingue corédigée du fédéral que dans celle, unilingue, du Québec. Le ministère de la Justice du Canada reconnaît en ces termes la contribution marquante des jurilinguistes à la lisibilité des textes de loi : « [L]es jurilinguistes ont contribué à la simplification des textes, d'abord du côté de la version française, en élaborant des formules et des modèles simples, concis et authentiquement français qui ont par la suite inspiré plus d'une innovation du côté anglais »[330]. Les lois fédérales se présentent désormais sous un jour favorisant le sentiment d'égalité des langues officielles, réelle ou perçue comme telle – bien que l'anglais figure toujours en premier, à gauche, et le français, accolé, à droite.

Au Québec, les lois sont rédigées comme il fallait qu'elles le fussent, et non comme des copies du modèle anglais. Ce faisant, elles se sont approchées un peu plus de la situation idéale qu'imaginait F.-X. Garneau lorsqu'il qualifiait les lois françaises de « si claires, si précises »[331].

La traduction n'en continue pas moins de croître, à l'échelle du Canada, mondialisation du commerce et des affaires oblige. L'exemple vient de haut avec celui de la Cour suprême, dont la version française des arrêts,

---

[330] Ministère de la Justice Canada, *État des réalisations 2002-2003*, en ligne : https://eweb.uqac.ca/bibliotheque/archives/030076118a2002.pdf (consulté le 26 mars 2022).

[331] François-Xavier GARNEAU, *Histoire du Canada français*, t. 4, Montréal, François Beauval Éditeur, 1976, p. 16.

avec la collaboration de ses jurilinguistes, fait référence en traduction juridique. En outre, en ce qui concerne l'intelligibilité des arrêts de la Cour suprême, si la longueur de ces décisions reste problématique, le résumé de la décision qui la précède aujourd'hui s'est étoffé au fil des ans, gagnant en clarté comme en simplicité (langage clair). La situation des contrats, pour finir, est plus nuancée, secteur où, sitôt que l'on sort de la sphère publique, le meilleur alterne avec le pire. En cause, le marché éclaté à l'échelle mondiale.

En somme, il est permis d'en conclure que l'action décisive des jurilinguistes a manifestement contribué à faire progresser la situation du langage du droit en français au Canada, en général, et au Québec, en particulier, exerçant par là même une influence positive sur la langue générale[332].

Ce constat met fin à la deuxième partie de cet ouvrage. Il m'a permis d'exposer des réalisations de nos jurilinguistes sur trois plans, le législatif, le judiciaire et le contractuel. Dans la première partie, nous avons suivi le long parcours de la traduction juridique sur près de trois siècles, au cours duquel les traducteurs ont joué un rôle historique déterminant dans l'édification d'une tradition canadienne de la traduction, tout particulièrement de textes juridiques, propice à l'apparition d'une jurilinguistique, au 20e siècle. Dans la deuxième partie, j'ai exposé ce qui constitue, à mes yeux, les fondements de cette nouvelle discipline canadienne, à savoir les progrès réalisés dans ses disciplines sources que sont, d'une part, les disciplines langagières, telles la traduction, la linguistique appliquée, avec l'indispensable terminologie, et, d'autre part, les sciences juridiques, dont la linguistique juridique, ultime tributaire du réseau des sources constitutives de la jurilinguistique.

Dans la troisième partie de cet essai, les limites de la jurilinguistique sont examinées par le filtre de la langue et de ses maux, ainsi que par celui du droit et de son langage. La question textuelle est au cœur des préoccupations jurilinguistiques. La clarté et la lisibilité des textes juridiques sont-elles toujours souhaitables, réalisables ? L'interprétation d'un texte est-elle infiniment ouverte ? La jurilinguistique est une discipline jeune, d'à peine un demi-siècle d'existence, devant elle s'ouvrent des lendemains sujets

---

[332] L'exemple du succès d'estime des deux chartes des droits adoptées, l'une à l'échelle du Canada (*Charte canadienne des droits et libertés*, 1982), l'autre au Québec (*Charte des droits et libertés de la personne*, 1976), tient pour partie à la clarté et la lisibilité accrues qu'elles présentent par rapport à celles des lois antérieures. Voir *Le Devoir* du 16 avril 2022 : « La Charte canadienne a 40 ans », p. B2-3.

Conclusion

aux inconnues qu'un avenir pétri d'incertitudes lui réserve. Aussi est-il opportun de s'interroger avant tout sur le futur proche de la jurilinguistique. La société aura-t-elle encore besoin de jurilinguistes? Si tel sera le cas, quel(s) genre(s) de jurilinguistes? Leur nombre va-t-il croître, décroître, se stabiliser? Il faut également penser à la relève, à l'offre de formation des jurilinguistes pour répondre aux besoins textuels de demain: spécialistes, généralistes – les deux? – de la discipline? Autant de questions, autant de défis que devront affronter les futurs jurilinguistes et une discipline dont la quête du statut au sein des sciences sociales se posera avec insistance.

Troisième partie

Statut, méthodes, limites et perspectives de la jurilinguistique

Dans une première partie, nous avons parcouru le contexte et les conditions qui ont permis à une jurilinguistique de naître au Canada et de s'y développer par le canal de la traduction. Cela s'est fait au fil d'un parcours et d'étapes mouvementés, durant lesquels la langue française fut durement secouée, mais... *fluctuat nec mergitur*[1]. Dans une deuxième partie, nous avons constaté qu'une fois établie sur des bases affermies et dotée du savoir-faire reconnu de ses troupes, elle s'est réalisée dans une stratégie, puis une méthode, donnant le jour, envers et contre tout, à la discipline en découlant: la jurilinguistique. C'est sous la forme législative que cette méthode s'est d'abord manifestée, la corédaction des lois fédérales succédant à leur traduction. Les décisions judiciaires et les conventions ont alors suivi le mouvement visant une meilleure lisibilité des textes. On pouvait dès lors parler d'une discipline axée sur le traitement des textes juridiques sous leurs diverses formes: la jurilinguistique.

Dans la troisième partie, où le statut, les limites et les perspectives de la jurilinguistique seront successivement analysés en deux chapitres, il s'agira d'établir la situation de cette discipline au sein des sciences du langage, puis, une fois ses avancées exposées, d'envisager les limites qui lui sont propres. La conclusion générale de cet essai tentera d'en résumer la teneur et d'en dégager les perspectives.

---

[1] Expression latine que l'on pourrait traduire, équivalence culturelle oblige, par l'image du roseau de La Fontaine, qui «plie mais ne rompt pas».

Chapitre 1
Statut de la jurilinguistique : discipline, savoir-faire, technique, ou... art ?

Peut-être découvrirons-nous un jour que la même logique est à l'œuvre dans la pensée mythique et dans la pensée scientifique, et que l'homme a toujours pensé aussi bien[2]
Claude Lévi-Strauss

Les sciences humaines et sociales sont aussi nombreuses que variées. Chacune d'elles occupe un espace distinct dans le vaste champ des sciences que l'on qualifie le plus souvent de « sociales ». La linguistique, « science ancienne » nous dit Madeleine Grawitz[3], a acquis au fil du temps un statut scientifique, un rôle de « science mère » du domaine langagier, recouvrant de nombreuses subdivisions, telles la psycholinguistique et la sociolinguistique. Le tout est regroupé sous l'appellation, large et quelque peu nébuleuse, de « sciences du langage », comme l'on parle des « sciences juridiques ». La dizaine de disciplines que décrit et analyse M. Grawitz, reconnues comme « sociales »[4], possèdent le statut de science. Si la linguistique et le droit peuvent revendiquer leur appartenance au vaste champ des sciences sociales – dites « molles » –, la jurilinguistique, qui découle de la mise en œuvre conjointe de ces deux disciplines, pourrait, sous leur parrainage, être reconnue comme science. Toutefois, il ne s'agit pas en l'occurrence du droit en

---
[2] Claude Lévi-Strauss, *Anthropologie structurale*, Paris, Plon, 1958, p. 255.
[3] Madeleine Grawitz, *Méthodes des sciences sociales*, 11ᵉ éd., coll. « Précis Dalloz », Paris, Dalloz, 2001, p. 315.
[4] Voir à ce sujet, dans la 2ᵉ partie, le Chapitre 1, I.B.3., note 52.

tant que matière, mais de son langage ; il ne s'agit pas non plus de la linguistique, au sens strict du terme, mais de ses outils d'analyse et de traitement des textes, en un mot, de ses applications. Nous n'en sommes pas encore rendus, à ce stade-ci de son évolution, à la réflexion épistémologique sur l'objet «jurilinguistique». La linguistique théorique et la philosophie devraient y pourvoir à terme.

Aussi la tâche à accomplir pour atteindre le statut de science sera-t-elle rude pour une discipline duale, qui doit faire doublement ses preuves (I). En outre, passer du stade de discipline à celui de science (sociale) reconnue revient à suivre un parcours semé d'obstacles des plus ardus à franchir (II). Enfin, malgré d'indéniables avancées, la jurilinguistique, comme toute discipline, possède ses limites (III).

I. Statut des composantes d'une discipline duale : langue et droit

Le statut d'une langue ne se décrète pas par la volonté affichée d'un groupe, de personnes ou d'un individu, c'est l'État qui s'en charge. La langue française, au Québec, a attendu de 1763 à 1977 pour obtenir le statut de langue officielle conféré par la *Charte de la langue française* en son article 1er : « Le français est la langue officielle du Québec. Seule cette langue a ce statut. »

À l'échelle du Canada, ce n'est qu'en 1969, avec la *Loi sur les langues officielles*, que le français, à égalité avec l'anglais, s'est vu reconnaître le statut de langue officielle en vertu de l'article 2 : « L'anglais et le français sont les langues officielles du Canada pour tout ce qui relève du Parlement et du gouvernement du Canada ; elles ont un statut, des droits et des privilèges égaux quant à leur emploi dans toutes les institutions du Parlement et du gouvernement du Canada. » Ce sont des actes décrétés par l'autorité étatique, des lois adoptées par une ou des chambres d'un Parlement, qui leur confère la légitimité de ce statut juridique. Dans le cas d'une discipline, le statut de science est établi par les pairs et la communauté scientifique sur la base des réalisations, recherches et travaux effectués. N'y entre pas qui veut. Ce statut s'obtient après avoir gravi les marches conduisant à cette reconnaissance. Leur nombre varie d'une discipline à l'autre selon le degré de difficulté à faire reconnaître ce statut. Certaines, telle la philosophie, partent de très loin (av. J.-C.), d'autres, de plus près, telles l'économie et la sociologie (XVIIIe s.). La linguistique, aux sens moderne et scientifique du mot, date du début du XXe siècle (Ferdinand de Saussure). Quant au droit, ses origines le repoussent loin dans le temps. S'agissant du langage, son origine, qui fait toujours débat, se calcule en dizaines de milliers d'années. Qui a précédé l'autre, la Règle ou le Verbe ? On peut spéculer à l'infini sur cette origine lointaine, l'essentiel est ailleurs : la rencontre du droit et de la linguistique (appliquée), à un moment donné de l'histoire récente et sur une terre où cohabitent langues et droits, a favorisé l'apparition d'une nouvelle discipline.

Le parrainage de deux sciences établies confère-t-il d'office un statut scientifique à la tierce discipline qui en découle, celle-ci étant duale de surcroît ? Telle est la question. Pour y répondre, il importe de s'interroger sur le statut des deux sciences mêmes qui l'ont enfantée, la linguistique et le droit, mais après avoir tâché de comprendre ce que l'on doit entendre par « science ».

A. De la nature des sciences : des sciences de la nature aux sciences de l'humain et du social

Chaque discipline possède un statut quelconque par rapport à la situation qu'elle occupe parmi les autres disciplines du groupe auquel elle appartient. Ce peut être celui de discipline mère reconnue comme telle et coiffant disciplines et sous-disciplines de sa catégorie, telles la médecine, les mathématiques ou l'économie ; celui d'une discipline tributaire ou d'appoint, telles la terminologie pour la linguistique, l'analyse du discours en traductologie, etc. Pour ce qui relève du domaine langagier, la linguistique tient ce rôle de discipline principale. Le droit et la linguistique jouissent du statut de « science », quoique restreint au social, à l'humain des sciences sociales. Mais qu'en est-il, en réalité, de ce statut de « science » dont jouissent les sciences sociales ?

S'agissant du terme « science », avant de l'appliquer à la jurilinguistique, il importe de commencer par explorer son champ sémantique afin de tenter d'en éliminer équivoque et ambiguïté et de s'assurer de son sens véritable, aussi bien *lato sensu* (signification en langue usuelle) que *stricto sensu* (signification en langage spécialisé, tel le droit ou la linguistique). C'est le sens de la démarche linguistique, qui vise à établir avant tout la valeur des mots servant à décrire les choses[5] qui nous entourent ou que l'on utilise.

---

[5] Voir Michel FOUCAULT, *Les mots et les choses*, Paris, Gallimard, 1966. Foucault a conféré au mot « chose » une dimension philosophique *lato sensu*, que le droit privé québécois resserre dans la définition *stricto sensu* que présente le *Dictionnaire de*

Commençons par établir ce que l'on doit entendre par SCIENCE, dont les deux usages, l'usuel et le technique, font l'objet de cette première analyse comparative. Ainsi, de ce mot employé dans la langue usuelle, nous passerons au terme que devient ce vocable lorsqu'il est employé dans un champ donné de l'activité humaine[6], tel celui des mathématiques ou de la linguistique. Au terme de cette analyse comparative et mixte – en ce qu'elle fait intervenir droit et linguistique, soit la «jurilinguistique» – du terme SCIENCE et de sa «notion»[7] pour en faire faire ressortir quelques particularités, je conclurai par quelques remarques succinctes sur la valeur du statut du droit comme discipline scientifique.

Procédons à l'analyse du vocable SCIENCE en commençant par le sens de la langue usuelle avant de se pencher sur celui que lui donne le monde du droit.

1. Le vocable SCIENCE à l'épreuve du temps

Un mot, isolé de son contexte, possède une signification *objective*, celle que lui attribue le dictionnaire. Prenons, par exemple, un mot banal: absence; selon le dictionnaire *Larousse*, il signifie: «Fait pour quelqu'un, quelque chose de ne pas se trouver à l'endroit où l'on s'attend à ce qu'il soit». Placé dans une phrase ou une expression comme «présomption d'absence», il prendra une signification différente, «technique», celle censément uni-

---

    droit privé du Québec: «(*Biens*) Objet matériel. "[...] même les choses matérielles (les biens corporels), le droit ne les considère pas tant d'après leurs caractères physiques que d'après leur utilisation pour les besoins des hommes – non pas tant *naturaliter* que *commercialiter* [...]" (CARBONNIER, *Droit civil*, t. 3, n° 16, p. 75)». Occ. Art. 585, 2268 C. civ.

[6]   Les linguistes, les terminologues notamment, distinguent les «mots» des *termes*. Les premiers appartiennent à la langue générale, les seconds à la langue spécialisée (architecture, biologie, droit, économie, médecine, psychologie, etc.).

[7]   Réglons d'emblée le cas de la paire «concept/notion», termes souvent confondus, voire tenus pour synonymes, ce qu'ils ne sont pas. Voir sur la question: Suzanne G. CHARTRAND et Godelieve DE KONINCK, «La clarté terminologique pour plus de cohérence et de rigueur dans l'enseignement du français», (2009) 154 *Québec français* 143. Selon ces spécialistes de l'enseignement, «le terme de concept fait référence à un objet construit dans le monde scientifique ou savant [alors qu'une] notion est une connaissance intuitive générale qui synthétise les caractères essentiels d'un objet, mais ne prétend pas à la scientificité.» (p. 143). [Les auteurs soulignent].

voque que le droit lui reconnaît[8]. Toutefois, son <u>sens</u> ne pourra être établi que par le contexte dans lequel il se situe, à la suite de l'interprétation qui en sera faite – par l'interprète de la loi, par exemple. Il s'ensuit que selon le texte où il apparaît, dans une phrase courante ou technique, un mot changera de signification et, une fois l'analyse du contexte effectuée, le lecteur, l'interprète, en dégagera le sens final. C'est le rôle du juge, interprète de la loi, mais aussi celui du philologue, de l'exégète, du linguiste et du religieux qui interprètent en herméneutes les textes anciens[9].

Un mot n'apparaît pas *ex nihilo*, il procède souvent d'une gestation longue et complexe, dont l'origine est parfois incertaine. Parmi les linguistes, les philologues et les lexicographes sont les spécialistes qui œuvrent à établir l'étymologie et la valeur d'un mot en partant de ses origines pour suivre le cours de son histoire (diachronie), afin d'en déterminer la ou les significations à une époque donnée (synchronie). C'est ce que je me propose de faire pour le mot SCIENCE, mais en le confrontant à son adjectif SCIENTIFIQUE, car ce mot, qui découle du premier, ne renvoie pas nécessairement au concept de science pure, comme nous le constaterons.

2. *Évolution historique des vocables* SCIENCE *et* SCIENTIFIQUE

a) *Le vocable* SCIENCE

Les dictionnaires d'étymologie[10] nous apprennent que le vocable SCIENCE est apparu dans l'ancien français au XIIe siècle, autour de 1100, par l'entremise du latin *scientia, -ae* « connaissance, savoir, connaissances théoriques ». Il a longtemps gardé cette valeur originelle, dont Littré fait encore état, en premier lieu, dans son dictionnaire (1872), tout comme le

---

[8] Par définition, situation habituelle des termes d'une langue technique. On pense alors à des termes tels anatocisme ou hypothèque. Mais la langue du droit est celle d'une *soft science*, une science « molle » dont le vocabulaire et les notions évoluent au fil du temps avec la société, et il existe de nombreuses exceptions à cette règle linguistique.

[9] Nous retenons la définition sémiologique et philosophique que Michel Foucault présente de « l'herméneutique » : « Appelons herméneutique l'ensemble des connaissances et des techniques qui permettent de faire parler les signes et de découvrir leur sens. » (M. FOUCAULT, préc., note 5, p. 44).

[10] Dont le *Trésor de la langue française* informatisé (TLF), dictionnaire le plus complet, en ligne : <http://www.lexilogos.com/etymologie.htm> (consulté le 30 mars 2023).

Trésor de la langue française (TLF) actuel qui égrène l'évolution de ce mot et de ses multiples acceptions au fil des siècles[11].

En ancien français, il pouvait s'écrire de plusieurs façons (cience, ciance, escience, etc.) et, selon le dictionnaire de l'ancien français de Godefroy, signifiait alors « connaissance exacte d'un certain ordre des choses ; ensemble de connaissances résultant de l'étude »[12]. Un substantif en découlant, SCIENCIER, signifiait « maître, docteur, expert »[13], confirmant ainsi cette signification.

En moyen français (1340-1611), de nouvelles acceptions apparaissent autour de la valeur sémantique d'« [e]nsemble structuré de connaissances dans un domaine déterminé, discipline scientifique »[14], soit :

« A – *(La) science.* "Ensemble des connaissances scientifiques"

et

B – "Ensemble de connaissances dans un domaine déterminé, discipline scientifique" (Une science/telle science/(les) sciences) ».[15]

Ces acceptions préfigurent celles que l'usage finira par imposer au XXe siècle. Entre-temps, à l'époque classique (XVIIe s.), la lexicographie se développe. Un des tout premiers lexicographes de cette période, Jean Nicot, parmi plusieurs exemples, présente celui-ci : « La science du droict, Iuris prudentia. », ce dernier terme, *Iuris prudentia*, étant appelé à un bel avenir[16]. À la fin du XVIIe siècle, quatre ans avant l'Académie française, paraît l'ouvrage majeur qu'est le *Dictionnaire universel* (1690) de Furetière. L'auteur consacre une entrée au mot SCIENCE, qu'il définit ainsi :

---

[11] *Id.*

[12] Frédéric GODEFROY, *Dictionnaire de l'ancienne langue française et de tous ses dialectes du IXe au XVe siècle*, 10 vol., Paris, F. Vieweg, Libraire-éditeur, 1881, en ligne : <http://micmap.org/dicfro/search/complement-godefroy/science> (consulté le 30 mars 2023).

[13] *Id.*

[14] *Dictionnaire du moyen français* (1330-1500), ATILF-CNRS, en ligne :<http://www.atilf.fr/dmf> (consulté le 30 mars 2023).

[15] *Id.*

[16] Jean NICOT, *Thresor de la langue françoyse tant ancienne que moderne*, Paris, David Douceur Libraire juré, 1606. Nicot est l'auteur du premier dictionnaire de langue française composé de définitions. En ligne : <http://www.lexilogos.com/nicot.htm> (consulté le 30 mars 2023).

Statut de la jurilinguistique : discipline, savoir-faire, technique, ou... art ?

SCIENCE, se dit plus spécifiquement d'un art particulier, de l'application qu'on a euë à approfondir la connoissance d'une matière, de la reduire en regle & en methode pour la perfectionner. La philosophie comprend toutes les *sciences*.[17]

Cette définition est suivie d'une intéressante définition des « sciences humaines », concept que l'on reverra plus loin :

> On appelle les *sciences* humaines, la connoissance des Langues, de la Grammaire, de la Poësie, de la Rhetorique, & autres choses qu'on apprend dans les Humanités.[18]

Peu après, l'Académie française publie la première édition de son *Dictionnaire* (1694) où figure la définition du mot SCIENCE en deux acceptions, la seconde étant la plus pertinente pour mon propos : « *Connoissance certaine & évidente des choses par leurs causes.* »[19] Une remarque accompagne la définition et suggère une distinction à faire entre « art » et « science » : « [L]es Mathematiques sont une veritable science. on dispute si la Logique est une science, ou un art. » Les éditions suivantes du *Dictionnaire de l'Académie française*, sixième incluse (1835), reprennent cette même définition.

Au siècle suivant, l'*Encyclopédie* (1751) consacre une entrée à SCIENCE, introduisant une nuance dans la définition du mot : « [S]*cience*, en termes de philosophie, signifie la connaissance claire & certaine de quelque chose, fondée ou sur des principes évidens par eux-mêmes, ou sur des démonstrations. »[20].

---

[17] Antoine FURETIÈRE, *Dictionnaire universel contenant généralement tous les mots françois tant vieux que modernes, et les termes de toutes les sciences et des arts*, t. 3, La Haye & Rotterdam, 1690, « science ».

[18] *Id*. Signalons au passage le synonyme de « sciences humaines » : « humanités », qu'emploie Furetière et dont il fournit la même définition sous l'entrée « humanités ». L'*Encyclopédie* de Diderot et d'Alembert donne une définition plus complète des « humanités », soit « les lettres humaines », terme regroupant toutes les matières, hors les sciences et la philosophie, enseignées durant la scolarité du secondaire aux élèves. L'auteur de l'article ajoute cette remarque sur les « Belles-Lettres » et les « humanités » : « On croit qu'on a nommé les Belles-Lettres *humanités*, parce que leur but est de répandre des graces dans l'esprit, & de la douceur dans les mœurs, & par – là d'humaniser ceux qui les cultivent. »

[19] *Dictionnaire de l'Académie française*, 1694, « science », en ligne : <http://www.lexilogos.com/francais_langue_dictionnaires.htm> (consulté le 30 mars 2023).

[20] Denis DIDEROT et Jean LE ROND D'ALEMBERT (dir.), *L'Encyclopédie ou Dictionnaire raisonné des sciences, des arts et des métiers*, Paris, Le Breton, 1751, en ligne :

Au XIXe siècle, Littré propose pour sa part dix acceptions du mot SCIENCE, dont la deuxième, synthétique et pertinente : « Ensemble, système de connaissances sur une matière. »[21], où apparaît pour la première fois la notion de « système ».

Aujourd'hui, les principaux dictionnaires de langue offrent plus ou moins la même définition du mot SCIENCE, le TLF par exemple :

> Ensemble structuré de connaissances qui se rapportent à des faits obéissant à des lois objectives (ou considérés comme tels) et dont la mise au point exige systématisation et méthode.[22]

Désormais, on parle d'objectivité, de systémisation et de méthode, les trois piliers de la méthode scientifique. Cette définition est à rapprocher de celles que présentent les dictionnaires anglais équivalents, l'*Oxford English Dictionary* et le *Merriam-Webster*, entre autres : « *A systematically organized body of knowledge on a particular subject* »[23].

Comparons ces trois définitions dans un tableau afin de mettre en évidence les principaux traits sémantiques susceptibles de caractériser la notion que porte le terme « science ».

Littré	*TLF*	*Oxford Dict.*
Ensemble, **système** de <u>connaissances</u> sur une ***matière***.	Ensemble structuré de <u>connaissances</u> qui se rapportent à des faits obéissant à des lois objectives (ou considérés comme tels) et dont la mise au point exige **systématisation** et *méthode*	*A **systematically** organized body of <u>knowledge</u> on a particular <u>subject</u>.*

On notera dans ces trois cas (*Littré*, TLF, *Oxf. Dict.*) :
1. l'emploi des mots « <u>connaissance</u>/(*body of*) <u>*knowledge*</u> » ;
2. « système/systémisation/*systematically* » ;

<http://www.lexilogos.com/encyclopedie_diderot_alembert.htm> (consulté le 30 mars 2023).

21 Emile LITTRÉ, *Dictionnaire de la langue française*, Paris, Hachette, 1863-1872, en ligne : <https://www.littre.org/definition/science> (consulté le 30 mars 2023).
22 *Trésor de la langue française*, préc., note 10, « science ».
23 *Oxford English Dictionary,* en ligne : <https://en.oxforddictionaries.com/definition/science> (consulté le 30 mars 2023).

3. « *méthode/organized (body)* » et,

4. chez *Littré* et *Oxford Dict.*, le principe de l'application des connaissances à une *matière/subject*

Nous pouvons en conclure provisoirement que tels sont les fondements sur lesquels repose la notion de « science », soit des « *connaissances organisées en système selon une méthode donnée appliquée à une matière.* » Retenons ces deux mots : système et méthode.

Voyons à présent l'adjectif SCIENTIFIQUE issu du substantif SCIENCE pour en comparer le sens avec son étymon. On sait, et cela en droit particulièrement[24], qu'un adjectif n'a pas nécessairement le sens du mot dont il découle. Or, dans le cas de SCIENTIFIQUE, nombre de substantifs peuvent s'associer à cet adjectif, entre autres : article, caractère, démarche, document, fait, livre, méthode, nature, ouvrage, réflexion, revue, etc. Tous ces mots peuvent s'appliquer au droit comme à la plupart des disciplines taxées de « scientifiques ». Mais que faut-il entendre par cet adjectif souvent employé à tort pour qualifier un acte, un fait, une démarche banalement méthodique, critique ou le moindrement complexe ?

b) L'adjectif SCIENTIFIQUE

Comme souvent, le substantif précède l'arrivée de l'adjectif. Tel est le cas de SCIENTIFIQUE, attesté dès 1370 (TLF) chez Oresme avec la valeur « qui relève du domaine de la science, qui fait la science »[25]. On le trouve écrit de plusieurs manières : scientificque, syantifique. En moyen français, il revêt les deux acceptions suivantes :

---

[24] Les exemples abondent. Par exemple, les adjectifs « préjudiciable » et « préjudiciel » procèdent tous deux de l'adjectif latin *praejudicialis*, lui-même issu du substantif *praejudicium*. Or, bien qu'issus du même étymon, leurs sens sont très différents. De même, le substantif « obligation(s) » et l'adjectif « obligatoire », qui ne renvoie pas directement à la notion d'obligations, alors que l'adjectif « obligationnel », qui est pourtant issu du même étymon (obligation), y renvoie. Comparer les définitions de « obligatoire » et « obligationnel » dans le *Dictionnaire de droit privé* (du Québec) : « OBLIGATOIRE, Qui a le caractère d'une obligation juridique » et OBLIGATIONNEL : « Relatif aux obligations (...) », en ligne : <https://nimbus.mcgill.ca/pld-ddp/dictionary/show/7437?source=ED2FR> (consulté le 30 mars 2023)

[25] Selon le TLF, qui renvoie à cette référence : « *Oresme, Trad. Des Ethiques d'Aristote*, éd. A.D. Menut, p. 331. »

A. – (d'une pers.) Qui est savant, qui est instruit et habile dans tel ou tel domaine.

B. – (d'une chose) Qui relève de la science, du savoir[26].

À l'époque classique (XVIIe s.), Furetière (1690) lui donne une définition principale – que reprendra l'Académie française dans les premières éditions de son dictionnaire (1694-1798) –, soit: « Qui concerne les sciences abstraites & sublimes »[27]. L'Académie française attendra la sixième édition du dictionnaire (1835) pour définir ce terme de façon plus « moderne » (l'adjectif « sublime » [placé très haut] a disparu) : « Qui concerne les sciences », puis la septième édition (1932) pour apporter cette précision : « Qui concerne les sciences, qui appartient aux sciences. »[28]

Entre-temps, l'*Encyclopédie* (1751) avait proposé cette intéressante définition :

SCIENTIFIQUE, adj. (*Gramm.*) relatif à la science ; on dit un traité *scientifique*, par opposition à un ouvrage de pratique ; des connoissances raisonnées & *scientifiques*, par opposition à des connoissances d'habitude & de routine. Il ne se dit guere des personnes.[29]

Littré (1872) n'apportant pas de changement significatif (« Qui concerne la science. Les matières scientifiques »), il faut s'en remettre aux ouvrages contemporains, dont le *Larousse*, *Le Robert* et le TLF, pour se faire une idée précise de la valeur de cet adjectif. Le *Larousse* propose trois acceptions de l'adjectif SCIENTIFIQUE, *Le Robert* deux principales, et le TLF, dictionnaire le plus complet, un foisonnement d'acceptions. Retenons les deux sens principaux, qui sont : 1) Qui a rapport à la science (TLF), et 2) Qui est caractéristique de la science (TLF). Le premier, qui est « relatif à la science en général ou à une science en particulier », nous apprend le *Larousse*, est employé par opposition à « littéraire » (ex. : la recherche scientifique) ; le second correspond, selon *Le Robert*, à une démarche qui « est conforme aux exigences d'objectivité, de précision, de méthode des sciences ». Les trois dictionnaires concordent sur ce point. Dégageons les traits sémantiques caractérisant cette notion, essentielle aux fins de mon argumentation.

---

[26] *Dictionnaire du moyen français*, préc., note 14, « scientifique ».
[27] A. FURETIÈRE, préc., note 17, « scientifique ».
[28] *Dictionnaire de l'Académie française*, préc., note 19, « scientifique ».
[29] D. DIDEROT, J. LE ROND d'ALEMBERT, préc., note 20, « scientifique ».

Larousse	Le Robert	TLF
Qui, dans le domaine de la connaissance, présente les caractères de rigueur, d'exigence, d'objectivité caractéristiques de la science ou des sciences	Qui est conforme aux exigences d'objectivité, de précision, de méthode des sciences.	Qui obéit, qui est conforme aux exigences de la science.

Le principe d'« exigence » prime dans les trois cas. La définition du *Larousse* est la plus complète, celle du TLF, la plus concise, avec, comme moyen terme, celle que propose *Le Robert*, qui ajoute un critère important, celui de « méthode » (scientifique), essentiel à mes yeux pour caractériser la démarche intellectuelle rigoureuse que doit suivre le chercheur, tous domaines confondus. Cette démarche est-elle celle qu'empruntent les juristes et les linguistes pour justifier la revendication de « science » pour leur discipline ? La réponse à cette question passe par la comparaison des concepts de « science » et « sciences », le second découlant du premier.

II. De la science et des sciences

L'origine du concept de « science » est pour le moins incertaine. Il existe autant de définitions de sa notion qu'il y a de savants esprits, de scientifiques et de philosophes qui l'ont abordée, et cela, depuis au moins Platon et Aristote et le mouvement de classification des sciences qui a suivi. Le débat philosophique que suscite la question perdure. J'y reviendrai, car on y dispute davantage les notions que le concept même de science, lequel retient ici mon attention.

Nous avons vu que le vocable « science » est entré dans la langue française au XIIe siècle, mais il existait déjà en latin et, avant lui, en grec, et sans doute plus loin encore, notamment en Égypte, en Inde et en Chine. Toutefois, en ces temps-là, il était davantage question de sciences que de Science. En effet, les premières reposaient sur des considérations concrètes, pratiques, liées entre autres à la santé (médecine), à l'observation (astronomie : la navigation), à l'architecture (construction d'édifices), au calcul arithmétique et aux mesures géométriques, que sur des réflexions abstraites sur le concept même de « science », soit sur « la nature des choses »[30]. Si les

---

[30] Traduction française du poème philosophique de Lucrèce *De rerum natura* (1er s. av. J.-C.) par lequel le poète-philosophe romain s'efforce de révéler au lecteur la nature du monde et de ses phénomènes naturels.

philosophes grecs ont joué un rôle majeur dans la progression de la compréhension rationnelle des phénomènes scientifiques, la «découverte de l'esprit scientifique»[31] par la «divination déductive» remonterait aux Sumériens, soit quelque 3 000 ans avant notre ère[32]. Le grand historien Jean Bottéro voyait dans ce processus une démarche de droit, soit «déductive, systématique, capable de prévoir, ayant un objet nécessaire, universel et, à sa façon, abstrait»[33].

La science moderne ne remonte toutefois qu'au XVIIe siècle: «Si les Grecs sont donc sans doute à l'origine de la science, c'est à proprement parler au XVIIe siècle que la science moderne, la science au sens où nous l'entendons, trouve son origine»[34]. Ce constat vaut pour la science dite moderne, qui a pris son envol sous les Lumières de l'*Encyclopédie*, mais cela ne nous renseigne pas sur l'origine du concept de «science». Bottéro aurait-il vu juste en remontant jusqu'aux Sumériens? Ces derniers seraient-ils les inventeurs du concept de science? Ce n'est qu'une hypothèse, certes intéressante et crédible, mais cela reste une hypothèse parmi d'autres, dont celles d'un Georges Dumézil, le grand anthropologue et historien spécialiste des mythologies, avec les mythes fondateurs des sociétés indo-européennes régies par les trois fonctions que sont 1. la souveraineté et le sacré, 2. la force guerrière, et 3. la fonction de production, cette dernière pouvant avoir produit le savant, vecteur de la science[35].

Une autre hypothèse, fort intéressante pour mon propos, parce qu'elle fait intervenir concurremment le droit et la science, est celle du philosophe Michel Serres dans son ouvrage *Le contrat naturel*[36], où il avance l'hypothèse que la science et le droit sont nés conjointement sur les berges du Nil, à l'occasion des crues annuelles, destructrices, du grand fleuve. Chaque crue occasionnant d'importants bouleversements et dégâts, arrachant des

---

[31] Jean BOTTÉRO, *Mésopotamie. L'écriture, la raison et les dieux*, Paris, Gallimard, 1987, p. 20.

[32] *Id.*, p. 19.

[33] *Id.*, p. 249.

[34] Pierre MARAGE, *Aux origines de la science, ou quelle science pour quelles origines?*, conférence présentée à Avignon, le 20 mai 2006, p. 1. (P. Marage est professeur à la Faculté des Sciences de l'Université libre de Bruxelles), en ligne: <http://homepages.ulb.ac.be/~pmarage/origines_Avignon.pdf> (consulté le 30 mars 2023).

[35] Georges DUMÉZIL, *Mythe et épopée – L'idéologie des trois fonctions dans les épopées des peuples indo-européens*, Paris, Gallimard, 1968.

[36] Michel SERRES, *Le contrat naturel*, Paris, François Bourin, 1990.

portions de terre, en ajoutant d'autres ou les transportant plus en aval, les riverains devaient par la suite, à chaque fois, faire recalculer les surfaces des fonds riverains soumis à des pertes, des accroissements ou avulsions. Pour ce faire, il fallait faire appel aux deux corps de métier appropriés, les géomètres pour calculer les surfaces, les juristes pour établir les nouveaux droits de propriété. Dans ce processus, le Droit et la Science sont rivaux, mais complémentaires. Une association, une complémentarité s'est instaurée entre la Science et le Droit. Posons alors la question: qui, du droit ou de la science, est né le premier? Qui, dans la quête de la Vérité, a préséance sur l'autre? Michel Serres apporte cette réponse: «Le droit précède la science, et, peut-être, l'engendre; ou plutôt: une origine commune, abstraite et sacrée, les rassemble.»[37]

Cette interprétation de l'origine de la science n'est qu'une (belle) hypothèse plausible parmi d'autres, mais elle parle aux juristes et, bien sûr, aux philosophes. Le mystère originel de la naissance de ces deux savoirs perdure. S'agissant de la science, «l'origine de la science reste donc sans doute une question ouverte, comme reste ouverte la question de la nature même de la science»[38]. Cette nature a fait l'objet de bien des débats, loin d'être taris. Ils opposent toujours les partisans des sciences dites exactes que sont les sciences expérimentales, aux adeptes des sciences «molles» ou «douces» que sont les sciences humaines et sociales[39].

A. Sciences «dures» et sciences «molles» ou les paradoxes de la Science

La terminologie particulière de l'informatique, avec ses deux termes *hardware* (matériel = ordinateurs) et *software* (logiciel), a déteint sur la science en général, donnant lieu à un classement binaire – donc simple, voire simpliste –, qui, quoique contestable[40], est vite devenu populaire: sciences *dures* et sciences *molles*. Les premières regroupent les sciences

---

[37] *Id.*, p. 90.
[38] P. MARAGE, préc., note 34, p. 7.
[39] Sur ces questions, l'ouvrage de référence en la matière est celui de M. GRAWITZ, préc., note 3, p. 75-78.
[40] Et contesté. Voir, sur la question, le numéro spécial intitulé «*Sciences dures?*», (2002) 661-662 *Critique*. Pour un regard différent et critique jeté sur les sciences sociales, voir Alain CAILLÉ, *Splendeurs et misères des sciences sociales*, coll. «Travaux de sciences sociales», Genève-Paris, Droz, 1986.

réputées exactes, telles les mathématiques, la chimie ou la physique. Les résultats des observations et expériences de leurs chercheurs sont incontestables : en mathématique, 1 + 1 = 2 ; en chimie, deux molécules d'hydrogène plus une molécule d'oxygène (H_2O) donnent de l'eau. Les secondes, dites « sciences molles », telles la science politique, l'économie ou la sociologie, traitent l'humain, le social et la culture, et non la nature ; elles questionnent, mais, contrairement aux sciences dures, ne résolvent pas.

Des sciences telles que les mathématiques, la physique ou la chimie, ont-elles, seules, droit au privilège d'être qualifiées de « scientifiques », alors que les sciences humaines et sociales ne pourraient prétendre à ce droit, réservé aux seules sciences expérimentales ? Il est, en effet, difficile de comparer et de mettre sur un même plan le résultat d'une expérience réalisée en laboratoire[41] sur un phénomène physique, biologique ou chimique, que l'on peut reproduire indéfiniment sans risque d'erreur, d'échec ou de résultat aléatoire, et les conclusions d'une étude portant sur des faits de société, variables par définition. Entre une particule élémentaire détectée et un phénomène social, la différence n'est pas que dans la distance et l'importance séparant les deux faits, elle est aussi symbolique dans le fossé séparant une science réputée exacte, telle la physique, par rapport à une autre (par exemple, l'histoire, la sociologie) qui ne le serait pas, ou moins.

Or, le croire serait oublier que l'objet des sciences humaines et sociales est l'être humain entrevu, observé ou analysé dans la multitude de ses actes, comportements et réalisations, selon de nombreuses perspectives (anthropologiques, ethnologiques, historiques, philosophiques, sociologiques, linguistiques, etc.). Si l'univers est d'une telle complexité qu'il échappe à l'entendement humain, le cerveau de l'être humain, la cognition et son fonctionnement ne le sont pas moins[42]. Seuls les outils et les moyens utilisés par les unes (les sciences exactes) et les autres (les sciences humaines et sociales) permettent de les distinguer. L'erreur serait de confondre les fins et les moyens d'y parvenir. Les sciences humaines et sociales se préoccupent de *generalia*, les sciences exactes, de *realia*. Mais personne ne

---

[41] Par exemple, le CERN (Organisation européenne pour la recherche nucléaire), à Genève, et ses célèbres accélérateurs et détecteurs de particules.

[42] Pour faire le point sur la question, voir l'Institut du cerveau, en ligne : https://institutducerveau-icm.org/fr/actualite/comprendre-le-cerveau-et-son-fonctionnement/. Voir aussi Pierre-Marie LLEDO, *Le cerveau, la machine et l'humain*, Paris, Odile Jacob, 2017.

contestera la nécessité de recourir à une méthode rigoureuse pour atteindre le but, c'est-à-dire d'utiliser une méthode «scientifique» comme l'ont montré les définitions de cet adjectif présentées par le *Larousse*, *Le Robert* et le TLF. Les chercheurs en sciences «douces» ne nourrissent pas les mêmes ambitions que leurs homologues des sciences «dures», ne disposent pas des mêmes moyens non plus, mais ne font pas moins preuve de l'esprit scientifique qui anime les premiers. Un Kant, un Bachelard, un Claude Lévi-Strauss, les Montesquieu, Savigny, Gény et Carbonnier ne manquaient certainement pas de rigueur ni d'esprit scientifique.

La question est entendue en ce qui concerne les sciences dites exactes. Qu'en est-il, en revanche, pour les sciences humaines et sociales, comment peut-on les juger plus ou moins scientifiques, et sur quelles bases?

B. Sciences sociales et humaines ou la complexité de la Science

S'il est relativement facile de distinguer les sciences par leur objet (mathématiques, physique, chimie...), il en va autrement pour les sciences dites sociales qui font intervenir d'autres considérations: morales, philosophiques, sociales, politiques, voire idéologiques. On distingue généralement les unes des autres par la formule classique «objectivité [des sciences exactes] contre subjectivité [des sciences humaines et sociales]»[43]. Pour Claude Lévi-Strauss, quand on passe aux sciences sociales et humaines «[l]e terme «science» n'est plus qu'une application fictive qui désigne un grand nombre d'activités parfaitement hétéroclites et dont un petit nombre seulement offrent un caractère scientifique[...]»[44].

Ce fait explique les divergences de vues entre savants et spécialistes de ces questions, notamment sur la classification desdites sciences. Parmi les savants qui se sont penchés sur les critères permettant de distinguer

---

[43] Formule qui fait débat parmi les scientifiques. Sur le sujet de l'objectivité, de ses tenants et aboutissants, voir Simone MANON, «En quoi consiste l'objectivité scientifique?», *Philolog*, 6 mai 2008, en ligne: <https://www.philolog.fr/en-quoi-consiste-lobjectivite-scientifique/> (consulté le 30 mars 2023); voir aussi Jacqueline FELDMAN, «Objectivité et subjectivité en sciences. Quelques aperçus», dans Gérald BERTHOUD et Giovanni BUSINO (dir.), «Histoire, philosophie et sociologie des sciences», (2002) XL-124 *Revue européenne des sciences sociales. European Journal of Social Sciences* 85.

[44] Claude LÉVI-STRAUSS, «Critères scientifiques dans les disciplines sociales et humaines», (1964) 16-4 *Revue internationale des sciences sociales* 579, 581, en ligne: <https://unesdoc.unesco.org/images/0001/000186/018652fo.pdf> (consulté le 30 mars 2023).

les différentes formes de sciences, Claude Lévi-Strauss et Jean Piaget en ont proposé un découpage original et distinctif.

Pour Claude Lévi-Strauss, le découpage se fait à partir des sciences les moins scientifiques, en allant vers les plus scientifiques, soit[45] :
- les arts et lettres : ce sont les moins scientifiques parce qu'elles n'ont pas de dessein ni de vocation scientifique ;
- les sciences sociales : elles sont en situation de clientes vis-à-vis des sciences exactes et naturelles ;
- les sciences humaines : elles aspirent à devenir des sciences exactes ;
- les sciences exactes et naturelles.

Aussi, pour Lévi-Strauss, seul « le progrès de la connaissance [pourra-t-il] démontrer un jour que les sciences sociales et humaines méritent d'être appelées des sciences »[46]. Il range toutefois « les études juridiques » sous l'étiquette des sciences sociales[47].

Piaget propose, quant à lui[48], une classification d'une autre sorte, fondée sur la distinction entre « science des lois » (dont l'économie, la linguistique et la psychologie feraient partie) et les autres disciplines des sciences sociales et humaines, dont l'histoire, le droit[49] et la philosophie. Piaget considère que ces dernières ne comportent pas de techniques scientifiques *stricto sensu*[50]. Cette classification présente l'avantage de distinguer l'essentiel de l'accessoire. Au regard des sciences exactes et naturelles, le point faible des sciences sociales est que, contrairement à celles-là, elles n'ont pas de « discipline mère »[51], d'ordre hiérarchique. Or, soutient l'anthropologue André Leroi-Gourhan, « le biologiste sait bien que sa science repose sur la phy-

---

[45] *Id.*, p. 595.

[46] *Id.*, p. 597.

[47] *Id.*, p. 594.

[48] Jean PIAGET, « Classification des disciplines et connexions interdisciplinaires » (1964) 16-4 *Revue internationale des sciences sociales* 598, en ligne : <https://unesdoc.unesco.org/images/0001/000186/018652fo.pdf> (consulté le 30 mars 2023).

[49] Pour Piaget, la science juridique « est un monde à part, dominé par des problèmes, non pas de faits ou d'explications causales, mais de normes », science incluant le droit comparé dans les sciences humaines et sociales, *id.*, p. 601.

[50] *Id.*

[51] André LEROI-GOURHAN, *Le fil du temps*, Paris, Fayard, 1983, p. 243.

sique, un physicien sait bien qu'il ne peut rien sans les mathématiques [...] »[52]. Il s'ensuit que, pour comprendre la totalité d'un phénomène, d'un fait, on doit recourir à ce que Hubert Reeves appelle le « domaine adjoint » : « Vous ne pouvez pas étudier la biologie sans étudier la chimie, la chimie sans étudier la physique, la physique sans étudier les mathématiques, les mathématiques sans étudier la psychologie. »[53] Poussant plus loin sa réflexion, Reeves en conclut que l'« on ne peut plus séparer sciences naturelles et sciences exactes, sciences naturelles et sciences humaines »[54]. Chaque discipline est un maillon d'une chaîne ininterrompue de disciplines interconnectées.

Nous savons le rôle d'importance que tient la langue avec sa discipline mère, la linguistique, dans les sciences humaines et sociales, dont les notions varient d'une culture et d'un pays à l'autre, mais qui ne peuvent s'éclairer qu'avec l'appoint révélateur de la linguistique et, tout particulièrement, de sa filiale, la sociolinguistique. Le droit étant tenu pour une science par Piaget, peut-on en dire autant de la jurilinguistique, discipline hybride comprenant le droit pour une bonne part ? Si l'on voyait dans la jurilinguistique une discipline dont l'objet est la connaissance objective du processus conduisant vers un savoir, il s'agirait là, à défaut de la manifestation d'une science expérimentale pure et simple, d'une claire revendication scientifique. On rétorquera justement que revendiquer un fait n'est pas établir sa vérité. Toutefois, si, au lieu de s'efforcer de démontrer à tout prix la nature scientifique de la première tentative venue d'explication de phénomènes humains ou sociaux, on se contentait de parler de « démarche scientifique », soit de « méthode », à propos des objectifs que l'on vise par le canal d'une des sciences sociales, ne ferait-on pas preuve d'une certaine humilité, de la modestie qui sied au chercheur devant l'univers incommensurable que représente la Science ? Comme le rappelle Hubert Reeves, la « démarche scientifique [...] consiste à admettre ses limites, à tâtonner, à se tromper, à se corriger, à ajuster continuellement le tir »[55].

On est loin de la certitude que porte le postulat de Popper, pour lequel une discipline qui ne posséderait pas de théorie ne pourrait revendiquer

---

[52] *Id.*, p. 599.

[53] Entrevue d'Hubert REEVES, (1986) 133 *Lire* 33.

[54] *Id.*

[55] Entrevue d'Hubert REEVES, (1985) 1798 *L'Express* 35.

le statut de science[56]. Certes, une théorie reconnue est une valeur ajoutée pour toute discipline et, selon le biologiste François Jacob (prix Nobel de médecine, 1965), « c'est toujours la théorie qui a le premier mot. Les données expérimentales ne peuvent être acquises, elles ne prennent de signification qu'en fonction de cette théorie »[57]. Car la science progresse au rythme des constructions théoriques des scientifiques. On pourrait ajouter qu'une théorie, en sciences exactes ou en sciences sociales, porte à la réflexion philosophique, annonçant le discours épistémologique. Toutefois, en sciences pures, il est relativement faisable de décrire avec précision les faits observés « selon un modèle qui ne contient que peu d'éléments arbitraires »[58]. En sciences sociales et humaines, en revanche, il est plutôt hasardeux de voir dans la théorie le moyen de prévoir avec certitude les résultats d'observations ou d'expériences futures. La complexité croissante des modèles théoriques n'est que le reflet de la complexité du monde qui nous entoure. La traduction s'est longtemps passée de théorie(s) et s'en passe encore. Comme le remarque Dominique Aury, un « [m]étier qu'on fait d'instinct, comment en avoir une vue juste ? »[59].

Piaget et Lévi-Strauss divergent peut-être sur les critères de classification scientifique, mais aucun de ces deux savants ne met en doute le terme de science, entendu au sens large, pour qualifier les disciplines humaines et sociales, rejoignant ainsi Popper sur ce point. Le dialogue de la Nature (Piaget) avec la Culture (Lévi-Strauss) passe ainsi par la Science. Dans ce

---

[56] Karl Popper subordonnait les critères d'évaluation de la scientificité des sciences sociales à ceux des sciences de la nature, où le chercheur procède par conjecture et réfutation. Seule l'économie, parmi les sciences sociales, possédait à ses yeux la capacité de construire des modèles susceptibles de déterminer la rationalité des comportements. Voir, sur la question : Karl R. POPPER, *La logique de la découverte scientifique*, Paris, Payot, 1973 ; du même auteur « Die Logik der Sozialwissenschaften » (La logique des sciences sociales), conférence présentée par K. Popper dans le cadre de la Société allemande de sociologie, à Tübingen (19-21 oct. 1961), en ligne : <http://www.vordenker.de/ggphilosophy/popper_logik-sozialwiss.pdf> (consulté le 30 mars 2023).

[57] François JACOB, *Le jeu des possibles*, Paris, Fayard, 1981, p. 124.

[58] Stephen HAWKING, *Une brève histoire du temps*, Paris, Flammarion, 1989, p. 9 (traduction française de *A Brief History of time*, New York, Bantam Books, 1988).

[59] Dominique AURY, dans la Préface de l'essai de Georges MOUNIN, *Les problèmes théoriques de la traduction*, Paris, Gallimard, 1963, à la p. xii. Voir aussi les propos de Robert Larose sur la « théorie de la traduction » et son enseignement : Robert LAROSE, « La traduction au-delà du texte », (1992) 1-1 *Turjuman* 7.

dialogue, le droit, science sociale par excellence, est-il une discipline scientifique ?

C. Le droit : discipline scientifique ?

Le droit s'appuie sur une très longue tradition juridique. Ses sources composites sont sans doute innombrables étant donné qu'elles puisent à de multiples courants issus des peuples et cultures du pourtour de la Méditerranée, mais aussi d'Afrique et d'Asie. S'ensuit un écheveau de coutumes, traditions, mythes et règles impossible à démêler. Cette ancienneté du droit n'en fait pas pour autant une science avérée *a priori*. L'âge d'une discipline n'en fait pas un facteur accréditant un statut scientifique, mais il y participe : avec le temps, une discipline s'étoffe, se diversifie, se déploie, gagne en importance et, parfois, en crédibilité conduisant au statut scientifique. L'étude du droit, la pensée, la réflexion des savants juristes, leurs débats, méthodes et travaux lui ont constitué, au fil des siècles et des générations, un corpus des plus vastes. Sur ce socle la réflexion juridique s'est progressivement élevée à un haut niveau d'abstraction par le canal des recherches et travaux effectués dans les disciplines associées que sont notamment l'histoire, la philosophie, la sociologie, l'anthropologie, la linguistique, et jusqu'à l'économie : le droit économique.

Or, Madeleine Grawitz ne cite pas le droit parmi les principales disciplines faisant partie du groupe des sciences sociales, mais il est sous-entendu puisque, un peu plus loin, elle présente le débat opposant Piaget et Lévi-Strauss sur la question du caractère scientifique des sciences sociales[60]. On voit que la place du droit dans les sciences sociales et son statut de science font toujours débat dans la mesure où l'on considère que le droit est ou non une science en soi, *sui generis*[61]. Or, ce qui caractérise une science qualifiée de « sociale » est le fait qu'elle porte sur l'activité humaine, qui ne cesse de croître et de se diversifier, multipliant les sous-ensembles que sont les disciplines découlant de tel ou tel secteur d'activité. Prenons l'exemple

---

[60] M. Grawitz, préc., note 3, p. 93-94.

[61] Telle est la thèse que présente Michel Troper, l'auteur de l'article consacré à la SCIENCE DU DROIT dans Denis Alland et Stéphane Rials (dir.), *Dictionnaire de la culture juridique*, coll. « Quadrige », Paris, PUF, 2003, p. 1391 : « Cette expression [science du droit] peut avoir deux sens différents. Dans un sens très large, elle désigne simplement la pratique des juristes [...] Dans un sens plus restreint, on ne parle de science du droit que lorsqu'on veut distinguer entre le droit et la science du droit. »

de la linguistique. Comme toute science, naturelle ou sociale, elle s'est divisée autour de quelques questions clés portant sur le langage et les langues. Selon Grawitz, une fois que « ces questions essentielles formeront, avec les questions secondaires qu'elles auront suscitées, un ensemble cohérent, elles se sépareront du domaine plus général d'où elles sont issues »[62]. C'est le cas de la jurilinguistique pour sa part linguistique. Le nombre de spécialités et de sous-domaines issus de la discipline mère atteint parfois des proportions étonnantes[63]. Le droit n'est pas en reste avec ses sous-disciplines propres, dont celle du droit comparé.

Cela dit, Piaget et Lévi-Strauss s'entendent sur la question du droit appartenant à la branche des sciences sociales, mais divergent sur son rôle au sein de la société et sur la place qu'il occupe dans la classification desdites sciences. Pour Lévi-Strauss, les sciences juridiques, comme les sciences économiques et politiques, la psychologie sociale et certaines branches de la sociologie ont une visée pratique : former des élèves à une activité professionnelle et les préparer à considérer « des problèmes sous l'angle de l'intervention pratique »[64]. Ces disciplines seraient, dans un sens large et métaphorique du terme science, des sciences, mais ne sauraient revendiquer le statut scientifique reconnu aux sciences exactes et naturelles. Piaget, pour sa part, pense comme Lévi-Strauss qu'aucune différence de nature ne permet de distinguer les sciences sociales des sciences humaines. Le droit n'en fait toutefois pas partie qui apparaît en troisième place sous l'étiquette de « Disciplines juridiques » comprenant la philosophie du droit, l'histoire du droit, le droit comparé, etc.[65]. Pour Piaget, les études juridiques « constituent un monde à part, dominé par des problèmes, non pas de faits ou d'explications causales, mais de normes »[66]. Il faut alors, pour comprendre la portée de ces normes dans la totalité de leur complexité sociale, recourir à la sociologie juridique et non au droit, parce que la science juridique « n'est apte à connaître que du droit comme tel »[67].

---

[62] M. GRAWITZ, préc., note 3, p. 91.

[63] Pour la linguistique : la phonétique, la phonologie, la morphologie, la syntaxe, la sémantique, la lexicologie, la stylistique, outre la linguistique synchronique ou diachronique, la linguistique théorique ou appliquée et les multiples préfixes qualifiant un sous-domaine spécialisé : ethno/socio/psycho/neuro/étho/juri(linguistique)/etc.

[64] C. LÉVI-STRAUSS, préc., note 2, p. 524.

[65] *Id.*

[66] *Id.*

[67] *Id.*

1. Statut scientifique du droit

Des philosophes et épistémologues, dont Michel Villey et Christian Attias, se sont interrogés sur la valeur scientifique du droit, perçu comme une science. Michel Villey est très critique à cet égard, stigmatisant le «manque d'une définition du droit», l'«ignorance de la fin du droit», le «conflit des langages» et une «méthodologie incertaine»[68]. Il en conclut à l'«incomplétude de toute science» et que «toute science du droit est suspendue à un système général de philosophie»[69]. Comme Lévi-Strauss et Piaget, il pense que la philosophie (dans la ligne d'Aristote) se situe au sommet de la hiérarchie de la pensée scientifique et de la démarche épistémologique. L'opposition entre le sens large de «science du droit» (la pratique des juristes) et son sens restreint (qui distingue le droit de sa science) «permet de distinguer entre deux conceptions du droit ou deux épistémologies juridiques, l'épistémologie du droit et l'épistémologie de la science du droit, d'inspiration positiviste»[70].

Selon le philosophe du droit Christian Attias, le droit étant un savoir, il en découle une science du droit, qu'il définit comme une «épistémologie juridique», soit la théorie de la science juridique: «S'il y a un savoir juridique, il ne doit pas être impossible d'en concevoir l'étude épistémologique»[71]. La question qui se pose alors est celle de la nature de ce savoir, à quoi Attias répond «qu'il existe un savoir sur le droit et un savoir dans le droit»[72]. Or, si le premier existe bien, «il relève davantage d'autres disciplines que la science du droit»[73]. Quant au second, «s'il porte bien sur le droit, il n'est pas un savoir, mais un simple jugement de valeur»[74].

Quant au statut scientifique du droit, et donc de sa science, il faut se tourner vers le concept de la «falsification», au sens que Karl Popper lui

---

[68] Michel VILLEY, *Philosophie du droit*, coll. «Précis Dalloz», Paris, Dalloz, 1975, p. 6-13. «Le langage, sur quoi se base toute science, s'agissant du droit, a été contaminé à la fois par celui de la science et celui de la morale» (p. 222-225).
[69] *Id.*, p. 12-13.
[70] M. TROPER, préc., note 61, p. 1392.
[71] Christian ATIAS, *Épistémologie du droit*, coll. «Que sais-je?», Paris, PUF, 1994, p. 11.
[72] M. TROPER, préc., note 61, p. 1392.
[73] *Id.*
[74] *Id.*

donne[75]. Si l'objet de la science implique bien une certaine régularité et une certaine récurrence des phénomènes, et « [s]i cette exigence est nécessaire à la falsification [...] il est alors possible de conclure avec certitude qu'aucun concept juridique ne peut être rigoureusement falsifié »[76]. Les théories du droit n'étant pas « falsifiables », elles seraient donc « non-scientifiques » ! Malgré les critiques, le statut du droit parmi les sciences sociales ne semble guère en souffrir. La nature scientifique du droit est inscrite dans la vaste catégorie des sciences sociales, où il occupe une place singulière, à part, comme Piaget l'a montré. Son statut comme science sociale – et non comme « science » entendue au sens expérimental du terme – en découle et lui est étroitement associé. Le langage du droit, à l'instar de la science juridique, peut-il revendiquer un statut scientifique ?

2. *Le langage du droit, un langage scientifique ou technique ?*

Le droit est affaire de mots, disent de nombreux juristes, et cela dans tout l'univers du droit, de quelque côté que l'on se tourne : vers le monde francophone[77] ou l'espace anglophone[78]. Sous-ensemble de la langue générale, la langue juridique, langue de spécialité, s'apparente à un langage technique[79]. Or, le propre d'un langage technique est de s'appuyer sur des termes dont la nomenclature est stable et reconnue, peu ou très peu poly-

---

[75] Pour Popper, une proposition est scientifique si l'on est capable de la réfuter et si une expérience donnée infirme ou non la proposition. Pour lui, « la méthode scientifique, c'est la méthode des conjectures audacieuses et des tentatives ingénieuses et rigoureuses pour les réfuter ». Voir Karl POPPER, *La connaissance objective*, Paris, Flammarion, 1991, p. 146 (traduction française et préface de Jean-Jacques Rosat).

[76] Frédéric ROUVIÈRE, « Karl Popper chez les juristes : peut-on falsifier un concept juridique ? », HAL – archives ouvertes, p. 15, en ligne : <https://hal.archives-ouvertes.fr/hal 01316732/document> (consulté le 30 avril 2022).

[77] Comme le pensait François GÉNY, pour qui « prise dans son ensemble, la technique juridique aboutit, pour la plus grande part, à une question de terminologie », *Science et technique en droit privé positif*, t. III, n° 255, Paris, Sirey, 1921, p. 456.

[78] « *The law is a profession of words* », comme le soutient, dans son ouvrage pionnier sur le langage du droit, David MELLINKOFF, *The Language of the Law*, Boston, Little, Brown, 1963, p. viii.

[79] Gérard CORNU, *Vocabulaire juridique*, 10ᵉ éd. mise à jour, coll. « Quadrige », 2014, p. viii. Dans la Préface il avance que « le langage du droit présente des marques linguistiques suffisantes pour constituer un langage spécialisé [...] avec d'autres langages techniques ». Voir aussi Anne WAGNER, « Le langage de spécialité, langage de technicien » dans A. WAGNER (dir.), *La langue de la Common Law*, Paris, L'Harmattan,

sémique, propriété que le droit, contrairement à la plupart des nomenclatures techniques, ne possède qu'à faible dose. Enfanté par l'être humain, le droit est une création culturelle toujours liée à celle de la société où il niche[80]. Science sociale, contrairement aux sciences pures et aux sciences sociales dites nomothétiques[81], le droit n'exprime pas les « choses », les *realia*, de la même façon dans toutes les langues, son vocabulaire n'ayant pas vocation universelle, au contraire des « lois de la nature [qui] sont partout les mêmes »[82].

Ensuite, le terme qui donne son nom à la science juridique, « (le) DROIT », est non seulement ambigu mais il suscite en outre débats et controverses parmi les juristes, lesquels n'arrivent pas à s'entendre sur une définition commune de leur discipline. Comme le souligne Michel Villey, « nous sommes loin de professer [...] une même définition du droit »[83]. Il estime, en outre, que « le sens des mots les plus habituels aux juristes [...] est très mobile et incertain » et « affecte le langage technique et les mots les plus nécessaires à la science du droit »[84]. Il va jusqu'à contester l'existence même d'un langage scientifique du droit, qui est une science sans définition spécifique de son objet et toujours en quête d'une fin, alors que le propre d'un langage scientifique est « d'assurer à chaque terme une signification constante et

---

2002, à la p. 117. En terminologie, on parle plutôt de « langue de spécialité(s) » ou de « langue spécialisée », par rapport à la langue générale.

[80] Le terme de « culture » souffre bien des définitions. Celle de l'historien Yuval Noah Harari a retenu notre attention : « L'immense variété des réalités imaginaires que Sapiens inventa et la diversité des formes de comportement qui en résulta sont les principaux éléments constitutifs de ce que nous appelons du nom de "cultures". » Voir Yuval Noah HARARI, *Sapiens. Une brève histoire de l'humanité*, Paris, Albin Michel, 2015, p. 50.

[81] Selon le *Larousse*, l'adjectif nomothétique « caractérise une discipline capable d'établir de façon assurée la régularité de certains faits et d'en tirer des lois générales ». À l'évidence, à l'instar de la sociologie, le droit ne fait pas partie des sciences nomothétiques telles que l'économétrie ou la démographie.

[82] Heikki E. S. MATTILA, *Jurilinguistique comparée*, Cowansville, Les Éditions Yvon Blais, 2012, p. 173.

[83] Michel VILLEY, « Préface », *Le langage du droit*, t. 29, coll. « Archives de philosophie du droit », Paris, Sirey, 1974, p. 1, à la page 2.

[84] M. VILLEY, préc., note 68, p. 7 ; voir aussi François TERRÉ et René SÈVE, *Vocabulaire fondamental du droit*, t. 35, coll. « Archives de philosophie du droit », Paris, Sirey, 1990, « Droit », p. 43.

relativement précise »[85]. Norbert Rouland en apporte une preuve indirecte lorsqu'il évoque une anecdote mettant en scène l'éminent juriste français Georges Vedel, à qui la revue *Droits* avait demandé de proposer, avec une cinquantaine d'auteurs, sa conception du droit en vue de publier un numéro de la revue sur ce thème[86]. Au bout de plusieurs mois, ce dernier eut la franchise de reconnaître son incapacité à répondre à la question « Qu'est-ce que le droit ? ». Le droit apparaît « de plus en plus complexe et incertain »[87], pour ne rien dire de ses langages. Or, pour se réaliser, toute science doit s'appuyer sur un vocabulaire, une terminologie, voire une nomenclature[88], et un langage (ou « discours ») plus ou moins élaboré, rigoureux et aussi précis que possible, tendant vers l'univocité[89]. Certaines sciences sociales, telles que la démographie, la géographie et la linguistique, possèdent une terminologie précise. Une portion non négligeable de la terminologie juridique est constituée de termes précis et univoques[90]. Leur nombre est cependant très limité en comparaison de celui des termes apparemment univoques mais bien polysémiques, dont : absent, acte, domaine, recours, sentence, testament, tribunal, universalité, etc. Dans ces conditions, le langage du droit ne peut s'appuyer fermement sur une terminologie juridique univoque, ce qui en affaiblit la revendication de science. La jurilinguistique, avec sa terminologie procédant de la linguistique et de la terminologie, repose, elle, sur un lexique composé de termes plus univoques que celui du droit ; par exemple : anastrophe, bisémique, calque, discours, langage, langue, lexème, signifiant/signifié, syntagme, texte, univocité.

Le mystère du sens des mots semble fuir l'entendement humain, en droit comme dans les autres disciplines des sciences « molles ». La philo-

---

[85] *Id.*, p. 8.

[86] Norbert ROULAND, *Introduction historique au droit*, Paris, PUF, 1988, p. 30.

[87] Boris BARRAUD, *La prospective juridique*, Paris, L'Harmattan, 2020, p. 9.

[88] Terme ainsi défini dans *Le Robert* : « Ensemble des noms, des termes employés dans une science, une technique, un art..., organisés selon les classes d'objets qu'ils désignent (en extension, alors que les terminologies opèrent en compréhension) ; méthode de classement de ces termes. »

[89] Ce substantif renvoie, dans les dictionnaires, à son adjectif : univoque, ainsi défini : « Qui n'est susceptible que d'une seule interprétation. » (TLF).

[90] Dont voici un échantillon tiré du *Vocabulaire juridique* de Cornu : arrérages, arrêt, audience, brevet, caducité, clause, codicille, concert, décret, *de cujus*, domicile, infrangible, lais, licitation, manquement, plaignant(te), préméditation, réceptice, récidive, résiliable, retirement, révocabilité, sapiteur, simulation, soulte, statuer, subrogation, synallagmatique, troc, tuteur-trice, etc.

sophie est peut-être la seule discipline en mesure d'apporter une réponse à cette question, à laquelle ont cherché à répondre philosophes du langage, philosophes et sociologues du droit et linguistes sémanticiens. Les mystères que recèlent encore le langage humain et les langues qui en sont issues ne sont qu'une partie, certes importante, de la question de la scientificité du droit et, donc, de son langage.

Le statut d'une discipline, toutefois, ne repose pas que sur des mots, il lui faut aussi une méthode, un corpus conséquent et la reconnaissance du monde scientifique pour accéder à celui de « science ». Le droit ne manque pas de méthodes, chaque discipline juridique – histoire du droit, sociologie du droit, philosophie du droit, droit privé, droit public, droit comparé, etc. – possède la sienne ou les siennes. Qu'en est-il pour la jurilinguistique ?

III. De la méthode en jurilinguistique

Il importe, dès le départ, de distinguer ce que l'on cherche à trouver, à atteindre, le but de l'action ou de la démarche entreprise. Deux réponses possibles se présentent : (on cherche) *quoi* ou (on agit) *comment* ? Si le but de l'action est une recherche à visée théorique, c'est le « quoi » qui en sera le fil conducteur et permettra d'établir la méthodologie déterminant les étapes à franchir pour atteindre l'objectif de la recherche. Dans le cas du « comment », le but de l'action pratique passe par des étapes concrètes pour arriver à un résultat, par exemple : traduire un règlement, un jugement, un contrat. C'est toute la différence à faire, en traduction, entre la ou le traductologue visant à élaborer une méthode, voire une théorie, de traduction et le traducteur dont la tâche consiste à rendre en français un texte rédigé en anglais. Deux démarches intellectuelles, deux méthodes et deux résultats différents.

Ce schéma peut s'appliquer à la jurilinguistique, qu'elle soit envisagée de façon théorique ou pratique, soit du point de vue d'un ou d'une jurilinguiste visant à élaborer une méthode jurilinguistique, soit du point de vue d'un ou d'une jurilinguiste face à un texte à traduire (traducteur), une loi à rédiger (légiste), un jugement à écrire (juge), un contrat à rédiger (avocat). Dans le premier cas, la méthode « est constituée de l'ensemble des opérations intellectuelles par lesquelles une discipline cherche à atteindre les vérités qu'elle poursuit, les démontre, les vérifie »[91]. Dans le second,

---

[91] M. GRAWITZ, préc., note 3, p. 351.

le praticien passe aussi par des opérations intellectuelles – quoique différentes –, mais avec pour objectif pratique d'atteindre et d'exprimer le mieux possible la vérité d'un *texte*. Une méthode découlant d'une méthodologie rigoureuse est requise dans le cas d'une recherche théorisante ; dans le cas de l'opération traduisante, de la rédaction législative ou de la production d'un jugement, même si la méthode requise n'a pas à être scientifique mais plutôt pragmatique et fonctionnelle, elle n'en requiert pas moins de rigueur de la part d'un traducteur, d'un légiste ou d'un juge lorsque ces praticiens sont engagés dans l'opération d'écriture propre à leur activité professionnelle. Chacun d'eux agit dans son champ d'action particulier, en suivant la méthode établie dans son cas. Deux situations, deux états d'esprit, deux approches.

Dans toute recherche, en science naturelle ou sociale, on recourt à une méthode pour atteindre un objectif, acquérir ou construire un savoir. Selon la nature de la recherche, fondamentale ou appliquée, théorique ou pratique, en laboratoire ou sur le terrain[92], et le but visé : connaître, éclairer, réorienter, susciter, etc., le chercheur adoptera la méthode cadrant le mieux avec ses objectifs. Plusieurs voies s'offrent alors aux chercheurs, de la plus courante, liée à un domaine spécifique (par exemple, la méthode historique), à la plus complexe (la méthode philosophique), en passant par la méthode fonctionnelle et la méthode dialectique[93]. En linguistique comme en droit, en science politique ou en sociologie, on recourt souvent au fonctionnalisme[94]. L'analyse comparative prime alors dans ces disciplines. Or, elle est aussi louée que critiquée, et cela dans toutes les disciplines sociales et humaines[95].

---

[92] On oppose souvent recherche fondamentale et recherche appliquée, recherche en sciences naturelles et en sciences sociales en fonction du critère du « laboratoire » par rapport au terrain. L'exemple de chercheurs-auteurs tels Claude Lévi-Strauss et Marcel Mauss est éloquent, eux qui ont passé leur vie de chercheurs, à l'instar de Montaigne, dans leur « librairie ».

[93] M. GRAWITZ, préc., note 3, p. 351-352.

[94] On attribue généralement la paternité du fonctionnalisme à l'anthropologue Bronislaw Malinowski et au sociologue Émile Durkheim.

[95] Voir, sur les controverses que soulève le sujet de la méthode, M. GRAWITZ, préc., note 3, p. 15, 351 et suiv.

A. L'approche théorisante

Le sujet de la « méthode », particulièrement lorsque ce mot est accompagné de l'adjectif « scientifique », provoque de vifs débats et controverses entre savants, en sciences sociales particulièrement. Le droit et les sciences du langage sont au cœur de ce débat en raison des éléments et facteurs critiques en jeu. Le droit, avec l'humain, le social, les faits, la norme et la sanction, qui le rendent instable et difficilement prévisible, parce qu'« il ne correspond pas partout et toujours aux mêmes objets, aux mêmes fonctions, et ne revêt pas les mêmes apparences »[96]. S'agissant du droit, parler de méthode est inapproprié. On devrait parler plutôt de méthodes. Car l'arbre du droit comprend de multiples branches et rameaux dont l'étude requiert une grande variété de perspectives : historique (l'histoire du droit), sociologique (sociologie du droit), philosophique (philosophie du droit), anthropologique (anthropologie juridique), économique (l'analyse économique du droit), etc., sans compter les nombreuses classifications possibles à partir des domaines public et privé. Se pose alors la question de la méthode à mettre en œuvre pour la recherche en droit.

Le langage du droit, ensuite, soumis à l'analyse linguistique, révèle à peu près les mêmes traits, requérant, selon le texte envisagé, une ou des méthodes particulières. Aussi la question de la méthode de recherche en jurilinguistique – dont la caractéristique est d'être composée du droit (juri) et de la linguistique (appliquée) – se pose-t-elle depuis que cette pratique s'est constituée en discipline. Il existe de nombreuses méthodes de recherche, chacune présentant ses avantages et ses inconvénients. On en compte au moins une vingtaine selon le type de recherche envisagé[97]. Toutefois, quel que soit le domaine considéré, aujourd'hui les chercheurs s'entendent sur la composition d'une méthode générale de recherche scientifique, constituée de cinq éléments principaux : la raison, suivie de l'intuition du chercheur, étayées par l'expérience, passées au crible de l'analyse, que complète une synthèse. Chacune de ces étapes peut être décomposée en plusieurs sous-parties selon les besoins particuliers de la recherche. Dans mon enseignement au 3e cycle, où l'on forme de futurs doctorants, je présentais aux

---

[96] N. ROULAND, préc., note 86, p. 29.

[97] Voir les 22 méthodes présentées, de la recherche transversale à la recherche comparative, en ligne : <https://www.scribbr.fr/methodologie/differentes-methodes-de-recherche/> (consulté le 2 avril 2023) ; voir aussi sur la méthodologie de recherche : <https://explorable.com/fr/methodologie-de-recherche> (consulté le 2 avril 2023).

étudiants une méthodologie composée de 7 ou de 5 étapes, leur laissant le choix selon que leur recherche sera à visée théorique ou à vocation pratique, sur le modèle des mémoires de fin d'études, qui peuvent être de nature soit théorique, soit pratique ou pragmatique.

Dans le premier cas, il s'agit d'appliquer une *méthode* de recherche scientifique procédant d'une méthodologie rigoureuse et appropriée au sujet de la recherche, une thèse de doctorat par exemple. Dans le second cas, c'est une méthode pragmatique que l'on suivra pour atteindre un but précis et pratique ; par exemple, rédiger un mémoire de terminologie, faire une traduction. Un troisième cas d'action jurilinguistique est celui où les auteurs entreprennent la confection d'un lexique, unilingue ou non, d'un dictionnaire spécialisé, tel le *Dictionnaire de droit privé du Québec*. Dans ces trois cas, j'ai participé à différents projets à titre de professeur (mémoires, thèses, recherches), de jurilinguiste-conseil (traduction française du *Civil Code of Louisiana*) et de jurilinguiste membre d'un comité de rédaction (*Dictionnaire de droit privé du Québec*). Dans ce dernier cas, ce sont des *techniques* que l'on appliquera, avec pour objectif précis et pratique de bâtir un dictionnaire.

1. La méthode de recherche scientifique

La démarche d'une recherche scientifique comprend plusieurs étapes selon l'importance de la recherche envisagée. On peut multiplier les étapes à l'infini ou démultiplier chacune d'elles ; la complexité, toutefois, croît avec le nombre. La plupart des chercheurs considèrent que sept étapes, nombre mythique s'il en est[98], convient à la situation. Je les cite, dans l'ordre :

1. Position du problème. Cette étape permet de poser les données du problème, de faire les choix nécessaires afin d'élaborer la méthode que l'on suivra.

Toute recherche part d'un constat ou d'une hypothèse. Le chercheur a relevé un vide, un manque ou un écart entre les connaissances dont on dispose à un moment donné et la réalité des faits basée sur les observations personnelles d'une situation. Un exemple tiré de mon expérience

---

[98] Du candélabre à sept branches aux *Sept savoirs nécessaires à l'éducation du futur* d'Edgar Morin, en passant par les sept jours de la semaine et par les *Seven pillars of wisdom* de Laurence d'Arabie, ce chiffre symbolique revient constamment dans l'imaginaire comme dans la réalité quotidienne des humains.

personnelle fera mieux comprendre les tenants et aboutissants d'une telle recherche. Après avoir constaté qu'en traduction juridique, de l'anglais au français, le texte d'arrivée – lorsqu'il est bien traduit! – était souvent plus court que le texte de départ, qu'il comptait moins de signes, j'ai cherché à en savoir davantage sur cette question, soit d'en vérifier la réalité à partir de l'hypothèse que le texte français est plus court que l'anglais, en m'appuyant sur un corpus conséquent, et de connaître les raisons de ce phénomène, de prime abord banalement linguistique (les résultats montrent que le droit et la langue en sont conjointement responsables). À partir de là, le chercheur va réfléchir à la méthode qu'il utilisera. C'est la phase de réflexion qui le conduira à établir sa méthodologie (littéralement, «discours sur la méthode»).

2. L'état de la question. Cette étape essentielle consiste, pour le chercheur, à procéder à la revue de la documentation disponible traitant la question afin de faire le point sur l'état des connaissances en la matière et, par-là même, de mettre ses connaissances à jour, les enrichir. Le tour d'horizon de cette documentation doit lui permettre, après en avoir fait l'analyse, d'en tirer la synthèse qui le guidera dans sa recherche.

Dans le cadre de la recherche entreprise sur la longueur des textes en traduction juridique[99], il s'agissait ni plus ni moins que de constituer et d'analyser un corpus quadripartite composé d'extraits de lois, de jugements, de contrats et de doctrine traduits dans les deux langues et comprenant un million de mots environ (Annexe 30). Un tel travail de lecture, d'analyse et de comparaison de textes traduits ne pouvait être effectué rapidement par une seule personne. Les étudiantes et étudiants de mon séminaire de traduction juridique de l'année universitaire 1985-1986 ont activement participé à cette recherche – non subventionnée – que, sans eux, je n'aurais pu mener à bien. Mon dessein pédagogique était double: d'une part, initier de futurs jurilinguistes à la recherche en traduction et, d'autre part, éveiller leur curiosité envers le phénomène quasi banal de la surtraduction en cherchant à en comprendre les causes.

3. La méthodologie. On entend par ce terme, selon le *Larousse*, «Étude systématique, par observation de la pratique scientifique, des principes qui

---

[99] Voir Jean-Claude GÉMAR, «La longueur des textes en traduction juridique. Domaine anglais et français», dans Paul PUPPIER et José WOERHLING (dir.), *Langue et droit. Actes du premier congrès de l'Institut international de droit linguistique comparé*, Montréal, Wilson & Lafleur, 1989, p. 599-614.

la fondent et des méthodes de recherche utilisées. »[100]. Ces pratiques comprennent la conception de la recherche entreprise, la collecte des données et leur analyse. Cette étape est essentielle pour définir les conditions de la recherche, son cadre, la planifier, en déduire la méthode à appliquer, les stratégies à envisager et les limites et obstacles éventuels. C'est, en somme, la « boîte à idées » du chercheur, où il trouvera les données rassemblées lors de ses réflexions et recherches préliminaires et qu'il utilisera à chaque étape de sa recherche.

C'est également à cette étape que se déroule la distribution des rôles au sein du groupe de recherche formé pour étudier la longueur des traductions de textes juridiques. Quatre groupes ont été composés, chacun d'eux étant chargé d'un des quatre corpus de textes à traiter selon les intérêts et compétences de chacun : (textes de) loi, jurisprudence, contrat, doctrine.

4. La collecte des données. Une fois l'étape de la méthodologie franchie, les chercheurs se lancent dans la collecte des données relevées selon le protocole qui a été établi à la 3ᵉ étape. Le groupe de recherche étant composé de traducteurs, il semblait normal d'employer des méthodes et techniques éprouvées en traduction. Par exemple, en matière de « révision comparative » des traductions, le fédéral donnait le « La » et tenait à ce moment-là le rôle de modèle, au Canada et ailleurs. À l'époque, était en œuvre le Système canadien d'appréciation de la qualité linguistique (Sical), mis au point par le Bureau des Traductions après moult consultations d'experts – dont Jean Darbelnet et Robert Larose – et d'organisations professionnelles de traducteurs[101]. Tout choix, d'une certaine façon, est arbitraire, mais il paraissait peu rentable de procéder à des révisions de textes de plusieurs dizaines de pages, mobilisant du personnel des heures durant ; aussi avait-on décidé de procéder par tranches de quelque 400 mots pour évaluer la qualité du texte traduit. C'est avec ce principe, énoncé dans le Sical, que les quatre groupes ont relevé et épluché les données à leur disposition.

5. Traitement et analyse des résultats. Par cette étape, on pénètre dans le vif du sujet et la matière même du projet. Une fois les données recueillies, le chercheur en entreprend l'analyse, qui, selon le cas, sera de

---

[100] Voir en ligne : < https://www.larousse.fr/dictionnaires/francais/m%C3%A9thodologie/50970 > (consulté le 6 avril 2023).

[101] Sur les différentes approches de la révision, voir en particulier Isabelle S. ROBERT, « La relecture unilingue : une procédure de révision de traduction rapide, fonctionnelle, mais déloyale », (2014) 27-1 *TTR* 95. Voir également Robert LAROSE, « Méthodologie de l'évaluation des traductions », (1998) 43-2 *Meta* 163.

type qualitatif ou quantitatif. Dans le projet de recherche en question, il y avait une part quantitative (nombre de textes, de mots), suivie d'une analyse qualitative fine, chaque groupe étant chargé de comparer les textes sources et les textes cibles et d'en tirer un résultat confirmant ou infirmant l'hypothèse de départ.

Le tout représente un travail fastidieux de comparaison de textes, de comptage de mots et d'analyse de la traduction pour en conclure avec certitude qu'elle correspond, dans la lettre comme dans l'esprit, tant au contenu juridique du texte source qu'aux canons d'une rédaction française idiomatique.

6. Interprétation des résultats. Lorsque les résultats ont été obtenus, il faut les interpréter pour s'assurer qu'ils répondent bien aux principes, règles et critères établis pour cette recherche, indiquent ou non une ou plusieurs voies possibles à emprunter pour poursuivre des recherches, et en montrent les limites. Cette interprétation, dans le cas de notre recherche, s'est déroulée en groupe, chacune et chacun y apportant son point de vue personnel, ses suggestions ; par exemple, comparer les résultats obtenus en traduction juridique avec ceux d'autres disciplines (économie, linguistique, philosophie, sociologie, etc.). La conclusion de l'opération d'interprétation est allée dans le sens fixé par la majorité des participants, ce qui est reflété dans la publication qui a suivi[102].

7. La diffusion des résultats. Une recherche à vocation scientifique débouche sur des résultats que les responsables de la recherche doivent faire connaître à la communauté scientifique, au public intéressé, voire à la société tout entière. Pour cela, le chercheur présentera généralement les résultats de sa recherche en congrès, colloque, table ronde et séminaire, où ils sont exposés à la critique des pairs. S'ensuit une publication (article, chapitre) dans des actes ou dans une revue spécialisée. Dans le cas de la recherche en question, ce fut dans les actes d'un congrès international[103].

Telles sont les étapes que l'on peut suivre pour entreprendre une recherche à visée scientifique. Toutefois, selon l'importance de la recherche envisagée – fondamentale, scientifique ou pragmatique –, on pourra la décomposer en un nombre d'étapes augmenté ou réduit. Le processus n'est pas le même dans le cas d'une thèse de doctorat, de l'élaboration d'une théorie

---

[102] J.-C. GÉMAR, préc., note 99.
[103] *Id.*

ou dans celui d'une traduction, aussi complexe soit-elle (traduire un code) – et, par exemple, d'une loi ou d'un contrat.

Nous avons vu un exemple de recherche à vocation scientifique – les résultats sont parus dans des actes –, mais d'une science plus douce que dure et dont le processus de recherche aurait pu se limiter à quelque cinq étapes. Envisageons maintenant une recherche d'un autre genre, plus pragmatique que théorique, celle de la traduction d'un code, de l'anglais au français, tel celui de l'État de la Louisiane, qui s'apparente davantage à des « techniques » de recherche, terme que préconise Grawitz[104], qu'à une « méthode » de recherche proprement dite.

2. La méthode pragmatique

Quelle que soit l'importance, la longueur ou la forme d'un texte, l'opération de sa traduction suit un processus empirique quasi immuable de quatre étapes indispensables :

1. lectures répétées du texte source ;
2. dépouillement terminologique du texte : relevé des termes techniques pour en assurer le sens et l'uniformité de la traduction ;
3. opération traduisante : terme sibyllin qui regroupe plusieurs actions, dont les recherches à faire et les décisions à prendre lors de la réexpression[105] ;
4. révision et vérification.

Ensuite, la diffusion du texte traduit 5. : ne dépend pas du ou des seuls traducteurs.

Tout projet de traduction, d'importance ou non, passe par ces étapes. Entreprendre la traduction d'un code a peu à voir avec celle d'un jugement ou d'un contrat. Cette forme de traduction occupe le sommet de l'art de traduire le droit et relève de la *summa juris translatio* : la « haute » traduction. On ne traite pas un tel projet de la même façon que le précédent. En l'occurrence, on peut y appliquer la méthode en cinq étapes, plus concise, précise, où les aspects théoriques ne sont pas la préoccupation première.

---

[104] M. GRAWITZ, préc., note 3.

[105] Voir en particulier sur cette question Christine DURIEUX, « L'opération traduisante entre raison et passion », (2007) 52-1 *Meta* 48.

Dans la première étape, il s'agit de poser les données du problème que présente la traduction sous forme de questions ; dans la deuxième, des hypothèses de solution sont posées ; dans la troisième, ces hypothèses sont confrontées aux faits de traduction ; dans la quatrième, l'étape de la révision, les textes traduits font l'objet d'une analyse et d'une révision minutieuses ; la cinquième étape est celle de la publication en vue de la diffusion de la traduction : le code bilingue.

a) Les données du problème en question

On ne se lance pas dans une opération aussi longue, difficultueuse et complexe que celle que représente le projet de traduire un code sans avoir longuement réfléchi au sujet, être venu à bout des obstacles administratifs et financiers, réuni une équipe de traducteurs, planifié la coordination des travaux et leur suivi, et prévu des étapes dans ce long processus ; par exemple, le temps nécessaire pour traduire le Livre 1 ou 2, 3, etc., du code en question, et fixé une date limite pour le parachèvement des travaux. Tout cela demande du temps avant que l'on puisse entreprendre la tâche délicate qu'est la traduction d'un code, civil en l'occurrence.

Dans ce cas-ci, les auteurs du projet se sont posé au moins trois grandes questions : Pourquoi, pour qui et pour quoi traduire un code ? Quelle(s) méthode(s) utiliser pour traduire un code ? Comment transposer l'« esprit » du code à traduire ?

Il est particulièrement utile autant qu'intéressant, pour des traducteurs et des terminologues de voir comment des juristes, assistés de quelques jurilinguistes, ont abordé ces questions et y ont répondu, car les raisons de traduire un code sont multiples[106]. Toutefois, dans le cas particulier du *Civil Code of Louisiana* il s'agit d'abord de rendre « le Code davantage accessible à une minorité francophone devenue bilingue » énonce le Professeur Moréteau, maître d'œuvre du projet[107]. Ensuite, cette traduction française « est une contribution aux droits linguistiques de la minorité francophone

---

[106] Voir sur la question Sylvie MONJEAN-DECAUDIN, « Pourquoi traduire un code, hier et aujourd'hui », (2016) 9-1 *Journal of Civil Law Studies* 191 ; voir aussi Jean-Claude GÉMAR, « L'analyse jurilinguistique en traduction, exercice de droit comparé. Traduire la lettre ou "l'esprit des lois" ? Le cas du Code Napoléon », (2019) 37 *Comparative Legilinguistics* 9.

[107] Olivier MORÉTEAU, « Le Code civil de Louisiane en français : traduction et retraduction », (2015) 28 *International Journal for the Semiotics of Law* 155, 157.

[et] bénéficiera à la francophonie bien au-delà du bassin du Mississipi »[108]. Enfin, elle pourra servir de modèle, à plusieurs égards, à d'autres systèmes mixtes, tant en matière juridique que linguistique. Tels sont les objectifs généraux de traduction qu'ont fixés les responsables du projet, selon les objectifs de la communication envisagés, dans cet ordre : faire connaître, faire comprendre, comparer, diffuser, influencer, etc.

b) *Formulation d'hypothèses : la méthodologie*

Les méthodes de traduction sont aussi nombreuses que les traductologues! La méthode retenue pour traduire un texte juridique dépend d'abord de la nature de celui-ci (code, loi, règlement, traité, jugement, traité de droit, dictionnaire, etc.) et des objectifs de communication visés. Quant à la ou aux méthodes à utiliser pour la traduction d'un code, on parlera plutôt ici de stratégies *ad hoc*, d'une démarche empirique et documentée, soit d'une approche jurilinguistique fondée sur le savoir-faire et l'expérience des acteurs. Normalement, la traduction d'un code suppose que la priorité soit donnée au contenu, norme oblige, et que la forme passe au second plan. C'est ainsi que la traduction sourcière est le plus généralement privilégiée. Or, ici, l'objectif visé « est de produire une traduction authentiquement louisianaise, tout comme celle du *Code civil du Québec* en anglais est authentiquement québécoise »[109]. Il s'en dégage une tonalité louisianaise, comme celle du Québec rend un son montréalais. D'où, conformément à la stylistique juridique française, certains articles français sont plus courts que les articles anglais, et vice versa. Comme l'explique Moréteau :

> Lorsque les textes ont été substantiellement réécrits mais restent dans la logique et la stylistique du système civiliste, la traduction se veut fidèle à l'esprit des origines. En revanche, lorsque le législateur emprunte la substance et le style de la common law, comme il le fait parfois, la lettre surabondante vient tuer l'esprit civiliste qui peine alors à vitaliser la traduction.[110]

En somme, s'agissant de « l'esprit » du droit à reproduire dans une traduction, parfaite illustration de la « perspective jurilinguistique »[111] pratiquée en Louisiane, quel bel exemple que cette perspective qu'offre la

---

[108] *Id.*, p. 164.
[109] *Id.*, p. 168.
[110] *Id.*, p. 156.
[111] *Id.*, p. 160.

publication du *Code civil de la Louisiane* en édition bilingue, où les deux esprits – common law et civiliste – sont réunis dans la même lettre.

c) *Mise à l'épreuve des hypothèses*

C'est l'opération de traduction proprement dite, dont les étapes, les écueils et le long processus sont détaillés par le maître d'œuvre lui-même, qui en souligne le caractère empirique dans la présentation du Code[112]. Une trentaine de personnes, traducteurs, professeurs et étudiants avancés ont travaillé à cette traduction de quelque 200 000 mots et 2 534 articles qui présente sa problématique particulière.

On comprend le genre de difficulté auquel sont exposés les traducteurs, écartelés entre diachronie et synchronie, fidélité à la lettre et respect de l'esprit. Sollicités d'un côté par les dispositions originelles – fidélité à la lettre et à l'esprit du Code Napoléon et de la tradition civiliste –, et, de l'autre, par les nombreux «formants» de common law introduits depuis, ils doivent continuellement changer de casquette, de lettre et d'esprit des lois. S'il ne faut qu'un exemple pour illustrer la difficulté de la traduction, celui de l'article 2315 est particulièrement significatif. Il résume bien la situation paradoxale et l'état particulier du droit civil de la Louisiane: le même article héberge dans ses dispositions non seulement les deux cultures juridiques (droit civil et common law), mais encore leur manière singulière de les rédiger. L'alinéa A est le pur produit de la tradition civiliste et de son style de rédaction, serré, disert et économe; l'alinéa B, reflète quant à lui la lettre prolixe et l'esprit pragmatique des *Common Lawyers*, que rend malaisément sa traduction:

Art. 2315	Art. 2315
A. Every act whatever of man that causes damage to another obliges him by whose fault it happened to repair it.	A. Tout fait quelconque de l'homme qui cause à autrui un dommage oblige celui par la faute duquel il est arrivé à le réparer.
20 mots	**23 mots**

---

[112] Olivier MORÉTEAU (dir.), *Code civil de Louisiane. Édition bilingue*, vol. 28, Paris, Société de législation comparée, 2017.

La quête de l'expression optimale du droit : le langage du droit à l'épreuve du texte

| B. Damages may include loss of consortium, service, and society, and shall be recoverable by the same respective categories of persons who would have had a cause of action for wrongful death of an injured person. Damages do not include costs for future medical treatment, services, surveillance, or procedures of any kind unless such treatment, services, surveillance, or procedures are directly related to a manifest physical or mental injury or disease. Damages shall include any sales taxes paid by the owner on the repair or replacement of the property damaged.
89 mots | B. Les dommages et intérêts peuvent inclure la perte de la compagnie, de l'affection et des services conjugaux ou familiaux et peuvent être recouvrés par les mêmes catégories de personnes qui auraient le droit d'agir du fait d'un acte délictuel ayant entraîné la mort de la victime d'un dommage. Les dommages et intérêts n'incluent pas le coût des traitements, des services, du suivi, ou des actes médicaux à venir, quelle que soit leur nature, sauf lorsqu'ils sont directement et manifestement liés à une atteinte à l'intégrité physique ou mentale, ou à une maladie physique ou mentale. Les dommages et intérêts doivent inclure toutes les taxes payées par le propriétaire pour la réparation ou le remplacement du bien endommagé.
117 mots |

Voilà un exemple patent des styles et esprits différents que ces deux grandes traditions juridiques donnent à voir. Il est rare de trouver les deux dans le même article d'un code. L'histoire singulière de la Louisiane explique cette incongruité.

d) Analyse et synthèse des données

Cette étape est celle de la révision des traductions, qui s'effectue de différentes manières : individuelle, à deux, en groupe ou en équipe. Elle est aussi l'occasion d'interpréter les résultats. Dans la quête de l'équivalence, c'est l'esprit, tout autant que la lettre, que cherche à reproduire, autant que possible, le traducteur.

Cette quête est aussi celle des jurilinguistes pour qui la forme, c'est-à-dire la façon dont est exprimée la langue, support du droit, compte pour beaucoup dans le rendu de l'esprit d'un système et d'une culture juridiques, singuliers par définition. La rédaction-traduction du Code civil par Rosset (1912), en Suisse, ou la corédaction des lois fédérales, au Canada (1978), en témoignent : elles répondent au souci des auteurs et des autorités politiques de faire passer dans le texte cible le souffle d'authenticité naturelle caractérisant la langue d'arrivée. Or, exprimer l'esprit d'un droit par le canal de la traduction s'avère le plus souvent stérile au regard des conditions dans lesquelles ce droit s'est construit, a évolué, rendant cette expression difficile : « Le multilinguisme et l'interculturalité juridique caractérisent l'histoire du droit louisianais » nous dit Steve Desgré[113], avec pour effet que les règles se sont empilées au fil du temps en trois langues, le français, l'espagnol et, enfin, l'anglais, créant une mosaïque de règles juridiques et de la confusion. C'est ainsi que « la Louisiane contribue à la production d'un patrimoine jurilinguistique singulier »[114].

L'étape de la révision est cruciale dans une telle opération de traduction. La révision des traductions se faisait au fur et à mesure de la progression des traductions, entre traducteurs d'abord, qui se révisaient mutuellement, puis lors de réunions fréquentes – hebdomadaires ou bihebdomadaires –, où participaient les traducteurs, mais aussi des chercheurs invités et des visiteurs de passage. Projetée sur un écran, la traduction « est discutée, des vérifications sont faites, et si des recherches supplémentaires s'avèrent nécessaires, la validation finale est reportée à la réunion suivante »[115]. Au besoin, on a fait appel à des spécialistes sur des questions techniques ou de procédure. Lors de la révision, la discussion a porté, entre mille exemples, sur l'emploi de « législation » vs « loi », terme finalement retenu et qui apparaît tout au long de la version française. Le terme anglais *legislation* est d'ailleurs souvent mal rendu en français par « législation ». Or, le terme anglais *legislation* – polysémique – désigne soit une loi, soit un ensemble de lois, selon *le Cambridge Dict.* : *a law or set of laws suggested by a government and made official by a parliament*, alors qu'en français, dans *Le Robert*, « législation » désigne l'« [e]nsemble des lois, dans un pays, un domaine déterminé – La législation du travail. La différence est évidente.

C'est ainsi que l'article 1 du code anglais énonce :

Art. 1. *The sources of law are <u>legislation</u> and custom.*

et que la traduction française énonce à son tour ainsi :

Art. 1. Les sources du droit sont la <u>loi</u> et la coutume.

---

[113] Steve DESGRÉ, « Philosophie de la codification et interculturalité : Edward Livingstone et la codification louisianaise », dans Enrica BRACCHI, Dominique GARREAU (dir.), *Actes du colloque Codes, termes et traductions : enjeux transdisciplinaires* (22-23 janvier 2015, Université de Nantes), Milan, Giuffrè Editore, 2017, aux p. 121-135.
[114] O. MORÉTEAU, préc., note 107, p. 162.
[115] *Id.*, p. 166.

Les feux ne passent au vert que lorsque toutes les vérifications, les ultimes contrôles ont été effectués. L'étape de l'édition peut alors commencer, ouvrant la porte à la diffusion de l'ouvrage.

e) Publication et diffusion de la traduction

La finalité de tout projet de recherche, quelle qu'en soit l'importance, est d'en présenter les résultats. C'est le cas du *Code civil de Louisiane*, Édition bilingue, qui est paru en 2017[116]. Nous avons vu un peu plus haut ce que représente la diffusion des résultats d'une recherche (*cf.* **7. La diffusion des résultats**), son importance pour la communauté des chercheurs et pour la collectivité[117]. Cette étape couronne les efforts et le travail des chercheurs. Dans le cas de cette édition bilingue, on met à la disposition de la collectivité internationale un outil de recherche et de travail unique pour la comparaison des droits, les choix et solutions terminologiques qu'elle présente, les styles de langage du droit exprimés, parmi d'autres aspects susceptibles d'intéresser de futurs chercheurs. Ce faisant, cette publication pourrait aussi, à l'instar de ce qui se produit au Canada, « contribuer à l'amélioration de la version anglaise, par un effet de fertilisation croisée conduisant à une meilleure maîtrise des frontières de la langue et du droit »[118].

Une troisième perspective jurilinguistique est celle de l'approche pragmatique. Elle consiste à appliquer des techniques de recherche pour produire, par exemple, un lexique, un dictionnaire, soit une réalisation à vocation pratique plutôt que théorique. Telle est la vocation du *Dictionnaire de droit privé du Québec*.

---

[116] O. MORÉTEAU, préc., note 112.

[117] Sur la diffusion du langage du droit auprès du grand public, voir : Manon BOUYÉ et Christopher GLEDHILL, « Disseminating legal language to the general public : a corpus-based study of the discursive strategies used in English and French », dans Renaud BAUMERT, Albane GESLIN, Stéphanie ROUSSEL et Stéphane SCHOTT (dir), *Langues et langages juridiques*, Bayonne, Institut Francophone pour la Justice et la Démocratie (IFJD), 2021, aux p. 349-367.

[118] *Id.*, p. 174.

B. *L'approche pragmatique : techniques de recherche*

En 1985 paraissait la première édition du *Dictionnaire de droit privé du Québec*[119]. Ce modeste ouvrage de quelque 211 pages et 2 000 entrées avait demandé près de cinq années de travail au groupe de juristes et de jurilinguistes – constitué en Comité de rédaction – du Centre de recherche en droit privé et comparé du Québec (CRDPCQ), réunis pour confectionner un dictionnaire qui établissait « une nouvelle norme en matière de dictionnaires juridiques »[120] au Canada, et particulièrement au Québec, lequel manquait à l'époque de dictionnaires de droit de qualité. Ce dictionnaire était le premier d'une longue série d'ouvrages établis par la suite dans les deux langues, constituant ainsi « des outils de référence uniques et essentiels pour l'ensemble des juristes québécois, pour les traducteurs juridiques, et pour les juristes travaillant en droit comparé »[121]. Il faisait partie du projet de recherche *Dictionnaires de droit privé et lexiques bilingues* lancé en 1980 par le CRDPCQ et son directeur-fondateur, le Professeur Paul-André Crépeau. Leur originalité tient dans la rigueur scientifique appliquée dans la méthode lexicographique utilisée et la teneur juridique des termes définis, mises en valeur par la qualité jurilinguistique de leur expression. Ils sont le produit de la rencontre du droit et de la linguistique, incarnée dans la composition mixte des comités successifs.

La description détaillée de la méthode utilisée et des étapes franchies en vue de confectionner ce dictionnaire occuperaient un espace indu dans le présent essai. On en trouvera le détail dans l'article que j'avais consacré au dictionnaire, après sa parution, dans *Les Cahiers de droit*[122]. Afin de confirmer mes dires au sujet des « méthodes » – terme souvent improprement employé –, je parlerais plutôt de « techniques », au sens où M. Grawitz entend ce terme, soit le « moyen d'atteindre un but, mais qui se situe au

---

[119] Voir le compte rendu de W. Schwab sur cet ouvrage : Wallace SCHWAB, « Compte rendu de [Paul-André CRÉPEAU *et al.*, *Dictionnaire de droit privé*, première version, Montréal, Centre de recherche en droit privé et comparé du Québec, 1985, 211 p.) ISBN 0-7717-0122-5. », (1986) 27-2 *C. de D.* 480.

[120] *Id.*, p. 480.

[121] Citation extraite du *Nahum Gerber Law Library Blog*, en ligne : <https://blogs.library.mcgill.ca/lawlibrary/dictionnaires-de-droit-prive-en-ligne/> (consulté le 2 avril 2023).

[122] Jean-Claude GÉMAR, « Jurilinguistique et lexicographie. Une première canadienne : le *Dictionnaire de droit privé* », (1986) 27-2 *C. de D.* 437.

niveau des faits ou des étapes pratiques »[123]. Ce qui est le cas pour la confection d'un dictionnaire spécialisé tel que celui-ci, car il n'existait pas de méthode établie pour entreprendre ce qui n'avait jamais été réalisé auparavant, du moins au Québec, en français et dans le contexte juridico-culturel qui le caractérise. Diverses techniques, empruntant au droit et à la linguistique, combinées en méthodologie et formule jurilinguistiques *ad hoc*, furent utilisées dans cette opération lexicographique.

Une fois réunis les moyens de mener ce projet à terme, soit les installations et le personnel nécessaires, il s'agissait d'abord de fixer des objectifs juridiques, soit le contenu du droit privé québécois, avec ses sources fondamentales (*i*), d'établir une nomenclature (*ii*) et la manière de définir les termes retenus (*iii*) ; enfin, de s'entendre sur des objectifs linguistiques : l'expression optimale du droit (*iv*).

1. Les sources fondamentales du droit privé du Québec

Les sources utilisées pour faire un dictionnaire de droit sont celles qui en constituent le socle ; elles peuvent varier entre traditions et cultures juridiques. Les sources fondamentales du droit privé québécois retenues en l'occurrence sont la loi, la jurisprudence et la doctrine. C'est à partir de la consultation et de l'analyse de ce vaste corpus que fut établie la nomenclature des termes destinés aux entrées du dictionnaire. Or, dépouiller une telle masse de documents en visant l'exhaustivité aurait été un défi dépassant les intentions et les moyens du projet. Aussi le comité a-t-il dû circonscrire la quête des données aux lois et ouvrages fondamentaux, déjà fort nombreux. Le but visé était de réunir le maximum de données sur le terme à définir afin d'en extraire la matière d'une définition juridiquement exacte et linguistiquement satisfaisante.

C'est ainsi que furent consultés les *Code civil du Bas-Canada* et le *Code civil du Québec* (L.Q. 1980, c. 39), avec ses quelque 2 555 articles, et, parmi plusieurs lois importantes, la *Loi sur la protection du consommateur* (L.R.Q., c. P-40.1). La jurisprudence, système civiliste écrit oblige, venait en appoint, et non comme source première.

---

[123] M. Grawitz, préc., note 3, p. 352-353.

2. La nomenclature

La nomenclature avait été arrêtée par le comité précédent et comprenait quelque 10 000 termes, soit à peu près l'équivalent des grands dictionnaires généraux de droit du moment, tel le *Vocabulaire juridique* de Gérard Cornu, qui couvre, lui, tout le droit, public et privé. On mesure l'ampleur de la tâche. Une première édition n'avait pour but que d'amorcer le long processus conduisant à la publication d'un dictionnaire complet. Le comité de rédaction du premier dictionnaire avait fixé à quelque 2 000 termes la nomenclature du droit privé fondamental, sur le modèle du *Vocabulaire général d'orientation scientifique* (V.G.O.S., 1971) publié par une équipe de chercheurs de l'École normale de Saint-Cloud, qui présentait une liste de 1 160 mots.

Si le travail de dépouillement d'un corpus gigantesque de lois, règlements, articles, jugements, etc., en passant par leur table des matières ou index, est long et fastidieux, celui de l'analyse des termes retenus ne l'est pas moins. Après l'analyse quantitative vient l'analyse qualitative effectuée par le comité selon le principe de la pertinence juridique des termes. Ensuite, trois « tandems de définisseurs » mixtes (juriste/linguiste) sont établis, chacun étant chargé de proposer au comité plénier un ou des projets de définition selon le domaine attribué (biens, obligations, etc.), à partir d'un solide dossier terminologique établi par les assistants de recherche. Intervient alors l'étape critique de la définition.

3. La formule définitoire

La définition représente l'objet principal du dictionnaire. Elle doit refléter autant que possible l'état de la question que pose un terme juridique, tout en tenant compte des éventuelles divergences doctrinales opposant parfois les tenants d'une école à ceux d'une autre. Pour cette raison, la définition ne peut être adoptée, après mûre réflexion, qu'à la suite d'un cheminement sinueux et d'un débat, parfois long, au sein du comité plénier. Auparavant, toutefois, avant d'être présentable, la définition aura franchi les étapes que le comité de rédaction a fixées selon la formule convenue.

Définir, en lexicographie, est un art difficile qui résulte d'un choix primordial : le plus ou le moins. On sait l'importance du non-dit en droit ; il suffit de penser, par exemple, aux conditions *implicites* d'un contrat – par opposition aux conditions *expresses*. Deux conceptions s'opposent en la matière, celle des maximalistes et celle des minimalistes. Selon les premiers, la définition doit tendre vers l'exhaustivité. On en trouvera l'illustration dans les articles du *Code criminel*, généralement fort prolixes comme la plupart des lois *(statutes)* d'origine anglaise. L'inconvénient de ce type de définition est qu'il peut aller jusqu'à sortir des limites du principe de l'institution pour en décrire le régime (les règles d'application), risque auquel on s'expose lorsque l'on étire le contenu de la définition, ainsi « diluée », le principe étant parfois noyé dans un luxe de détails, généralement inutile pour le lecteur ordinaire ou profane.

À l'inverse, les seconds prônent l'art du moins-dire, du sous-entendu, manière d'exprimer les choses avec économie, voire élégance. Le Code Napoléon a érigé ce principe en système. Par exemple, l'article 516 du Code civil français dispose : « Tous les biens sont meubles ou immeubles » ; ou encore, l'article 1, premier alinéa, du *Code civil du Québec* : « Tout être humain possède la personnalité juridique ; il a la pleine jouissance des droits civils » ; etc. Cette sobriété peut dérouter.

Le danger de la définition elliptique est qu'elle peut tendre, à la limite, vers l'abstraction. Par exemple, le contrat étant par essence un acte bilatéral, on pourrait le définir comme... « acte bilatéral ». Cette définition minimaliste fait intervenir des présupposés inconnus de la majorité des gens – et même de certains juristes ! L'idéal consiste donc à trouver un moyen terme, une formule qui en dise suffisamment pour informer le lecteur, mais pas trop pour ne pas le perdre dans le détail d'un principe. Il s'agit alors de faire appel à son intelligence plutôt qu'à sa capacité de mémorisation. Tout l'art de la définition repose dans cet équilibre, comme dans l'exemple de la définition du terme PATRIMOINE : « Ensemble des biens et des charges d'une personne ». L'essentiel est dit. Le complément d'information suit dans une observation.

Une autre solution, adoptée par le comité, consiste à faire suivre la définition par une observation juridique visant à éclairer le lecteur sur des aspects complémentaires jugés essentiels, mais ne relevant pas du principe même. Par exemple, après la définition du terme DROIT DE PROPRIÉTÉ, une observation rappelle que la propriété se décompose en trois attributs : *usus, fructus* et *abusus*. Bien que ce rappel soit une évidence pour tout juriste, son but est didactique en renvoyant le lecteur à ces trois termes, sous lesquels il trouvera l'information esquissée dans l'observation.

La définition renvoie naturellement à la manière dont elle est rédigée, sujet sur lequel le comité s'est prononcé.

4. L'expression linguistique du droit

Le contexte sociopolitique et sociolinguistique de l'époque ne pouvait laisser les membres du comité de rédaction indifférents aux enjeux linguistiques du moment (la « refrancisation »), balisés par les lois 22 et 101. Cela s'est traduit par la volonté de faire un ouvrage allant dans le sens d'une normalisation du langage du droit qui ne soit ni excessive, ni arbitraire, ni laxiste. Les objectifs linguistiques visés pour le dictionnaire répondaient à deux impératifs : 1) exprimer les concepts et notions de droit privé sous une forme linguistique irréprochable ; 2) présenter chaque article selon les normes lexicographiques généralement admises. Étant donné ces conditions, le rôle de la définition était de première importance.

Une bonne définition juridique devrait, quant à moi, répondre à ces trois impératifs : clarté, simplicité, concision. Selon Cornu, la définition, en droit, est :

l'opération (et [l']énoncé qui en résulte) par laquelle la loi principalement, la jurisprudence (dans le cas de définitions prétoriennes consacrées) et la doctrine caractérisent une notion, une catégorie juridique par des critères associés (définition dite réelle par opposition à la définition terminologique qui privilégie un sens déterminé ou conventionnel d'un terme dans la loi).[124]

Cornu distingue la définition « terminologique » (ou formelle) de la définition « réelle ». Cette dernière « se réfère *in medias res* à la catégorie juridique qu'elle exprime, pour énoncer, doctrinalement, la notion juridique à laquelle elle correspond dans l'ensemble du système juridique »[125].

C'est bien évidemment ce type de définition, « réelle », que le comité a retenu pour définir les termes composant le dictionnaire. Cela ne saurait suffire, car c'est par le réseau sémantique et analogique qu'ils établissent, par le système de renvois pertinents qu'ils mettent au point, que les auteurs d'un dictionnaire font œuvre utile. Ensuite, en bonne démarche lexicographique et terminologique, le terme défini est présenté en contexte dans une phrase extraite d'un auteur respecté, d'une loi ou d'un jugement bien écrits, pour le montrer en action *in situ*. En outre, des remarques de nature linguistique viennent compléter les articles lorsqu'il est nécessaire de mettre en garde l'utilisateur contre un usage abusif ou erroné.

---

[124] Gérard CORNU, *Vocabulaire juridique*, 8ᵉ éd., Paris, PUF, 2007, « Définition », p. 277.

[125] Gérard CORNU, *Linguistique juridique*, 3ᵉ éd, t. 14, Paris, Montchrestien, 2005, p. 59.

Telles sont les grandes lignes de l'opération lexicographique ayant conduit à la réalisation du *Dictionnaire de droit privé*. Ce projet de lexicographie juridique, succinctement présenté, clôt la série de trois exemples illustrant un aperçu de l'éventail des possibilités infinies de recherche qu'offre l'approche jurilinguistique. Cette publication a été présentée de façon détaillée dans un article, en 1986, et j'invite les lecteurs intéressés à le consulter[126].

Ces exemples donnent une idée précise de ce que l'approche jurilinguistique peut apporter comme support, tant à la recherche qu'à la pratique professionnelle, dans des situations aussi différentes que les trois cas présentés. Si cette approche a permis de faire des progrès dans la production de textes répondant mieux aux préoccupations socio-linguistico-politiques d'un lieu donné – le Canada : *urbi* – et à l'air du temps – le monde : *et orbi* –, elle n'en reflète pas moins les limites de l'exercice, qui tiennent aux confins du langage – et donc à ceux du langage du droit – et des limites de disciplines comme la linguistique, impuissante à éclaircir les mystères du sens que recèlent les «structures profondes» du langage.

IV. Avancées et limites de la jurilinguistique

Partie de loin, l'action des jurilinguistes a porté ses fruits dans les quatre principaux secteurs de l'écrit juridique, ainsi que nous l'avons vu à propos des têtes d'affiche du genre textuel que sont, pour le droit, la loi, le jugement, le contrat et la doctrine. En matière de recherche, l'exemple du *Dictionnaire de droit privé* illustre particulièrement ce que peut accomplir un groupe de jurilinguistes en lexicographie spécialisée. Dans un tout autre domaine, le cas du *Civil Code of Louisiana* a montré ce que peuvent réaliser des jurilinguistes engagés dans la traduction d'un code civil. Ces réalisations révèlent le potentiel et la diversité de l'approche jurilinguistique: elle se concrétise, dans chacun des cas, en formules et stratégies adaptées à la situation et aux objectifs du projet envisagé.

La jurilinguistique n'en éprouve pas moins les limites que connaissent les disciplines reposant sur le traitement d'une ou de plusieurs langues. Ce sont les limites inhérentes au langage humain et à ses avatars que sont les langues que parlent et écrivent les nombreux groupes linguistiques composant l'humanité (1). Le langage du droit n'échappe pas aux mystères du sens (2), l'interprétation des signes de ses textes constituant une part importante de l'activité des juristes.

---

[126] J.-C. GÉMAR, préc., note 122.

A. Aux confins de la langue

La langue est l'instrument de la communication par excellence. On en connaît les qualités et les vertus quand on la fréquente, la parle, la lit, l'écrit ou la traduit au quotidien. Si la langue, comme le pensait Ésope, est la meilleure des choses, elle n'en est pas moins la pire également. La meilleure, lorsque la communication se déroule normalement, que le message passe dans son intégralité, est bien reçu et compris par le destinataire. La pire, lorsque la communication dévie de sa fonction en introduisant les obstacles entre locuteurs que sont, entre autres maux, l'ambiguïté, l'équivoque, le jargon, la prolixité, etc., du discours ou du texte, entraînant chez le destinataire, au mieux, incompréhension partielle, et, au pire, inintelligibilité du message. La langue, à l'image de l'être humain, est imparfaite. Au siècle des Lumières (XVIIIe s.), déjà, Voltaire l'avait bien vu :

> Il n'est aucune langue complète, aucune qui puisse exprimer toutes nos idées et toutes nos sensations, leurs nuances sont trop imperceptibles et trop nombreuses. Personne ne peut faire connaître précisément le degré du sentiment qu'il éprouve. [...] Ainsi toutes les langues sont imparfaites comme nous.[127]

Le droit, dans son expression écrite comme orale, est soumis aux mêmes servitudes linguistiques que tout acte de langage. Or, davantage que d'autres langues de spécialité, le langage du droit porte une charge culturelle que les siècles ont accumulée dans ses mots et leur organisation textuelle, faite de tournures, d'archaïsmes, de latinismes et de structures peu courants, voire inusités ou opaques pour le commun des mortels. Ancrés dans l'usage et les habitudes, ils sont le reliquat d'une longue et riche histoire, dont il est difficile de se détacher.

Sans entrer dans un débat sur «l'arbitraire du signe» chez de Saussure, disons que les langagiers que sont les jurilinguistes œuvrent dans le sens d'une communication optimisée de l'écrit, en quête d'une expression optimale du droit. Pour diverses raisons, que nous avons évoquées ou vues dans cet essai, le langage du droit souffre de nombreux maux, dénoncés depuis des siècles non seulement par les philosophes et les écrivains, mais également par les juristes eux-mêmes, et cela dans la plupart des pays. Les lois et les décisions de justice sont les premières victimes de ces critiques. Elles ont eu leur effet cependant, puisque l'on assiste depuis quelques

---

[127] François-Marie AROUET, dit VOLTAIRE, *Dictionnaire philosophique* (1764), «Langues»; en ligne: <https://www.lechasseurabstrait.com/revue/spip.php?rubrique1071> (consulté le 2 avril 2023)

décennies, après une prise de conscience douloureuse, à une nette amélioration des choses, l'esprit jurilinguistique imprégnant de plus en plus profondément la lettre du droit, chez les anglophones comme chez les francophones. Le Canada et l'Union européenne ont joué un rôle majeur dans ce mouvement et dans la prise de conscience linguistique des autorités intervenant dans ce domaine. Il reste sans doute beaucoup à faire avant que chaque texte soit parfaitement compris par une grande majorité des gens. Chaque progrès accompli n'est qu'un maillon dans la chaîne infinie des énoncés produits par la société, mais ce maillon est indispensable pour faire progresser la communication. On saura gré aux jurilinguistes d'avoir apporté leur modeste contribution au vecteur de communication que représente le langage du droit.

Selon Paul Imbs, « toute communication élaborée vise à l'audience et à l'adhésion du destinataire »[128]. Autrement dit, pour faire adhérer le destinataire du message, il convient au préalable de le lui faire comprendre, de l'exprimer au niveau et avec les moyens linguistiques de l'interlocuteur. Il importe, en outre, de distinguer dans les différents niveaux auxquels un texte peut s'élever celui qui est un simple véhicule d'information, de celui qui sera porteur de connaissance ou de savoir. Un texte de vulgarisation scientifique ou technique a vocation générale, alors qu'un traité de philosophie, de théologie, de médecine ou de droit est un texte savant. Le texte juridique est soumis aux mêmes lois et s'exprime donc à différents niveaux, même si certains domaines se prêtent moins aux variations stylistiques que d'autres. En somme, le langage du droit est, là aussi, conforme aux lois générales du langage. À cet égard, le français présente des traits qui le distinguent d'autres langues, notamment des langues accentuelles comme l'allemand, l'anglais ou le russe.

Le sens ne ressort pas pour autant d'une phrase bien écrite et apparemment claire, toutes langues confondues. Il faut souvent « interpréter » le texte pour en tirer le sens profond par-dessus le sens apparent ou de surface. Juristes et linguistes pratiquent une forme différente d'interprétation du sens : le juriste qu'est le juge interprète la loi, le langagier qu'est le traducteur interprète le texte à traduire.

---

[128] Paul IMBS, *Préface* du *Trésor de la langue française*, t. 1, Paris, CNRS, 1971, p. XVI.

1. Quelques particularités du français

La langue française présente une structure particulière : elle est vocalique et à syllabation ouverte. Cela signifie que dans les mots du français les syllabes restent ouvertes, qu'elles ne sont pas fermées par une consonne finale. Exemple :

Plus (comme dans : je n'en veux plus) est ouverte (**plu**)
et
Plus (comme dans : j'en veux plus) est fermée (**plus**).

En français, le mot pot (de fleurs) est ouvert : pô
alors qu'en anglais, langue à syllabation majoritairement fermée, le « t » se prononce : *pott*, comme dans *dog*, *cup*, etc.

Cette particularité du français est à la source de la mélodie que produit ce chant vocalique, qui a favorisé l'alexandrin, vers classique de douze syllabes. L'exemple suivant est composé de douze syllabes ouvertes découpées en groupes de 3 syllabes[129] :

Vous avez ce matin écouté la radio
  (3)   (3)   (3)   (3)
Vous avez/écouté/la radio/ce matin

En français, comme dans nombre de langues européennes, la construction normale de la phrase est la suivante : Sujet + Verbe + Objet ⇒ SVO

S	V	O
Pierre	mange	des céréales
Le juge	prononce	le jugement

La clarté découle aussi de la syntaxe, de l'ordre des mots dans la phrase. Comme le pensait Voltaire, « [l]e génie de notre langue est la clarté et l'ordre [le français] oblige les mots à s'arranger dans l'ordre naturel des idées. On ne peut dire que d'une seule manière : Plancus a pris soin des affaires de César »[130]. Le verbe et son ou ses compléments sont comme les deux doigts de la main, il ne faut pas les éloigner trop l'un de l'autre, comme on le voit dans les phrases d'un Proust, ou chez Goethe, en allemand. Mais

---

[129] D'après Claude DUNETON, « Le plaisir des mots », rubrique du *Figaro littéraire*, 4 mars 2004, p. 7.

[130] François-Marie AROUET, dit VOLTAIRE, *Le Siècle de Louis XIV*, 1751, en ligne : <https://www.lechasseurabstrait.com/revue/spip.php?rubrique1071> (consulté le 2 avril 2023).

c'est de la littérature ! Dans le texte juridique, texte de communication pragmatique, plus le complément est éloigné, plus la compréhension en souffre.

La clarté ne jaillit pas automatiquement d'un texte. Elle n'est pas innée, elle s'acquiert, se construit. C'est ici que l'ordre des mots dans une phrase prend tout son sens, comme cet exemple d'un vers célèbre de Molière le montre : il est composé des neuf mots suivants :

    (1)   (2) (3) (4) (5) (6)   (7) (8) (9)
Marquise, vos beaux yeux me font mourir d'amour

Prenons chacun de ces mêmes mots pour recomposer cette phrase :

1. D'amour, Marquise, vos beaux yeux me font mourir.
2. Vos beaux yeux, Marquise, d'amour me font mourir.
3. D'amour, Marquise, me font mourir vos beaux yeux.
4. Me font mourir d'amour, Marquise, vos yeux beaux.
5. Etc.

À un moment donné, qui ne tend pas vers les 99 façons de conter une histoire que Raymond Queneau a brillamment illustrées dans ses *Exercices de style*, les combinaisons logiques ou naturelles, selon la syntaxe française, s'épuisent et la phrase, recombinée x fois, perd son sens. Ce dernier atteint vite ses limites : la phrase devient agrammaticale, s'apparentant à une grille de mots croisés, ce qui pourrait donner ceci :

X   D'amour beaux vos font, Marquise, me yeux mourir.
X' Me d'font yeux amour, Marquise, beaux mourir vos.
X" Etc.

On voit par cet exemple que la signification d'un mot – et même de plusieurs mots – ne suffit pas, à elle seule, à produire le sens et la clarté d'un message. Il faut un contexte, une organisation logique de la phrase (syntaxe), avec une phraséologie appropriée. Le sens réside aussi dans la forme. Il se réalise au prix de la juste combinaison du texte et de «l'acquis» de la personne. Profitons de cette question de clarté pour dénoncer le mythe de la phrase courte, donc claire et facile à comprendre. Pour cela, il ne faut pas confondre concision et brièveté.

2. *Concision et briéveté :* Lo bueno, si breve, dos veces bueno...[131]

Baltasar Gracián n'avait pas tort : ce qui est bon et court est deux fois bon. Et même ce qui est mauvais, mais bref, est moins mauvais ! Mais il ne faut pas en faire un dogme. Pensons à la formule célèbre de Descartes «Je pense, donc je suis». À moins d'avoir l'esprit formé à la philosophie, le sens profond de cette phrase échappe à l'entendement de toute personne «normale». L'exemple suivant, de nature traductologique, ne parlera pas, non plus, à tout le monde malgré sa brièveté :

> La compulsion de traduction, de sémantisation du paralinguistique caractérise la fonction indicielle.

En revanche, une longue phrase, lorsqu'elle est bien rédigée, semblera claire et facile à comprendre, comme cette phrase de Camus :

> Quand on aborde les premières pentes de la Kabylie, à voir ces petits villages groupés autour de points naturels, ces hommes drapés de laine blanche, ces chemins bordés d'oliviers, de figuiers et de cactus, cette simplicité enfin de la vie et du paysage comme cet accord entre l'homme et sa terre, on ne peut s'empêcher de penser à la Grèce.[132]

Tout l'art de la communication écrite consiste à trouver le bon registre linguistique selon le type de communication et l'objectif visés. Par exemple :

1. type de message à transmettre
2. manière dont on veut le faire passer
3. destinataire(s)
4. circonstances, contexte
5. image que l'on cherche à projeter (de la justice, de soi, etc.)

On peut ensuite varier l'expression de son texte. Par exemple, dans un jugement, lorsque l'on cherche à exprimer l'idée que tel ministère (celui de la Justice, par exemple) emploie un nombreux personnel, plusieurs variantes s'offrent à nous selon l'intention de l'auteur :

---

[131] Baltasar GRACIÁN Y MORALES, *Oráculo manual y arte de prudencia*, [*L'Homme de cour*], Impresso en Huelca, por Juan Nogues, 1647, par. 105. Citation complète : *Lo bueno, si breve, dos veces bueno. Y aun lo malo, si poco, no tan malo* = Ce qui est bon et court est deux fois bon. Et même ce qui est mauvais, mais bref, est moins mauvais.

[132] Albert CAMUS : extrait d'un reportage en Kabylie publié dans *Alger républicain*, juin 1939, et repris dans le premier volume des *Œuvres complètes*, coll. «La Pléiade» (1931-1944), Paris, Gallimard, 2006, p. 653-668.

1. La forme passive (sujet soumis au verbe) : Beaucoup de personnes sont employées actuellement au ministère de la Justice.
2. La forme active (sujet exprimé) : Le ministère de la Justice emploie beaucoup de personnes actuellement.
3. Forme active (indéfinie) : On emploie beaucoup de personnes actuellement au ministère de la Justice.
4. Mise en relief : C'est au ministère de la Justice que l'on emploie beaucoup de personnes actuellement.
5. Constat : Il y a beaucoup de personnes employées actuellement au ministère de la Justice.
6. Circonstanciel antéposé : Actuellement, on emploie beaucoup de personnes au ministère de la Justice.
7. Etc. ; par ex : la substantivation = L'emploi est actuellement...

Toutes les phrases ne se prêtent pas aussi facilement à ce jeu des combinaisons. Plus la phrase est simple, plus les possibilités sont réduites. Dans une phrase plus complexe, en revanche, on peut changer la structure des propositions, les déplacer ou les présenter en plusieurs phrases séparées, contribuant ainsi à une meilleure lisibilité. Comme dans cet exemple :

Phrase originale	Phrase réécrite
À moins que la décision ne soit pas finale, le tribunal doit, pourvu que le demandeur ait payé les frais requis et déposé la demande de révision dans les 30 jours suivant la décision du tribunal, réviser sa décision.	Le demandeur peut demander au tribunal de réviser la décision. Pour ce faire, le demandeur doit payer les frais requis et déposer une demande de révision. Cette demande doit être déposée dans les 30 jours suivant la décision à réviser. Le tribunal ne révise que les décisions finales.

Quoique plus longue que la phrase originale, la phrase réécrite en quatre courtes phrases se lit plus facilement. Une autre solution consiste à décliner une phrase complexe en liste énumérant chaque condition. Par exemple :

> Le locateur est tenu, dans les dix jours de la conclusion du bail, de remettre un exemplaire du bail au locataire ou, dans le cas d'un bail verbal, de lui remettre un écrit indiquant le nom et l'adresse du locateur, le nom du locataire, le loyer et l'adresse du logement loué et reproduisant les mentions prescrites par les règlements pris par le gouvernement.
>
> 1. Dans les dix jours de la conclusion du bail, le locateur remet un exemplaire du bail au locataire.

2. Si le bail est verbal, le locateur remet au locataire un document qui contient les informations suivantes : le nom et l'adresse du locateur, le nom du locataire, le loyer et l'adresse du logement loué.

3. Ce document contient aussi une reproduction des mentions prescrites par les règlements pris par le gouvernement.

Pour rendre clair et lisible un texte pragmatique, les solutions ne manquent pas. Elles ne passent pas uniquement par un vocabulaire choisi ni par une syntaxe impeccable, un style coulant et une longueur raisonnable, mais par une rencontre harmonieuse entre tous ces éléments, conduisant à une compréhension du message rendue possible dès la première lecture. En outre, la concision, tout en restant une condition essentielle, ne saurait suffire, à elle seule, à rendre un texte clair et lisible, ainsi que nous l'avons observé dans l'exemple de la phrase réécrite. Bien qu'il soit parfois nécessaire d'allonger une phrase, une proposition ou un paragraphe pour les rendre plus lisibles, il ne faut pas l'ériger en principe, la concision restant presque toujours la solution la meilleure, comme le montre l'exemple suivant de réécriture.

Texte original	Texte réécrit
L'argument principal des requérants en l'espèce est que, compte tenu de la gravité des allégations, d'un complot visant à entreprendre certaines actions à l'avenir, il convient de divulguer un plus grand nombre d'informations sur le ou les informateurs à leur encontre que ce qui pourrait être divulgué dans un autre type d'affaire. Compte tenu de la nature des allégations, il n'existe pas de preuve concrète permettant de soutenir ou de réfuter les allégations ; les requérants affirment donc que des informations supplémentaires, par exemple, concernant le ou les informateurs, doivent être divulguées. Sinon, est-il allégué, les demandeurs peuvent être victimes de n'importe quel détenu qui concocte une histoire crédible. **(111 mots)**	Les requérants font valoir que pour se défendre contre l'accusation de complot en vue d'entreprendre certaines actions, ils ont besoin d'informations supplémentaires sur le ou les informateurs. Le besoin est particulièrement grand, soutiennent-ils, parce que l'infraction est grave et qu'il n'y a pas de preuve disponible pour soutenir ou réfuter les allégations. En l'absence de divulgation supplémentaire, ils risquent de devenir les victimes de tout détenu capable de concocter une histoire plausible. **(74 mots)**

En l'occurrence, l'important est de rendre le sens porté par le texte original sans l'amputer, le déformer ou l'étendre. Ce qui est plus facile à dire qu'à faire, quelle que soit l'opération envisagée: rédaction, traduction, révision, réécriture, etc. L'interprétation du sens est alors requise.

B. Limites du langage du droit

Le terme «interprétation» est susceptible de plusieurs sens[133], car il fait l'objet de nombreuses théories en droit. Si, pour m'aventurer sur ce terrain glissant, je reprends la tradition de l'école de l'exégèse, pour Perelman «les notions de "clarté" et d'"interprétation" sont antithétiques»[134]. Pour le traducteur – d'après Umberto Eco[135] et nombre de traductologues, dont je partage cette façon de voir –, l'interprétation est la toute première démarche à accomplir pour parvenir à saisir le sens du message à réexprimer dans le texte d'arrivée. Mais la variété des types d'interprétation est grande, nous dit Eco[136]. Elle repose sur les deux stratégies fondamentales autant qu'extrêmes – et leurs avatars – dont Cicéron a jeté les bases quand il déclare avoir traduit Démosthène et Eschine *nec converti ut orator, sed ut interpres* (Je les ai traduits non pas en traducteur «*interpres*», mais en orateur «*orator*»: auteur, écrivain)[137]. Ce faisant, il a pavé la voie alternative aux «sourciers», qui, privilégiant le texte de départ, traduisent de manière littérale, et aux «ciblistes», qui, traduisant plus librement, privilégient la langue cible et ses destinataires. On ne peut s'empêcher de comparer ces démarches au couple interprétation (du sens de la loi) «stricte» (ou restreinte) et «large». Pour qu'il y ait interprétation toutefois, il faut supposer que le texte en cause porte un sens qui n'apparaît pas dans toute sa clarté au lecteur.

Cette clarté du sens, justement, est-elle une caractéristique du texte ou, plutôt, comme le prétend Mark Van Hoecke, «le résultat déjà d'une interprétation inconsciente»[138]? En outre, avance Perelman, «dire que le

---

[133] François OST et Michel DE KERCHOVE, *Vocabulaire fondamental du droit*, t. 35, coll. «Archives de philosophie du droit», Paris, Sirey, 1990, «Interprétation», p. 165-190.

[134] Chaïm PERELMAN, *Logique juridique. Nouvelle rhétorique*, Paris, Dalloz, 1996, par. 25, p. 36.

[135] Umberto ECO, *Dire presque la même chose. Expériences de traduction*, Paris, Grasset, 2006, p. 265 et suiv.

[136] *Id.*, p. 267.

[137] CICÉRON, *De optimo genere oratorum* [*Sur le meilleur genre d'orateur*], c. 52 av. J.-C..

[138] Mark Van HOECKE, «Comment les normes juridiques sont-elles formulées dans les textes législatifs?», *Vocabulaire fondamental du droit*, t. 35, coll. «Archives de philosophie du droit», Paris, Sirey, 1990, p. 120.

texte est clair, c'est souligner le fait qu'en l'occurrence il n'est pas discuté [et] comme il ne fait pas l'objet d'interprétations divergentes et raisonnables, on le considère comme clair»[139]. Autrement dit, comme le présente l'adage *in claris, cessat interpretatio*, l'interprétation cesse lorsque le texte est clair. Or, pour un linguiste, un texte n'est jamais totalement clair: son sens peut prêter à interprétation selon le contexte, les conditions et les termes de l'énonciation. Pour le philosophe du langage Wittgenstein, «l'application d'un mot n'est pas intégralement délimitée par des règles»[140]. De même pour un jurilinguiste.

1. Le sens et son interprétation

De la signification d'un terme, quel qu'en soit le domaine, au sens d'un texte, il n'y a, en théorie, qu'un pas à faire, mais il faut pour cela franchir l'abîme du sens. Les sémanticiens s'efforcent de définir en quoi consiste le sens, le comment et le pourquoi. Or, le mot «sens» lui-même échappe à toute tentative de définition[141]. On sait que le sens que dégagera une personne du texte qu'elle lit est le produit de l'interprétation qu'elle en fera à partir de sa compréhension de l'énoncé, elle-même fonction de nombreux facteurs cognitifs, donc aléatoires, liés à sa capacité d'analyse et de jugement, éléments de l'«acquis» vu plus haut. Cette interprétation s'exerce dans différents contextes, linguistique (unilingue, bilingue, multilingue) et juridique: unisystémique, bisystémique et multisystémique. La combinatoire de tous ces facteurs atteint un nombre étourdissant. Il nous faut donc nous contenter le plus généralement d'une alternative: ce mot, cette expression, cette phrase, etc., signifie A ou B. Au-delà, nous entrons dans l'infini des conjectures, que seule la machine pourrait traiter. On en déduira que chercher à éclaircir le mystère du sens caché derrière les mots, la langue et le texte, en droit comme ailleurs, s'apparente à la quête sans fin du Graal, toujours renouvelée.

---

[139] C. PERELMAN, préc., note 134, par. 25, p. 36.

[140] Ludwig WITTGENSTEIN, *Recherches philosophiques*, Paris, Gallimard, 2004, par. 84, p. 74. (Traduction française de L. Wittgenstein, *Philosophische Untersuchungen*, 1953).

[141] Voir sur la question Charles K. OGDEN, Ivor A. RICHARDS *et al.*, *The Meaning of meaning*, 10e éd., Londres, Routledge, 1972. Dans l'édition originale de 1923, les auteurs ne distinguent pas moins de 16 (écrit XVI) acceptions différentes de ce terme (*cf.* Chapitre IX, *The meaning of meaning*).

a) Interpréter les signes

Nous avons vu quelques réalisations produites par des jurilinguistes placés devant des situations textuelles fort différentes (recherche, traduction, lexicographie). Dans ces trois cas, l'interprétation des données que font les jurilinguistes diffère. Nous vivons entourés de signes que nous interprétons par le canal de nos sens. Mais nous ignorons le jeu des mécanismes qui permettraient de comprendre le sens profond des interrogations qui sollicitent notre intelligence et notre jugement. Nous évoluons en permanence sur l'écume du sens, sans jamais le pénétrer dans sa profondeur, faute de temps, de moyens ou de... dessein. Pourtant, l'interprétation est une démarche naturelle et universelle, que je qualifierais d'anthropologique[142], car interpréter est le propre de l'homme: *de natura hominis propria*. L'être humain interprète de manière personnelle et souvent unique ce que lui communiquent ses sens; par exemple, la vue pour le traducteur[143], l'ouïe pour l'interprète de conférences, le toucher pour l'aveugle. Autrement dit, il donne un sens, le sien, à l'information reçue, qui n'est pas toujours tout à fait semblable à celui du voisin ou des autres. Ce qui n'exclut pas le risque d'erreur de jugement due au «bruit» (*noise*), contre lequel nous met en garde le prix Nobel d'économie (2002) Daniel Kahneman, erreur qui «a trois sources: l'ignorance [...], le biais et enfin le bruit, lié au fait que les gens accordent à leur jugement une confiance qui n'est pas justifiée»[144].

Ce sens diffère toujours par certains traits et nuances, par la façon de penser propre à chaque être. Si penser est une opération dont les fondements sont biologiques (Nature), le raisonnement, la logique conduisant à la compréhension d'une information, visuelle ou phonique, et donc à l'interprétation de son sens, découlent du bagage, des connaissances (Culture) que porte en lui un individu. Deux langages – langage de Nature et langage de Culture – sont alors réunis dans le processus de la compréhension

---

[142] Jean-Claude GÉMAR, *Traduire ou l'art d'interpréter*, t. 1 *Principes*, Québec, Presses de l'Université du Québec, 1995, p. 150.

[143] Suzanne Jill LEVINE: *The Subversive Scribe: Translating Latin American Fiction*, Saint Paul, Graywolf Press, 1991, p. 183-184, (*From a readerly perspective, translation is an act of interpretation*).

[144] Daniel KAHNEMAN, dans une entrevue accordée au quotidien *Le Monde*, 22 octobre 2021, p. 30. Pour plus de détails, voir Daniel KAHNEMAN, Olivier SIBONY et Cass R. SUNSTEIN, *Noise. Pourquoi nous faisons des erreurs de jugement et comment les éviter*, Paris, Odile Jacob, 2022.

chez l'être humain et, dès lors, « comprendre et interpréter sont, en fin de compte, une seule et même chose »[145].

b) L'angle du sens

L'interprétation du sens que fera une personne ne dépend qu'en partie de la lecture des signes composant un texte, puisque cette lecture nous est aussi personnelle que notre façon de marcher, d'écrire ou de parler. L'interprétation d'un texte, soit le sens que nous lui donnons, est, comme on le pense intuitivement, unique, attachée à l'individu interprétant. À mesure que l'on progresse de la signification des parties vers le tout (le sens du message), le dénominateur commun se réduit. Universel au départ, il devient particulier, à l'arrivée. Le degré plus ou moins élevé de savoir-faire et de connaissances du lecteur lui permettra d'établir le sens de l'énoncé entièrement ou partiellement, de parvenir à la « signifiance », stade auquel tout le monde n'accède pas également. Si l'on compare le sens à un angle, de plat (ouvert) au départ, il sera aigu (réduit) à l'arrivée, lorsque jaillira le sens de la confrontation entre le texte et son interprète. Au terme de ce parcours, après avoir redonné vie au texte lu, quel qu'en soit le motif (ludique, professionnel, traduction, recherche, etc.), à la suite de cet échange, muet mais dense et vif, le lecteur parvient à en reconstruire le sens[146].

Comme tout texte, le texte juridique fait l'objet d'interprétation(s). Les voies de cette interprétation diffèrent toutefois selon qu'il est interprété par le juge, interprète de la loi, ou par le traducteur, interprète du texte. La traductologie et le droit, comme nombre de sciences sociales, ont en commun des théories, des principes et des méthodes d'interprétation des textes. Elles partagent même une alternative fondamentale – en apparence : *prima facie*. D'un côté, le traducteur a le choix entre traduire de manière littérale ou libre.

---

[145] Hans-Georg GADAMER, *Vérité et méthode*, Paris, Seuil, 1976, p. 235.

[146] Il faut faire ici la différence que l'on fait en common law entre *to interpret* et *to construe*. Voir sur cette question : Elmer A. DRIEDGER, *The Construction of Statutes*, Butterworth, Toronto, 1974, p. 2 ; du même auteur, pour une perspective historique de l'interprétation en common law, voir aussi « Legislative drafting style : Civil law *versus* Common law » dans Jean-Claude GÉMAR (dir.), *Langage du droit et traduction*, Montréal, Linguatech – Conseil de la langue française, 1982, aux p. 61-81.

De l'autre, chez les juristes, l'interprétation d'une loi peut être stricte (ou restrictive) ou large : *stricto sensu* ou *lato sensu*. La ressemblance toutefois s'arrête là. En pratique, les choses sont plus complexes qu'il n'y paraît.

2. Interpréter l'intention

Pour le traducteur, c'est le sens du « message » que porte le « texte »[147] de départ – et non ses mots seuls – qu'il faut « interpréter »[148] avant de le réexprimer dans un texte d'arrivée. Pour le juriste, les tribunaux en l'occurrence, le sens du texte de loi à interpréter passe généralement par l'intention du législateur (le Parlement). Les juristes partent du principe que « les techniques interprétatives utilisées dans le contexte constitutionnel ont imprégné l'interprétation de l'ensemble du corpus législatif, et ont aussi transformé la recherche de l'intention législative et son utilisation »[149]. C'est ainsi que la Cour suprême « cherche des indices de l'intention du législateur »[150], et cela « même lorsque le texte législatif est sans équivoque »[151].

Si l'intention législative est la « pierre angulaire »[152] de l'interprétation des lois, l'intention de l'auteur est le critère sur lequel se fonde l'interprétation du texte pour le traducteur. La différence ? La loi est le produit d'un collectif (législateurs) ; le texte à traduire, quant à lui, est le plus souvent rédigé par un auteur unique (l'auteur). On sait toutefois que l'intention législative est une fiction juridique destinée à pallier les lacunes que

---

[147] Qu'il soit composé de quelques mots (Le petit chat est mort) ou de centaines de pages (la *Bible*, par exemple).

[148] Au sens qu'Umberto Eco donne à ce mot (dans son essai *Dire presque la même chose. Expériences de traduction*, Paris, Grasset, 2006, p. 110), soit qu'interpréter est l'opération qui « précède toute traduction », parce que « interpréter n'est pas traduire » (p. 265 et suiv.), mais est l'opération qui vise à élucider la signification du texte, sa « signifiance » (Barthes), en vue de le traduire.

[149] Michel BASTARACHE, « Les difficultés relatives à la détermination de l'intention législative dans le contexte du bijuridisme et du bilinguisme législatif canadien » dans Jean-Claude GÉMAR et Nicholas KASIRER (dir.), *Jurilinguistique : entre langues et droits*, Montréal/Bruxelles, Thémis/Bruylant, 2005, p. 93-117, p. 95.

[150] *Id.*, p. 103.

[151] *Id.*

[152] *Id.*, p. 95.

présente « la texture infiniment variable de la langue »[153]. Après avoir analysé les différentes approches suivies (dont la méthode téléologique), le juge Bastarache – éminent jurilinguiste – conclut avec Elmer Driedger : « Aujourd'hui il n'y a qu'un seul principe ou solution : il faut lire les termes d'une loi dans leur contexte global en suivant le sens ordinaire et grammatical qui s'harmonise avec l'esprit de la loi, l'objet de la loi et l'intention du législateur »[154]. Ainsi, la Cour suprême, en examinant « aussi le contexte et l'objet de la loi [...] est-elle mieux en mesure de déterminer l'intention législative »[155].

On voit par-là que les deux modes d'interprétation, celui des juristes et celui des traducteurs, peuvent malgré tout converger sur quelques points essentiels, depuis le « contexte global » (du texte) jusqu'à « l'intention du législateur » (l'auteur), en passant par le « sens ordinaire » (des mots) et « l'esprit » de la loi (du texte). Ces principes sont ceux-là mêmes de la jurilinguistique telle qu'elle est pratiquée au Canada, qu'illustrent des jurilinguistes comme les juges Bastarache et Kasirer. Le premier poursuit le travail accompli par Elmer Driedger lorsqu'il mettait en avant « l'approche contextuelle », que Michael Beaupré a reprise dans sa conception de l'interprétation « rapportée et confrontée au contexte d'ensemble de la disposition avant d'être arrêtée »[156]. Avec le principe de « l'arbre vivant », c'est l'approche progressive que les tribunaux canadiens ont adoptée[157], d'où une interprétation « large et évolutive des textes constitutionnels » canadiens[158]. Toutefois, si l'interprétation des textes constitutionnels diffère de celle des lois, selon le juge Dickson dans l'arrêt *Hunter* c. *Southam*[159], on constate une « certaine homogénéisation des approches »[160], due à l'influence des méthodes d'interprétation de la Charte sur la place de l'intention législative dans l'interprétation des lois.

---

[153] Herbert Lionel Adolphus HART, *The Concept of Law*, 2ᵉ éd., Oxford, Clarendon Press, 1994, ch. VII, cité par M. BASTARACHE, préc., note 149, p. 95.

[154] Traduction des propos de Elmer A. DRIEDGER, *Construction of Statutes*, 2ᵉ éd., Toronto, Butterworths, 1983, p. 87, cités par M. BASTARACHE, préc., note 149, p. 97.

[155] *Id.*, p. 97.

[156] Michel BASTARACHE *et al.*, *Le droit de l'interprétation bilingue*, Toronto, LexisNexis, 2009, p. 1.

[157] M. BASTARACHE, préc., note 149, p. 98, notes 16 et 17.

[158] *Id.*, p. 99.

[159] [1984] 2 R.C.S. 145.

[160] *Id.*, p. 6.

Un autre point de convergence entre les méthodes de la traduction et celles du droit réside dans le rapprochement que l'on pourrait faire entre les sept procédés de traduction définis par les traductologues Vinay et Darbelnet[161] et les six méthodes de rédaction des lois bijuridiques et bilingues[162]. Mais la comparaison, certes oiseuse, s'arrête là, les procédés et méthodes des deux disciplines (droit et traductologie) étant loin d'être exhaustifs.

Il y a divergence toutefois dans la façon dont les tribunaux du Québec et la tradition de common law, que privilégie la Cour suprême, comprennent l'intention du «Législateur». En effet, «[l]es praticiens du Québec ont toujours eu recours aux travaux préparatoires pour proposer une interprétation législative»[163]. Cette façon de faire est courante dans la culture romano-germanique. La tradition de common law exprime, quant à elle, des réserves envers les débats parlementaires parce que, selon le juge Gonthier, les débats parlementaires «sont à lire avec réserve puisqu'ils ne constituent pas toujours une source fidèle de l'intention du législateur»[164]. Deux manières de faire, deux «esprits des lois».

Où se situe, alors, la Vérité juridique? Peut-être réside-t-elle quelque part entre les versions anglaise et française d'une règle de droit. Pour ma part, je pense qu'elle se situe dans un *tertium quid*, un «espace-temps», où langues et droits, en contact, se pollinisent réciproquement. Cela confirmerait ce qu'en pense la Cour suprême, par la voix du juge Pigeon, lorsqu'elle refuse d'admettre que l'on se serve des «dictionnaires anglais et français comme si une seule langue était en jeu»[165], alors que la «Loi sur les langues officielles prescrit clairement que chaque version doit être interprétée dans la langue dans laquelle elle est rédigée»[166]. Ce qui apporterait de l'eau au moulin de la doctrine de la «pollinisation croisée» des deux systèmes et de ceux qui, nombreux – tels Cornu et Carbonnier, Pigeon et Kasirer, entre autres –, voient dans la façon dont le langage d'un droit est

---

[161] Jean-Paul VINAY et Jean DARBELNET, *Stylistique comparée du français et de l'anglais*, Paris, Didier, 1958.
[162] M. BASTARACHE, préc., note 156 p. 6, note 20. Ces six approches sont les suivantes: emploi de termes analogues, notion juridique propre à un seul système, l'emploi de «doublets», terminologie neutre, les définitions, le recours à une nouvelle notion.
[163] M. BASTARACHE, préc., note 149, p. 105.
[164] *Id.*, p. 105.
[165] Arrêt *Pfizer Co.* c. *Sous-ministre du Revenu National*, [1977] 1 R.C.S. 456 – 457.
[166] *Id.*, 465.

exprimé, une forme – donc un style –, qui est, selon Cornu, « en son cœur, fondamentale »[167].

Le langage du droit est à la fois la pierre angulaire et la pierre de touche de la jurilinguistique. Il s'adapte – avec lenteur, souvent – à l'évolution sociale, aux mœurs et au langage de la société. La jurilinguistique, elle aussi, doit suivre le rythme de cette évolution.

On connaît maintenant l'histoire de ce savoir-faire ayant évolué en discipline et ses applications. Que réserve l'avenir à cette jeune discipline ? Comment se manifestera-t-elle demain et quelles perspectives s'offrent à elle et aux jurilinguistes ? Autant d'incertitudes pavant un avenir imprévisible, reposant sur les épaules des prochaines générations de jurilinguistes.

---

[167] Gérard CORNU, compte-rendu de l'ouvrage de Nicholas KASIRER (dir.), *Le droit civil un style ?*, Centre de recherche en droit privé et comparé du Québec, Montréal, Les éditions Thémis, 2003, paru dans (2004) 56-4 *Revue internationale de droit comparé* 1015, 1017.

Chapitre 2
La jurilinguistique : perspectives d'avenir

Si l'avenir est pavé d'incertitudes, celui des jurilinguistes l'est tout autant, parce qu'il repose sur l'évolution du droit et de son langage, auxquels il faut s'adapter en quasi-permanence. Les pousses de «l'arbre vivant» se multiplient sans cesse, en réponse aux avancées sociales et aux nouvelles formes de droits. Ces phénomènes donnent naissance à un vocabulaire, des expressions et des concepts nouveaux. En découlent de nouvelles formes d'interventions des jurilinguistes sur les textes ou discours que produisent le droit et la justice en action. Le droit «*increasingly absorbs influences and ideas that have crossed national borders and have blurred traditional legal classifications*»[168], avec pour résultat que «*old divisions and categories reconfigure*»[169]. Cela ne se produit pas sans que le langage du droit et sa terminologie en subissent les effets.

Ces constats de changements, établis par d'éminents comparatistes, annoncent les difficultés qui attendent les langagiers de la relève: traducteurs, interprètes, terminologues, rédacteurs et autres sortes de jurilinguistes. L'enjeu principal, en l'occurrence, est celui de la formation que devront recevoir ces personnes afin de faire face à des obligations professionnelles toujours plus contraignantes. La famille langagière est vaste et diverse, le savoir-faire et la compétence linguistiques varient en fonction de l'objectif visé, entre autres: rédiger, traduire, réviser, produire lexiques, vocabulaires et dictionnaires (unilingues, bilingues ou multilingues), etc. Autant d'habiletés et de capacités qui, tout en se recoupant, avec la langue – ou les langues – comme outil de travail commun, diffèrent néanmoins sous

---

[168] Vivian G. CURRAN, «Comparative Law and Language», dans Reinhard ZIMMERMANN et Mathias REIMAN (éd.), *The Oxford Handbook of Comparative Law,* Oxford, Oxford University Press, 2006, p. 676-704, à la p. 694.

[169] *Id.*, p. 676.

plusieurs aspects en recourant notamment à des méthodes, des stratégies, des techniques et procédés différents selon la nature et le champ de l'activité visée. D'où la grande difficulté que représente, pour les formateurs, la formation de jurilinguistes (I.). S'ajoute à cela le poids des incertitudes planant sur les formes futures que prendront le langage du droit et ses textes (II.).

I. Le défi de la relève : former des jurilinguistes

Les premiers jurilinguistes de l'histoire moderne, Alexandre Covacs et Jean Kerby, n'avaient pas été formés à ce qui, depuis, a été qualifié de «jurilinguistique». Ils excellaient cependant dans leur domaine respectif, le premier dans le champ des langues, l'autre, dans le droit, particulièrement comparé. Cette absence de formation spécifique dans l'autre spécialité ne les a pas empêchés de contribuer notablement, en duo, au mouvement de la corédaction législative. C'est le plus souvent le sort et le mérite des pionniers d'un savoir-faire, d'une discipline ou d'une activité jusqu'alors invisible, dont ils sont les révélateurs, qui est soudainement projetée dans la lumière de l'actualité. Comme le dit si bien l'adage anglais, *the right man in the right place* : Alexandre Covacs fut l'homme de la situation.

Mais la situation change, parfois rapidement. On l'a vu pour les traducteurs, qui, après des siècles d'exercice solitaire et sans formation appropriée, ont vu naître les premières formations professionnelles dans la première moitié du XXe siècle et leur multiplication exponentielle par la suite. Elles leur furent offertes dans les universités, notamment au Canada[170]. La suite est bien connue. La jurilinguistique a plus ou moins suivi ce schéma. Si les premiers jurilinguistes officièrent sans avoir reçu de formation dans une discipline qui n'existait pas encore, les suivants, tels, par exemple, André Labelle (jurilinguiste en chef et conseiller législatif au ministère de la Justice Canada) et Christian Després (jurilinguiste en chef à la Cour suprême du Canada) détenaient des diplômes dans les deux disciplines alors essentielles, la traduction et le droit, ou vice versa. Puis apparurent des cours de jurilinguistique, dont celui dispensé à la Faculté de droit de l'Université de Moncton (N.-B.), au premier cycle (3 crédits), depuis plusieurs années déjà.

---

[170] Depuis 1936, à l'Université d'Ottawa. Voir sur cette question Jean DELISLE, *La traduction au Canada. Translation in Canada (1534-1984)*, Ottawa, Les Presses de l'Université d'Ottawa, 1987.

Après plusieurs tentatives infructueuses de création d'un programme de formation en jurilinguistique, à Ottawa, le besoin croissant de spécialistes dans ce domaine incita d'autres universités, dont l'Université McGill (Montréal), à créer un programme en 2020 conduisant à un diplôme d'études supérieures en traduction juridique (15 crédits), vecteur de formation de jurilinguistes. De tels programmes, toutefois, ne sont pas limités au Canada, il s'en trouve aussi en Europe, où l'on recrute des juristes-linguistes dans divers organes de l'Union européenne. Mais avant de former des jurilinguistes répondant aux besoins particuliers d'un État, d'une entreprise, d'un bureau ou d'une organisation, une condition que je tiens pour dirimante réside dans la maîtrise de la langue maternelle. À force d'être employé à tort et à raison, le terme « maîtrise », galvaudé, a perdu en force et pertinence. Il ne suffit pas de bien connaître sa langue, sa grammaire et sa syntaxe, il faut la « connaître à fond » comme le précise *Le Robert* sous l'entrée MAÎTRISE. Pour cela, la « très bonne maîtrise »[171] de la langue maternelle passe par la connaissance de son histoire (diachronie), avant de se pénétrer de son usage *hic et nunc* (synchronie).

A. *La maîtrise de la langue maternelle*

Il ne s'agit pas, pour le ou la jurilinguiste, de devenir philologue, mais de savoir d'où vient sa langue et d'avoir suivi son évolution à travers les âges et ses trois états (ancien français, moyen français, français moderne) et, surtout, de s'être imprégné de leurs textes, afin de pouvoir lire et d'en comprendre le contenu. Cela vaut pour l'anglais aussi, comme pour d'autres langues.

1. *La connaissance historique de sa langue*

Toute langue a traversé son odyssée. L'histoire de l'anglais et du français en témoigne éloquemment. Leur langage du droit regorge de vestiges d'un lourd passé composés d'archaïsmes, d'expressions désuètes, de formulations improbables, souvent peu lisibles pour le profane, que l'on ne retrouve pas seulement dans les textes légaux ou de doctrine les plus anciens. Sans remonter à la *Magna Carta* (1215), le *British North America Act*

---

[171] Comme le recommande, pour les traducteurs et interprètes, la Conférence internationale permanente d'instituts universitaires de traducteurs et d'interprètes (CIUTI) dans le par. 3.1 dédié aux Compétences en langue maternelle en ligne : <https://www.ciuti.org/qui-sommes-nous/notre-profil/?lang=fr> (consulté le 2 avril 2023)

(1867) en est un exemple dans les deux langues (Acte de l'Amérique du Nord britannique). Quant aux jugements, truffés de formules figées, ils sont longtemps restés hermétiques, les testaments notariaux aussi.

Le texte le plus ancien, rédigé dans ce qui allait devenir la langue française, est celui des *Serments de Strasbourg* (Annexe 30), prononcés en 842 par deux des arrière-petits-fils de Charlemagne, Charles le Chauve (en roman) et Louis le Germanique (en langue tudesque, ancêtre de l'allemand), pour se prêter assistance. Pour qui a étudié le latin et appris l'allemand, ils ne présentent pas de grande difficulté de lecture et de compréhension. Ne pas pouvoir lire Rabelais ou Montaigne dans le texte est handicapant, comme Shakespeare pour l'anglais. La langue de Molière (XVIIe s.) n'était pas encore celle du XIXe siècle, qu'on lit aujourd'hui sans difficulté aucune. Pourtant, ce français « classique » du XVIIe siècle n'est pas encore celui de l'*Encyclopédie* (1751), un siècle plus tard et déjà bien plus proche de nous.

C'est par la littérature et ses textes que l'on apprend le plus et le mieux notre langue et la culture qu'elle porte, et celles des autres. Combien de formules, d'expressions et de personnages foisonnant dans notre langue nous viennent de grands auteurs des siècles passés, les Ronsard, Rabelais, Montaigne, La Fontaine et tant d'autres. Et que l'on ne croie pas que cela n'arrivera jamais d'avoir à traduire un poème dans un jugement, un ouvrage de doctrine, un testament olographe ou un discours prononcé devant un parterre de juges!

Un langagier, maître Jacques de la langue, doit s'attendre à tout, ou presque, et se préparer en conséquence (Annexe 24). Si, en matière de langue, nul ne devrait négliger le passé afin de mieux comprendre le présent dans ses moindres nuances, la connaissance intime de la langue passe aussi par la synchronie, soit, nous apprend le *Larousse*, l'« État de langue considéré à un point donné du temps en fonction de sa structure propre.»

2. La maîtrise de la synchronie

On n'insistera pas sur la nécessité de posséder la maîtrise de sa langue dans son expression la plus actuelle, car cela semble aller de soi. La terminologie juridique n'a de sens que lorsqu'elle s'inscrit dans un discours[172],

---

[172] Terme employé dans son sens linguistique, soit l'«Actualisation du langage par un sujet parlant» (*TLF*). Voir sur la question Jean DARBELNET, « Niveaux et réalisations du discours juridique », (1979) 24-1 *Meta* 26.

est mise en action dans un énoncé. Pour ce faire, cependant, elle s'appuie sur un vocabulaire de soutien, celui qu'apporte la langue générale à laquelle elle appartient. Le droit est exprimé de bien des façons, mais ces dernières n'épuisent pas celles dont dispose la langue, avec ses nombreux registres et ses innombrables voies et moyens. En général, un texte juridique est rédigé dans une langue qui est soit courante, soit soutenue, rarement familière ou populaire – cas des plus rares, mais possibles dans certains jugements, par exemple. La loi, « vitrine du droit », est le plus souvent rédigée dans une langue courante qui peut tendre vers un style soutenu, voire solennel dans certains cas : traité, constitution, charte. Les décisions de justice également, qui peuvent être rédigées de plusieurs façons, comme nous l'avons vu dans la deuxième partie (chap. 3, II.).

Pour illustrer les différences stylistiques, comparons quelques exemples de présentation de la formule d'édiction des lois dans des États francophones où la langue française est, soit la seule langue officielle (France), soit une des langues officielles (les autres États, le Québec en moins : il n'est pas un État souverain). Soit les six suivants :

Canada

Interpretation Act	*Loi d'interprétation*
Her Majesty, by and with the advice and consent of the Senate and House of Commons of Canada, enacts as follows:	Sa Majesté, sur l'avis et avec le consentement du Sénat et de la Chambre des communes du Canada, édicte :

Québec

Charte des droits et libertés de la personne
À ces causes, Sa Majesté, de l'avis et du consentement de l'Assemblée nationale du Québec, décrète ce qui suit :

Belgique

PHILIPPE, Roi des Belges,
A tous, présents et à venir, Salut.
La Chambre des représentants a adopté et Nous sanctionnons ce qui suit :

France

L'Assemblée nationale a délibéré et adopté en sa séance du 08 juillet 2022...,
Le Président de la République promulgue la loi dont la teneur suit :

Sénégal

L'Assemblée nationale a adopté, en sa séance du mardi 30 juillet 2002 ;
Le Président de la République promulgue la loi dont la teneur suit :

Suisse

> *Loi fédérale sur l'assurance-maladie*
> L'Assemblée fédérale de la Confédération suisse,
> vu l'art. 34bis de la constitution,
> vu le message du Conseil fédéral du 6 novembre 1991,
> arrête :

    Dans ces exemples, chaque formule se distingue des autres par quelque trait, formulation ou expression qui lui est propre. Les lois qu'elles introduisent reflètent une manière de dire qui va du registre courant au solennel en passant par le soutenu. On sait que le formalisme législatif bannit le style familier. Un bon exemple de différence des styles est fourni à l'Annexe 13, où sont comparés quelques articles des constitutions du Canada et de la Suisse, adoptées au XIXᵉ siècle : la langue anglaise face à la langue française. La différence saute aux yeux, à commencer par la longueur des articles, le nombre de lignes et de mots de part et d'autre. Cinq articles du texte suisse comptent, à eux cinq, un total de mots inférieur (138) à celui de deux articles du texte anglais (152). Mais il y a plus, et pas seulement sur le plan politique (régime monarchique/république). Le texte anglais reflète le formalisme et les circonvolutions du langage de la common law, voire un certain autoritarisme, que les répétitions de *shall,* verbe injonctif, mettent en valeur. Alors que le texte suisse est rédigé dans une langue courante, sobre et neutre, la moyenne de la longueur des cinq articles se situant autour de 4 lignes, contre 9 pour les deux articles anglais. Plus que jamais on retrouve dans ces deux textes l'esprit contraire caractérisant les deux langues, le centrifuge prolixe de l'anglais, avec ses tours et détours, le centripète du français, mesuré, disert et direct. Bentham ne dirait pas le contraire !

    Si, de la loi, on passe au jugement, on constate à peu près la même chose quant aux registres des textes que rédigent les juges. Dans le manuel bien connu qu'il a écrit sur la rédaction des jugements, Edward Berry distingue quatre registres : *magisterial, formal, informal* et *artful plain*[173]. On les retrouve dans l'édition française du manuel, qui en compte cinq, lesquels pourraient être ramenés à quatre en plaçant sur un même plan, à quelques différences près, les styles magistral, solennel et soutenu, qui ne

---

[173] Edward BERRY, *Writing Reasons*, 3ᵉ éd., Peterborough, E-M Press, 2007, p. 138-143. Expression «*artful simple*» que l'on pourrait traduire par «ingénieuse simplicité» ou par «l'art dans la simplicité».

se distinguent que par de légères variations stylistiques[174]. Contrairement à la loi, édictée par le Législateur – collectif désignant les auteurs d'une loi –, le jugement est le plus généralement rédigé par une seule personne, du moins en première instance. La langue, le style et le registre du texte dépendent donc de celle-ci, avec toutes les variétés et différences possibles qu'une personne, en tant qu'auteur, est susceptible d'exprimer. Le jurilinguiste qui traduit doit être capable de les distinguer afin de les reproduire dans le texte d'arrivée, faute de quoi on s'expose aux critiques que soulevait le grand écrivain Milan Kundera – un des écrivains les plus traduits au monde – à l'égard des traductions de ses premiers livres, qui l'avaient laissé « stupéfait »[175]. Ainsi que le fait remarquer Edward Berry, « [s]i nous voyons le style [...] comme l'enveloppe de la substance, et non comme quelque chose qui lui est opposé, nous ne voudrons pas rejeter le style comme étant impropre à la rédaction des jugements ni le cultiver comme une forme de décoration superficielle »[176]. [Traduction] En somme, comme l'a exprimé Benjamin Cardozo avec force et clarté, la forme et le fond ne font qu'un :

> La forme n'est pas quelque chose qui est ajouté à la substance comme simple... ornement. Elles ne font qu'un. La force qui naît de la forme et la faiblesse qui naît de l'absence de forme sont en vérité des qualités de la substance. Elles témoignent de l'identité de la chose. Elles en font ce qu'elle est.[177]
> [Traduction]

Telles sont, à mon sens, les capacités linguistiques attendues des jurilinguistes qui « maîtrisent » leur langue. Elles s'exerceront différemment, comme je l'ai souligné plus haut, selon la fonction que remplit la personne. Or, ces fonctions sont nombreuses et variées. Comme il n'est pas possible d'offrir une formation répondant à chacun des besoins de la société – dessein chimérique faute de moyens adéquats (finances, personnel, locaux, clientèle étudiante, formation préalable, etc.) –, il faut viser plutôt ce que l'on fait depuis des décennies en traduction, soit assurer une formation générale garantissant une base et un savoir-faire suffisants pour préparer

---

[174] Jean-Claude GÉMAR, *La rédaction des motifs*, 3ᵉ éd., Montréal, Les Éditions Thémis, 2010, p. 184-192 (Préface de Michel Bastarache).

[175] Ariane CHEMIN, « Milan Kundera, la langue française comme une arme », *Le Monde*, 20 décembre 2019, en ligne : <https://www.lemonde.fr/culture/article/2019/12/20/milan-kundera-en-francais-dans-le-texte_6023539_3246.html> (consulté le 3 avril 2023).

[176] J.-C. GÉMAR, préc., note 174, p. 180.

[177] Cité dans Edward BERRY et Jean-Claude GÉMAR, *La rédaction des motifs*, Montréal, Les Éditions Thémis, 2022, p. 174.

les apprentis jurilinguistes à une spécialisation orientée vers le type d'emploi recherché ou exercé, quels que soient les secteurs du droit, de la justice, de l'économie et du commerce, des relations internationales, etc. Aussi la formation de jurilinguiste généraliste, au Canada, doit-elle passer par la maîtrise de la traduction juridique, et cela pour deux raisons.

D'abord, parce que la formation en traduction, par la comparaison toujours renouvelée des deux langues, en assure une connaissance fine et nuancée. Ensuite, en pratiquant la traduction juridique, le même phénomène se produit : comparaison des droits et de leur langage. C'est ainsi que la traduction juridique débouche sur la jurilinguistique en permettant d'édifier un savoir-faire juridico-linguistique de base qui ne demandera qu'à être développé selon la spécialisation envisagée, puis exploité.

B. Jurilinguiste seras

Ce titre sonne comme une injonction tirée d'une liste de commandements (*cf.* Annexe 24). En réalité, il s'agit plutôt d'un conseil donné à toute personne désireuse de se spécialiser comme jurilinguiste. Pour ce faire, volonté et assiduité sont requises pour franchir un parcours unique, en ce qu'il combine droits et langues, leur comparaison et leur traduction. À cet égard, on ne saurait trop recommander aux adeptes en herbe de la jurilinguistique de se pencher avant toute démarche sur les propositions avancées par Edgar Morin dans son célèbre ouvrage *Les sept savoirs nécessaires à l'éducation du futur*[178]. L'éducation y est présentée par le préfacier comme « force du futur », afin de pouvoir « faire face à la complexité grandissante, à la rapidité des changements et à l'imprévisible, qui caractérisent notre monde »[179]. S'agissant de la formation de traducteurs-jurilinguistes, ces principes du savoir, éternels, valent leur pesant d'or, chacun dans son cadre de réflexion ontologique[180].

---

[178] Edgar MORIN, *Les sept savoirs nécessaires à l'éducation du futur*, Paris, UNESCO, 1999, en ligne : <https://unesdoc.unesco.org/ark:/48223/pf0000117740_fre> (consulté le 3 avril 2023).

[179] Federico MAYOR (alors directeur général de l'UNESCO), *Préface,* en ligne : <https://unesdoc.unesco.org/ark:/48223/pf0000117740_fre> (consulté le 3 avril 2023).

[180] Principes que voici : 1. les cécités de la connaissance : l'erreur et l'illusion ; 2. les principes d'une connaissance pertinente ; 3. enseigner la condition humaine ; 4. enseigner l'identité terrienne ; 5. affronter les incertitudes ; 6. enseigner la compréhension ; 7. l'éthique du genre humain.

J'ai souvent prôné dans mon enseignement « les sept piliers » sur lesquels repose, à mon sens, la formation du traducteur-jurilinguiste que j'ai longtemps dispensée et que je recommande (*cf.* Annexe 24, les sept premiers commandements).

1. Les bases de la formation

La connaissance de la langue d'arrivée – dont il a été question plus haut – mise à part, il reste six « piliers » que je considère essentiels pour former et perfectionner des traducteurs-jurilinguistes[181]. La maîtrise de la langue maternelle étant bien acquise, il faut alors penser à celle de la langue seconde – français ou anglais selon le cas. Là encore, la maîtrise de la deuxième langue s'impose. Selon la spécialisation envisagée, l'effort portera plus particulièrement sur l'écrit (traducteur) ou l'oral (interprète). Une fois cette connaissance maîtrisée, celle des droits et de leur culture s'impose, dans la lettre comme dans l'esprit. De même, les méthodes appliquées en droit doivent être connues. Plus précisément, je pense à l'interprétation des textes que font les juristes, maîtres du droit, qui diffère de celle que font les traducteurs, maîtres du texte[182].

Le dernier principe, essentiel à mes yeux, réside dans l'aptitude de la personne à la rédaction. En effet, ce qui devrait caractériser avant tout un jurilinguiste est la maîtrise de l'écriture de sa langue, soit la manière de l'exprimer par écrit. En jurilinguistique, on ne vise pas l'expression esthétique, car les textes (loi, jugement, contrat, etc.) sur lesquels travaillent les jurilinguistes sont de nature pragmatique, non littéraire. En l'espèce, le but visé est celui qu'avance Edward Berry pour la rédaction des jugements : *artful simple*, qualification que je partage, et que je traduirais par une « ingénieuse simplicité ». C'est tout l'art que déploient un Denning, un Pigeon, entre tant d'autres, fait de simplicité tout en apparence, car on se doute qu'il y a beaucoup de travail, de réflexion derrière pour éviter lourdeur, jargon et bavardage, ce dont le lecteur n'est généralement pas conscient.

---

[181] Principes que je ramènerais cependant à quatre, à condition que la personne en question 1) possède un « bagage » (que Umberto Eco qualifie d'« encyclopédie ») à la hauteur, étayé par une culture (générale) à l'avenant, et 2) se montre rigoureuse, ne cédant rien à la facilité.

[182] Sur la question de l'interprétation des textes, voir notamment Mateusz ZEIFERT et Zygmunt TOBOR, « Legal Translation Versus Legal Interpretation. A Legal-Theoretical Perspective », (2022) 35 *Int J Semiot Law* 1671.

Ces principes débouchent sur un parcours adapté à chacun des cas, avec sa pédagogie particulière. Pour la langue seconde ou troisième, il est conseillé et, parfois, obligatoire[183] que les étudiants aillent faire un séjour linguistique dans le pays de la langue visée. On connaît le système de bourses Erasmus en Europe, parmi les aides à la mobilité internationale qu'offrent de nombreuses universités dans le monde. Étudiant ayant bénéficié d'une bourse d'échange, je peux en mesurer l'utilité et les effets positifs. Une année universitaire d'études à l'étranger permet à la personne en bénéficiant de perfectionner sa connaissance d'une langue et d'une culture étrangères ; le cas échéant, il est possible de suivre parallèlement des cours dans une école ou faculté de droit afin d'acquérir le vocabulaire et des notions de base du système juridique étranger, faisant ainsi d'une pierre deux coups : langue et droit.

Quant à la connaissance des droits et des cultures juridiques, cela devrait aller sans le dire pour toute personne candidate à une formation de jurilinguiste qui n'aurait pas fait d'études de droit – ce qui pourrait être le cas de bien des langagiers. Une connaissance « raisonnable » du droit – et même des deux droits comme la situation bijuridique du Canada y invite – est une condition *sine qua non* pour exercer le métier de jurilinguiste. À quoi il faudrait ajouter le droit comparé canadien, en incluant les traditions autochtones. Les cultures qu'impliquent nos traditions juridiques – le droit est un système culturel – ne doivent pas être négligées. Depuis les années 1970, le mouvement du *cultural turn* (tournant ou virage culturel) opéré dans les sciences humaines et sociales met l'accent sur le rôle fondamental que joue la culture dans la société. Les sciences juridiques et linguistiques sont au cœur des débats engagés autour de cette question dans le monde académique. Pour les langagiers, le terme « culture » est un paradigme incontournable. Michel Sparer, entre autres, soutenait qu'il fallait « amener les étudiants et les étudiantes à s'imprégner de la culture juridique, car c'est bien de cela qu'il s'agit, pour comprendre le sens exact du texte de départ »[184]. Quel que soit le genre textuel visé, la base culturelle sur laquelle il repose doit être prise sérieusement en compte. Je recommande tout particulière-

---

[183] Comme dans la plupart des instituts membres de la CIUTI, dont le programme de l'École de traduction et d'interprétation de Genève (Faculté de traduction et d'interprétation depuis 2011). À Genève, par exemple, il est prévu un séjour d'étude obligatoire d'un semestre dans une université suisse ou étrangère correspondant à l'aire linguistique de la langue B1 ou B2 à renforcer.

[184] Michel Sparer, « Peut-on faire de la traduction juridique ? Comment doit-on l'enseigner ? », (2002) 47-2 *Meta* 266, 272.

ment la lecture attentive du riche ouvrage, classique et renommé, de Patrick Glenn *Legal Traditions of the World : Sustainable Diversity in Law*[185]. On y trouvera une introduction à tout ce qu'il faut savoir sur les droits et les traditions juridiques.

La connaissance du droit passe aussi par ses méthodes. Chaque discipline possède la sienne ou les siennes. Celles du droit vont de pair avec le domaine envisagé : histoire, philosophie, anthropologie, sociologie, etc. On conviendra que la méthode historique, ou celle des comparatistes, par exemple, ne puissent être employées comme outils d'analyse dans tous les cas et situations. Il en est une, en revanche, avec laquelle les langagiers se sentiront davantage dans leur élément, c'est la méthode d'interprétation (des lois), que pratiquent couramment les juges, requis de « dire le droit » dans les cas où une phrase, une expression ou un mot n'apparaît pas dans toute sa clarté, est ambigu ou équivoque. Les traducteurs-jurilinguistes avertis, herméneutique aidant, sont habitués à interpréter finement le sens des textes qui leur sont soumis. Ce faisant, est-ce qu'ils procèdent différemment des juristes ? Pour le profane, les deux méthodes se ressemblent, ce que je ne pense pas et que certains juristes distinguent : « *[T]he nature of that relationship remains disputable* »[186]. Comme je l'ai souligné précédemment, l'un, le juriste, interprète le sens de l'expression en cause en ayant le droit à l'esprit, alors que le traducteur se préoccupe du texte, à savoir comment le rendre dans l'autre langue. Le traducteur n'est pas autorisé à interpréter le droit, mais seulement à le comprendre pour le transmettre. De plus, il n'existe pas de « règle d'or »[187] en traduction, règle qui prévoit que « le sens courant des mots est à privilégier », sauf si cela entraîne un résultat

---

[185] H. Patrick GLENN, *Legal Traditions of the World : Sustainable Diversity in Law*, 5ᵉ éd., Oxford, Oxford University Press, 2014 ; Jacques VANDERLINDEN, *Comparer les droits*, Gand, E. Story-Scientia, 1995. Voir aussi pour poser un « autre regard » sur les cultures juridiques (terme préféré à « systèmes » et « familles ») l'ouvrage de Wanda CAPELLER et Takanori KITAMURA (dir.), *Une introduction aux cultures juridiques non occidentales (autour de Masaji Chiba)*, Bruxelles, Bruylant, 1998.

[186] M. ZEIFERT, préc., note 182, p. 1671.

[187] Voir sur ce point la capsule réalisée par Mélanie SAMSON et Catheryne BÉLANGER, « La règle d'or » *(Golden Rule)* », Faculté de droit, Université Laval, Chaire de rédaction juridique Louis-Philippe-Pigeon, en ligne : <https://www.redactionjuridique.chaire.ulaval.ca/sites/redactionjuridique.chaire.ulaval.ca/files/principe_de_la_regle_dor.pdf> (consulté le 3 avril 2023). Voir aussi : Lucie Lauzière, « Le sens ordinaire des mots comme règle d'interprétation », (1987) 28-2 *C. de D.* 367.

absurde[188]. En bon langagier, on se méfie du sens ordinaire des mots, qui ne prennent tout leur sens qu'en contexte, élargi si possible. Enfin, il n'existe pas de règle, comme en droit, pour imposer au traducteur – qui s'en remet à son bon jugement – un *sensu lato* ou *stricto*. Pour conclure sur le sujet, disons que les deux méthodes, tout en présentant des similitudes, n'en comptent pas moins de nombreuses différences qui ne peuvent les placer sur un pied d'égalité[189]. Elles ne sont tout simplement pas équivalentes. Les jurilinguistes, traducteurs ou non, doivent néanmoins les connaître pour être sensibilisés tant aux similitudes qu'aux différences.

Comme nous l'avons vu – et cela devrait aller sans le dire –, la formation à une discipline langagière comme la jurilinguistique pose, au préalable, l'obligation de posséder un « acquis » personnel, un bagage composé de la ou des langues en usage dans le pays, que complètent la connaissance du ou des droits concernés et une solide culture générale. À partir de là, on peut se lancer dans l'entreprise de formation selon l'objectif : traduction, terminologie, rédaction, révision, édition, etc. Toutefois, quelle que soit la profession envisagée, cette formation doit reposer sur le second pilier que représente la maîtrise des outils nécessaires à l'exercice de toute activité langagière dans le contexte de mondialisation hyperconcurrentiel que nous connaissons. On l'oublie souvent, mais l'informatique, apparue depuis plus d'un demi-siècle, « a mis plus de vingt ans avant d'offrir des outils de travail répondant aux besoins des personnes œuvrant dans le domaine langagier »[190]. Les langagiers disposent actuellement d'une palette d'outils et d'aides que les prédécesseurs de ma génération n'auraient pu imaginer à la fin des années 1960. Aujourd'hui, à quoi ressemble le « poste du langagier » ?

2. *La technologie au service de la langue*

Avant de parler du « poste » actuel et de la maîtrise des aides et outils dont disposent les langagiers d'aujourd'hui, il me paraît utile de faire un bref rappel historique pour replacer en contexte les choses – qui ont tellement changé ! Dans les années 1960, chez les langagiers, régnait la machine à écrire, type Remington 3 qu'utilisait Hemingway dans les années 1930 et

---

[188] *Id.*

[189] M. Zeifert, préc., note 182, p. 1685.

[190] Jean-Claude Gémar, « Traduction et industries de la langue : nouveau défi pour le traducteur ? » (1992) 37-2 *Meta* 374.

sur laquelle mon père tapait lettres et rapports. J'ai appris à écrire à la machine sur celles qu'il utilisait, ce qui me fut utile comme étudiant puis enseignant et traducteur jusqu'à l'arrivée de la machine à écrire électrique, notamment la IBM Selectric, dans les années 1960. Elle fut supplantée par l'apparition des traitements de textes et, enfin, par les ordinateurs. L'entrée fracassante du Macintosh (1985), premier ordinateur portable aux performances qui paraissent ridicules aujourd'hui, sonna l'heure de la liberté de mouvements des utilisateurs. Un abîme sépare toutefois l'imprimante à stencil et manivelle, dont la manipulation teintait les mains d'encre violette et poisseuse, et les derniers modèles d'imprimantes laser couleurs, aux performances impressionnantes, en passant par les énormes et lourdes imprimantes qui côtoyaient les traitements de textes et qui, lors des impressions, faisaient trembler le bureau du secrétariat et son mobilier! Internet commençait à se répandre, la toile se déployait, les messageries électroniques aussi. Depuis, le nouveau tandem constitué de l'informatique et de la linguistique a pavé la voie à la recherche et à des avancées technologiques inouïes.

Parallèlement à ces progrès «techniques», la recherche progressait en intelligence artificielle, en reconnaissance de la parole, en traduction automatique (TA) et en traduction assistée par ordinateur (TAO)[191]. C'est à l'Université de Montréal que fut développé le système TAUM (Traduction Automatique Université Montréal) à la fin des années 1960. Son application à la traduction automatique des prévisions météorologiques entre l'anglais et le français a donné TAUM-MÉTÉO (1977), un des premiers systèmes du genre, fiable et éprouvé. Mais c'est la banque de terminologie TERMIUM (Terminologie Université Montréal) qui, depuis 1976, a marqué les esprits au Canada. Procédant de la BTUM (Banque de Terminologie de l'Université de Montréal) – projet lancé en 1968 dont l'objectif était de constituer un glossaire bilingue –, TERMIUM (aujourd'hui : TERMIUM Plus), avec ses quelque quatre millions de termes en anglais, français, espagnol et portugais, accessibles facilement en ligne, est un des

---

[191] Pour un survol historique de la TA et la perspective européenne de la TA, voir Natalie KÜBLER, *La traduction automatique : traduction machine ?*, Paris, Centre de Linguistique Inter-langues, de Lexicologie, de Linguistique Anglaise et de Corpus (CLILLAC-ARP EA_3967), 2019. Sur la contribution que ces deux systèmes (TA/TAO) peuvent apporter dans la formation des traducteurs – et des jurilinguistes –, voir Nicolas FROELIGER, «Pourquoi avoir peur de l'informatisation en traduction?», (2007) 43 *La Tribune internationale des langues vivantes* 40 (Paris, Union des professeurs de langues dans les grandes écoles scientifiques).

outils recherchés des langagiers. Il contient, entre autres, de nombreux termes juridiques assortis de définitions, explications et commentaires. Il ne représente toutefois qu'un des nombreux moyens dont disposent les langagiers aujourd'hui, entre logiciels spécialisés, banques de données, de corpus de textes, dictionnaires en ligne, etc., foisonnant dans le cyberespace, jusqu'au « masque de traducteur C-Face » japonais qui traduit votre voix en plusieurs langues.

Posons la question : l'utilisation de ces nombreux outils et aides – frêles béquilles vite remplacées – par les langagiers, facilite-t-elle la tâche des jurilinguistes, ou la complique-t-elle ?

a) Enfin la machine vint...

La réponse n'est pas simple. À bien des égards, ces outils et aides facilitent la tâche des jurilinguistes. Entre autres, ils facilitent la recherche dans les ouvrages, désormais disponibles en ligne, et prennent en charge ou automatisent certaines tâches redondantes et simples. Tout est désormais accessible au bout des doigts, en quelques secondes et clics. Mais il y a plusieurs revers à la médaille, notamment en ce qui a trait à la TA[192].

Selon une étude menée par Lafeber[193] sur les compétences en traduction dans le contexte des organisations internationales, la TA place le traducteur dans une situation où ses pleines capacités intellectuelles sont sollicitées en permanence. La machine est en effet arrivée à un point où elle est en mesure de fournir des solutions acceptables pour les phrases et contextes relativement simples, n'exigeant presque pas ou pas du tout d'intervention de la part du traducteur. En évacuant ainsi les tâches « simples » de son travail, qui constituent en quelque sorte des moments de répit pour l'esprit, aussi brefs soient-ils, on ne lui laisse que les tâches les plus exigeantes sur le plan intellectuel. Il ne traduit plus des textes, mais des passages difficiles (comme la terminologie de pointe, les métaphores, les

---

[192] Que l'on entend dans un sens large, y compris ses autres dénominations et déclinaisons : traduction assistée par ordinateur, traduction-machine, traduction neuronale, traduction automatique neuronale, etc.

[193] Anne LAFEBER, « Translation Skills and Knowledge – Preliminary Findings of a Survey of Translators and Revisers Working at Inter-governmental Organizations », (2012) 57-1 *Meta* 108 ; du même auteur, « Skills and knowledge required of translators in institutional settings », dans Tomáš SVOBODA, Lucja BIEL et Vilelmini SOSONI (éd.), *Institutional Translator Training*, New York, Routledge, 2022, aux p. 18-37.

éléments culturels, les textes « qui ont du style », etc.) ou encore des textes mal rédigés que la machine n'arrive pas à décoder. Lafeber conclut que la machine facilite certes le travail des langagiers, mais elle décuple leur charge cognitive et les épuise par le fait même.

L'étude de Lafeber ne porte pas précisément sur la traduction juridique, mais les résultats concernent aussi, en partie, la traduction juridique qui joue un rôle important, voire dominant, dans le contexte des organisations internationales. Et il ne faut pas s'y méprendre, malgré ce qu'on en dit et pense, la TA est aussi largement utilisée pour traduire le droit. De nombreux milieux professionnels ont déjà intégré la machine, à divers degrés, à la traduction de textes juridiques. Au Canada, on pense entre autres à de gros joueurs comme le Bureau de la traduction du gouvernement du Canada, mais aussi à des cabinets privés de traduction de petite et moyenne envergures qui ont pris le tournant[194].

Ce besoin de faire plus et plus vite renvoie bien sûr à des impératifs économiques : il y a un souci constant de rentabilité. Or, mondialisation aidant, il y a de plus en plus de textes juridiques à traduire, alors que l'industrie de la traduction n'est pas épargnée par les pénuries de professionnels qualifiés, qui sont accentuées par le fait que la traduction, générale ou spécialisée, ne jouit pas d'une reconnaissance ou visibilité de premier plan et n'a pas un grand pouvoir d'attraction. L'industrie s'adapte comme elle peut à ce contexte défavorable et la TA devient une béquille salutaire comme le montre une enquête conduite en 2022 par la Société française des traducteurs (SFT) sur les pratiques professionnelles en traduction. Elle place le domaine de spécialisation juridique nettement en tête des spécialisations (18 %), montrant ainsi l'importance du droit dans la sphère de la

---

[194] Sur ces points, voir des présentations comme celle du Bureau de la traduction sur *Les outils techno-langagiers au Bureau de la traduction*, présentée à l'Association canadienne des écoles de traduction en 2019, en ligne : <https://fep.umontreal.ca/documents/pdf/colloque-traduction/ACET-Conference-Bureau-Traduction.pdf>, (consulté le 3 avril 2023) et l'intervention de Michel Bergeron, du cabinet McCarthy Tétrault, qui a développé son propre outil de TA, lors du 14e Institut de jurilinguistique, intitulé *Des nuances canadiennes de jurilinguistique*, du Centre Paul-André Crépeau de droit privé et comparé, en ligne : <https://youtu.be/1rYj-ypSM2k> (consulté le 3 avril 2023). Alexa Translations, qui est une firme canadienne de services de traduction juridique, a d'ailleurs développé un outil de TA spécifique pour la traduction juridique, qu'elle propose, entre autres, à un bon nombre de grands cabinets d'avocats au Canada, <https://www.alexatranslations.com> (consulté le 3 avril 2023).

traduction professionnelle, mais aussi de la TA, en augmentation constante[195].

b) La TA et les enjeux de l'apprentissage

Qui dit adaptation des milieux professionnels à de nouvelles réalités (volume accru, concurrence, pénuries de professionnels), dit également adaptation des milieux universitaires. On s'attend en effet à ce qu'ils forment de jeunes traducteurs qui répondent aux besoins de l'industrie et qui soient prêts à affronter les réalités, au premier rang desquelles figurent la TA et la post-édition (révision humaine d'une traduction produite par un outil de TA). Or, la question de la formation à ces compétences n'est pas simple du tout, surtout avec l'évolution rapide des technologies. De fait, vouloir intégrer les technologies langagières au cursus universitaire est une chose, savoir comment les intégrer en est une autre ! Ce « comment » présente plusieurs enjeux de taille.

Un premier enjeu concerne le statut des technologies langagières et de la TA comme compétences. Dans une récente étude menée par le Comité d'intégration pédagogique de la traduction automatique neuronale (CIPTAN) formé par l'Association canadienne des écoles de traduction (ACET)[196], et visant à établir un état des lieux de la TA dans les cursus universitaires de traduction au Canada, on se pose la même question : les compétences en technologies langagières ont-elles passé le cap entre le statut de compétences transversales et celui de compétences de base[197] ? Les auteurs décrivent les compétences transversales comme des « capacités qui peuvent "s'acquérir dans toutes les matières et dans toutes les activités scolaires, professionnelles ou sociales" »[198]. Autrement dit, elles « peuvent être mobilisées par différents professionnels, et non pas uniquement par les traducteurs »[199].

---

[195] Société française des traducteurs, *Rapport de l'enquête 2022 sur les pratiques professionnelles en traduction*, juillet 2022, p. 13, 26 et 34, en ligne : <https://www.sft.fr/fr/actualites/actualites-sft/resultats-de-lenquete-2022-sur-pratiques-professionnelles-en-traduction> (consulté le 3 avril 2023).

[196] Éric POIRIER, Chantal GAGNON et Danièle MARCOUX, « La TAN dans les cursus universitaires des membres de l'ACET : état des lieux », vol 1, Toronto, Boréalis, 2022, en ligne : <https://doi.org/10.5683/SP3/WB7WLP>> (consulté le 3 avril 2023).

[197] *Id.* p. 4.

[198] *Id.*

[199] *Id.*

On les enseigne principalement dans des cours distincts et secondaires. S'y opposent les compétences de base qui présentent « des connaissances essentielles à la pratique de la profession »[200] et qui supposent qu'on leur accorde une place de choix dans les cursus comme objet de cours obligatoires et à même les cours de transfert et de révision. Bien que le rapport montre un portrait hétéroclite du mode et du degré d'intégration des technologies langagières et de la TA dans les cursus, qui varie grandement d'une université à l'autre et d'un niveau d'études à l'autre (premier et deuxième cycles), on note que de manière générale, on continue d'aborder les technologies langagières et la TA dans des cours distincts, ce qui les relègue au statut de compétences transversales. Pour le reste, « c'est le corps enseignant qui prend sur lui de mettre à jour les contenus des cours pour aborder la TAN »[201].

Ensuite, il y a l'enjeu du choix des technologies langagières. Les compétences en TA et en post-édition ne s'enseignent pas dans l'abstrait ou la théorie, mais par la manipulation et le travail pratique avec les outils. Mais quels outils choisir ? Intègre-t-on un seul outil, imposé par des impératifs qui dépassent le cadre pédagogique, comme l'outil le moins onéreux ou le plus répandu, celui que maîtrise le responsable de cours ou encore celui dont on aura obtenu des licences gratuites pour les étudiants ? L'enseignement d'un seul outil présente l'avantage de permettre l'exploration en profondeur de l'outil, mais il s'agit aussi de son principal défaut : les étudiants sont exposés à ce seul outil. À l'inverse, on peut privilégier l'enseignement d'un ensemble de technologies dans un seul cours, ce qui prépare mieux l'étudiant aux réalités de l'industrie et au vaste éventail d'outils qu'on y trouve, mais ce qui fait aussi en sorte que l'apprentissage est insuffisant pour que l'étudiant tire tout le parti d'aucun de ces outils, sans parler du véritable casse-tête administratif que suppose l'obtention et la gestion des nombreuses licences afférentes. Une autre approche consiste à intégrer plusieurs cours de technologies pour explorer plusieurs outils en profondeur. Or, puisque le nombre de crédits pour l'obtention du diplôme reste le même, l'intégration des technologies langagières et de la TA doit se faire au détriment d'autres matières. Cette réticence à sacrifier d'autres matières, pour ne pas dire compétences, explique sans doute en partie le fait que la TA a une place secondaire.

---

[200] *Id.*
[201] *Id.*

Cette question fait écho au troisième enjeu : la place des technologies dans le processus d'apprentissage de l'opération traduisante. Les intègre-t-on dès la première année, au milieu ou vers la fin du cursus ? Si on l'intègre au tout début, on évacue l'apprentissage des compétences de transfert, pour passer directement à l'étape de révision de textes produits par la machine. Ce dilemme n'est ainsi pas étranger à celui – qui ne fait toujours pas consensus d'ailleurs – autour de la question de la révision[202]. Comment former à la révision avant que le traducteur n'ait acquis l'expérience nécessaire – qui se calcule en années – pour devenir réviseur ? Comment former à la TA avant que le traducteur n'ait acquis les réflexes de traduction nécessaires et de solides aptitudes en rédaction pour produire des textes idiomatiques ? La traduction avant la TA ou la TA avant la traduction.

Le fait est que plus on intègre la technologie tôt, plus on abrège l'acquisition des compétences de transfert. Or, nous sommes d'avis que la traduction « sans aide » est un passage obligatoire pour toute personne qui brigue le titre de professionnel de la traduction. Les compétences requises de la prochaine génération de traducteurs n'ont pas changé tout simplement parce que les technologies sont plus présentes et meilleures, au contraire. En traduction juridique surtout, il existe encore des contextes où les textes sont traduits avec papier et crayon. On pense entre autres à des situations où le texte de départ contient des renseignements si confidentiels que le traducteur est forcé de travailler seul, dans une pièce munie simplement d'une table et d'une chaise, avec papier et crayon comme seuls outils. Ces situations sont rares certes, mais d'autres le sont moins, comme les examens d'embauche effectués « sans aide » dans le but de voir ce que le candidat « a dans la tête ». Si ce format d'examens persiste, les jeunes traducteurs ont tout intérêt à savoir traduire « à la mitaine ».

Au demeurant, sans la solide maîtrise des compétences de transferts « sans aide », il est impossible de relever les erreurs commises par la machine. L'expérience nous a en effet montré que le néophyte et le traducteur inexpérimenté se fient démesurément à la machine[203]. Nous en avons aussi fait l'expérience, quoiqu'à très petite échelle, dans un cours de révision, qui

---

[202] Pour un aperçu complet des compétences de révision et de post-édition en traduction et des débats les entourant, voir entre autres Maarit KOPONEN, Brian MOSSOP, Isabelle S. ROBERT et Giovanna SCOCCHERA, *Translation Revision and Post-editing : industry practices and cognitive processes*, Londres, Routledge, 2021.

[203] Perrine SCHUMACHER, « Avantages et limites de la post-édition », (2019) 241 *Traduire* 108.

comprend un module sur la post-édition. Lorsqu'on a donné la consigne aux étudiants de réviser une traduction humaine, ils ont été beaucoup plus critiques par rapport aux textes et sont parvenus à relever une bonne partie des erreurs. En revanche, lorsqu'on leur a demandé de réviser une traduction produite par un outil de TA, ils ont été beaucoup plus avares de corrections, laissant passer de grossières erreurs de syntaxe ou d'accord, ainsi que d'autres erreurs, comme des anglicismes, qu'ils avaient pourtant relevées dans les traductions humaines.

Malgré les efforts d'organisation et d'encadrement des technologies langagières et de la traduction machine dans les cursus en traduction, cela n'empêche pas que les étudiants aient accès aux outils et qu'ils aient bien souvent recours à la TA dès le début de leur parcours. Le corps enseignant n'est cependant pas dupe, et cette situation pose des enjeux éthiques importants, jusqu'à des cas extrêmes où le recours à la traduction machine est considéré comme une forme de plagiat[204]. La question est loin de faire l'unanimité, comme en témoignent les nombreuses conférences ayant eu lieu sur le sujet au cours des dernières années[205].

En guise de conclusion, le CIPTAN présente une série de questions qui résume les enjeux présentés ci-dessus et qui démontre que les universités commencent à peine à réfléchir à l'enseignement des technologies langagières et à la façon de les intégrer dans les cursus. Par exemple : Faut-il former les traducteurs aux technologies avant de les former à la post-édition, ou l'inverse ? À l'issue de la formation, le traducteur est-il censé être en mesure de traduire sans aide ? Ou doit-on intégrer la technologie le plus rapidement possible, quitte à ce que le traducteur ne soit pas capable de traduire seul ? Dans un cas comme dans l'autre, rend-on service à l'industrie de la traduction ? Crée-t-on une situation où le traducteur n'apprend pas entièrement à traduire seul ni entièrement à être productif avec les outils ? Pendant ce temps, le fossé entre la formation offerte dans les universités et les besoins de l'industrie continue de se creuser. Pour l'industrie, cela signifie que les jeunes traducteurs ne possèdent pas les compétences nécessaires pour être productifs dès leur entrée sur le marché du travail.

Dans l'étude de Lafeber, dont il a été question plus haut, on aborde d'ailleurs la question des lacunes dans la formation des jeunes traducteurs et on note que les lacunes en matière de technologies langagières ont pris

---

[204] É. POIRIER, C. GAGNON et D. MARCOUX, préc., note 196, p. 5.
[205] Voir notamment la liste des conférences sur la TA tenues entre 2019 et 2022, en ligne : <https://machinetranslate.org/aamt2019> (consulté le 3 avril 2023).

beaucoup d'importance au cours de la dernière décennie. Lafeber classe les lacunes selon l'effort requis de la part des réviseurs pour corriger les erreurs résultant de ces lacunes dans les textes traduits par les jeunes traducteurs, ainsi que l'effort requis par les jeunes traducteurs pour corriger leurs lacunes. En 2012[206], Lafeber avait inclus quatre catégories de compétences : connaissance du sujet, maîtrise de la langue d'arrivée, méthode de recherche, compétences en informatique[207] et autres compétences[208]. La compétence en TA est alors mentionnée à la question facultative sur les autres compétences qui font défaut chez les jeunes traducteurs. On souligne alors la «capacité à travailler avec les mémoires de traduction, à créer des glossaires, à traduire avec un outil de traduction machine, à utiliser les outils de reconnaissance vocale, ainsi que la capacité à juger les propositions et résultats de l'ensemble de ces outils»[209]. Dans l'étude de 2021[210], les lacunes au niveau de la TA sont devenues un enjeu clé, de la même importance que la connaissance du sujet, exigeant beaucoup d'efforts autant de la part du réviseur que du jeune traducteur.

c) La machine : au service des jurilinguistes?

Il faut se rendre à l'évidence, le numérique est devenu «le dénominateur commun de notre société dite de "l'information"»[211] et, de l'industrie de la langue, on est passé à «l'ingénierie linguistique». Comme l'a justement illustré Guy Rocher, «l'idéologie du changement» est à l'œuvre[212]

---

[206] A. LAFEBER, préc., note 193.

[207] Les compétences en informatique comprennent : la capacité à taper rapidement et efficacement, l'utilisation de fonctions avancées dans Word, dans les outils de mémoire de traduction et dans Excel et Powerpoint, ainsi que le recours efficace aux outils de terminologie.

[208] A. LAFEBER, préc., note 193, p. 113. Ce qui comprend : travailler efficacement sous pression, justifier les choix de traduction, respecter des consignes complexes sur la manière de traiter le texte et adhérer aux conventions de style de l'organisation.

[209] *Id.*, p. 119.

[210] Anne LAFEBER, *The skills and knowledge required for institutional translation : changes and implications*, Conférence Transius 2022, Université de Genève, 27-29 juin 2022.

[211] Jocelyn PIERRE, *La langue au cœur du numérique*, Paris, Délégation générale à la langue française, 2007, p. 8.

[212] Guy ROCHER, *Le Québec en mutation*, chap. VIII «L'idéologie du changement comme facteur de mutation sociale», Montréal, Les Éditions Hurtubise, 1973 p. 207-221.

et ceux qui résistent seront laissés-pour-compte. Malgré leurs défauts, les outils et aides sont en effet devenus des outils indispensables aux langagiers, qui améliorent ainsi leur rendement, leur travail et leurs conditions de travail. Qui plus est, à en juger par les experts, la traduction machine produit des résultats qui sont de plus en plus acceptables. Encore faut-il, nuancerons-nous, que ces résultats fassent l'objet d'une post-édition rigoureuse par une personne qualifiée pour évaluer le produit de la machine. N'est pas post-éditeur qui veut. Et là est le cœur du problème : comment s'assurer que la traduction machine, qui est accessible à tous, ne contribue pas à détériorer ultimement la qualité des textes et, par effet de ricochet, de la langue concernée, le français, dans le cas qui nous intéresse, comme langue de traduction au Canada. La traduction machine – et les impératifs et facteurs sous-jacents – donnera-t-elle lieu à un appauvrissement de la langue, comme ce fut le cas durant la « période noire » de la traduction[213] ? La question demeure.

Des enjeux entourant la TA et les nouvelles compétences qu'elle suppose dans les milieux professionnels et qu'elle impose aux milieux universitaires, passons aux enjeux entourant le domaine de spécialité, plus spécifiquement celui qui nous concerne : le droit. Selon Lafeber, la connaissance du sujet est en effet une des principales lacunes des jeunes traducteurs et une des plus difficiles à combler[214].

Pour la traduction juridique, comme pour tous les autres domaines de spécialité, l'enjeu de la formation en droit est crucial. En fait, la plupart des enjeux qui ont été présentés précédemment sur le « comment » intégrer les technologies langagières et la TA aux cursus des programmes en traduction se pose aussi pour l'apprentissage du domaine de spécialité. Combien de cours faut-il pour se spécialiser dans un domaine ? Faut-il enseigner la spécialité dans des cours distincts ou à même les cours de traduction spécialisée ? À cela s'ajoutent des questions telles que : Faut-il avoir une formation complète en droit pour traiter le langage du droit[215] ? Encore

---

[213] Sur cette période, voir la première partie de cet ouvrage où la question est traitée (*cf.* B. 2.). Pierre Daviault est l'auteur de cette expression.

[214] A. LAFEBER, préc., note 193.

[215] Judith LAVOIE, « Faut-il être juriste ou traducteur pour traduire le droit ? » (2003) 48-3 *Meta* 393. Question que posait formellement Lavoie et à laquelle Prieto Ramos répond en 2011 en affirmant que les deux profils *comportent* des lacunes : « *as far as trainees are concerned, generalizations according to which law graduates are better candidates for legal translation than translation graduates are rather simplistic.*

une fois, toutes les approches sont possibles. Chaque université choisit les spécialités, ainsi que leur portée. Dans certains cursus, le droit est complètement absent[216]. Dans d'autres, on l'aborde dans un cours obligatoire au choix[217]. D'autres programmes encore s'y consacrent entièrement[218]. Parfois, le droit est enseigné dans un cours thématique préalable au cours de traduction juridique (par exemple, le cours de langues et notions juridiques dans le baccalauréat en traduction de l'Université de Montréal, qui est un préalable au cours de traduction juridique[219]); mais, la plupart du temps, on intègre l'apprentissage du droit à l'apprentissage de la traduction juridique, comme le préconise d'ailleurs Prieto Ramos, qui a développé le seul modèle de compétences spécifiques à la formation en traduction juridique:

> The deeper the knowledge of legal subjects, the more confident the translator can feel when dealing with legal content issues during analysis and transfer stages of translation; and, as the argument reasonably goes, those trained in both translation and law potentially make the best legal translators. Nonetheless, most legal translation experts also agree that it is more realistic to aim at interdisciplinary legal translation training programmes integrating law courses for the development of thematic competence (see e.g. Sarcevic 1997, 113-115), This precondition is a crucial step in the right direction, but not enough to ensure sound decision-making in legal translation. It is in legal translation courses that translation and law, and all competences reinforced in

---

Assuming that legal translation reasonably requires postgraduate specialization, the starting level in each subcompetence to be developed can vary enormously depending on the individual profile. In broad terms, however, those with a (national) legal background can be expected to have a very strong thematic competence (even if often lacking essential comparative legal components), but also important deficiencies in key linguistic, textual and strategic competences; whereas the reverse might be the case for translation graduates. », Fernando PRIETO RAMOS, « Developing legal translation competence: an integrative process-oriented approach », (2011) 5 *Comparative Legislinguistics* 19.

[216] Par exemple, dans le baccalauréat en traduction professionnelle de l'Université de Sherbrooke.

[217] Par exemple, dans le baccalauréat en traduction de l'Université de Montréal.

[218] Par exemple, dans le programme d'études supérieures en traduction juridique de l'Université McGill et le certificat de traduction juridique à l'Université de Saint-Boniface.

[219] Dans le programme de maîtrise de cette même université, on passe néanmoins directement au cours de traduction juridique.

other courses, must be integrated and put into practice through legal translation-specific methodologies.[220]

Nous appuyant sur l'expérience, bien qu'encore sommaire, du programme d'études supérieures en traduction juridique à l'Université McGill, nous ne sommes néanmoins pas prêts à nous rallier entièrement à cette approche. Le programme de l'Université McGill a été conçu entièrement sur le modèle et les principes de Prieto Ramos. En conséquence, il a été prévu d'enseigner le droit dans les cours de traduction juridique. Mais voici ce qui s'est passé. Lors de la première année du programme, on a lancé directement les étudiants dans le vif du sujet avec un cours d'introduction à la traduction juridique, comptant ainsi sur le fait qu'ils apprendraient le droit par la traduction. À l'issue de ce premier cours, certains étudiants ont expliqué qu'ils auraient préféré suivre d'abord un cours de droit, pour acquérir des notions de base. L'année suivante, nous avons offert un cours d'introduction au droit pour non-juristes, axé sur les deux langues et systèmes juridiques du Canada et une approche comparative. Les étudiants de première année, qui avaient commencé par le cours d'introduction à la traduction juridique, l'ont suivi. Ils ont rapporté que les connaissances acquises dans ce cours les auraient beaucoup aidés dans le cours précédent. Les nouveaux étudiants qui ont commencé leur parcours par le cours de droit n'ont pas pu comparer leur expérience, mais les responsables du cours d'introduction à la traduction juridique ont noté une nette amélioration de la qualité des travaux, et ce dès le début de la session. Il ne s'agit pas d'une étude formelle et il faut préciser que le cours d'introduction au droit a été conçu spécifiquement pour les traducteurs en s'appuyant sur la méthode comparative entre le droit civil et la common law, entre le français juridique et l'anglais juridique du Canada. On peut presque dire qu'il s'agit d'un cours de « méthodes » pour la traduction juridique. Autrement dit, l'expérience aurait peut-être été différente si les étudiants avaient suivi un cours général d'introduction au droit, non adapté à leurs besoins.

Notre hypothèse serait donc que le mode d'enseignement du domaine de spécialité à préconiser dépend peut-être davantage de la philosophie de l'enseignant et, qu'en outre, l'efficacité de la formule utilisée résulterait en bonne part de l'étudiant même, de son bagage, de ses préférences d'apprentissage et de son niveau de confiance.

---

[220] F. PRIETO RAMOS, préc., note 215, p. 13-14.

d) *Former des jurilinguistes : langue et droit ou droit et langue ?*

Si nous avons principalement mis l'accent sur la formation en traduction juridique dans ce qui précède, c'est sans doute parce que la jurilinguistique n'a pas encore sa place dans les universités canadiennes. Les universités lui ont fait une place, ici et là, dans des programmes de langues, de traduction ou de droit, mais aucune université, canadienne pour le moins, ne l'a réellement érigée comme discipline, en lui accordant tout un programme, aussi court puisse-t-il être (microprogramme). Il s'ensuit que les parcours universitaires des jurilinguistes canadiens sont hétéroclites. Les résultats d'une récente étude sur les professionnels, les professions et l'industrie du langage du droit[221] le démontrent.

L'étude a été menée auprès de personnes de partout au Canada qui, quel que soit leur titre ou fonction et leur situation d'emploi (à temps plein, à temps partiel ou autre), font de la traduction ou de l'interprétation ou exercent d'autres fonctions langagières dans le domaine du droit (p. ex., traduction juridique, interprétation judiciaire, rédaction, jurilinguistique, etc.), mais pas exclusivement dans le domaine du droit, et qui travaillent, à la pige ou à l'interne, pour des entreprises ou organismes au Canada. Les résultats portent sur les 190 réponses complètes qui ont été remises.

Entre autres, nous avons demandé aux répondants quel était le diplôme correspondant au plus haut niveau d'études effectuées dans une discipline langagière, juridique ou autre, et quel était le domaine d'études plus spécifiquement. Selon les résultats du sondage, les jurilinguistes canadiens possèdent une formation assez avancée : 102 répondants (53,7 %) ont au moins un certificat des cycles supérieurs (diplôme d'études supérieures, maîtrise ou doctorat), y compris 65 ayant un diplôme de maîtrise (34,2 %). Un autre 28,9 % possède un diplôme de baccalauréat. On note aussi qu'un peu plus de la moitié des répondants (52,1 %) a effectué des études dans une discipline langagière, suivi de 18,9 % dans un autre domaine[222] et de

---

[221] Marie-Hélène GIRARD, « Portrait des professionnels, des professions et de l'industrie du langage du droit au Canada », (à paraître dans *Meta* (2023) 68-2-).

[222] Les autres domaines, par diplôme d'études, sont : DEC ou études professionnelles en *secretarial work* ; baccalauréat en *economics-political science, engineering, geography/ history, geology, humanities, linguistics, regional studies*, sciences politiques ; certificat de développement professionnel en *economics, medicine, science, statistics* ; diplôme d'études supérieures en *business and computer science, philosophy* ; maîtrise en *business and English, communication and technology, educational technology, enginee-*

17,9 % dans le domaine du droit. Une plus petite proportion (11,1 %) a une double formation en langue et en droit.

Le croisement des données, dans le premier tableau de l'Annexe 30, permet de mettre en évidence des tendances plus qu'intéressantes sur le parcours des jurilinguistes. Les quatre principales tendances sont les suivantes, dans l'ordre :

1. maîtrise dans une discipline langagière (21,1 %) ;
2. baccalauréat dans une discipline langagière (14,2 %) ;
3. maîtrise dans une discipline du droit (6,8 %) ; et
4. baccalauréat dans une discipline du droit (6,3 %).

Les résultats de l'étude tendent donc à valider l'hypothèse que l'on se forme d'abord à une discipline langagière, qu'il s'agit de la voie privilégiée vers des fonctions en jurilinguistique.

D'autres résultats de l'étude viennent renforcer le fait que le parcours « droit » n'est pas la voie privilégiée vers une carrière dans le domaine de la jurilinguistique. Nous avons par exemple demandé aux répondants s'ils projetaient de participer à des activités de développement professionnel au cours des 24 prochains mois. Le cas échéant, nous leur avons demandé de préciser la nature de ces activités. Les principales activités projetées sont, dans l'ordre :

1. connaissance du droit (46,8 %) ;
2. traduction spécialisée (36,3 %) ;
3. formation variée en vue de se conformer aux exigences de reconnaissance professionnelle (31,1 %)[223] ;
4. technologie langagière (23,7 %) ; et
5. révision (21,6 %).

Dans l'analyse, nous avons combiné ces résultats aux données sur le domaine d'études (voir les résultats dans le deuxième tableau de l'Annexe 31). Le but était de déterminer si les besoins de formation continue varient selon le domaine d'études. Fait notable, la connaissance du droit arrive au premier rang des activités projetées de développement professionnel

---

ring, journalism, law and economics, MBA ; doctorat en *healthcare and sociology research*, littérature, *political science and philosophy* ; autres diplômes en *business, communication, economics, engineering, international relations, music*.

[223] Par exemple, des crédits universitaires pour se conformer aux exigences de formation, des ateliers préalables à l'agrément (déontologie professionnelle), des ateliers pour se conformer aux exigences de formation continue, etc.

pour tous les groupes, y compris les groupes de répondants ayant une formation formelle en droit (droit et langue et droit). Étonnamment, l'exception concerne le groupe des langagiers (langue). Cela remet ainsi en question l'idée reçue selon laquelle les personnes ayant une formation en droit ont de bonnes connaissances en droit, mais des lacunes en rédaction, et que les personnes ayant une formation en langue ont principalement des lacunes en droit[224].

Enfin, les répondants ont également eu l'occasion de se prononcer sur leurs principaux enjeux professionnels. La question était ouverte afin d'éviter d'orienter les répondants. Quelque 171 personnes (90 %) ont indiqué un ou plusieurs enjeux, que nous avons classés en quatre grandes catégories :

1. connaissance ;
2. organisation de l'industrie ;
3. conditions de travail ;
4. relation avec la clientèle.

Parmi les réponses relevant de la catégorie *connaissance*, certaines personnes ont exprimé un besoin général de formation (droit [25] ou langue [3]) ou des besoins précis (méconnaissance des ressources – outils et experts – disponibles [3], de la terminologie [12], des deux systèmes juridiques [15], des ressources spécialisées [16]). Bon nombre (41) ont pour leur part exprimé l'enjeu de la connaissance sous un autre angle : celui de l'absence de formations ou de leurs limites. Plus précisément, on exprime ce qui suit :

- offre limitée de formations, notamment dans les langues non officielles et en interprétation ;
- absence d'occasions de formation à l'extérieur du réseau des universités ;
- caractère trop général des formations (ateliers) ;
- caractère trop spécialisé des formations (programmes complets) ;
- offre non adaptée aux besoins et contextes (p. ex., les gens de l'Ouest n'ont d'autres choix que de se tourner vers les formations de l'Est, des États-Unis ou de l'Europe pour se spécialiser, bien que ces formations ne soient pas adaptées à leur contexte).

---

[224] On observera aussi au passage la récurrence des questions de technologie langagière et de révision (qui correspondent aux quatrième et cinquième tendances de base) dans tous les groupes de disciplines, sauf celui du droit (troisième colonne).

Devant ces résultats, force est d'admettre que le temps où l'on devenait jurilinguiste par la force des choses, parce qu'on était la « personne de la situation », ne semble pas encore révolu, bien au contraire. Cela dit, malgré leurs parcours hétéroclites, les jurilinguistes canadiens semblent avoir accès à un plus grand éventail de formations avancées qui les préparent mieux à traiter le langage du droit, que ce soit pour la traduction, la rédaction, la révision ou autre.

Les sujets abordés dans les pages précédentes font partie de ces nouveaux aspects de la jurilinguistique qui retiennent l'attention des chercheurs depuis quelques années, comme les compétences en traduction, la formation des traducteurs, les technologies langagières et, plus largement, la sociologie de la traduction. Le domaine du langage du droit n'y échappe pas. Autrement dit, on n'examine plus seulement l'opération traduisante et son produit pour en dégager des méthodes, des outils ou des aides, notamment pour l'enseignement (méthodes scientifiques, pragmatiques et techniques), mais on examine aussi le processus cognitif et d'apprentissage en amont. On tente désormais de comprendre ce qui forme et forge de bons jurilinguistes. Dans l'avenir, on peut s'attendre à un nombre accru de recherches dans ces domaines, notamment dans le contexte des nouvelles exigences pour les langues officielles, les langues autochtones, les langues des signes et les langues non officielles, de même que les exigences de formation et d'accréditation qui en découlent. On prévoit aussi que les besoins de l'industrie se diversifieront, comme le laissent présager les questions émergentes liées au *legal design*, à l'accessibilité et à l'inclusion.

Ces questions et les incertitudes qu'elles portent pour l'avenir de la formation des futurs jurilinguistes tournent autour de l'évolution future des langues – l'anglaise et la française pour ce qui nous concerne – et des formes et styles des textes que produiront le monde juridique et la sphère judiciaire. Le langage du droit, enchâssé dans le cercle de la langue globale, ne saurait échapper aux mouvements, transformations et aléas qui chahutent les langues.

II. Le langage du droit et ses textes : quelles formes futures ?

L'histoire de la langue française ou anglaise montre que les langues évoluent au fil du temps, leur vocabulaire change de signification, des mots nouveaux apparaissent, d'autres disparaissent ou tombent en désuétude. La langue vit au rythme de la société qui la parle, elle évolue à l'oral plus rapidement qu'à l'écrit, marquant ainsi les temps courts, par rapport aux temps longs, de la communication. La traduction des grandes œuvres littéraires en est un exemple frappant : elles sont régulièrement retraduites. L'œuvre originale ne vieillit pas, vieillit peu ou lentement ; la traduction de l'œuvre, quant à elle, vieillit rapidement, d'une génération à l'autre. L'exemple de Shakespeare, un des auteurs les plus traduits, est patent. Les traductions françaises des pièces de théâtre du génial barde se comptent par dizaines[225]. Il en va de même pour les traductions anglaises de Montaigne. Aussi, si le cours que suivra la langue française dans les années à venir est quasiment imprévisible, que dire de celui que connaîtra le langage du droit ?

A. Quelle évolution pour le français ?

Depuis ses origines, la langue française n'a cessé de se transformer, au point que les lecteurs d'aujourd'hui éprouvent de la difficulté à lire les Essais de Montaigne (XVIe s.) dans le texte d'origine, qui fait l'objet de multiples adaptations en français moderne[226]. De même, le spectateur actuel assistant à une représentation de l'une des pièces de Shakespeare (XVIe s.-début XVIIe s.) aura du mal à comprendre allusions et jeux de mots du barde dans l'anglais de l'époque[227]. Stéphane Braunschweig, metteur en scène de pièces du théâtre de Shakespeare, assure qu'« [u]ne partie importante de la langue de Shakespeare est perdue même pour le public anglais [...] Pour les Anglais, les jeux de mots et les scènes comiques de *Measure for Measure* sont particulièrement difficiles à comprendre »[228].

Le français, langue de civilisation, de culture et de diplomatie pendant plusieurs siècles, connaît aujourd'hui le sort qu'entraîne le déclin des empires. Depuis le Traité de Versailles (1919), la langue française est d'abord concurrencée puis dépassée par l'anglais américain, la nouvelle *lingua franca* :

---

[225] Voir « Shakespeare en français », en ligne : <https://archive.wikiwix.com/cache/index2.php?url=http%3A%2F%2Fpages.unibas.ch%2Fshine%2Ftranslatorsfrench.htm#federation=archive.wikiwix.com&tab=url> (consulté le 3 avril 2023).

[226] Parmi les publications récentes, voir, sous la direction de André Lanly, Michel de MONTAIGNE, *Les Essais*, Paris, Gallimard, 2021.

[227] Voir V. Randolph QUIRK, « Shakespeare and the English Language », dans Vivian SALMON et Edwina BURNESS (éd.), *A Reader in the Language of Shakespearean Drama*, Amsterdam/Philadelphie, John Benjamins, 1987, aux p. 3-22.

[228] Citation extraite d'un entretien conduit par Jean-Michel DESPRATS avec S. Braunschweig sur sa mise en scène de *Measure for Measure*, le 24 avril 2012, (2013) 15 *Sillages critiques*, en ligne : <https://journals.openedition.org/sillagescritiques/2782> (consulté le 3 avril 2023).

le français ne cesse de céder du terrain devant le dynamisme et les avancées de la langue de Shakespeare et d'Henry James. Cela, à l'échelle mondiale, car il souffle un « Vent d'Ouest sur la francophonie »[229] avance Freddie Plassard en ayant les États-Unis à l'esprit. Toutefois, si l'extinction du français en Europe n'est pas d'actualité, il en va autrement en Amérique du Nord, où la survie du français, langue menacée, est un sujet de préoccupation chez les francophones.

À cet égard, il s'agit de distinguer les deux situations caractérisant, d'une part, l'évolution du français *lato sensu*, en tant que koïnè à l'échelle internationale, et, d'autre part, celle de la langue française *stricto sensu*, à l'échelle locale des parlers – cas de sa situation au Québec et au Canada. Comme en économie, où l'on parle de macro et de microéconomie, on peut regarder ainsi la situation d'une langue. Il découle que l'évolution de la première, à l'échelle macro, ne saurait laisser la seconde indemne ou indifférents ses locuteurs. À l'inverse, celle de la seconde n'exercera qu'une influence mineure sur la première, mais chacune n'en suivra pas moins son évolution propre, compte tenu des différences singularisant lieux, contextes, situations sociolinguistiques et politiques. Comme Abdou Diouf, alors Secrétaire général de la Francophonie, on peut se poser la question : « Que devient le français face à la mondialisation, au développement des nouvelles technologies, à l'émergence du multimédia et à l'effacement des frontières géographiques et peut-être même culturelles ? »[230] Ce sont autant de sujets d'interrogation, sinon d'inquiétude, pour tout locuteur francophone, tant au stade macro de la Francophonie qu'au stade micro des multiples idiolectes du français.

1. Le français dans le monde

La langue française a régné en *lingua franca* sur les trois siècles et quelques écoulés entre le siècle d'or de Louis XIV et la fin de la Première Guerre mondiale. Ce règne s'est érodé à mesure que l'anglais gagnait en

---

[229] Freddie PLASSARD, « Vent d'Ouest sur la francophonie », dans Daniel GOUADEC, *Mondialisation – Localisation – Francophonie*, Paris, La Maison du dictionnaire, 2004, aux p. 81-94. Pour un point de vue moins décliniste sur l'avenir du français, voir Julie BARLOW et Jean-François NADEAU, *La grande aventure de la langue française*, Montréal, Québec Amérique, 2007 (2007, livre papier ; 2014, format Kindle, e-book).

[230] Abdou DIOUF, « Préface », dans Jacques MAURAIS, Pierre DUMONT, Jean-Marie KLINKENBERG, Bruno MAURER et Patrick CHARDENET (dir.), *L'avenir du français*, Paris, Éditions des archives contemporaines, 2008, p. 1.

importance, avec l'accélération fulgurante qui a suivi la fin de la Deuxième Guerre mondiale et l'attrait que la langue, la culture et la société de consommation américaines ont exercé sur des esprits réceptifs. La mondialisation a confirmé, depuis lors, le statut de l'anglais comme nouvelle *lingua franca* sur tous les fronts stratégiques: militaire, financier, industriel et commercial, diplomatique...

Le phénomène de la mondialisation fait-il craindre un «éclatement du français», voire sa «babelisation» ou, pire, sa «créolisation» comme l'évoque Pierre Dumont dans le même ouvrage?[231] On peut craindre le pire tout en souhaitant le meilleur, bien qu'aucune des deux situations ne soit pensable à court terme. Pour le long terme du siècle ou des siècles, seul l'avenir le montrera. Pour ce qui nous intéresse ici, c'est le court terme, période où les jurilinguistes de la nouvelle génération auront affaire aux nouvelles difficultés que leur réservera la langue française de demain.

Encore une fois, il faut distinguer l'oral de l'écrit. La langue orale bouge traditionnellement plus vite (le lièvre) que la langue écrite (la tortue). On le constate surtout lorsque l'on compare la famille romane à la saxonne: à l'inverse des langues saxonnes, les codes et académies règnent encore, même si leur pouvoir est de plus en plus contesté. Issue de la traduction juridique, la jurilinguistique est historiquement tournée vers l'écrit, encore qu'aujourd'hui la place de l'oral, manifeste dans les prétoires, gagne en importance dans les recherches des jurilinguistes sur tous les continents. Comme le soulignait déjà Judith Levi, «*we may observe among researchers intriguing differences which lend an unusual richness and stimulating breadth of the field*»[232]. Quant à Mattila, il voit dans la jurilinguistique un outil utile «pour promouvoir la recherche de la linguistique générale et du droit comparé, mais aussi, et surtout, pour développer les connaissances d'ordre général des professionnels du droit et de la linguistique»[233].

---

[231] Pierre DUMONT, «Unité de la langue, diversité des normes: vers un éclatement du français?», dans *id.*, p. 145.

[232] Judith N. LEVI *et al.* (éd.), *Language in the Judicial Process*, New York, Springer, 1990, p. 3. Pour mesurer les difficultés de l'interprétation judiciaire en contexte inter et intralinguistique, voir aussi Eva N. S. NG, *Common Law in an Uncommun Courtroom. Judicial Interpreting in Hong Kong*, Amsterdam/Philadelphie, John Benjamins, 2018.

[233] Heikki M. MATTILA, «Jurilinguistique comparée: Essai de caractérisation d'une discipline multidimensionnelle», (2021) 34 *Int J Semiot Law* 1141, 1171.

Jusqu'où iront cette richesse et ce souffle que porte en germe la jurilinguistique ? Pour tenter de le prévoir, il faut d'abord comprendre ce qui différencie la langue internationale qu'est la langue française de sa nombreuse progéniture éparpillée dans le monde. Le français parlé et écrit au Canada, et particulièrement celui de la province de Québec, en est un bon exemple.

2. La situation du français au Canada : le cas du Québec

La langue orale, on l'a vu, avance plus rapidement que la langue écrite, mais il est rare que les deux progressent de concert. À cet égard, au Canada et plus particulièrement au Québec, le français progresse sur les deux fronts, alors qu'en France, l'écrit stagne par rapport à l'oral. Cela est dû à l'histoire et au contexte géographique et géopolitique particuliers des deux situations. Jusqu'au XXe siècle, la langue française a régné sans partage sur l'Europe, sans rival ni concurrence. Elle s'est installée dans une habitude qui voit la langue de Victor Hugo et de Flaubert, ces grands auteurs classiques, se perpétuer chez Proust, Gide et tant d'autres jusqu'à nos jours, sans grands changements dans la syntaxe, la grammaire, et jusqu'au vocabulaire. Seul le style des grands auteurs les distingue. Au sortir de la Seconde Guerre mondiale, le raz de marée de l'anglais des Américains prend la langue française – et les Français – par surprise, sous le charme de la nouveauté, du modernisme d'une culture d'avant-garde – ou perçue comme telle. On se trouve à la fois démuni et désemparé devant l'invasion des anglicismes, lesquels colonisent la langue française, selon le linguiste polémiste Étiemble[234]. Depuis lors, s'agissant des anglicismes, malgré les tentatives et les efforts louables des autorités d'y remédier, la situation de la langue française, en France, est loin d'être tranchée. Sous l'emprise de l'anglais, elle n'a fait qu'empirer parce que « [l]'attirance que l'anglais exerce en France est indéniable » nous dit Jean-François Nadeau[235]. Une des raisons tient au fait que l'anglais, au contraire du Québec, « n'est pas une menace »[236] pour les Français.

---

[234] René Étiemble, *Parlez-vous franglais ?*, Paris, Gallimard, 1964. Voir le compte rendu qu'en a fait Jean Darbelnet dans (1964) 9-3 *Journal des traducteurs/Translators' Journal* 105, où l'auteur partage avec Étiemble le regret « que le français, à l'encontre de l'espagnol, ait perdu sa faculté d'assimilation. » (p. 106).

[235] Jean-François Nadeau, « L'anglais de France », *L'Actualité*, 5 août 2019, en ligne : <https://lactualite.com/culture/langlais-de-france/> (consulté le 3 avril 2023).

[236] *Id.*

À l'inverse, au Canada, le français et l'anglais cohabitent sur le même territoire depuis près de trois siècles. Pour des raisons historiques, la langue française est très largement minoritaire derrière l'anglais, langue dominante – la Province de Québec exceptée. Leurs rapports sont étroits et constants. Pour survivre, les francophones ont dû s'adapter, chercher et trouver des solutions, intégrer des mots anglais, les calquer parfois, et créer des néologismes, le tout pour suivre l'évolution rapide de l'anglais du commerce et des affaires et continuer de vivre en français, à l'oral comme à l'écrit. Les francophones canadiens, même si leur langue – cohabitation oblige – en est parsemée, font de gros efforts pour éviter les anglicismes lorsqu'il existe un équivalent français (par exemple, *shopping*/magasiner; *parking*/stationnement; *discount*/réduction, rabais). Ce faisant, contrairement aux Français, ils agissent par réflexe d'auto-défense identitaire déclenché par la crainte de la menace que font peser l'anglicisation rampante et la baisse, lente mais régulière, de la part qu'occupe le français dans le Canada par rapport à l'anglais[237], que nourrit l'afflux d'immigrants très majoritairement non francophones.

Les Français, dans leur ensemble, n'ont pas cette crainte qu'est la menace de la disparition de leur langue et parsèment leurs propos de mots empruntés à l'anglais ou construits sur son modèle, la langue anglaise étant perçue comme moderne par rapport à la langue française, jugée vieillissante ou dépassée.

Cette situation du français a-t-elle ou aura-t-elle des conséquences sur la langue du droit, en France et au Québec ?

B. Le langage du droit et son évolution

Le droit ne cesse d'évoluer, de se transformer[238], son langage aussi qui suit ses transformations, lesquelles procèdent de son langage puisqu'il faut rédiger les textes avant de les adopter (lois, traités), d'y souscrire (contrats) ou de les prononcer (jugements). Or, le langage du droit, anglais ou français, ne représente qu'une petite partie de la langue générale, mais sa

---

[237] Part qui, en 1971, représentait 27,5 % et n'est plus, en 2016, que de 22,8 %, selon Statistique Canada, qui titrait « Le poids démographique des francophones est à la baisse », en ligne : https://www.canada.ca/fr/patrimoine-canadien/services/langues-officielles-bilinguisme/publications/statistique.html#a6

[238] Voir sur ce sujet Benoît FRYDMAN, *Les transformations du droit moderne*, Bruxelles, Fondation du Roi Baudouin, 1998.

La jurilinguistique : perspectives d'avenir

réputation d'hermétisme et d'archaïsme le précède en toutes circonstances. À sa décharge, il est le produit de son histoire. Depuis toujours, le monde des juristes, de part et d'autre de la Manche, a manifesté un conservatisme certain qui se reflète dans le langage qu'ils pratiquent, marqué par l'histoire et la tradition. Par rapport à la langue générale, le langage du droit présente toujours un certain retard dans son évolution. Les réformes touchant le vocabulaire se font au compte-gouttes ou sont souvent repoussées. On le voit bien, au Canada, où l'on semble répugner à expurger des lois des termes qui sont critiqués et contestés depuis des générations, tant par les langagiers que par les juristes mêmes. On leur rétorque que le changement de termes envisagé pourrait déstabiliser l'édifice d'une jurisprudence centenaire...

L'influence de la langue courante sur le langage du droit est relativement faible sur le plan terminologique. N'entre pas qui veut dans le vocabulaire du droit : pour être qualifié de juridique, un mot doit présenter un caractère de juridicité, être porteur d'« un sens au regard du droit »[239]. Le vocabulaire du droit existe depuis des lustres, il figure dans les lois, les jugements, les contrats, les dictionnaires de droit ; les notions juridiques n'évoluent qu'au rythme qu'imposent la jurisprudence et le législateur, voire la doctrine. En l'occurrence, c'est le droit même qui fait évoluer sa terminologie, ses concepts et notions, et non le langage courant. La réception des nouveaux termes et expressions en droit n'est pas pour autant automatique, un nouveau terme peut flotter un certain temps dans l'incertitude, voire le flou, avant d'être accepté, intégré au vocabulaire juridique. En effet, les autorités, juridiques et linguistiques, peuvent hésiter un certain temps avant d'adopter un terme controversé, comme ce fut le cas pour le terme français traduisant l'anglais *class action* : recours collectif, action collective, action de groupe... Il arrive même que certains termes, tels ces derniers, entrent en concurrence sur le même territoire, comme au Canada. Si le *Code de procédure civile du Québec* a retenu le terme « action collective » en son article 571 – sous le Titre III consacré aux « règles particulières à l'action collective » –, TERMIUM place « recours collectif » en premier, comme Juriterm et le CTTJ de Moncton. On a connu pire, dans les années 1980, avec les traductions de l'anglais *business corporation*, qui comptaient quelque cinq appellations différentes selon le lieu, le moment

---

[239] *Juridictionnaire*, « juridicité », en ligne : <https://www.noslangues-ourlanguages.gc.ca/en/juridictionnaire/juridicite> (consulté le 3 avril 2023)

et le régime juridique applicable: corporation commerciale, société commerciale, société par actions, corporation, société[240]. Il est alors permis de douter de la juridicité de termes flottant dans un *tertium quid*, variant au gré des frontières, tant qu'ils n'ont pas été intégrés au vocabulaire du droit. Dans ces cas, c'est la langue qui l'emporte avec l'usage qu'en fait la société, le droit souscrivant alors à cet usage, cas du terme «action collective» au Québec.

En revanche, dans l'expression écrite du droit, sa phraséologie et sa stylistique, c'est la société civile qui contribue par ses attentes et son degré «d'acceptabilité sociale» à pousser les autorités juridiques ou judiciaires à rendre les textes davantage lisibles, comme nous l'avons vu à propos des mouvements nés dans les années 1960 – dont celui du *plain language law*[241] – prônant une meilleure lisibilité des textes juridiques. C'est le domaine de prédilection des jurilinguistes: écrire, réécrire, traduire, réviser, etc., les textes juridiques de la meilleure façon en suivant les principes de clarté, simplicité et concision. Ce faisant, comme le pensaient Sparer et Schwab, «un texte rédigé avec des mots simples, avec des phrases courtes et ne comportant que des principes généraux aura bien plus de chances de rester contemporain»[242]. C'est la leçon des Dix Commandements, texte et document sans âge.

En somme, les leçons que l'on peut tirer de ces comparaisons, réflexions et constats nous incitent à penser que, si des mutations du droit devaient advenir dans les quelques années ou décennies qui viennent, accompagnées de paradigmes nouveaux, les probabilités sont grandes que le langage du droit connaisse une évolution plus notable dans la tradition juridique de la common law que dans la culture civiliste. Ce ne serait, après tout, que la continuation d'une habitude ancrée au cœur de ces deux traditions juri-

---

[240] Voir sur ce sujet le dossier établi par Sylvette SAVOIE THOMAS et Gérard SNOW, *Dossier de recherche sur le terme* CORPORATION *et termes connexes*, Moncton, Centre de traduction et de terminologie juridiques, 2008, en ligne: <http://cttj.ca/docs/Dossier_corporation.pdf> (consulté le 3 avril 2023).

[241] Voir, par exemple, en ligne: <https://lawin.org/plain-language/> (consulté le 3 avril 2023). Pour une application de ce principe au contrat, voir aussi Isabelle RICHARD, «La dé-spécialisation de l'anglais juridique: exemple de l'évolution de la stylistique contractuelle en *Common Law*» dans Renaud BAUMERT, Albane GESLIN, Stéphanie ROUSSEL et Stéphane SCHOTT (dir), *Langues et langages juridiques*, Bayonne, Institut Francophone pour la Justice et la Démocratie (IFJD), 2021, aux p. 143-159.

[242] Michel SPARER ET Wallace SCHWAB, «Loi et héritage culturel», (1979) 20-1/2 *Meta* 399, 431.

diques, que résume bien la pensée du philosophe Moïse Mendelssohn, pour qui « la raison avance lentement [...] d'un pas d'éléphant, tandis que le bon sens vole si l'on peut dire vers son but »[243]. Auquel cas, avec son riche passé de langues en contact et son expérience de la jurilinguistique, le Canada serait appelé à jouer un rôle marquant, tout comme le Québec avec sa culture juridique hybride. Même si la tâche des jurilinguistes canadiens s'en trouverait alourdie, ce serait aussi l'occasion pour ces jurilinguistes de relever ce nouveau défi, illustration inversée de la fable du lièvre et de la tortue, où le lièvre véloce l'emporterait sans coup férir sur une tortue « qui se hâte avec lenteur ».

---

[243] Moïse MENDELSSOHN, *Heures matinales. Leçons sur l'existence de Dieu*, Paris, PUF, 2022, p. 125 [traduit de l'allemand et édité par Olivier Sedeyn].

Conclusion

Après avoir vu les conditions historiques particulières ayant permis à une jurilinguistique de voir le jour; puis éclairé les fondements de cette discipline; abordé, enfin, les épineuses questions de son statut et des méthodes en jeu, ses limites, la relève envisagée et les perspectives conjecturales de son proche avenir, quelles leçons pouvons-nous tirer de ce tour d'horizon de la jurilinguistique?

Parmi plusieurs autres, j'en retiendrai trois principales, qui ont trait à 1. l'expansion de la jurilinguistique; 2. son évolution à court et moyen termes; 3. la progression du langage du droit.

1. La jurilinguistique a débordé des frontières du Canada pour se répandre à l'étranger. Cela s'est fait sous divers titres, dont la «linguistique juridique» n'est qu'une représentation du même phénomène, avec quelques variantes: langue et droit/droit et langue. De son côté, l'anglais dispose de plusieurs noms pour qualifier le même phénomène, dont *legal linguistics*, *jurilinguistics*, *legilinguistics*, et, selon le regard, *language and law/law and language*, *forensic linguistics*.

2. Sur sa lancée et sous différentes formes, la jurilinguistique progresse dans le monde. À l'évidence, elle progresse en pratique, compte tenu des immenses besoins du monde des affaires comme de ceux des États dans un univers de mondialisation. Elle progresse également en recherche: vu le nombre de projets de recherche réalisés, entrepris et envisagés, l'avenir de la jurilinguistique, à court et moyen termes, ne semble pas menacé[244].

---

[244] Par exemple, comme le pense, dans son livre, Marcus GALDIA, *Lectures on Legal Linguistics*, Frankfurt am Main, Peter Lang, 2017, Part 5: «*Toward Global Legal Linguistics*», p. 341 et suiv. Voir aussi sur les perspectives de la recherche en jurilinguistique: H. M. MATTILA, préc., note 233. Voir, enfin, pour une approche globale de la jurilinguistique et de son caractère interdisciplinaire, Esther MONZO-NEBOT et Javier MORENO-RIVERO (dir.), «*Situating Jurilinguistics across Cultures Using Translation and Discourse Approaches*», (2020) 33-2 *Int J Semiot Law*.

La quête de l'expression optimale du droit : le langage du droit à l'épreuve du texte

3. Quant au langage du droit, il est le cœur et le poumon de la jurilinguistique. Il s'est bonifié, au moins dans les textes législatifs et judiciaires, aujourd'hui plus lisibles, qui en avaient grand besoin. S'agissant des textes contractuels, bien qu'améliorés ils sont encore sur la voie de la rédemption, toujours en attente de l'avancée qui les bonifiera.

Quelque cinquante ans après l'apparition de la jurilinguistique au Canada, force est de constater les progrès accomplis dans tous les domaines de la rédaction juridique française. Même si l'on pense avoir réussi à exprimer la lettre du droit dans l'esprit de la langue française, il ne faut pas s'arrêter en chemin, car rien n'est jamais définitivement joué ni acquis. Il ne faut pas relâcher l'attention ni cesser de poursuivre les recherches, la quête de l'expression optimale du texte juridique, toujours recommencée, en dépend. La langue, pour conserver son dynamisme et sa fraîcheur, a besoin d'être constamment soutenue, même si « les phénomènes du temps apparaissent de prime abord dans un progrès discontinu. Ils nous livrent un ordre de succession [...] À bien des égards, la succession est libre »[245].

Cette liberté ne doit pas s'exercer au détriment du patrimoine jurilinguistique à transmettre aux prochaines générations : il ne doit pas être gaspillé ou négligé, mais entretenu et développé. Ce n'est pas un mince défi. Il vaut néanmoins la peine de s'y colleter pour amener le plus grand nombre de personnes possible à lire les lois sans craindre de ne pas les comprendre. Les textes juridiques, enfin, à l'instar des œuvres littéraires, doivent s'adapter à leur temps, évoluer avec lui, parce qu'« une langue, pour être bien vivante, ne doit pas être le simple reflet de son passé »[246]. Il appartient aux acteurs du langage du droit d'en tirer la leçon, car nous vivons dans un monde en transformation permanente. Comme le rappelle Jean d'Ormesson, « [l]es choses bougent, elles changent, elles ne cessent jamais de se transformer [...] Il y a autant de mondes que de regards posés sur lui. »[247].

Tel est le destin de la jurilinguistique, qui est un univers exposé aux regards, innombrables, que langagiers et juristes posent sur les textes juridiques selon leurs orientations professionnelles et leurs visées personnelles. Elle a déjà une histoire, s'inscrit dans le présent et prépare son avenir.

---

[245] Gaston BACHELARd, *La dialectique de la durée*, Paris, PUF, 1950, p. 58.

[246] Pierre DUMONT, « Unité de la langue, diversité des normes : vers un éclatement du français ? » dans, J. MAURAIS, P. DUMONT, J.-M. KLINKENBERG, B. MAURER et P. CHARDENET (dir.), préc., note 230, p. 148.

[247] Jean d'ORMESSON, *Qu'ai-je donc fait ?*, Paris, Robert Laffont, 2008, p. 233.

Annexes

Annexe 1

Édit du roy contre les jureurs et blasphémateurs

Le 30 juillet 1666

Défendons très expressément à tous nos sujets de quelque qualité et condition qu'ils soient, de blasphémer, jurer et détester le saint nom de Dieu, ni proférer aucunes paroles contre l'honneur de la très Sacrée Vierge, sa mère, et les saints.

Voulons et nous plaît que tous ceux qui se trouveront convaincus d'avoir juré et blasphémé le nom de Dieu, de sa très sainte mère et des saints, soient condamnés pour la première fois en une amende pécuniaire selon leurs biens, la grandeur et l'énormité du serment et blasphème, les deux tiers de l'amende applicables aux hôpitaux des lieux et, où il n'y en aura, à l'église, et l'autre tiers aux dénonciateurs, et si ceux qui auront ainsi été punis retombent à faire les dits serments seront pour la seconde, tierce et quatrième fois condamnés en amende double, triple et quadruple, et pour la cinquième fois seront mis au carcan aux jours de fête, de dimanche ou autre et y demeureront depuis huit heures du matin jusques à une heure d'après-midi, sujets à toutes injures et opprobres et en outre condamnés à une grosse amende ; et, pour la sixième fois, seront menés et conduits au pilori, et là auront la lèvre de dessus coupée d'un fer chaud et, la septième fois, seront menés au pilori et auront la lèvre de dessous coupée ; et si par obstination et mauvaise coutume invétérée ils continuaient après toutes ces peines à proférer les dits jurements et blasphèmes, voulons et ordonnons qu'ils aient la langue coupée toute juste, afin qu'à l'avenir ils ne le puissent plus proférer ; et en cas que ceux qui se trouveraient convaincus n'aient de quoi payer les dites amendes, ils tiendront prison pendant un mois au pain et à l'eau ou plus longtemps ainsi que les juges le trouveront plus à propos selon la qualité et énormité des dits blasphèmes ; et afin que l'on puisse avoir connaissance de ceux qui retomberont aux dits blasphèmes, sera fait un registre particulier de ceux qui auront été repris et condamnés.

Voulons que tous ceux qui auront ouï les dits blasphèmes aient à les révéler aux juges des lieux dans les vingt-quatre heures en suivant, à peine de soixante sols parisis d'amende et plus grande s'il y échait.

Déclarons néanmoins que nous n'entendons comprendre les énormes blasphèmes, qui selon la théologie appartiennent au genre d'infidélité et dérogent à la bonté et grandeur de Dieu et de ses autres attributs ; voulons que les dits crimes soient punis de plus grande peine que celles que dessus, à l'arbitrage des juges selon leur énormité.

[Édit du roy contre les jureurs et blasphémateurs, 30 juillet 1666. Source : *Édits, ordonnances royaux, déclarations et arrêts du Conseil d'État du Roi concernant le Canada*, vol. 1, Québec, E.-R. Fréchette, 1854, p. 64-65.]

Annexe 2

The Union Act, 1840

An Act to reunite the Provinces of Upper and Lower Canada,
and for the Government of Canada
3 & 4 Vict., c. 35 (U.K.)
[*23d July 1840*]

Language of Legislative Records

XLI. *And be it enacted, That from and after the said Reunion of the said Two Provinces all Writs, Proclamations, Instruments for summoning and calling together the Legislative Council and Legislative Assembly of the Province of Canada, and for proroguing and dissolving the same, and all Writs of Summons and Election, and all Writs and public Instruments whatsoever relating to the said Legislative Council and Legislative Assembly, or either of them, and all Returns to such Writs and Instruments, and all Journals, Entries, and written or printed Proceedings, of what Nature soever, of the said Legislative Council and Legislative Assembly, and of each of them respectively, and all written or printed Proceedings and Reports of Committees of the said Legislative Council and Legislative Assembly respectively,* shall be in the English Language only: *Provided always, that this Enactment shall not be construed to prevent translated Copies of any such Documents being made, but no such Copy shall be kept among the Records of the Legislative Council or Legislative Assembly, or be deemed in any Case to have the Force of an original Record.*

(Je souligne)

Source : <https://www.solon.org/Constitutions/Canada/English/PreConfederation/ua_1840.html> (consulté le 9 avril 2023)

Annexe 3
Extrait français d'une proclamation de Murray

Apres une Campagne rude et penible, Nous ne pensions qu'a donner du Repos Aux Troupes et laisser Respirer le Peuple en tranquillité, apres les Malheurs qu'il a Essuyés pendant le Cours de cette Année, Marquée par tant d'Evenements Grands et decisifs – Mais Malgré des Intentions si Humaines, Je me vois rappelé en Campagne par la Fidélité que je dois a mon Prince, et Pour Proteger le Peuple Soumis a Ses Armes –

Source : Paul Horguelin, « Les premiers traducteurs (1760 à 1791) », (1977) 22-1 *Meta* 19.

Annexe 4

Acte constitutionnel de 1791 : document
Extraits tirés de l'Acte constitutionnel de 1791 :

L'Acte constitutionnel de 1791 est un amendement de l'Acte de Québec élaboré pour appliquer la constitution britannique le plus fidèlement possible aux conditions coloniales sans influer sur les droits garantis aux Canadiens français. L'incapacité à définir le rôle du Conseil exécutif et l'ambiguïté des provisions des réserves du clergé devraient également être prises en considération. (Que voulait-on dire par un clergé « protestant »?) Ces faiblesses présentes dans l'Acte ont pavé la voie à bien des controverses divisant profondément les Canadas.

II. Et aiant plû à sa Majesté de signifier par son message aux deux Chambres de Parlement, son Intention Royale de diviser sa Province de Québec en deux provinces séparées, qui seront appelées la Province du Haut Canada et la Province du Bas Canada ; il est statué par la dite Autorité qu'il y aura dans chacune des dites provinces respectivement un Conseil Législatif et une Assemblée, qui seront séparément composés et constitués dans la manière qui sera ci-après désignée ; et que dans chacune des dites provinces respectivement sa Majesté, ses Héritiers ou Successeurs, auront le pouvoir, pendant la continuation de cet acte, par et de l'avis et consentement du Conseil Législatif et de l'Assemblée de telles Provinces respectivement, de faire des Loix pour la tranquilité, le bonheur et le bon Gouvernement d'icelles, [...]

III. Et il est de plus statué par la dite Autorité, qu'afin et à l'effet de constituer tel Conseil Législatif comme ci-devant mentionné dans chacune des dites Provinces respectivement, il sera, et pourra être légal à sa Majesté, ses Héritiers ou Successeurs, par un Acte sous Son ou leur Seing Manuel, d'autoriser et ordonner au Gouverneur ou Lieutenant Gouverneur, ou à celui qui aura l'administration du Gouvernement dans chacune des dites Provinces respectivement, [...] de sommer au dit Conseil Législatif qui sera établi dans chacune des dites Provinces respectivement, un nombre suffisant de personnes sages et convenables, qui ne sera pas moins de sept au Conseil Législatif pour la province du Haut Canada, et pas moins de quinze au Conseil Législatif pour la province du Bas Canada ; [...]

XXX. Et il est de plus statué par la dite Autorité que toute fois qu'aucun Bill qui aura été passé par le Conseil Législatif, et par la Chambre d'Assemblée, dans l'une ou l'autre des dites Provinces respectivement, sera présenté, pour l'approbation de sa Majesté, au Gouverneur ou Lieutenant Gouverneur de telle Province, ou à la Personne qui aura l'administration du Gouvernement de Sa Majesté, tel Gouverneur ou Lieutenant Gouverneur ou la Personne qui aura l'administration du Gouvernement, sera, et est par ces présentes autorisé et requis de déclarer, suivant sa discrétion, mais sujet néanmoins aux conditions contenues dans cet Acte, et à telles Instructions qui pourront être données de tems à autre à cet égard par sa Majesté, ses Héritiers ou Successeurs, qu'il donne son approbation à tel Bill au nom de sa Majesté, ou qu'il rétient l'approbation de sa Majesté sur tel Bill, ou qu'il remet tel Bill jusqu'à la signification du plaisir de sa Majesté sur icelui.

XXXI. Pourvû toujours, et il est de plus statué par la dite Autorité, que toute fois qu'aucun Bill qui aura été ainsi présenté pour l'approbation de sa Majesté [...] aura été approuvé au nom de sa Majesté par tel Gouverneur, Lieutenant Gouverneur, ou Personne qui aura l'administration du Gouvernement, tel Gouverneur, Lieutenant Gouverneur ou Personne comme ci-dessus, sera et est par ces présentes requis, de transmettre par la première occasion convenable, à un des principaux Secrétaires d'État de sa Majesté, une Copie autentique de tel Bill ainsi approuvé ; et qu'il sera et pourra être légal, en aucun tems dans deux Années après que tel Bill aura été ainsi reçu par tel Secrétaire d'État à sa Majesté, ses Héritiers ou Successeurs, par son ou leur ordre en Conseil, de déclarer son ou leur désaveu de tel Bill, [...]

Source : *L'Encyclopédie canadienne,* en ligne : <https://www.thecanadianencyclopedia.ca/fr/article/constitutional-act-1791-document> (consulté le 9 avril 2023)

Annexe 5

4 54 Geo. III. Journaux *du* Conseil Législatif. A. 1814.

L'Honorable Orateur a informé la Chambre qu'il y avoit un Membre en dehors, prêt à être introduit :

Et l'Honorable Mr. *Blackwood* a été introduit entre l'Honorable Mr. *Baby* et l'Honorable Mr. *Duchesnay.*

Alors l'Honorable Mr. *Blackwood* a présenté son *Writ* de Sommation à l'Orateur, qui l'a livré au Greffier ; et il est comme suit :

(Signé) GEORGE PREVOST.

GEORGE TROIS, par la Grace de Dieu, Roi du Royaume Uni de la Grande-Bretagne et d'Irlande, Défenseur de la Foi, à Notre Bien-aimé et Fidèle Sujet *John Blackwood*, Ecuyer, SALUT : Vû que de l'Avis et consentement de Notre Conseil, pour certaines affaires épineuses et urgentes, Nous concernant, ainsi que l'Etat et la Défense de notre Province du *Bas-Canada*, et l'Eglise d'icelle, Nous avons ordonné de tenir Notre Législature dans Notre Cité de *Québec*, le Vingt-cinquième jour de Mai prochain, pour y conférer et traiter avec vous et autres Grands Hommes, et Notre Conseil Législatif de Notre dite Province, Nous vous commandons, et sur la Foi et Fidélité par laquelle vous Nous êtes lié, vous enjoignons fermement, que, vû la difficulté et les dangers des Affaires susmentionnées, sans aucune excuse quelconque, vous soyez personnellement présent le Vingt-cinquième jour de Mai susdit, à l'Assemblée de Notre dite Législature, avec Nous et les Grands Hommes et le Conseil Législatif ci-dessus mentionnés, pour conférer sur lesdites Affaires et donner votre avis, et comme vous Nous aimez, ainsi que l'Honneur, la Sûreté et la Défense de Notre dite Province et de l'Eglise d'icelle, et l'Expédition des Affaires ci-dessus, vous ne devez en aucune manière y manquer. Témoin Notre Fidèle et Bien aimé SIR GEORGE PREVOST, Baronet, Notre Capitaine Général et Gouverneur en Chef, dans et sur Notre dite Province du *Bas-Canada*, &c. &c. &c. à Notre Château *Saint Louis*, dans Notre Cité de *Québec*, dans Notre dite Province, le Neuvième jour d'Avril, dans l'Année de Notre Seigneur, Mil huit cent treize, dans la Cinquante-Troisième Année de Notre Règne.

(Signé) G. P.
(Signé) HERMAN W. RYLAND, G. C. en Ch.

Alors

Extrait de la version française des Journaux du Conseil Législatif du 9 avril 1813.

Annexe 6

Acte de l'Amérique du Nord britannique, 1867, 30 & 31 Victoria, c 3

12. *All Powers, Authorities, and Functions which under any Act of the Parliament of Great Britain, or of the Parliament of the United Kingdom of Great Britain and Ireland, or of the Legislature of Upper Canada, Lower Canada, Canada, Nova Scotia, or New Brunswick, are at the Union vested in or exerciseable by the respective Governors or Lieutenant Governors of those Provinces, with the Advice, or with the Advice and Consent, of the respective Executive Councils thereof, or in conjunction with those Councils, or with any Number of Members thereof, or by those Governors or Lieutenant Governors individually, shall, as far as the same continue in existence and capable of being exercised after the Union in relation to the Government of Canada, be vested in and exerciseable by the Governor General, with the Advice or with the Advice and Consent of or in conjunction with the Queen's Privy Council for Canada, or any Members thereof, or by the Governor General individually, as the Case requires, subject nevertheless (except with respect to such as exist under Acts of the Parliament of Great Britain or of the Parliament of the United Kingdom of Great Britain and Ireland) to be abolished or altered by the Parliament of Canada.*	**12.** Tous les pouvoirs, attributions et fonctions qui, par une loi du parlement de la Grande-Bretagne, ou du parlement du Royaume-Uni de la Grande-Bretagne et d'Irlande, ou de la législature du Haut-Canada, du Bas-Canada, du Canada, de la Nouvelle-Écosse ou du Nouveau-Brunswick, lors de l'union, sont conférés aux gouverneurs ou lieutenants-gouverneurs respectifs de ces provinces ou peuvent être par eux exercés, de l'avis ou de l'avis et du consentement des conseils exécutifs de ces provinces, ou avec la coopération de ces conseils, ou d'aucun nombre de membres de ces conseils, ou par ces gouverneurs ou lieutenants-gouverneurs individuellement, seront, en tant qu'ils continueront d'exister et qu'ils pourront être exercés, après l'union, relativement au gouvernement du Canada, conférés au gouverneur-général et pourront être par lui exercés, de l'avis ou de l'avis et du consentement ou avec la coopération du Conseil Privé de la Reine pour le Canada ou d'aucun de ses membres, ou par le gouverneur-général individuellement, selon le cas ; mais ils pourront, néanmoins (sauf ceux existant en vertu de lois de la Grande-Bretagne ou du parlement du Royaume-Uni de la Grande-Bretagne et d'Irlande), être révoqués ou modifiés par le parlement du Canada.

Annexe 7
Code criminel, L.R.C. 1985, c C-46, art. 4(1)
(Version courante : en vigueur depuis le 18 déc. 2019)

4 (1) *For the purposes of this Act, a postal card or stamp referred to in paragraph (c) of the definition* **property** *in section 2 shall be deemed to be a chattel and to be equal in value to the amount of the postage, rate or duty expressed on its face.*

(2) *For the purposes of this Act, the following rules apply for the purpose of determining the value of a valuable security where value is material:*

- *(a) where the valuable security is one mentioned in paragraph (a) or (b) of the definition* **valuable security** *in section 2, the value is the value of the share, interest, deposit or unpaid money, as the case may be, that is secured by the valuable security;*

- *(b) where the valuable security is one mentioned in paragraph (c) or (d) of the definition* **valuable security** *in section 2, the value is the value of the lands, goods, chattel personal or interest in the chattel personal, as the case may be ; and*

- *(c) where the valuable security is one mentioned in paragraph (e) of the definition* **valuable security** *in section 2, the value is the amount of money that has been paid.*

(3) For the purposes of this Act,
- *(a) a person has anything in possession when he has it in his personal possession or knowingly*
  - *(i) has it in the actual possession or custody of another person, or*

4 (1) Pour l'application de la présente loi, une carte postale ou un timbre mentionné à l'alinéa c) de la définition de **biens** ou **propriété** à l'article 2 est censé un bien meuble et d'une valeur égale au montant du port, de la taxe ou du droit exprimé à sa face.

(2) Pour l'application de la présente loi, les règles suivantes s'appliquent en vue de déterminer la valeur d'un effet appréciable lorsque la valeur est essentielle :

- **a)** s'il s'agit d'un effet appréciable mentionné à l'alinéa a) ou b) de la définition de **valeur** ou **effet appréciable** à l'article 2, la valeur est celle de l'action, de l'intérêt, du dépôt ou du montant impayé, selon le cas, qui est garanti par l'effet appréciable ;

- **b)** s'il s'agit d'un effet appréciable mentionné à l'alinéa c) ou d) de la définition de **valeur** ou **effet appréciable** à l'article 2, la valeur est celle des biens-fonds, des marchandises, du bien ou droit mobilier ou de l'intérêt dans ce bien ou droit, selon le cas ;

- **c)** s'il s'agit d'un effet appréciable mentionné à l'alinéa e) de la définition de **valeur** ou **effet appréciable** à l'article 2, la valeur est la somme d'argent qui a été payée.

(3) Pour l'application de la présente loi :
- **a)** une personne est en possession d'une chose lorsqu'elle l'a en sa possession personnelle ou que, sciemment :
  - (i) ou bien elle l'a en la possession ou garde réelle d'une autre personne,

– *(i)* has it in the actual possession or custody of another person, or – *(ii)* has it in any place, whether or not that place belongs to or is occupied by him, for the use or benefit of himself or of another person; and • *(b)* where one of two or more persons, with the knowledge and consent of the rest, has anything in his custody or possession, it shall be deemed to be in the custody and possession of each and all of them.	– **(ii)** ou bien elle l'a en un lieu qui lui appartient ou non ou qu'elle occupe ou non, pour son propre usage ou avantage ou celui d'une autre personne; • **b)** lorsqu'une de deux ou plusieurs personnes, au su et avec le consentement de l'autre ou des autres, a une chose en sa garde ou possession, cette chose est censée en la garde et possession de toutes ces personnes et de chacune d'elles.

Remarque: Ce texte du *Code criminel* du Canada est celui qui est en vigueur depuis la date indiquée ci-dessus. Entré en vigueur en juillet 1892, il a subi maintes modifications depuis, mais n'a guère changé dans la forme, calquée sur le texte d'origine, *An Act respecting the Criminal Law*, S.C. 1892, c. 29.

Source: <https://www.canlii.org/fr/ca/legis/lois/lrc-1985-c-c-46/derniere/lrc-1985-c-c-46.html> (consulté le 9 avril 2023)

Annexe 8

Article 41 de la *Loi de l'Union* (1840)

Article 41

Et qu'il soit statué, que depuis et après la Réunion desdites deux Provinces, tous Brefs, Proclamations, Instruments pour mander et convoquer le Conseil Législatif et l'Assemblée législative de la Province du Canada, et pour les proroger et les dissoudre, et tous les Brefs pour les élections et tous Brefs et Instruments publics quelconques ayant rapport au Conseil législatif et à l'Assemblée législative ou à aucun de ces corps, et tous Rapports à tels Brefs et Instruments, et tous journaux, entrées et procédés écrits ou imprimés, de toute nature, du Conseil législatif et de l'Assemblée législative, et d'aucun de ces corps respectivement, et tous procédés écrits ou imprimés et Rapports de Comités dudit Conseil législatif et de ladite Assemblée législative, respectivement, <u>ne seront que dans la langue Anglaise</u> : Pourvu toujours, que la présente disposition ne s'entendra pas pour empêcher que des copies traduites d'aucuns tels documents ne soient faites, mais aucune telle copie ne sera gardée parmi les Records [comprendre « archives » ou « registres »] du Conseil législatif ou de l'Assemblée législative, ni ne sera censée avoir en aucun cas l'authenticité d'un Record original.

(Je souligne)

Source : <http://www.axl.cefan.ulaval.ca/francophonie/HISTfrQC_s3_Union.htm#1_Le_Qu%C3%A9bec_sous_lUnion_(1840-1867)__> (consulté le 9 avril 2023)

Annexe 9
Amendement de 1848 de l'Acte d'Union de 1840

Loi sur l'usage de la langue anglaise à la Législature du Canada
paragraphes 11-12 Victoria, c. 56 (1848)

Titre officiel :

An Act to repeal so much of an Act of the Third and Fourth Years of Her present Majesty, to re-unite the Provinces of Upper and Lower Canada, and for the Government of Canada, as relates to the Use of the English Language in Instruments relating to the Legislative Council and Legislative Assembly of the Province of Canada.

Attendu que par un acte de 1841, il a été statué que [...] tous ordres, proclamations, instruments pour mander et convoquer [...] et tous rapports de tels ordres et instruments, et tous journaux, entrées et procédés, écrits ou imprimés du dit conseil législatif et de la dite assemblée législative, et de chacun de ces corps respectivement, de quelque nature qu'ils soient, et tous procédés et rapports de comités écrits ou imprimés du dit conseil législatif et de la dite assemblée législative, seront dans la langue anglaise seulement : pourvu toujours que la dite disposition ne s'entendrait pas empêcher qu'il ne soit fait des copies traduites d'aucun tels documents, mais qu'aucune telle copie ne serait gardée parmi les records du conseil législatif ou de l'assemblée législative, ni censée avoir en aucun cas l'effet d'un record original : et attendu qu'il est expédient de changer la loi à cet égard, afin que la législature de la province du Canada, ou ledit conseil législatif et ladite assemblée législative respectivement, puissent avoir le pouvoir d'établir à ce sujet tels règlements qu'ils pourront juger à propos : qu'il soit en conséquence statué par la Très Excellente Majesté de la Reine, par et de l'avis et du consentement des lords spirituels et temporels, et des communes assemblés en ce présent parlement et par leur autorité, que depuis et après la passation du présent acte, telle partie dudit acte cité dans le présent et récité ci-dessus sera abrogée [...].

Source : Ce texte est tiré du volume : Guy Frégault et Marcel Trudel, *Histoire du Canada par les textes*, t. 1, Montréal et Paris, Fides, 1963, p. 234, en ligne : <http://www.axl.cefan.ulaval.ca/amnord/cndconst1848-amdnt.htm> (consulté le 10 avril 2023)

Annexe 10
Langue spécialisée

Exemples de textes

1. Écologie : L'euthrophisation est un processus d'accumulation de matières organiques dans les eaux stagnantes dû à la prolifération et à la décomposition des végétaux non consommés, ce qui diminue la teneur en oxygène des eaux profondes.

2. Énergie : L'effet photovoltaïque utilise non pas l'énergie thermique du rayonnement solaire mais les propriétés quantiques de la lumière, et permet de convertir directement l'énergie lumineuse en énergie électrique.

3. Exploitation pétrolière : Dans ses alvéoles microscopiques, le schiste bitumineux renferme du kérogène, une huile qui, traitée par hydrogénation ou divers procédés classiques en raffinage, se décompose en la même variété de produits que le pétrole brut.

4. Génétique : L'acide désoxyribonucléique (ADN) est un polymère de désoxyribonucléotides qui contient l'information génétique.

5. Géologie : L'on a enfin admis que les continents ne sont pas fixés où ils se trouvent mais se déplacent les uns par rapport aux autres. La géographie des tremblements de terre s'explique parfaitement depuis la tectonique des plaques.

6. Informatique : Un octet est un groupe de 8 bits qui représente un nombre ou un caractère. Il peut prendre n'importe quelle valeur entre 0 et 255 et peut contenir un caractère alphanumérique.

7. Justice : La jurisprudence anglo-canadienne reconnaît traditionnellement comme une liberté fondamentale le droit de l'individu à la jouissance de ses biens et le droit de ne s'en voir privé, même partiellement, si ce n'est par l'application régulière de la loi. La législature du Manitoba a édicté dans le *Petty Trespasses Act* que quiconque entre illégalement dans un terrain appartenant à une autre personne malgré l'interdiction du propriétaire d'y entrer ou d'y passer, est coupable d'une infraction. (*Harrison* c. *Carswell*, [1976] 2 R.C.S. 200).

8. Médecine : Le laparoscope est une sonde fine munie d'un système d'éclairage destinée à être introduite par cathétérisme dans la cavité abdominale en vue d'un examen direct des viscères.

9. Météorologie : Passages nuageux accompagnés d'averses débutant tôt en matinée ; dégagement en fin de journée ; vents faibles en après-midi devenant modérés à forts en soirée ; partiellement ensoleillé demain ; risque d'orage.

10. Technique : La tension du fil de la canette est bonne lorsque, en tirant le fil de la boîte à canette, vous rencontrez une légère résistance. Le fil de l'aiguille et le fil de la canette doivent se nouer au centre des deux épaisseurs de tissu. (Mode d'emploi, machine à coudre).

11. Mécanique horlogère : L'échappement constitue le cœur de toute montre mécanique (...) Ce nouveau système est constitué d'une double roue d'échappement coaxiale, d'une ancre munie de trois rubis ainsi que d'un plateau portant une levée d'impulsion en rubis et solidaire d'un balancier-spiral sans raquette.

12. Navigation à voile : « J'ai préparé un gros palan à quatre brins et la bôme de secours d'artimon qui servira à augmenter l'angle de tire. Puis j'articule cet espar sur la bitte avant, à l'aide d'une manille [...] il faut une seconde manille pour faire cardan et permettre à l'espar de jouer dans les deux sens, horizontal et vertical. »

12. Traductologie : En ce qui concerne la traduction interlinguistique, la notion de pertinence non mentaliste est investie d'une valeur heuristique élevée, car elle permet de rendre compte de différents aspects de la traduction, à savoir la compréhension du texte, la constitution du sens, le rôle de l'interprétation et le mécanisme qui commande le choix des solutions de traduction.

Annexe 11
Composition du comité de rédaction constitutionnelle française

- Me Jules Brière, de l'étude Hickson, Martin et Blanchard (Québec), président du comité ;
- L'honorable Gérald A. Beaudoin, sénateur, O.C., c.r., professeur à la Faculté de droit de l'Université d'Ottawa ;
- Me Robert C. Bergeron, c.r., avocat général, Section de la législation, ministère de la Justice ;
- Me Alain-François Bisson, professeur à la Faculté de droit de l'Université d'Ottawa ;
- M. Alexandre Covacs*, jurilinguiste, Section de la législation, ministère de la Justice ;
- Me François La Fontaine, avocat-conseil, Section de la législation, ministère de la Justice, secrétaire du comité.

Ont été membres du comité :

- Me Gérard Bertrand*, c.r., à l'époque premier conseiller législatif du gouvernement, à titre de président du comité ;
- Me Robert Décary, c.r., à l'époque de l'étude Noël, Décary, Aubry et associés (Hull) ;
- Me Christine Landry, conseillère législative, Section de la législation, ministère de la Justice, à titre de secrétaire du comité ;
- le regretté Louis-Philippe Pigeon*, ancien juge de la Cour suprême du Canada, à l'époque professeur à la Faculté de droit de l'Université d'Ottawa ;
- Me Gil Rémillard, à l'époque professeur à la Faculté de droit de l'Université Laval ;
- M. le bâtonnier Michel Robert, c.r.

* Signale les jurilinguistes historiques

Source : <https://www.justice.gc.ca/fra/pr-rp/sjc-csj/constitution/loireg-lawreg/com.html> (consulté le 10 avril 2023).

Annexe 12
Extraits des Coustumes de la Prevoste
et Vicomte de Paris, 1581
Des Fiefs.

TABLE
DES TITRES,
CHAPITRES,
ET SECTIONS.

TITRE PREMIER.

Des Fiefs.

CHAP. I. DE la nature & qualité des Fiefs & des Rotures. page 1
CHAP. II. Du Franc-aleu. 2
CHAP. III. De la division des Fiefs. 3
CHAP. IV. De la creation des Fiefs & Arriere-Fiefs, & de la conversion des Rotures en Fiefs, & des Fiefs en Roture & de l'Infeodation. 5
CHAP. V. Des Rentes seigneurialles & feodales, Rentes foncieres & constituées, & leurs distinctions. 8
CHAP. VI. De la réünion des Rotures au Fief. 15

Annexe 12

2   **TITRE I.**

nus à foy & hommage, ce sont rotures chargées de cens ou autres redevances envers les Seigneurs, à moins que ce ne soit un franc-aleu.

CHAPITRE II.

Du Franc-aleu.

LA Coûtume d'Orleans art. 255. porte : *Franc-aleu est heritage tellement franc, qu'il ne doit fonds de terre, & n'est tenu d'aucun Seigneur foncier : & ne doit saisines, dessaisines, ni autre servitude, quelle que ce soit. Mais quant à la justice il est sujet à la jurisdiction du Seigneur justicier, & se doit partir comme heritage censuel : sinon qu'il y ait fief, justice, ou censive, mouvans de luy : auquel cas il se partira comme le fief.*

Franc-aleu de deux sortes, l'un Noble, l'autre Roturier.

Franc-aleu Noble, est quand il y a Justice haute, moyenne ou basse, fief ou censive.

Franc-aleu Roturier est, lorsqu'il n'y a fief, censive ni justice.

Pour connoître si une terre ou autre droit est franc-aleu distinguer trois sortes de Coûtumes.

Dans les Coûtumes qui admettent le franc-aleu sans titre, c'est à celui qui prétend une redevance sur un heritage à justifier qu'il a droit de demander la redevance.

Source : <https://gallica.bnf.fr/ark:/12148/bpt6k934215h/f32.image> (consulté le 10 avril 2023).

Annexe 13

Comparaison des textes des constitutions du Canada et de la Suisse. Extraits

British North America Act, 1867, 30-31 Vict., c. 3 (U.K.)	Confédération suisse – *Constitution fédérale de 1848*
3. *It shall be lawful for the Queen, by and with the Advice of Her Majesty's Most Honourable Privy Council, to declare by Proclamation that, on and after a Day therein appointed, not being more than Six Months after the passing of this Act, the Provinces of Canada, Nova Scotia, and New Brunswick shall form and be One Dominion under the Name of Canada; and on and after that Day those Three Provinces shall form and be One Dominion under that Name accordingly.* **4.** *The subsequent Provisions of this Act shall, unless it is otherwise expressed or implied, commence and have effect on and after the Union, that is to say, on and after the Day appointed for the Union taking effect in the Queen's Proclamation; and in the same Provisions, unless it is otherwise expressed or implied, the Name Canada shall be taken to mean Canada as constituted under this Act.*	ART. 2. La Confédération a pour but d'assurer l'indépendance de la patrie contre l'étranger, de maintenir la tranquillité et l'ordre à l'intérieur, de protéger la liberté et les droits des Confédérés et d'accroître leur prospérité commune. ART. 3. Les Cantons sont souverains en tant que leur souveraineté n'est pas limitée par la Constitution fédérale, et, comme tels, ils exercent tous les droits qui ne sont pas délégués au pouvoir fédéral. ART. 4. Tous les Suisses sont égaux devant la loi. Il n'y a en Suisse ni sujets, ni privilèges de lieux, de naissance, de personnes ou de familles. ART. 5. La Confédération garantit aux Cantons leur territoire, leur souveraineté dans les limites fixées par l'article 3, leurs constitutions, la liberté et les droits du peuple, les droits constitutionnels des citoyens, ainsi que les droits et les attributions que le Peuple a conférés aux autorités.
152 mots	**138 mots**

Sources: <https://www.parlament.ch/centers/documents/de/Constitution1848.pdf> (consulté le 10 avril 2023); https://www.justice.gc.ca/eng/rp-pr/csj-sjc/constitution/lawreg-loireg/p1t11.html (consulté le 10 avril 2023).

Annexe 14
Lex Parliamentaria:
ou
Traité de la Loi *et* Coutume des Parlements

EPITRE DEDICATOIRE
A l'Honorable JEAN ANTOINE PANET, *Ecuyer*
Avocat et Orateur de la Chambre
Basse du Parlement Provincial du Bas-Canada, &c.

MONSR L'ORATEUR

« [...] Je serois bien mortifié, Monsieur l'Orateur, si l'usage que je fais de plusieurs Termes Anglois dans cette Traduction, ou si la tournure forcée de quelques phrases par rapport à certains termes tecniques, était la cause du dégout de quelques lecteurs.

Mais s'ils veulent bien considérer que la langue Françoise ne fournit aucuns èquivalents à ceux-là, et que ces termes sont spécialement consacrés pour signifier de certaines choses que l'on ne pourrait rendre que par des périphrases ennuyantes, ils m'excuseront sans doute, et plus particulièrement s'ils font attention qu'en loi on s'appuye autant sur les *mots* que sur le *sens*.

Au surplus, j'avouerai franchement, Monsr. l'Orateur, que j'ai mis tout mon sçavoir faire dans cette traduction pour la faire gouter à mes compatriotes, j'ai surtout mis la plus scrupuleuse attention à conserver la pureté de la langue Françoise, d'autant que je m'aperçois qu'on l'Anglifie tous les jours inconsidérément, et que si l'on continue ainsi, nous nous rendrons inintelligibles aux étrangers.

Puisse chaque lecteur ressentir autant d'amour et de respect pour la Constitution Parlementaire qui lui est présentée, qu'en a ressenti en la traduisant, celui qui a l'honneur de le dire avec le plus profond respect,

Monsieur l'Orateur,
   Votre très humble
     Et très Obéissant
       Serviteur,
        J-F. PERRAULT.

Québec, le 27e, Décembre, 1803.

Source : https://babel.hathitrust.org/cgi/pt?id=aeu.ark:/13960/t7fr0n52d&view=1up&seq=8 (consulté le 25 septembre 2020) [texte transcrit de l'original]

Annexe 15
La Charte des Nations Unies (1945) – Extrait

Article 1	Article 1
The Purposes of the United Nations are:	Les buts des Nations Unies sont les suivants :
1. To maintain international peace and security, and to that end: to take effective collective measures for the prevention and removal of threats to the peace, and for the suppression of acts of aggression or other breaches of the peace, and to bring about by peaceful means, and in conformity with the principles of justice and international law, adjustment or settlement of international disputes or situations which might lead to a breach of the peace;	1. Maintenir la paix et la sécurité internationales et à cette fin : prendre des mesures collectives efficaces en vue de prévenir et d'écarter les menaces à la paix et de réprimer tout acte d'agression ou autre rupture de la paix, et réaliser, par des moyens pacifiques, conformément aux principes de la justice et du droit international, l'ajustement ou le règlement de différends ou de situations, de caractère international, susceptibles de mener à une rupture de la paix ;
75 mots	**78 mots**
2 To develop friendly relations among nations based on respect for the principle of equal rights and self-determination of peoples, and to take other appropriate measures to strengthen universal peace;	2. Développer entre les nations des relations amicales fondées sur le respect du principe de l'égalité de droits des peuples et de leur droit à disposer d'eux-mêmes, et prendre toutes autres mesures propres à consolider la paix du monde ;
3. To achieve international co-operation in solving international problems of an economic, social, cultural, or humanitarian character, and in promoting and encouraging respect for human rights and for fundamental freedoms for all without distinction as to race, sex, language, or religion; and	3. Réaliser la coopération internationale en résolvant les problèmes internationaux d'ordre économique, social, intellectuel ou humanitaire, en développant et en encourageant le respect des droits de l'homme et des libertés fondamentales pour tous, sans distinctions de race, de sexe, de langue ou de religion ;
4. To be a centre for harmonizing the actions of nations in the attainment of these common ends.	4. Être un centre où s'harmonisent les efforts des nations vers ces fins communes.

Source : En ligne : https://www.un.org/en/charter-united-nations/> (consulté le 10 avril 2023)

Annexe 16
Traductions du Code civil de 1804

1. La traduction italienne (1806). Extraits

2. La loi ne dispose que pour l'avenir; elle n'a point d'effet rétroactif.	2. *La legge non dispone che per l'avenire; essa non può avere effetto retroattivo.*
[...]	[...]
389. Le père est, durant le mariage, administrateur des biens personnels de ses enfants mineurs.	389. *Il padre, durante il matrimonio, è l'administratore de' beni di proprietà de suoi figli minori.*
[...]	[...]
578. L'usufruit est le droit de jouir des choses dont un autre a la propriété, comme le propriétaire lui-même, mais à la charge d'en conserver la substance.	578. *L'usufrutto è el diritto di godere delle cose di cui un altro ha la proprietà, nel modo che lo stesso proprietario ne godrebbe, ma coll'obbligo di conservarne la sostanza.*

Source: *Codice di Napoleone il Grande pel Regno d'Italia*, Milan, Dalla Reale Stamperia, 1806, en ligne: http://www.istitutopalatucci.it/libri/Codice_di_Napoleone_il_Grande.pdf (consulté le 10 avril 2023).

2. La traduction allemande (1807). Extraits

2. La loi ne dispose que pour l'avenir; elle n'a point d'effet rétroactif.	2. *Das Gesetz verfügt nur für die Zukunft; es hat keine zurückwirkende Kraft.*
6. On ne peut déroger par des conventions particulières, aux lois qui intéressent l'ordre public et les bonnes mœurs.	6. *Man kann durch keine besondere Uebereinkunft den Gesetzen Abbruch <u>thun</u>, welche die öffentliche Ordnung und die guten Sitten <u>interessiren</u>.*

Source: Gwendoline LARDEUX, Raymond LEGEAIS, Michel PÉDAMON et Claude WITZ, *Code civil allemand. Traduction commentée*, Paris, Dalloz-Sirey, 2010.

3. La traduction espagnole (1807). Extraits

Art. 7. L'exercice des droits civils est indépendant de la qualité de *citoyen*, laquelle ne s'acquiert et ne se conserve que conformément à la loi constitutionnelle.	Art. 7. *El egercicio de los derechos civiles es independiente de la calidad de ciudadano, la qual no se adquiere ni se conserva sino segun lo establecido en la ley constitucional.*
Art. 1382. Tout fait quelconque de l'homme, qui cause à autrui un dommage, oblige celui par la faute duquel il est arrivé, à le réparer.	**Art. 1382.** *Qualquier echo del hombre que causa á otro un perjuicio, obliga á aquel por cuya culpa sucedió, á reparlarlo.*

Source : *Código Napoleon con las variaciones adoptadas por el cuerpo legislativo el dia 3 de septiembre de 1807*, Madrid, Imprenta de Ibarra, 1809.

4. La traduction anglaise (1827). Extraits

2. La loi ne dispose que pour l'avenir ; elle n'a point d'effet rétroactif.	*2. The law ordains for the future only; it has no no retrospective operation.*
3. Les lois de police et de sûreté obligent tous ceux qui habitent le territoire.	*3. The laws of police and public security bind all the inhabitants of the territory.*
Les immeubles, même ceux possédés par des étrangers, sont régis par la loi française.	*Immoveable property, although in the possession of foreigners, is governed by the French law.*
4. Le juge qui refusera de juger sous prétexte du silence, de l'obscurité ou de l'insuffisance de la loi, pourra être poursuivi comme coupable de déni de justice.	*4. The judge who shall refuse to determine under pretext of the silence, obscurity, or insufficiency of the law, shall be liable to be proceeded against as guilty of a refusal of justice.*

Source : [Une traduction en anglais du code civil français par un avocat anglais anonyme.]

Napoléon Bonaparte, *The Code Napoleon: or, the French Civil Code. Literally Translated from the Original and Official Edition, published at Paris, in 1804. By a Barrister of the Inner Temple* (London : William Benning, 1827)

Cette traduction est généralement attribuée à George Spence, en ligne : https://oll.libertyfund.org/titles/2353 (consulté le 10 avril 2023).

Annexe 17
British North America Act – Acte de l'Amérique du Nord britannique (1867)

Le style législatif britannique a longtemps servi de modèle pour rédiger les lois du Canada. L'*Acte de l'Amérique du Nord britannique* (rebaptisé *Loi constitutionnelle de 1867*) reflète ce mode de rédaction. L'article 3 ci-dessous en est un exemple. La traduction française de cet article n'est pas une version officielle, car seul l'original anglais est l'instrument officiel. Elle donne néanmoins une bonne idée de la fidélité à la lettre que représente une traduction littérale, et même mot à mot selon l'usage de l'époque, et jusqu'à nos jours.

It shall be lawful for the Queen, by and with the Advice of Her Majesty's Most Honourable Privy Council, to declare by Proclamation that, on and after a Day therein appointed, not being more than Six Months after the passing of this Act, the Provinces of Canada, Nova Scotia, and New Brunswick shall form and be One Dominion under the Name of Canada; and on and after that Day those Three Provinces shall form and be One Dominion under that Name accordingly. **82 mots**	Il sera loisible à la Reine, de l'avis du Très-Honorable Conseil Privé de Sa Majesté, de déclarer par proclamation qu'à compter du jour y désigné, mais pas plus tard que six mois après la passation de la présente loi, les provinces du Canada, de la Nouvelle-Écosse et du Nouveau-Brunswick ne formeront qu'une seule et même Puissance sous le nom de Canada; et dès ce jour, ces trois provinces ne formeront, en conséquence, qu'une seule et même Puissance sous ce nom. **80 mots**
91 *It shall be lawful for the Queen, by and with the advice and consent of the Senate and House of Commons, to make laws for the peace, order, and good government of Canada, in relation to all matters not coming within the classes of subjects by this Act assigned exclusively to the Legislatures of the provinces; and for greater certainty, but not so as to restrict the generality of the foregoing terms of this section, it is hereby declared that (notwithstanding anything in this Act) the exclusive legislative authority of the Parliament of Canada extends to all matters coming within the classes of subjects next hereinafter enumerated; that is to say,–*	91. Il sera loisible à la Reine, de l'avis et du consentement du Sénat et de la Chambre des Communes, de faire des lois pour la paix, l'ordre et le bon gouvernement du Canada, relativement à toutes les matières ne tombant pas dans les catégories de sujets par la présente loi exclusivement assignés aux législatures des provinces; mais, pour plus de garantie, sans toutefois restreindre la généralité des termes ci-haut employés dans le présent article, il est par la présente déclaré que (nonobstant toute disposition contraire énoncée dans la présente loi) l'autorité législative exclusive du parlement du Canada s'étend à toutes les matières tombant dans les catégories de sujets ci-dessous énumérés, savoir:

Annexe 18

Loi sur les langues officielles S.R.C. 1970, c. O-2

Loi concernant le statut des langues officielles du Canada

Section 1	Article 1
This Act may be cited as the Official Languages Act.	*Titre abrégé*
	La présente loi peut être citée sous le titre : *Loi sur les langues officielles*.
DECLARATION OF STATUS OF LANGUAGES	
Section 2	**Article 2**
The English and French languages are the official languages of Canada for all purposes of the Parliament and Government of Canada, and possess and enjoy equality of status and equal rights and privileges as to their use in all the institutions of the Parliament and Government of Canada.	*Déclaration du statut des langues*
	L'anglais et le français sont les langues officielles du Canada pour tout ce qui relève du Parlement et du gouvernement du Canada ; elles ont un statut, des droits et des privilèges égaux quant à leur emploi dans toutes les institutions du Parlement et du gouvernement du Canada.
STATUTORY AND OTHER INSTRUMENTS	**Article 3**
Section 3	*Actes statutaires et autres*
Subject to this Act, all instruments in writing directed to or intended for the notice of the public, purporting to be made or issued by or under the authority of the Parliament or Government of Canada or any judicial, quasi-judicial or administrative body or Crown corporation established by or pursuant to an Act of the Parliament of Canada, shall be promulgated in both official languages.	Sous toutes réserves prévues par la présente loi, tous les actes portés ou destinés à être portés à la connaissance du public et présentés comme établis par le Parlement ou le gouvernement du Canada, par un organisme judiciaire, quasi judiciaire ou administratif ou une corporation de la Couronne créés en vertu d'une loi du Parlement, ou comme établis sous l'autorité de ces institutions, seront promulgués dans les deux langues officielles.

Section 4	Article 4
All rules, orders, regulations, by-laws and proclamations that are required by or under the authority of any Act of the Parliament of Canada to be published in the official gazette of Canada shall be made or issued in both official languages and shall be published accordingly in both official languages, except that where the authority by which any such rule, order, regulation, by-law or proclamation is to be made or issued is of the opinion that its making or issue is urgent and that to make or issue it in both official languages would occasion a delay prejudicial to the public interest, the rule, order, regulation, by-law or proclamation shall be made or issued in the instance in its version in one of the official languages and thereafter, within the time limited for the transmission of copies thereof or its publication as required by law, in its version in the other, each such version to be effective from the time the first is effective. **164 mots**	Les règles, ordonnances, décrets, règlements et proclamations, dont la publication au journal officiel du Canada est requise en vertu d'une loi du Parlement du Canada, seront établis et publiés dans les deux langues officielles. Toutefois, lorsque l'autorité qui établit une règle, une ordonnance, un décret, un règlement ou une proclamation estime qu'il est urgent de les établir et que leur établissement dans les deux langues officielles entraînerait un retard préjudiciable à l'intérêt public, la règle, l'ordonnance, le décret, le règlement ou la proclamation seront établis d'abord dans l'une des langues officielles, puis dans l'autre, en respectant le délai légal fixé pour la communication d'exemplaires de ces actes ou leur publication. La dernière version prendra effet à la même date que la première. **122 mots**

À cette époque-là, le texte français était encore une traduction de l'anglais, mais on y perçoit un progrès par rapport aux traductions antérieures : le texte français de l'article 4 est plus court que l'original, ponctué (3 phrases contre 1 seule pour l'anglais, bien que la seconde phrase soit plus longue qu'il ne le faudrait : 76 mots), mais suit encore la formulation anglaise, répétant notamment « la règle, l'ordonnance, le décret, le règlement ou la proclamation ».

Comparez les extraits du texte de la loi de 1969 avec ceux de la loi de 1985 ci-dessous

Loi sur les langues officielles
L.R.C. 1985, ch. 31 (4ᵉ suppl.)

Short title	Titre abrégé
1 This Act may be cited as the *Official Languages Act*.	**1** *Loi sur les langues officielles*.
58 (1) Subject to this Act, the Commissioner shall investigate any complaint made to the Commissioner arising from any act or omission to the effect that, in any particular instance or case, (**a**) the status of an official language was not or is not being recognized, (**b**) any provision of any Act of Parliament or regulation relating to the status or use of the official languages was not or is not being complied with, or (**c**) the spirit and intent of this Act was not or is not being complied with in the administration of the affairs of any federal institution.	**58 (1)** Sous réserve des autres dispositions de la présente loi, le commissaire instruit toute plainte reçue – sur un acte ou une omission – et faisant état, dans l'administration d'une institution fédérale, d'un cas précis de non-reconnaissance du statut d'une langue officielle, de manquement à une loi ou un règlement fédéraux sur le statut ou l'usage des deux langues officielles ou encore à l'esprit de la présente loi et à l'intention du législateur.
(2) A complaint may be made to the Commissioner by any person or group of persons, whether or not they speak, or represent a group speaking, the official language the status or use of which is at issue.	**(2)** Tout individu ou groupe a le droit de porter plainte devant le commissaire, indépendamment de la langue officielle parlée par le ou les plaignants.
(3) If in the course of investigating any complaint it appears to the Commissioner that, having regard to all the circumstances of the case, any further investigation is unnecessary, the Commissioner may refuse to investigate the matter further.	**(3)** Le commissaire peut, à son appréciation, interrompre toute enquête qu'il estime, compte tenu des circonstances, inutile de poursuivre.

Dans cet exemple, la différence avec le précédent (Loi de 1969) est patente. On comprend, dès la première vue, que le texte français n'est pas une traduction de l'anglais par la disposition des paragraphes et alinéas, le découpage du texte et sa briéveté par rapport au texte anglais. Il s'agit d'un texte corédigé répondant aux impératifs du bijuridisme législatif et du bilinguisme canadiens, chaque texte étant composé conformément aux canons de rédaction des lois propres à chaque tradition et culture.

Annexe 19

Loi sur la Commission canadienne du lait

L.R.C. 1985, c. C-15
Loi concernant la Commission canadienne du lait

Titre abrégé
Note marginale : Titre abrégé
1 *Loi sur la Commission canadienne du lait.*
S.R., c.. C-7, art. 1
Définitions
Note marginale : Définitions
2 Les définitions qui suivent s'appliquent à la présente loi.

commercialisation La commercialisation des produits laitiers sur le marché interprovincial et sur le marché d'exportation. (*market*)

Commission La Commission canadienne du lait maintenue par l'article 3. (*Commission*)

crème Crème obtenue du lait. (*cream*)

lait Lait de vache. (*milk*)

lieu S'entend notamment de tout véhicule terrestre – ferroviaire inclus –, navire ou aéronef. (*place*)

ministre Le ministre de l'Agriculture et de l'Agroalimentaire. (*Minister*)

office Organisme constitué aux termes d'une loi provinciale pour réglementer la commercialisation des produits laitiers dans le cadre du commerce intraprovincial ou leur production en vue d'une telle commercialisation. (*Board*)

produits laitiers Lait et produits principalement ou entièrement à base de lait, dont la crème, le beurre, le fromage, le lait concentré sucré ou non sucré, le lait en poudre, la crème glacée et le lait malté. Y est assimilé le sorbet. (*dairy product*)

produits réglementés Les produits laitiers dont la commercialisation est réglementée ou interdite par règlement pris aux termes de la présente loi. (*regulated product*)

Commission canadienne du lait
Note marginale : Maintien

3 (1) Est maintenue la Commission canadienne du lait dotée de la personnalité morale et formée de trois commissaires, dont le président et le premier dirigeant.

- **Note marginale Mandat**

(2) Par dérogation à l'article 105 de la *Loi sur la gestion des finances publiques*, le gouverneur en conseil nomme à titre amovible les commissaires pour le mandat qu'il estime indiqué.

- **Note marginale : Rémunération et indemnités**

(3) Abrogé

(4) Abrogé

(5) Les commissaires reçoivent le traitement ou la rémunération que fixe le gouverneur en conseil et peuvent être indemnisés, selon ce que fixe le gouverneur en conseil, des frais de déplacement et de séjour engagés dans l'exercice de leurs fonctions.

- **Note marginale : Âge de retraite**

(6) Les commissaires cessent d'occuper leur poste dès qu'ils atteignent soixante-dix ans.

- **Note marginale : Suppléants provisoires**

(7) En cas d'absence ou d'empêchement d'un commissaire, le gouverneur en conseil peut nommer, pour la durée et aux conditions qu'il prescrit, un suppléant provisoire.

- **Note marginale : Siège**

(8) Le siège de la Commission est fixé à Ottawa. Toutefois, elle tient ses réunions où elle le juge à propos.

Note marginale : Qualité de mandataire de Sa Majesté

4 Pour l'application de la présente loi, la Commission est mandataire de Sa Majesté du chef du Canada.

Comité consultatif
Note marginale : Comité consultatif

5 (1) Le ministre nomme un comité consultatif composé de neuf membres, dont un président.

- **Note marginale : Mandat des membres**

    (2) Les membres du comité consultatif sont nommés pour un mandat maximal de trois ans, avec cette réserve que, parmi les membres nommés la première fois, trois le sont pour un mandat de deux ans, trois le sont pour un mandat de trois ans, et trois pour un mandat de quatre ans.

Note marginale : Fonctions du comité consultatif

6 (1) Le comité consultatif se réunit à la demande de la Commission. Il la conseille sur les questions relatives à la production et à la commercialisation des produits laitiers que celle-ci lui soumet.

- **Note marginale : Rémunération et indemnités**

    (2) Les membres du comité consultatif peuvent recevoir pour leurs services la rémunération et les indemnités que fixe le gouverneur en conseil.

Personnel
Note marginale : Nomination du personnel

7 (1) La Commission peut employer les personnes qu'elle estime nécessaires à l'exercice de ses activités, définir leurs fonctions et, avec l'approbation du Conseil du Trésor, déterminer leurs conditions de travail.

- **Note marginale : Rémunération et indemnités**

    (2) Ces personnes reçoivent la rémunération et les indemnités que fixe la Commission avec l'approbation du Conseil du Trésor.

Mission de la Commission
Note marginale : Mission

8 La Commission a pour mission, d'une part, de permettre aux producteurs de lait et de crème dont l'entreprise est efficace d'obtenir une juste rétribution de leur travail et de leur investissement et, d'autre part, d'assurer aux consommateurs un approvisionnement continu et suffisant de produits laitiers de qualité.

Pouvoirs de la Commission
Note marginale : Pouvoirs

9 (1) La Commission peut :

- **a)** acheter des produits laitiers et en disposer, notamment par vente ;
- **b)** transformer, emballer, emmagasiner, expédier, assurer, importer ou exporter les produits laitiers qu'elle achète ;
- **c)** effectuer, au bénéfice des producteurs de lait et de crème et selon les critères qu'elle juge appropriés – notamment le volume ou la qualité –, des versements destinés à protéger le revenu qu'ils tirent de la vente de ces produits ;
- **d)** faire des recherches concernant la production, la transformation ou la commercialisation des produits laitiers et concernant notamment le prix de revient de la production, de la transformation ou de la commercialisation de ces produits ;
- **e)** promouvoir ou aider à promouvoir la consommation de produits laitiers, l'amélioration de leur qualité et leur diversification, et la publicité à leur sujet ;
- **f)** établir et exploiter un ou plusieurs systèmes de mise en commun pour la commercialisation du lait ou de la crème, et notamment distribuer aux producteurs de ces produits l'argent provenant de la commercialisation de toute quantité, variété, qualité ou classe de lait ou de crème – ou de tout composant de ceux-ci – ainsi mis en commun et prélever sur cet argent les frais nécessaires à l'exploitation du ou des systèmes ;
- **g)** établir le prix, ou le prix minimum ou maximum, payable à elle-même ou aux producteurs de lait ou de crème pour la commercialisation visée à l'alinéa f), de même que les facteurs servant à déterminer le paiement et les modalités de celui-ci ;
- **h)** percevoir le prix payable à elle-même ou à tout producteur pour cette commercialisation, ou recouvrer les sommes correspondantes devant le tribunal compétent ;
- **i)** sous réserve de tout accord conclu en vertu de l'article 9.1, mettre en oeuvre un programme régissant les prix et les quantités de toute variété, qualité ou classe de lait ou de crème – ou de tout composant de ceux-ci – nécessaires pour assurer la compétitivité des produits laitiers sur la scène internationale et pour promouvoir et favoriser la commercialisation de ces derniers, et notamment distribuer aux producteurs, par péréquation, les revenus tirés de ce lait ou de cette crème – ou de tout composant de ceux-ci – utilisés

dans la fabrication de ces produits laitiers et prélever sur ces revenus les frais nécessaires à la mise en oeuvre du programme ;
- **j)** prendre toute mesure utile à l'exercice des attributions que lui confère la présente loi.
- **Note marginale : Enquêtes**

  (2) La Commission possède, pour effectuer les recherches prévues à l'alinéa (1)d), tous les pouvoirs d'un commissaire nommé en vertu de la partie I de la *Loi sur les enquêtes*.
- **Note marginale : Règles de procédure**

  (3) La Commission peut établir les règles qu'elle estime nécessaires pour régir ses délibérations, pour fixer le quorum de ses réunions et, en général, pour la conduite de ses activités.

Délégation

9.1 La Commission peut, avec l'agrément du gouverneur en conseil, conclure avec une province ou un office un accord pour coordonner la commercialisation des produits laitiers, et notamment pour soit l'autoriser à exercer tout pouvoir similaire à ceux visés aux alinéas 9(1)f) à i) qui lui est conféré par le lieutenant-gouverneur en conseil d'une province ou qui l'est par les lois d'une province à un office, soit autoriser un office à exercer les pouvoirs visés aux alinéas 9(1)f) à i).

Fonctions de la Commission
Note marginale : Programme d'activités

10 (1) Chaque année, après la détermination, faite par le gouverneur en conseil en conformité avec la *Loi sur la protection du revenu agricole*, du montant total à payer par le ministre à la Commission pour protéger le revenu que les producteurs de lait et de crème tirent de la vente de ces produits, cette dernière soumet au ministre les grandes lignes du programme de ses activités pendant l'exercice suivant.
- La Commission exerce les fonctions que lui assigne la présente loi de façon à réaliser sa mission et à s'acquitter de ses obligations à l'aide des fonds dont elle dispose en application de la présente loi.

Annexe 20
Loi réglementant certaines drogues et autres substances

L.C. 1996, c. 19
Sanctionnée 1996-06-20

Loi portant réglementation de certaines drogues et de leurs précurseurs ainsi que d'autres substances, modifiant certaines lois et abrogeant la Loi sur les stupéfiants en conséquence

Sa Majesté, sur l'avis et avec le consentement du Sénat et de la Chambre des communes du Canada, édicte :

Titre abrégé
Note marginale : Titre abrégé

1 *Loi réglementant certaines drogues et autres substances.*

Définitions et interprétation
Note marginale : Définitions

2 (1) Les définitions qui suivent s'appliquent à la présente loi.

analogue Qualifie toute substance dont la structure chimique est essentiellement la même que celle d'une substance désignée. (*analogue*)

analyste Personne désignée à ce titre en application de l'article 44. (*analyst*)

arbitre Personne nommée ou employée sous le régime de la *Loi sur l'emploi dans la fonction publique* et exerçant à ce titre les attributions prévues par la présente loi et ses règlements. (*adjudicator*)

bien infractionnel Bien situé au Canada ou à l'extérieur du Canada, à l'exception des substances désignées, qui sert ou donne lieu à la perpétration d'une infraction désignée ou qui est utilisé de quelque manière dans la perpétration d'une telle infraction, ou encore qui est destiné à servir à une telle fin. (*offence-related property*)

fournir Procurer, même indirectement et notamment par don ou transfert, en échange ou non d'une contrepartie. (*provide*)

infraction désignée Soit toute infraction prévue par la partie I, à l'exception du paragraphe 4(1), soit le complot ou la tentative de commettre une telle infraction, la complicité après le fait à son égard ou le fait de conseiller de la commettre. (*designated substance offence*)

inspecteur Personne désignée à ce titre en application de l'article 30. (*inspector*)

juge Juge au sens de l'article 552 du *Code criminel* ou tout juge d'une cour supérieure de compétence criminelle. (*judge*)

juge de paix S'entend au sens de l'article 2 du *Code criminel*. (*justice*)

ministre Le ministre de la Santé. (*Minister*)

possession S'entend au sens du paragraphe 4(3) du *Code criminel*. (*possession*)

praticien Personne qui, en vertu des lois d'une province, est agréée et est autorisée à exercer dans cette province la profession de médecin, de dentiste ou de vétérinaire. Y sont assimilées toute autre personne ou catégorie de personnes désignées par règlement. (*practitioner*)

précurseur Substance inscrite à l'annexe VI. (*precursor*)

procureur général
- **a)** Le procureur général du Canada et son substitut légitime;
- **b)** à l'égard des poursuites intentées à la demande du gouvernement d'une province et menées par ce dernier ou en son nom, le procureur général de cette province et son substitut légitime. (*Attorney General*)

production Relativement à une substance inscrite à l'une ou l'autre des annexes I à IV, le fait de l'obtenir par quelque méthode que ce soit, et notamment par :
- **a)** la fabrication, la synthèse ou tout autre moyen altérant ses propriétés physiques ou chimiques ;

- **b)** la culture, la multiplication ou la récolte de la substance ou d'un organisme vivant dont il peut être extrait ou provenir de toute autre façon.

Y est assimilée l'offre de produire. (*produce*)

substance désignée Substance inscrite à l'une ou l'autre des annexes I, II, III, IV ou V. (*controlled substance*)

trafic Relativement à une substance inscrite à l'une ou l'autre des annexes I à IV, toute opération de vente – y compris la vente d'une autorisation visant son obtention –, d'administration, de don, de cession, de transport, d'expédition ou de livraison portant sur une telle substance – ou toute offre d'effectuer l'une de ces opérations – qui sort du cadre réglementaire. (*traffic*)

vente Y est assimilé le fait de mettre en vente, d'exposer ou d'avoir en sa possession pour la vente ou de distribuer, que la distribution soit faite ou non à titre onéreux. (*sell*)

- **Note marginale : Interprétation**

(**2**) Pour l'application de la présente loi :

- **a)** la mention d'une substance désignée vaut également mention de toute substance en contenant ;
- **b)** la mention d'une substance désignée vaut mention :
  - **(i)** de la substance dans ses formes synthétiques et naturelles,
  - **(ii)** de toute chose contenant, y compris superficiellement, une telle substance et servant – ou destinée à servir ou conçue pour servir – à la produire ou à l'introduire dans le corps humain.

- **Note marginale : Interprétation**

(**3**) Pour l'application de la présente loi, les substances figurant expressément dans l'une ou l'autre des annexes I à VI sont réputées exclues de celles de ces annexes dans lesquelles elles ne figurent pas expressément.

- **Note marginale : Interprétation**

- la présente loi relativement à toute infraction à celle-ci s'appliquent tout autant à l'égard du complot ou de la tentative de commettre une telle infraction, de la complicité après le fait à son égard ou du fait de conseiller de la commettre.

- **Note marginale : Interprétation**

(2) Pour l'application des articles 16 et 20, la mention d'une personne reconnue coupable d'une infraction désignée vaut également mention d'un contrevenant absous aux termes de l'article 730 du *Code criminel*.

Possession de substances

- **4 (1)** Sauf dans les cas autorisés aux termes des règlements, la possession de toute substance inscrite aux annexes I, II ou III est interdite.

- **Note marginale : Obtention de substances**

(2) Il est interdit d'obtenir ou de chercher à obtenir d'un praticien une substance inscrite aux annexes I, II, III ou IV ou une autorisation pour obtenir une telle substance, à moins que la personne en cause ne dévoile à ce dernier toute substance inscrite à l'une de ces annexes et toute autorisation pour obtenir une telle substance qui lui ont été délivrées par un autre praticien au cours des trente jours précédents.

- **Note marginale : Peine**

(3) Quiconque contrevient au paragraphe (1) commet, dans le cas de substances inscrites à l'annexe I :

- a) soit un acte criminel passible d'un emprisonnement maximal de sept ans ;
- b) soit une infraction punissable sur déclaration de culpabilité par procédure sommaire et passible :
  - (i) s'il s'agit d'une première infraction, d'une amende maximale de mille dollars et d'un emprisonnement maximal de six mois, ou de l'une de ces peines,
  - (ii) en cas de récidive, d'une amende maximale de deux mille dollars et d'un emprisonnement maximal d'un an, ou de l'une de ces peines.

- **Note marginale : Peine**

(4) Quiconque contrevient au paragraphe (1) commet, dans le cas de substances inscrites à l'annexe II mais sous réserve du paragraphe (5) :

- a) soit un acte criminel passible d'un emprisonnement maximal de cinq ans moins un jour ;
- b) soit une infraction punissable sur déclaration de culpabilité par procédure sommaire et passible :

- (i) s'il s'agit d'une première infraction, d'une amende maximale de mille dollars et d'un emprisonnement maximal de six mois, ou de l'une de ces peines,
- (ii) en cas de récidive, d'une amende maximale de deux mille dollars et d'un emprisonnement maximal d'un an, ou de l'une de ces peines.

- **Note marginale : Peine – cas particuliers**

(5) Quiconque contrevient au paragraphe (1) commet, dans le cas de substances inscrites à la fois à l'annexe II et à l'annexe VIII, et ce pourvu que la quantité en cause n'excède pas celle mentionnée à cette dernière annexe, une infraction punissable sur déclaration de culpabilité par procédure sommaire et passible d'une amende maximale de mille dollars et d'un emprisonnement maximal de six mois, ou de l'une de ces peines.

- **Note marginale : Peine**

(6) Quiconque contrevient au paragraphe (1) commet, dans le cas de substances inscrites à l'annexe III :

- **a)** soit un acte criminel passible d'un emprisonnement maximal de trois ans ;
- **b)** soit une infraction punissable sur déclaration de culpabilité par procédure sommaire et passible :
  - (i) s'il s'agit d'une première infraction, d'une amende maximale de mille dollars et d'un emprisonnement maximal de six mois, ou de l'une de ces peines,
  - (ii) en cas de récidive, d'une amende maximale de deux mille dollars et d'un emprisonnement maximal d'un an, ou de l'une de ces peines.

- **Note marginale : Peine**

(7) Quiconque contrevient au paragraphe (2) commet :

- **a)** soit un acte criminel passible :
  - (i) dans le cas de substances inscrites à l'annexe I, d'un emprisonnement maximal de sept ans,
  - (ii) dans le cas de substances inscrites à l'annexe II, d'un emprisonnement maximal de cinq ans moins un jour,
  - (iii) dans le cas de substances inscrites à l'annexe III, d'un emprisonnement maximal de trois ans,

- **(iv)** dans le cas de substances inscrites à l'annexe IV, d'un emprisonnement maximal de dix-huit mois ;
- **b)** soit une infraction punissable sur déclaration de culpabilité par procédure sommaire et passible :
  - **(i)** s'il s'agit d'une première infraction, d'une amende maximale de mille dollars et d'un emprisonnement maximal de six mois, ou de l'une de ces peines,
  - **(ii)** en cas de récidive, d'une amende maximale de deux mille dollars et d'un emprisonnement maximal d'un an, ou de l'une de ces peines.
- **Note marginale : Interprétation**

(8) Pour l'application du paragraphe (5) et de l'annexe VIII, *quantité* s'entend du poids total de tout mélange, substance ou plante dans lequel on peut déceler la présence de la substance en cause.

[...]

- **Note marginale : Trafic de substances**
  - **5 (1)** Il est interdit de faire le trafic de toute substance inscrite aux annexes I, II, III ou IV ou de toute substance présentée ou tenue pour telle par le trafiquant.
- **Note marginale : Possession en vue du trafic**

(2) Il est interdit d'avoir en sa possession, en vue d'en faire le trafic, toute substance inscrite aux annexes I, II, III ou IV.

- **Note marginale : Peine**

(3) Quiconque contrevient aux paragraphes (1) ou (2) commet :

a) dans le cas de substances inscrites aux annexes I ou II, mais sous réserve du paragraphe (4), un acte criminel passible de l'emprisonnement à perpétuité ;

b) dans le cas de substances inscrites à l'annexe III :

- **(i)** soit un acte criminel passible d'un emprisonnement maximal de dix ans,
- **(ii)** soit une infraction punissable sur déclaration de culpabilité par procédure sommaire et passible d'un emprisonnement maximal de dix-huit mois ;

- **c)** dans le cas de substances inscrites à l'annexe IV :
  - **(i)** soit un acte criminel passible d'un emprisonnement maximal de trois ans,
  - **(ii)** soit une infraction punissable sur déclaration de culpabilité par procédure sommaire et passible d'un emprisonnement maximal d'un an.
- **Note marginale : Interprétation**

(5) Dans le cadre de l'application des paragraphes (3) ou (4) à l'égard d'une infraction prévue au paragraphe (1), la mention d'une substance inscrite aux annexes I, II, III ou IV vaut également mention de toute substance présentée ou tenue pour telle.

- **Note marginale : Interprétation**

(6) [Abrogé]

- **Note marginale : Importation et exportation**
- **6 (1)** Sauf dans les cas autorisés aux termes des règlements, l'importation et l'exportation de toute substance inscrite à l'une ou l'autre des annexes I à VI sont interdites.
- **Note marginale : Possession en vue de l'exportation**

(2) Sauf dans les cas autorisés aux termes des règlements, il est interdit d'avoir en sa possession, en vue de son exportation, toute substance inscrite à l'une ou l'autre des annexes I à VI.

- **Note marginale : Peine**

(3) Quiconque contrevient aux paragraphes (1) ou (2) commet :

- **a)** dans le cas de substances inscrites aux annexes I ou II, un acte criminel passible de l'emprisonnement à perpétuité ;
- **b)** dans le cas de substances inscrites aux annexes III ou VI :
  - **(i)** soit un acte criminel passible d'un emprisonnement maximal de dix ans,
  - **(ii)** soit une infraction punissable sur déclaration de culpabilité par procédure sommaire et passible d'un emprisonnement maximal de dix-huit mois ;
- **c)** dans le cas de substances inscrites aux annexes IV ou V :
  - **(i)** soit un acte criminel passible d'un emprisonnement maximal de trois ans,

- (ii) soit une infraction punissable sur déclaration de culpabilité par procédure sommaire et passible d'un emprisonnement maximal d'un an.

- **Note marginale : Production de substances**
- **7 (1)** Sauf dans les cas autorisés aux termes des règlements, la production de toute substance inscrite aux annexes I, II, III ou IV est interdite.

- **Note marginale : Peine**

(2) Quiconque contrevient au paragraphe (1) commet :

a) dans le cas de substances inscrites aux annexes I ou II, un acte criminel passible de l'emprisonnement à perpétuité ;

b) dans le cas c) dans le cas de substances inscrites à l'annexe III :

- (i) soit un acte criminel passible d'un emprisonnement maximal de dix ans,

- (ii) soit une infraction punissable sur déclaration de culpabilité par procédure sommaire et passible d'un emprisonnement maximal de dix-huit mois ;

- d) dans le cas de substances inscrites à l'annexe IV :

- (i) soit un acte criminel passible d'un emprisonnement maximal de trois ans,

- (ii) soit une infraction punissable sur déclaration de culpabilité par procédure sommaire et passible d'un emprisonnement maximal d'un an.

8 Abrogé

[...]

Détermination de la peine
Note marginale : Objectif

- **10 (1)** Sans qu'en soit limitée la portée générale du *Code criminel*, le prononcé des peines prévues à la présente partie a pour objectif essentiel de contribuer au respect de la loi et au maintien d'une société juste, paisible et sûre tout en favorisant la réinsertion sociale des délinquants et, dans les cas indiqués, leur traitement et en reconnaissant les torts causés aux victimes ou à la collectivité.

- **Note marginale : Circonstances à prendre en considération**

(2) Le tribunal qui détermine la peine à infliger à une personne reconnue coupable d'une infraction désignée est tenu de considérer toute

circonstance aggravante pertinente, notamment le fait que cette personne, selon le cas :
- **a)** relativement à la perpétration de cette infraction :
  - **(i)** soit portait ou a utilisé ou menacé d'utiliser une arme,
  - **(ii)** soit a eu recours ou a menacé de recourir à la violence,
  - **(iii)** soit a fait le trafic d'une substance inscrite aux annexes I, II, III ou IV – ou l'a eue en sa possession en vue d'en faire le trafic – à l'intérieur d'une école, sur le terrain d'une école ou près de ce terrain ou dans tout autre lieu public normalement fréquenté par des personnes de moins de dix-huit ans ou près d'un tel lieu,
  - **(iv)** soit a fait le trafic d'une substance inscrite aux annexes I, II, III ou IV – ou l'a eue en sa possession en vue d'en faire le trafic – auprès d'une personne de moins de dix-huit ans ;
- **b)** a déjà été reconnue coupable d'une infraction désignée ;
- **c)** a eu recours aux services d'une personne de moins de dix-huit ans pour la perpétration de l'infraction ou l'y a mêlée.
- **Note marginale : Motifs du tribunal**

(3) Le tribunal qui décide de n'imposer aucune peine d'emprisonnement à la personne visée au paragraphe (1), bien qu'il soit convaincu de l'existence d'une ou de plusieurs des circonstances aggravantes mentionnées aux alinéas (2)a) à c), est tenu de motiver sa décision.

[...]

Annexe 21

N.B.: Sélection d'ouvrages sur la langue française du Québec pendant la période concernée (1841-1930)

Dictionnaires québécois

- Façons de parler proverbiales, triviales, figurées, etc. des Canadiens au XVIIIe siècle, par Pierre-Philippe POTIER (manuscrit du XVIIIe siècle) dans *Bulletin du parler français au Canada* (1904)
- Manuel des difficultés les plus communes de la langue française, adapté au jeune âge & Recueil de locutions vicieuses, par Thomas MAGUIRE (1841)
- Dictionnaire des barbarismes et des solécismes les plus ordinaires en ce pays, avec le mot propre ou leur signification, par Jean-Baptiste BOUCHER-BELLEVILLE (1855)
- Manuel des expressions vicieuses les plus fréquentes par Jules Fabian GINGRAS (1867)
- Glossaire franco-canadien et vocabulaire de locutions vicieuses usitées au Canada, par Oscar DUNN (1880) ou version *Gallica* ou version texte (note: *vicieux* signifie *corrompu*)
- Petit vocabulaire à l'usage des Canadiens-français contenant les mots dont il faut répandre l'usage et signalant les barbarismes qu'il faut éviter pour bien parler notre langue, par Napoléon CARON (1880)
- Dictionnaire des locutions vicieuses avec leurs corrections suivi d'un dictionnaire canadien, par Joseph MANSEAU (1881)
- Dictionnaire de nos fautes contre la langue française par Raoul RINFRET (1896)
- Dictionnaire canadien-français ou Lexique-glossaire des mots, expressions et locutions ne se trouvant pas dans les dictionnaires courants et dont l'usage appartient surtout aux Canadiens-français, par Sylva CLAPIN (1894) ou version Canadiana
- Patois saintongeais et parler canadien par Pierre MARCUT, dans *Bulletin de la Société des archives historiques de la Saintonge et de l'Aunis* (1902): mots communs au glossaire québécois d'Oscar Dunn et au patois saintongeais

- Le parler populaire des Canadiens français ou Lexique des canadianismes, acadianismes, anglicismes, américanismes, mots anglais les plus en usage au sein des familles canadiennes et acadiennes françaises, par Narcisse-Eutrope DIONNE (1909)
- En garde! Termes anglais et anglicismes dans le commerce, les amusements, les professions, les métiers, les voyages, à la ferme, au Parlement... (1912)
- Ne pas dire, mais dire, inventaire de nos fautes les plus usuelles contre le bon langage, par Sylva CLAPIN (1913)
- En français, anglicismes, barbarismes, mots techniques, traductions difficiles... (1913)
- Dictionnaire de bon langage par Étienne BLANCHARD (1915)
- Glossaire du parler français au Canada, édité par la Société du parler français au Canada (1930)
- Les dictionnaires de la langue française au Québec, de la Nouvelle-France à aujourd'hui, ouvrage dirigé par Monique CORMIER et Jean-Claude BOULANGER (2008)
- Le parcours historique des lexicographes québécois: entre dépendance et affirmation, par Claude POIRIER
- Le lexique québécois: son évolution, ses composantes, par Claude POIRIER, dans *Stanford French review* (1980)
- À la découverte des particularismes canadiens et de leur origine: la lexicographie québécoise à l'époque des glossaires (1880-1930), par Louis MERCIER
- Quête identitaire du peuple québécois à travers la lexicographie: la place centrale de la Société du parler français au Canada, par Claude POIRIER et Gabrielle SAINT-YVES (2002)
- La lexicographie du français canadien de 1860 à 1930: les conséquences d'un mythe, dans *Cahiers de lexicologie* (2002)
- La conception du français canadien et de ses particularismes lexicaux vue à travers la recherche de critères d'évaluation: bilan de la réflexion sur la norme du lexique au XIXe siècle dans la production lexicographique depuis Thomas Maguire (1841) jusqu'à Joseph Amable Manseau (1881), par Gabrielle SAINT-YVES, thèse (2002)

- Description du lexique appartenant au vernaculaire des jeunes adultes de 17 à 25 ans habitant dans les quartiers Est de Montréal, par Fannie L'ABBÉ, mémoire (2006)
- Les prêtres et religieux du Canada français observateurs de la langue et collecteurs de mots, avec Louis MERCIER, dans *Port d'Acadie* (2013)
- Sens influencés de l'anglais en français au Québec : utilisation, perception et intrégration, par Myriam PAQUET-GAUTHIER, mémoire (2015)

Langue française du Québec

- La langue française au Québec : quelques repères (400 ans), édité par le gouvernement du Québec (2008)
- Office québécois de la langue française
- documents sur la langue française
- Le français au Québec par Marcel JUNEAU, dans *Histoire de la langue française, 1880-1914* (1999)

Ressources

- Revue québécoise de linguistique
- Bulletin du parler français au Canada (1902-1918)

I - II - III - IV - V - VI - VII - VIII - IX - X - XI - XII - XIII - XIV - XV - XVI

- Le Canada français (1918-1923) édité par la Société du parler français au Canada

I - II - III - IV - V - VI - VII - VIII - IX - X

Xavier NÈGRE © Lexilogos 2002-2021

Source : <https://www.lexilogos.com/quebecois_dictionnaire.htm> (consulté le 11 avril 2023)

Annexe 22

Texte du par. 168 présenté en tableaux et traduit avec les systèmes de traduction automatique de Google et de DeepL

1. Google

Texte original	Traduction française avec Google
[168] *To be clear, the majority's comparative methodology is not mere surplusage. Rather, its application is the only point of the exercise. As I have already recounted, the doctrine of abuse of rights is applied "to focus the analysis of whether the common law duty of honest performance has been breached on what might be called the wrongful exercise of a contractual right" (para. 63). Quebec civil law is cited as authority for the proposition that "no contractual right may be exercised abusively" (para. 67). This leads to another reason why comparative methodology is undesirable in this case, which requires me to speak plainly. The passages I have just cited from the majority's reasons, and indeed the very notion of "abuse of right", would not be familiar, meaningful or even comprehensible to the vast majority of common law lawyers and judges. And yet, many of them would reasonably assume – as many did when the language of "juristic reasons" entered the common law lexicon of unjust enrichment – that there is legal significance in their use here, and that they must therefore familiarize themselves with these concepts or retain bijural assistance in order to competently represent their clients or adjudicate their cases. At the very least, common law lawyers applying the common law concepts under discussion here will presumably need to have an eye, as the majority does, to the Civil Code of Québec. How they would acquire the necessary familiarity, and the extent to which they must acquire it, is left unexplained.* **252 mots**	[168] Pour être clair, la méthode comparative de la majorité n'est pas un simple surplus. Son application est plutôt le seul point de l'exercice. Comme je l'ai déjà dit, la doctrine de l'abus de droits s'applique « pour déterminer si l'obligation d'exécution honnête de common law a été violée sur ce qu'on pourrait appeler l'exercice illicite d'un droit contractuel » (par. 63). Le droit civil québécois est cité comme jurisprudence pour la proposition selon laquelle « aucun droit contractuel ne peut être exercé abusivement » (par. 67). Cela mène à une autre raison pour laquelle la méthodologie comparative n'est pas souhaitable en l'espèce, ce qui m'oblige à parler clairement. Les passages que je viens de citer dans les motifs de la majorité, et même la notion même d'« abus de droit », ne seraient pas familiers, significatifs ou même compréhensibles pour la grande majorité des avocats et des juges de common law. Et pourtant, bon nombre d'entre eux présumeraient raisonnablement – comme beaucoup l'ont fait lorsque le libellé des « motifs juridiques » est entré dans le lexique de common law de l'enrichissement sans cause – qu'il y a une importance juridique dans leur utilisation en l'espèce et qu'ils doivent donc se familiariser avec ces concepts ou retenir l'aide bijuridique afin de représenter leurs clients avec compétence ou de statuer sur leurs causes. À tout le moins, les avocats de common law qui appliquent les concepts de common law dont il est question ici devront vraisemblablement avoir un œil, comme le fait les juges majoritaires, sur le *Code civil du Québec*. La façon dont ils acquerraient la familiarité nécessaire et la mesure dans laquelle ils doivent l'acquérir est laissée inexpliquée. **279 mots**

Annexe 22

2. DeepL

Texte original	Traduction française avec DeepL
To be clear, the majority's comparative methodology is not mere surplusage. Rather, its application is the only point of the exercise. As I have already recounted, the doctrine of abuse of rights is applied "to focus the analysis of whether the common law duty of honest performance has been breached on what might be called the wrongful exercise of a contractual right" (para. 63). Quebec civil law is cited as authority for the proposition that "no contractual right may be exercised abusively" (para. 67). This leads to another reason why comparative methodology is undesirable in this case, which requires me to speak plainly. The passages I have just cited from the majority's reasons, and indeed the very notion of "abuse of right", would not be familiar, meaningful or even comprehensible to the vast majority of common law lawyers and judges. And yet, many of them would reasonably assume – as many did when the language of "juristic reasons" entered the common law lexicon of unjust enrichment – that there is legal significance in their use here, and that they must therefore familiarize themselves with these concepts or retain bijural assistance in order to competently represent their clients or adjudicate their cases. At the very least, common law lawyers applying the common law concepts under discussion here will presumably need to have an eye, as the majority does, to the Civil Code of Québec. How they would acquire the necessary familiarity, and the extent to which they must acquire it, is left unexplained. **252 mots**	Pour être clair, la méthodologie comparative de la majorité n'est pas un simple surplus. Au contraire, son application est le seul intérêt de l'exercice. Comme je l'ai déjà raconté, la doctrine de l'abus de droit est appliquée « pour centrer l'analyse de la violation de l'obligation d'exécution honnête de la common law sur ce qu'on pourrait appeler l'exercice abusif d'un droit contractuel » (par. 63). Le droit civil québécois est cité comme autorité pour la proposition selon laquelle « aucun droit contractuel ne peut être exercé de façon abusive » (par. 67). Cela nous amène à une autre raison pour laquelle la méthodologie comparative n'est pas souhaitable en l'espèce, ce qui m'oblige à parler franchement. Les passages des motifs de la majorité que je viens de citer, et en fait la notion même d'« abus de droit », ne seraient pas familiers, significatifs ou même compréhensibles pour la grande majorité des avocats et des juges de common law. Et pourtant, beaucoup d'entre eux supposeraient raisonnablement – comme beaucoup l'ont fait lorsque le langage des « raisons juridiques » est entré dans le lexique de l'enrichissement sans cause de la common law – qu'il y a une signification juridique dans leur utilisation ici, et qu'ils doivent donc se familiariser avec ces concepts ou retenir une assistance bijuridique afin de représenter leurs clients ou de juger leurs affaires de manière compétente. À tout le moins, les juristes de common law qui appliquent les concepts de common law dont il est question ici devront vraisemblablement avoir l'œil, comme le fait la majorité, sur le *Code civil du Québec*. La façon dont ils acquerrontg la familiarité nécessaire, et la mesure dans laquelle ils doivent l'acquérir, n'est pas expliquée.

3. Comparaison des traductions par Google Traduction et DeepL Traducteur
(les différences entre les deux versions sont indiquées par différentes couleurs : Jaune et vert = différences/violet = fautes et erreurs

Traduction Google	Traduction DeepL
Pour être clair, la méthode comparative de la majorité n'est pas un simple surplus. Son application est plutôt le seul point de l'exercice. Comme je l'ai déjà dit, la doctrine de l'abus de droits s'applique « pour déterminer si l'obligation d'exécution honnête de common law a été violée sur ce qu'on pourrait appeler l'exercice illicite d'un droit contractuel » (par. 63). Le droit civil québécois est cité comme jurisprudence pour la proposition selon laquelle « aucun droit contractuel ne peut être exercé abusivement » (par. 67). Cela mène à une autre raison pour laquelle la méthodologie comparative n'est pas souhaitable en l'espèce, ce qui m'oblige à parler clairement. Les passages que je viens de citer dans les motifs de la majorité, et même la notion même d'« abus de droit », ne seraient pas familiers, significatifs ou même compréhensibles pour la grande majorité des avocats et des juges de common law. Et pourtant, bon nombre d'entre eux présumeraient raisonnablement – comme beaucoup l'ont fait lorsque le libellé des « motifs juridiques » est entré dans le lexique de common law de l'enrichissement sans cause – qu'il y a une importance juridique dans leur utilisation en l'espèce et qu'ils doivent donc se familiariser avec ces concepts ou retenir l'aide bijuridique afin de représenter leurs clients avec compétence ou de statuer sur leurs causes. À tout le moins, les avocats de common law qui appliquent les concepts de common law dont il est question ici devront vraisemblablement avoir un œil, comme le fait les juges majoritaires, sur le *Code civil du Québec*. La façon dont ils acquerraient la familiarité nécessaire et la mesure dans laquelle ils doivent l'acquérir est laissée inexpliquée. **279 mots**	Pour être clair, la méthodologie comparative de la majorité n'est pas un simple surplus. Au contraire, son application est le seul intérêt de l'exercice. Comme je l'ai déjà raconté, la doctrine de l'abus de droit est appliquée « pour centrer l'analyse de la violation de l'obligation d'exécution honnête de la common law sur ce qu'on pourrait appeler l'exercice abusif d'un droit contractuel » (par. 63). Le droit civil québécois est cité comme autorité pour la proposition selon laquelle « aucun droit contractuel ne peut être exercé de façon abusive » (par. 67). Cela nous amène à une autre raison pour laquelle la méthodologie comparative n'est pas souhaitable en l'espèce, ce qui m'oblige à parler franchement. Les passages des motifs de la majorité que je viens de citer, et en fait la notion même d'« abus de droit », ne seraient pas familiers, significatifs ou même compréhensibles pour la grande majorité des avocats et des juges de common law. Et pourtant, beaucoup d'entre eux supposeraient raisonnablement – comme beaucoup l'ont fait lorsque le langage des « raisons juridiques » est entré dans le lexique de l'enrichissement sans cause de la common law – qu'il y a une signification juridique dans leur utilisation ici, et qu'ils doivent donc se familiariser avec ces concepts ou retenir une assistance bijuridique afin de représenter leurs clients ou de juger leurs affaires de manière compétente. À tout le moins, les juristes de common law qui appliquent les concepts de common law dont il est question ici devront vraisemblablement avoir l'œil, comme le fait la majorité, sur le *Code civil du Québec*. La façon dont ils acquerront la familiarité nécessaire, et la mesure dans laquelle ils doivent l'acquérir, n'est pas expliquée. **282 mots**

4. Confrontation des trois versions françaises : Originale, Google, DeepL

Traduction originale	Traduction par Google	Traduction par Google
En termes clairs, la méthodologie comparative qu'adoptent les juges majoritaires n'est pas superfétatoire. En effet, l'appliquer est en soi leur unique objectif. Les juges majoritaires appliquent la doctrine de l'abus de droit pour « faire porter l'analyse de la question de savoir s'il a eu manquement à l'obligation d'exécution honnête en common law sur ce que l'on pourrait appeler l'exercice fautif d'un droit contractuel » (par. 63). Ils citent le droit civil québécois au soutien de la proposition voulant « qu'aucun droit contractuel ne [puisse] être exercé de façon abusive » (par. 67). Ceci nous amène à une autre raison pour laquelle il n'est pas souhaitable d'appliquer une méthodologie comparative en l'espèce, ce qui m'oblige à m'exprimer sans détour. Les passages des motifs des juges majoritaires que je viens de citer, voire la notion même d'« abus de droit », ne diront rien à la vaste majorité des avocats et des juges de common law et seront pour eux dénués de sens, voire incompréhensibles. Pourtant,	Pour être clair, la méthode comparative de la majorité n'est pas un simple surplus. Son application est plutôt le seul point de l'exercice. Comme je l'ai déjà dit, la doctrine de l'abus de droits s'applique « pour déterminer si l'obligation d'exécution honnête de common law a été violée sur ce qu'on pourrait appeler l'exercice illicite d'un droit contractuel » (par. 63). Le droit civil québécois est cité comme jurisprudence pour la proposition selon laquelle « aucun droit contractuel ne peut être exercé abusivement » (par. 67). Cela mène à une autre raison pour laquelle la méthodologie comparative n'est pas souhaitable en l'espèce, ce qui m'oblige à parler clairement. Les passages que je viens de citer dans les motifs de la majorité, et même la notion même d'« abus de droit », ne seraient pas familiers, significatifs ou même compréhensibles pour la grande majorité des avocats et des juges de common law. Et pourtant, bon nombre d'entre eux présumeraient raisonnablement – comme beaucoup l'ont fait lorsque le libellé	Pour être clair, la méthodologie comparative de la majorité n'est pas un simple surplus. Au contraire, son application est le seul intérêt de l'exercice. Comme je l'ai déjà raconté, la doctrine de l'abus de droit est appliquée « pour centrer l'analyse de la violation de l'obligation d'exécution honnête de la common law sur ce qu'on pourrait appeler l'exercice abusif d'un droit contractuel » (par. 63). Le droit civil québécois est cité comme autorité pour la proposition selon laquelle « aucun droit contractuel ne peut être exercé de façon abusive » (par. 67). Cela nous amène à une autre raison pour laquelle la méthodologie comparative n'est pas souhaitable en l'espèce, ce qui m'oblige à parler franchement. Les passages des motifs de la majorité que je viens de citer, et en fait la notion même d'« abus de droit », ne seraient pas familiers, significatifs ou même compréhensibles pour la grande majorité des avocats et des juges de common law. Et pourtant, beaucoup d'entre eux supposeraient raisonnablement – comme beaucoup l'ont fait lorsque

La quête de l'expression optimale du droit : le langage du droit à l'épreuve du texte

la plupart d'entre eux présumeront raisonnablement – comme plusieurs l'ont fait lorsque le terme « motif juridique » est entré dans le lexique de la common law en matière d'enrichissement injustifié – qu'une raison d'ordre juridique justifie de recourir ici à ces notions, et qu'ils doivent donc se familiariser avec elles ou obtenir de l'aide d'une ressource qualifiée dans les deux systèmes juridiques afin de représenter leurs clients ou de rendre jugement de façon compétente. À tout le moins, les avocats de common law qui appliquent les notions de common law en cause ici devront sans doute avoir le *Code civil du Québec* en tête, à l'instar des juges majoritaires. La manière dont ces avocats et juges acquerront les connaissances nécessaires et la mesure dans laquelle ils devront le faire demeurent inexpliquées. **295 mots**	le langage des « raisons des « motifs juridiques » est entré dans le lexique de common law de l'enrichissement sans cause – qu'il y a une importance juridique dans leur utilisation en l'espèce et qu'ils doivent donc se familiariser avec ces concepts ou retenir l'aide bijuridique afin de représenter leurs clients avec compétence ou de statuer sur leurs causes. À tout le moins, les avocats de common law qui appliquent les concepts de common law dont il est question ici devront vraisemblablement avoir un œil, comme le fait les juges majoritaires, sur le *Code civil du Québec*. La façon dont ils acquerraient la familiarité nécessaire et la mesure dans laquelle ils doivent l'acquérir est laissée inexpliquée. **279 mots**	juridiques » est entré dans le lexique de l'enrichissement sans cause de la common law – qu'il y a une signification juridique dans leur utilisation ici, et qu'ils doivent donc se familiariser avec ces concepts ou retenir une assistance bijuridique afin de représenter leurs clients ou de juger leurs affaires de manière compétente. À tout le moins, les juristes de common law qui appliquent les concepts de common law dont il est question ici devront vraisemblablement avoir l'œil, comme le fait la majorité, sur le *Code civil du Québec*. La façon dont ils acquerront la familiarité nécessaire, et la mesure dans laquelle ils doivent l'acquérir, n'est pas expliquée. **282 mots**

Annexe 23

Exemple de loi adoptée sous le règne de la reine Victoria, en 1844

7

ANNO OCTAVO

VICTORIÆ REGINÆ.

CAP. II.

Acte pour amender les lois maintenant en force, qui imposent un Droit sur les Distilleries dans toute partie de la province du Canada.

[20 *Décembre*, 1844.]

ATTENDU qu'il est expédient de pourvoir à l'émanation de licences pour permettre l'usage d'alambics, pour un période de temps moindre qu'une année, en payant une proportion raisonnable des droits et charges maintenant imposés en vertu d'aucune loi ou lois maintenant en force dans aucune partie de cette province : qu'il soit en conséquence statué par la Très-Excellente Majesté de la Reine, par et de l'avis et du consentement du conseil législatif et de l'assemblée législative de la province du Canada, constitués et assemblés en vertu et sous l'autorité d'un acte passé dans le parlement du royaume-uni de la Grande Bretagne et d'Irlande, intitulé : *Acte pour réunir les provinces du Haut et du Bas-Canada, et pour le gouvernement du Canada* ; et il est par ces présentes statué, par la dite autorité, que nonobstant aucune chose à ce contraire dans aucune loi du Haut Canada, ou du Bas-Canada, ou du Canada, toutes licences pour avoir un alambic ou des alambics et s'en servir, seront accordées et demeureront en force pendant trois mois seulement, à compter de la date de telles licences, et telles licences devront être renouvelées de trois mois en trois mois. *Préambule.*

Licences pour alambics seront émanées pour trois mois, au lieu d'une année.

II. Et qu'il soit statué, qu'une moitié des droits et charges, maintenant imposés sur des licences pour une année, sera payée pour des licences de quartier, et rien de plus. *Un montant proportionnel des droits sera payé.*

III. Et qu'il soit statué, que cet acte pourra être amendé ou abrogé par aucun acte ou actes qui pourront être passés pendant la présente session. *Cet acte pourra être amendé pendant la présente session.*

MONTRÉAL :—Imprimé par STEWART DERBISHIRE et GEORGE DESBARATS, Imprimeur des Lois de La Très-Excellente Majesté de la Reine.

Cet exemple illustre tous les défauts reprochés à la traduction des lois depuis le régime civil britannique, et par la suite : traduction littérale voire mot à mot, calques, un ATTENDU de 15 lignes, solécismes, lourdeur du style et maladresses, etc.

Source : <https://www.canadiana.ca/view/oocihm.9_00922_4/8?r=0&s=1> (consulté le 11 avril 2023)

Annexe 24

**Les X Commandements
du traducteur juridique-jurilinguiste**

Art. 1er Généraliste du droit, de devenir t'efforceras

Art. 2. Rédacteur resteras, car de la langue au service demeureras

Art. 3. L'esprit autant que la lettre du droit assimileras

Art. 4. Le langage du droit et ses subtilités posséderas

Art. 5. La langue de Thémis maîtriseras

Art. 6. Ta culture juridique et sa langue le mieux possible serviras

Art. 7. Ton système juridique sous tous les angles connaîtras

Art. 8. L'intention de l'auteur ne trahiras pas

Art. 9. De la langue française le génie respecteras

Art. 10. À la facilité ne céderas, de rigueur preuve feras

Annexe 25

Acte de l'Amérique du Nord britannique 1867	*Charte canadienne des droits et libertés* (1982)	*Charte des droits et libertés de la personne* (1975)
Loi concernant l'Union et le gouvernement du Canada, de la Nouvelle-Écosse et du Nouveau-Brunswick, ainsi que les objets qui s'y rattachent. Considérant que les provinces du Canada, de la Nouvelle-Écosse et du Nouveau-Brunswick ont exprimé le désir de contracter une Union Fédérale pour ne former qu'une seule et même Puissance (*Dominion*) sous la couronne du Royaume-Uni de la Grande-Bretagne et d'Irlande, avec une constitution reposant sur les mêmes principes que celle du Royaume-Uni : Considérant de plus qu'une telle union aurait l'effet de développer la prospérité des provinces et de favoriser les intérêts de l'Empire Britannique : *À ces causes, Sa Très Excellente Majesté la Reine, de l'avis et du consentement des Lords Spirituels et Temporels et des Communes, en ce présent parlement assemblés, et par leur autorité, décrète et déclare ce qui suit :*	Attendu que le Canada est fondé sur des principes qui reconnaissent la suprématie de Dieu et la primauté du droit : **Garantie des droits et libertés** 1. La Charte canadienne des droits et libertés garantit les droits et libertés qui y sont énoncés. Ils ne peuvent être restreints que par une règle de droit, dans des limites qui soient raisonnables et dont la justification puisse se démontrer dans le cadre d'une société libre et démocratique. **Libertés fondamentales** 2. Chacun a les libertés fondamentales suivantes : a. liberté de conscience et de religion ; b. liberté de pensée, de croyance, d'opinion et d'expression, y compris la liberté de la presse et des autres moyens de communication ; c. liberté de réunion pacifique ; d. Liberté d'association.	CONSIDÉRANT que tout être humain possède des droits et libertés intrinsèques, destinés à assurer sa protection et son épanouissement ; Considérant que tous les êtres humains sont égaux en valeur et en dignité et ont droit à une égale protection de la loi ; Considérant que le respect de la dignité de l'être humain, l'égalité entre les femmes et les hommes et la reconnaissance des droits et libertés dont ils sont titulaires constituent le fondement de la justice, de la liberté et de la paix ; Considérant l'importance fondamentale que la nation québécoise accorde à la laïcité de l'État ; Considérant que les droits et libertés de la personne humaine sont inséparables des droits et libertés d'autrui et du bien-être général ; Considérant qu'il y a lieu d'affirmer solennellement dans une charte les libertés et droits fondamentaux de la personne afin que ceux-ci soient garantis par la volonté collective et mieux protégés contre toute violation ;

1. *Le présent acte pourra être cité sous le titre*: «L'Acte de l'Amérique du Nord britannique, 1867».
II. Union

3. Il sera loisible à la Reine, de l'avis du Très-Honorable Conseil Privé de Sa Majesté, de déclarer par proclamation qu'à compter du jour y désigné, – mais pas plus tard que six mois après la passation de la présente loi, les provinces du Canada, de la Nouvelle-Écosse et du Nouveau-Brunswick ne formeront qu'une seule et même Puissance sous le nom de Canada; et dès ce jour, ces trois provinces ne formeront, en conséquence, qu'une seule et même Puissance sous ce nom. [Note: Le 1er juillet 1867 fut la date fixée par une proclamation datée du 22 mai 1867.]

3. Tout citoyen canadien a le droit de vote et est éligible aux élections législatives fédérales ou provinciales.
[...]
16.(1) Le français et l'anglais sont les langues officielles du Canada; ils ont un statut et des droits et privilèges égaux quant à leur usage dans les institutions du Parlement et du gouvernement du Canada.
[...]
18.(1) Les lois, les archives, les comptes rendus et les procès-verbaux du Parlement sont imprimés et publiés en français et en anglais, les deux versions des lois ayant également force de loi et celles des autres documents ayant même valeur.

À ces causes, Sa Majesté, de l'avis et du consentement de l'Assemblée nationale du Québec, décrète ce qui suit:

1. Tout être humain a droit à la vie, ainsi qu'à la sûreté, à l'intégrité et à la liberté de sa personne.

Il possède également la personnalité juridique.

2. Tout être humain dont la vie est en péril a droit au secours.

Toute personne doit porter secours à celui dont la vie est en péril, personnellement ou en obtenant du secours, en lui apportant l'aide physique nécessaire et immédiate, à moins d'un risque pour elle ou pour les tiers ou d'un autre motif raisonnable.

Annexe 26

Annexe 26

EXTRA.

The Canada Gazette.

PUBLISHED BY AUTHORITY.

OTTAWA SATURDAY, MARCH 13, 1869.

CANADA.

JOHN YOUNG.
[L.S.]

CANADA.

VICTORIA, by the grace of God, of the United Kingdom of Great Britain and Ireland, QUEEN, Defender of the Faith, &c., &c., &c.
To Our Beloved and Faithful the Senators of the Dominion of Canada, and the Members elected to serve in the House of Commons of Our said Dominion, summoned and called to a Meeting of the Parliament of Canada, at Our City of Ottawa, on the Thirty-First day of the month of March instant, to have been commenced and held, and to every of you—GREETING :

A PROCLAMATION.

WHEREAS the Meeting of Our Parliament of Canada stands Prorogued to the Thirty-First day of the month of March instant, NEVERTHELESS, for certain causes and considerations, WE have thought fit further to Prorogue the same to THURSDAY, the FIFTEENTH day of the month of APRIL next, so that neither of you nor any of you on the said Thirty-first day of March instant, at Our City of Ottawa, to appear are to be held and constrained, for WE DO WILL THAT you and each of you and all others in this behalf interested, that on THURSDAY, the FIFTEENTH day of the month of APRIL next, at Our CITY of OTTAWA, aforesaid, personally you be and appear for the DESPATCH OF BUSINESS, to treat, do, act and conclude upon those things which in Our said Parliament of Canada, by the Common Council of Our said Dominion, may by the favor of God be ordained.

IN TESTIMONY WHEREOF, We have caused these Our Letters to be made Patent, and the Great Seal of Canada, to be hereunto affixed : WITNESS, Our Trusty and Well-Beloved, The Right Honorable SIR JOHN YOUNG, Baronet, one of Our Most Honorable Privy Council, Knight Grand Cross of Our Most Honorable Order of the Bath,

Knight Grand Cross of Our Most Distinguished Order of Saint Michael and Saint George, Governor General of Canada. At Our Government House, in Our CITY OF OTTAWA, in Our Dominion, the THIRTEENTH day of MARCH, in the year of Our Lord, one thousand eight hundred and sixty-nine, and in the Thirty-Second year of Our Reign.

By Command,
EDOUARD J. LANGEVIN,
Clerk of the Crown in Chancery,
Canada.

CANADA.

JOHN YOUNG.
[L. S.]

CANADA.

VICTORIA, par la Grâce de Dieu, Reine du Royaume-Uni de la Grande Bretagne et d'Irlande, Défenseur de la Foi, etc., etc., etc.
A Nos très-aimés et fidèles Sénateurs de la Puissance du Canada, et aux membres élus pour servir dans la Chambre des Communes de Notre dite Puissance, sommés et appelés à une Assemblée du Parlement du Canada qui devait se tenir et avoir lieu en Notre Cité d'Ottawa, le Trente-unième jour du mois de Mars courant, et à chacun de vous—SALUT :

PROCLAMATION.

ATTENDU que l'Assemblée de Notre Parlement du Canada se trouve prorogée au Trente-unième jour du mois de Mars courant, NÉANMOINS, pour certaines causes et considérations, Nous AVONS JUGÉ À PROPOS de la proroger de nouveau à JEUDI, le QUINZIÈME jour du mois d'AVRIL prochain, de manière que vous ni aucun de vous n'êtes tenus ou obligés de paraître en Notre dite Cité d'Ottawa, le dit Trente-unième jour de Mars courant, et Nous VOULONS EN CONSÉQUENCE que vous et chacun de vous et tous autres y intéressés, paraissiez personnellement et

413

soyez en Notre dite CITÉ d'OTTAWA, JEUDI, le QUINZIÈME jour du mois d'AVRIL prochain, pour la DEPECHE DES AFFAIRES, et y traiter, faire, agir et conclure sur les matières qui, par la faveur de Dieu, en Notre dit Parlement du Canada, pourront, par le Conseil Commun de Notre dite Puissance, être ordonnées.

EN FOI DE QUOI, Nous avons fait rendre Nos Présentes Lettres Patentes, et à icelles fait apposer le Grand Sceau du Canada.

TÉMOIN Notre Fidèle et Bien-Aimé le Très-Honorable SIR JOHN YOUNG, Baronet, un des Membres de Notre Très-Honorable Conseil Privé, Chevalier Grand'-Croix de Notre Très-Honorable Ordre du Bain, Chevalier Grand'Croix de Notre Ordre Très-Distingué de St. Michel et St. George, Gouverneur Général du Canada. A Notre Hôtel du Gouvernement, en Notre CITÉ d'OTTAWA, dans Notre Puissance, ce TREIZIÈME jour de MARS, dans l'année de Notre Seigneur mil huit cent soixante-neuf, et de Notre Règne la Trente-deuxième.

Par Ordre,

EDOUARD J. LANGEVIN,
Greffier de la Couronne en Chancellerie,
Canada.

OTTAWA :—Printed by MALCOLM CAMERON, Printer to the Queen's Most Excellent Majesty.

Annexe 27
Définition du terme TAX relevée dans une liste de définitions

"Tax" or, collectively, *"Taxes"* means : (a) any and all taxes, installments, assessments, charges, duties, fees, levies or other governmental charges, including income, franchise, margin, capital stock, real property, personal property, tangible, withholding, employment, payroll, social security, land transfer, employer, health, goods and services, harmonized sales, social contribution, employment insurance premium, unemployment compensation, disability, transfer, sales, use, service, escheat, unclaimed property, license, excise, gross receipts, value–added (ad valorem), add-on or alternative minimum, environmental, severance, stamp, occupation, premium, and all other taxes of any kind for which a Person may have any liability imposed by any Taxing Authority, whether disputed or not, and any charges, fines, interest or penalties imposed by any Taxing Authority or any additional amounts attributable or imposed with respect to such amounts, and with regard to the Seller, any and all sales and use and employment-related taxes, installments, assessments, charges, duties, fees, levies or other governmental charges, including withholding, employment, payroll, social security, employer, health, goods and services, harmonized sales, social contribution, employment insurance premium, unemployment compensation, disability, sales, use, and value-added (ad valorem), and severance taxes for which a Person may have any liability imposed by any Taxing Authority, whether disputed or not, and any charges, fines, interest or penalties imposed by any Taxing Authority or any additional amounts attributable or imposed with respect to such amounts ; (b) any liability for the payment of any amounts of the type described in clause (a) as a result of being a member of an affiliated, combined, consolidated or unitary group for any taxable period ; (c) any liability for the payment of amounts of the type described in clause (a) or clause (b) as a result of being a transferee of, or a successor in interest to, any Person or as a result of an express or implied obligation to indemnify any Person.

Signe particulier : **304** mots sans point ni points-virgules !

Annexe 28
Access to Information Act (R.S.C. 1985, c. A-1)
Loi sur l'accès à l'information (L.R.C. 1985, c. A-1)

Transfer of request	**Transmission de la demande**
8 (1) Where a government institution receives a request for access to a record under this Part and the head of the institution considers that another government institution has a greater interest in the record, the head of the institution may, subject to such conditions as may be prescribed by regulation, within fifteen days after the request is received, transfer the request and, if necessary, the record to the other government institution, in which case the head of the institution transferring the request shall give written notice of the transfer to the person who made the request.	**8 (1)** S'il juge que le document objet de la demande dont a été saisie son institution concerne davantage une autre institution fédérale, le responsable de l'institution saisie peut, aux conditions réglementaires éventuellement applicables, transmettre la demande, et, au besoin, le document, au responsable de l'autre institution. Le cas échéant, il effectue la transmission dans les quinze jours suivant la réception de la demande et en avise par écrit la personne qui l'a faite.
100 mots	**78 mots**
[...]	[...]
Investigations in private	**Secret des enquêtes**
35 (1) Every investigation of a complaint under this Part by the Information Commissioner shall be conducted in private.	**35 (1)** Les enquêtes menées sur les plaintes par le Commissaire à l'information sont secrètes.
Marginal note : Right to make representations	**Note marginale : Droit de présenter des observations**
(2) In the course of an investigation of a complaint under this Part by the Information Commissioner, a reasonable opportunity to make representations shall be given to	**(2)** Au cours de l'enquête, les personnes suivantes doivent avoir la possibilité de présenter leurs observations au Commissaire à l'information, nul n'ayant toutefois le droit absolu d'être présent lorsqu'une autre personne présente des observations au Commissaire à l'information, ni d'en recevoir communication ou de faire des commentaires à leur sujet :
(a) the person who made the complaint,	**a)** la personne qui a déposé la plainte ;
(b) the head of the government institution concerned,	**b)** le responsable de l'institution fédérale concernée ;
(c) a third party if	**c)** un tiers, s'il est possible de le joindre sans difficulté, dans le cas où le Commissaire à l'information a l'intention d'ordonner, en vertu du paragraphe 36.1(1), ou de
(i) the Information Commissioner intends to make an order, under subsection 36.1(1), requiring the disclosure of a record or a	

part of a record – or to recommend the disclosure of a record or a part of a record – that contains, or that the Commissioner has reason to believe might contain, trade secrets of the third party, information described in paragraph 20(1)(b) or (b.1) that was supplied by the third party or information the disclosure of which the Commissioner can reasonably foresee might effect a result described in paragraph 20(1)(c) or (d) in respect of the third party, and *(ii) the third party can reasonably be located, and* *(d) the Privacy Commissioner, if the Information Commissioner consults him or her under subsection 36(1.1) or section 36.2.* *However no one is entitled as of right to be present during, to have access to or to comment on representations made to the Information Commissioner by any other person.*	recommander la communication de tout ou partie d'un document qui contient ou est, selon lui, susceptible de contenir des secrets industriels du tiers, des renseignements visés aux alinéas 20(1)b) ou b.1) qui ont été fournis par le tiers ou des renseignements dont la communication risquerait, selon lui, d'entraîner pour le tiers les conséquences visées aux alinéas 20(1)c) ou d); **d)** le Commissaire à la protection de la vie privée, dans le cas où le Commissaire à l'information le consulte en vertu du paragraphe 36(1.1) ou de l'article 36.2.

Notez, outre la longueur des traductions par rapport à l'original anglais, la disposition et la réorganisation du texte français, notamment celui de l'article 35.

Présentation d'une clause de contrat d'assurance (bâtiment d'habitation) avec sa traduction française

Coverage D – Additional Living Expense	**Au titre de la garantie D (frais de subsistance supplémentaires)**
In the event that loss or damage by an insured peril renders the Principal Residence described herein untenantable, this Policy imposes the necessary increase in living expense (together with moving expense if necessary of household furniture and personal effects) incurred by the Named Insurer's household for the applicable period described in (a) or (b) below : *(a) The time required, with the exercise of due diligence and dispatch, to repair or replace such damaged or destroyed property ;* *(b) The time required for the Named Insurer's household to become settled in permanent quarters ;* *This coverage includes the fair rental value of any portion of the described Principal Residence and appurtenant private structures rented or held for rental by an Insured and as furnished by the owner, for the period of time required with the exercise of due diligence and dispatch to restore same to tenantable condition, less such charges and expenses as do not continue.*	Les frais de subsistance supplémentaires devenus nécessaires du fait d'un sinistre couvert ayant rendu inhabitable l'habitation principale, la garantie se limite à l'augmentation nécessaire des frais (y compris ceux du déménagement des effets et mobilier personnels) engagés par l'Assuré désigné pour maintenir autant que possible le niveau de vie normal des personnes vivant sous son toit. Elle cesse de produire ses effets dès que l'Assuré désigné a eu le temps de s'installer dans une habitation permanente avec les personnes vivant sous son toit ou qu'il s'est écoulé assez de temps pour la remise en état d'habitabilité, en toute diligence, de son habitation principale. Elle couvre également pendant la période nécessaire la remise en état d'habitabilité, en toute diligence, la juste valeur locative de toute partie de l'habitation principale ou de ses dépendances donnée ou offerte en location par un Assuré, ainsi que de tout mobilier fourni par le propriétaire, le tout sous déduction des frais et charges éliminés du fait du sinistre.

On notera la réorganisation du texte dans cette traduction, qui ne suit pas littéralement le texte de départ, et la ponctuation (les points), qui structure le texte en trois phrases, le rendant ainsi plus clair et lisible.

Annexe 29

Image du recueil des
Coutumes de la Prevosté et Vicomte de Paris, 1709

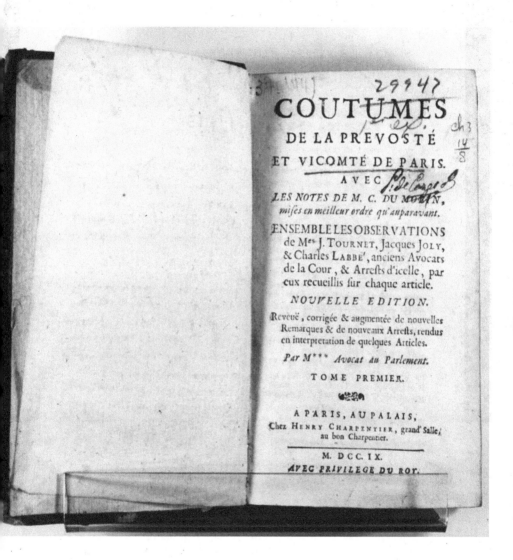

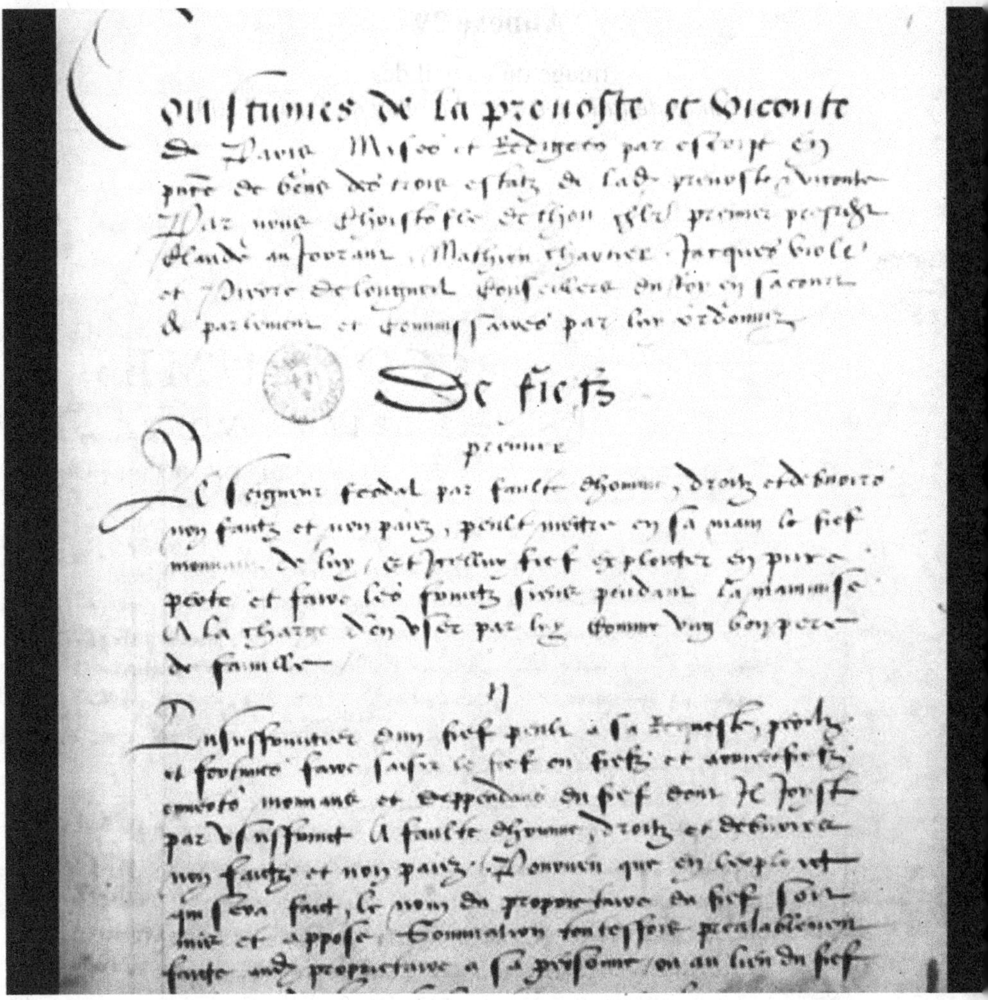

I. Des *fiefs*.

II. Des *censives* et *droits seigneuriaux*.

III. Des biens meubles et immeubles.

IV. Des *complaintes en cas de saisine et nouveauté*.

V. Des actions personnelles et des hypothèques.

VI. Des prescriptions.

VII. Du *retrait lignager*.

VIII. Arrêts, exécutions, gageries.

IX. Des servitudes et des rapports de jurés.

X. Des communautés de bien.

XI. Des *douaires*.

XII. Des gardes nobles et bourgeoises.

XIII. Des *donations* et dons mutuels.

XIV. Des *testaments* et de leur exécution.

XV. Des successions en ligne directe et collatérale.

XVI. Des criées. (devenu de droit public, ordonnance d'*Henri* II)

Annexe 30

Les graphiques présentés ci-après synthétisent les résultats de l'étude portant sur la longueur des textes juridiques en traduction[1] (partie 3, section C), étude entreprise pour répondre à la question suivante : « Les textes juridiques FR sont-ils plus longs que les textes juridiques AN ? Pourquoi ? ».

Pour y répondre, on montre, dans la première partie de l'étude (p. 603-606), l'écart en nombre de mots entre le texte de départ (TD) et le texte d'arrivée (TA) dans un corpus de 1 024 977 mots. On établit cet écart pour les deux combinaisons linguistiques AN-FR et FR-AN. Les résultats sont mis en évidence dans le premier graphique ci-dessous.

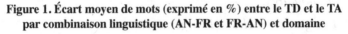

Figure 1. Écart moyen de mots (exprimé en %) entre le TD et le TA par combinaison linguistique (AN-FR et FR-AN) et domaine

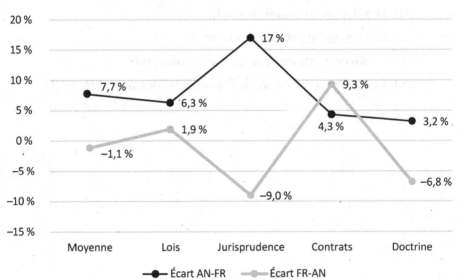

---

[1] Source : Jean-Claude Gémar, « La longueur des textes en traduction juridique. Domaine anglais et français », dans Paul Puppier et José Woerhling (dir.), *Langue et droit. Actes du premier congrès de l'Institut international de droit linguistique comparé*, Montréal, Wilson & Lafleur, 1989, 641 p., p. 599-614.

Les deux premiers points marquent les moyennes d'écart, tous domaines confondus. On note ainsi que pour la combinaison AN-FR, il y a en moyenne 7,7 % de mots *en plus* dans le TA FR que dans le TD AN, alors que pour la combinaison FR-AN, l'écart moyen entre le TA AN et le TD FR est négatif : −1,1 %. Les points suivants indiquent l'écart moyen par domaine (lois, jurisprudence, contrats et doctrine). On observe que pour la traduction AN-FR, les TA FR les plus longs sont des textes de jurisprudence (+17,0 %) et les plus courts, des textes de doctrine (+3,2 %). Du côté de la traduction FR-AN, les TA AN les plus longs sont des textes de contrats (+9,3 %), et les plus courts, des textes de jurisprudence (−9,0 %). On note ainsi l'écart énorme de 26 points entre les textes de jurisprudence dans les deux langues.

De manière générale, on en conclut que *la traduction AN est plus courte que la traduction FR*. Dans la deuxième partie de l'étude (p. 606-610), après avoir fait une analyse fine des résultats, ce constat général préliminaire est nuancé, permettant d'en déduire quelques causes.

Par exemple, lorsqu'on observe la différence entre le plus petit et le plus grand écart de mots, on constate parfois que la variation est bien plus grande pour la traduction FR-AN, qu'elle ne l'est pour la traduction AN-FR. Pour les lois, par exemple, les écarts relevés dans les TA FR, par rapport au TD AN, varient de −1,5 % à +8,5 %, ce qui donne une différence de 10,0 % entre ces deux valeurs (première colonne du graphique 2). En ce qui a trait à la traduction FR-AN des lois, les écarts relevés dans les TD FR et les TA AN varient pour leur part de −5,5 % à +9,8 %, ce qui représente une différence de 15,3 % (deuxième colonne du graphique 2). On en conclut que c'est la traduction anglaise de textes législatifs qui présente la plus grande différence : 15,3 %.

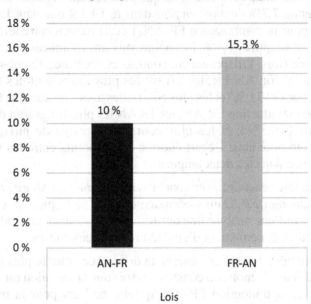

Figure 2. Variation des écarts de mots (exprimée en %) par combinaison linguistique (AN-FR et FR-AN) et type de textes

Une analyse qualitative des textes a ensuite permis d'expliquer partiellement les différences d'écart. S'il est vrai que des expressions s'expriment en moins de mots en anglais (p. ex., *Whether*/que ce soit ; *Thereof*/ à cet égard ; *under*/dans le cas de), l'inverse est également vrai (p. ex., Québec/*of the Province of Québec* ; sert/*shall be used* ; au greffe/*in the office of the court*). D'autres causes sont plutôt de nature grammaticale ou syntaxique. On les résume comme suit, dans l'article d'origine :

Analyse des différences entre les deux langues

De façon générale, on peut dire que dans les quatre domaines analysés les principales différences que nous avons relevées viennent surtout du fait que l'anglais :

- utilise davantage de signes de ponctuation ;
- favorise l'emploi de la forme passive, ce qui permet d'éliminer les sujets ou les agents ;
- procède par apposition de noms et d'adjectifs sans préposition ;

- utilise la même préposition pour plusieurs verbes successifs ;
- etc.

Le français, en revanche :

- emploie davantage de prépositions dans une même phrase, ce qui oblige à répéter ou à utiliser les liens grammaticaux ;
- emploie davantage de compléments circonstanciels que l'anglais élimine ou rend par une forme adverbiale ou un gérondif simple ;
- emploie deux ou trois fois plus d'auxiliaires que l'anglais, notamment dans les temps du passé, le subjonctif et le conditionnel passés ;
- possède des termes techniques souvent composés de 2 ou 3 mots, contre 1 seul pour l'anglais (p. ex. : droit de propriété/*ownership*, meuble meublant/*furniture*, biens meubles/*moveables*, tort (*law*)/(droit de la) responsabilité civile (délictuelle ou quasi délictuelle)) ;
- etc.

De ces analyses et résultats on peut avancer, entre autres[2], que :

- les écarts entre le TD et le TA ne sont pas toujours ce que l'on croit, du moins pour ce qui est de l'anglais et du français ;
- deux facteurs influent notablement sur la longueur des TA, quelle que soit la catégorie en cause (loi, jurisprudence, contrats/actes, doctrine) :
  1. la structure (syntaxique/grammaticale) de la LA, notamment dans le cas du français ;
  2. le traducteur et sa manière de traduire.

---

[2] Entre autres causes, car la plus importante tient à la nature des traditions et cultures juridiques et de leur style de rédaction, sujet non traité dans cette recherche parce qu'il fait appel à des connaissances de droit comparé que ne possèdent pas tous les étudiants de mon séminaire.

Annexe 31
Serments de Strasbourg
Sacramenta Argentariæ

Les Serments de Strasbourg (842) : du roman original au français actuel

Les Serments de Strasbourg lient deux petits-fils de Charlemagne, Charles II le Chauve (Karlus) et Louis le Germanique (Lodhuvig) contre leur frère aîné Lothaire (Ludher).

La version originale est perdue. Le texte est extrait du livre de Nithard, rédigé en latin. Nithard est le petit-fils de Charlemagne (fils de sa fille, Berthe) ; il est donc le cousin de ces trois frères. C'est un proche de Charles. Le texte est rédigé en latin. Les serments sont rédigés en langue romane (qui deviendra le français) et en langue tudesque (allemand). Charles le Chauve, roi de ce qui deviendra la France, dit la version allemande, et Louis le Germanique lit la version romane.

Texte 1 : latin classique (Ier siècle)	Texte 2 : latin populaire (VIIe siècle)
Per Dei amorem et per christiani po puli et nostram commumem salutem, ab hac die, quantum Deus scire et posse mihi dat, servabo hunc meum fratrem Carolum, et ope mea et in quacumque re, ut quilibet fratrem suum servare jure debet, dummodo mihiidem faciat et cum Clotario nullam unquam pactionem faclam, quæ mea voluntate huic meo fratri Carolo damno sit.	*Por deo amore et por chrestyano poblo et nostro comune salvamento de esto die en avante en quanto Deos sabere et podere me donat, sic salvarayo eo eccesto meon fradre Karlo, et en ayuda et en caduna causa, sic qomo omo per drecto son fradre salvare devet, en o qued illi me altrosic fatsyat, et ab Ludero nullo plagdo nonqua prendrayo, qui meon volo eccesto meon fradre Karlo en damno seat.*

Texte 3 : roman original (842)	Texte 6 : français contemporain
Pro deo amur et pro christian poblo et nostro commun saluament d'ist di en avant, in quant Deus savir et podir me dunat, si salvarai eo cist meon fradre Karlo, et in aiudha et in cadhuna cosa, si cum om per dreit son fradra salvar dift, in o quid il mi altresi fazet et ab Ludhernulplaid nunquam prindraiqui meon vol cist meon fradre Karle in damno sit.	**Pour l'amour de Dieu et pour le salut commun du peuple chrétien et le nôtre, à partir de ce jour, autant que Dieu m'en donne le savoir et le pouvoir, je soutiendrai mon frère Charles de mon aide et en toute chose, comme on doit justement soutenir son frère, à condition qu'il m'en fasse autant, et je ne prendrai jamais aucun arrangement avec Lothaire, qui, à ma volonté, soit au détriment de mon dit frère Charles.**

Texte 4 : ancien français (XIe siècle)

Por dieu amor et por del crestiien poeple et nostre comun salvement, de cest jorn en avant, quan que Dieus saveir et podeir me donct, si salverai jo cest mien fredre Charlon, et en aiude, et en chascune chose, si come on par dreit son fredre salver deit, en ço que il me altresi façet, et a Londher nul plait onques ne prendrai, qui mien vueil cest mien fredre Charlon en dam seit.

Texte 5 : moyen français (XVe siècle)

Pour l'amour Dieu et pour le sauvement du chrestien peuple et le nostre commun, de cest jour en avant, quan que Dieu savoir et pouvoir me done, si sauverai je cest mien frere Charle, et par mon aide et en chascune chose, si comme on doit par droit son frere sauver, en ce qu'il me face autresi, et avec Lothaire nul plaid onques ne prendrai, qui, au mien veuil, à ce mien frere Charles soit à dan.

Sources : <https://fr.wikipedia.org/wiki/Serments_de_Strasbourg> (consulté le 6 avril 2023) ; </https://www.lexilogos.com/serments_strasbourg.htm> (consulté le 6 avril 2023).

Index des auteurs

Les numéros renvoient aux pages du présent ouvrage.

A
ADLER, Mark, 221
ALLAND, Denis, 64, 198, 277
AMES, J. B., 233
ANDRÉ-SALVINI, Béatrice, 3
AQUITAINE, Aliénor d', 39
ARISTOTE, 88, 269, 279
ARNAUD, André-Jean, 62
ARNTZ, Reiner, 115
AROSO LINHARES, José Manuel, 162
ATTIAS, Christian, 279
AUREVANA, Iliana, 102, 120
AURY, DOMINIQUE, 276

B
BACHELARD, Gaston, 273, 356
BADINTER, Robert, 4, 117
BAKER, John H., 86
BAKER, Mona, xiv
BALLARD, Michel, 36, 78, 79-81, 88, 173, 238
BALMFORD, Christopher, xvi
BANDIA, Paul, 176
BARRAUD, Boris, 62, 164, 282
BARTH, G., 187
BARTHES, Roland, 175, 314
BASSNETT, S., 176
BASTARACHE, Michel, 314-316, 325
BAUDOUIN, Jean-Louis 140, 204, 210, 211, 213
BAUDOUIN, Louis, 164, 165, 183, 232, 242

BAUGH, Albert C. 87
BAUMERT, Renaud, 294, 350
BEAUDOIN, Gérald A., 373
BEAUDRY, Roger, 249
BEAULAC, Stéphane, 56, 58, 188, 203, 205
BEAUPRÉ, Michael, 76, 129, 135, 315
BÉDARD, Edith, 16
BÉLANGER, Catheryne, 329
BÉLANGER, Christiane, 134
BÉLISLE, Louis-Alexandre, 22, 150
BENJAMIN, Walter, 36, 74, 109, 173, 174
BENOIST, Jocelyn, 33
BENSIMON, Paul, 29
BENTHAM, Jeremy, 142, 163, 221, 224, 324
BERGERON, Michel, 333
BERGERON, Robert C., 373
BERMAN, Antoine, 36, 93
BERNARD, Claude, 128
BERNARD, Jacques-Emmanuel, 88
BERRY, Edward, 119, 142, 183, 223, 226, 324
BERTHOUD, Gérald, 273
BERTRAND, Gérard, 92, 96, 97, 99-101, 373
BEUVANT, Hugo, 93
BEVERIDGE, Barbara, 232
BHABHA, Homi K., 75, 176
BIBAUD, Maximilien, 10, 11, 13
BIBAUD, Michel, 54

BIEL, Lucja, 83, 332
BISKIND, Elliot L., xvi, 220
BISSON, Alain-François, 373
BLANCHARD, Étienne, 36, 39, 373, 402
BLOCH, Marc, 72, 73
BOCQUET, Claude, 129
BONENFANT, Jean-Charles, 4, 9, 12, 74, 83, 93, 188, 232
BONNELL, Victoria E., 84
BONVILLE, Jean de, 37
BOTTÉRO, Jean, 270
BOUCHARD, Chantal, 15, 16, 144
BOUCHARDON, Pierre, 215
BOUCHER D'ARGIS, Antoine-Gaspard, 57, 188, 228
BOUCHER-BELLEVILLE, Jean-Baptiste, 149, 401
BOUDREAU, Micheline, xviii
BOUGNOUX, Daniel, 114
BOULANGER, Jean-Claude, 21, 120, 146, 147, 150, 211, 402
BOUSQUET, Joseph-Claude-François, 147
BOUTHILLIER, Guy, 32
BOUYÉ, Manon, 296
BOWERS, Frederick, 129
BRACCHI, Enrica, 295
BRAUDO, Serge, 227
BRAUNSCHWEIG, Braun, 346
BRIÈRE, Jules, 373
BRILLON, Pierre Jacque, 147
BRISSON, J. M., 210
BRISSON, Maurice, 210
BROWER, Reuben A., 78
BRUNET, Michel, 28
BUBNER, Rüdiger, 185
BUIES, Arthur, 15, 16
BUISSERET, Irène de, 6, 124, 125, 137
BURNESS, Edwina, 346
BURTON, Shawn, 234, 237, 239, 240
BUSINO, Giovanni, 273

C

CACCIAGUIDI-FAHY, Sophie, 6, 120
CAILLÉ, Alain, 84, 271
CAILLÉ, Pierre, 178
CALVET, Louis-Jean, xv, 207
CALVET, Pierre du, 199
CAMUS, Albert, 307
CARBONNEAU, Hector, 125
CARBONNIER, Jean, 3, 63, 117, 161, 166, 229, 262, 273, 316
CARDINAL, Pierre, 90, 92
CARDOZO, Benjamin N., 225, 325
CARNWATH, D., 226
CARTIER, Jacques, 10
CARVALHO, Thérence, 93
CARY, Edmond, 25
CASSIN, Barbara, 176
CASTELLANI, Luigi, 161
CASTONGUAY, Charles, 28
CASTONGUAY, Lynne, 121
CATFORD, John Cunnison, 174, 175
CHAN, S. W. K., 126
CHARAUDEAU, Patrick, 159, 160
CHARDENET, Patrick, 344, 356
CHARLEMAGNE, 322, 426
CHARTRAND, Suzanne G., 262
CHEMIN, Arianne, 325
CHEVALIER, Jean-Claude, 162
CHOMSKY, Noam, 171
CICÉRON, 27, 36, 75, 116, 131, 142, 160, 168, 173, 238, 308, 310
CLAPIN, Sylva, 21, 22, 149, 401, 402
COCHRANE, G., 187
COLLET (procureur général), 68
COLPRON, Gilles, 12, 31
CORBEIL, Jean-Claude, xv, 207
CORMIER, Monique C., 21, 120, 146, 147, 150, 211, 402
CORNEILLE, 202
CORNU, Gérard, 60-67, 70, 71, 84-86, 117, 118, 129, 142, 143, 157, 159, 160, 162, 198, 242, 248, 280, 282, 299, 301, 316, 317
CÔTÉ, Jean, 140

Index des auteurs

CÔTÉ, Pierre-André, 135
COURBON, Bruno, 12, 31
COVACS, Alexandre, 95, 96, 100-102, 136, 249, 320, 373
CRAMAHÉ, Hector Théophilius, 29
CRAMER, Konrad 185
CRÉPEAU, Paul-André, 57, 58, 69, 70, 121, 125, 164, 188, 297, 333
CUGNET, François-Joseph, 30, 51, 136, 146
CURIEN, Annie, 122
CURRAN, Vivian G., 319
CUTTS, Martin, 142

D

D'ALEMBERT, Jean Le Rond, 57, 146, 192, 224, 228, 247, 265, 268
DAGENAIS, Gérard, 15
DALE, W., 56
DALLOZ, Armand, 147
DALLOZ, M., 147
DALLOZ, Victor Alexis, 147
DARBELNET, Jean, xiv, 4, 18, 37, 59, 79-81, 168, 171, 172, 174, 175, 177, 178, 288, 316, 322, 349
DAVIAULT, Pierre, 12, 15, 20, 30, 31, 36, 124, 137, 148, 339
DAVID, Aurel, 161
DAVID, René, 51, 58, 69, 229
DEGONDAJI, Umar Muhammad, 25
DELISLE, Jean, xiv, 7, 12, 29, 30, 35, 36, 73, 74, 91, 112, 115, 116, 123-125, 132, 138, 144, 166, 168, 174, 176, 195, 320
DEMERS, Ginette, 31, 37-39
DÉMOSTHÈNE, 310
DENNING, (Lord), 142, 327
DERRIDA, Jacques, 129, 174
DESGRÉ, Steve, 295
DESPRÉS, Christian, 59, 320
DESROSIERS, Jacques, 248
DEVINAT, Mathieu, 33, 71, 143
DICKINSON, John A., 14, 15, 45
DICKSON, Brian, 222-224

DICKSON, Robert G. B., 219, 315
DIDEROT, Denis, 3, 57, 146, 192, 223, 224, 247, 265, 266, 268
DIDIER, Emmanuel, 166, 168, 176
DIONNE, Narcisse-Eutrope, 21, 402
DIOUF, Abdou, 347
DOLET, Etienne, 144
DONZALLAZ, Yves, 223, 224, 226
DORION, Eugène-Philippe, 146
DRIEDGER, Elmer A., 142, 313, 315
DUBÉ, Richard, 114
DUBOIS, Lise, 180
DUBUC, Joseph, 92, 125, 132, 178
DUFOIX, Stéphane, 84
DULLION, Valérie, xii, 74, 89, 115
DUMÉZIL, Georges, 113, 270
DUMONT, Pierre, 347, 348, 356
DUNETON, Claude, 305
DUNN, Oscar, 21, 149, 401
DUPLESSIS, Maurice, 23
DUPUIS, Serge, 45
DURHAM, John George (Lord), 43
DURIEUX, Christine, 186, 290
DURKHEIM, Emile, 284
DUROCHER, René, 22, 23, 91, 92
DURR, Margarete, 81

E

ECHEVERRI, Alvaro, 123
ECO, Umberto, 27, 175, 310, 314, 327
EDWARDS, Michael, xvi, 46, 188, 202
ELCHACAR, Mireille, 148
ELISABETH II, 190
ERASME, 144
ESCHINE, 310
ESOPE, 28, 303
EVEN-ZOHAR, Itamar, 174

F

FAUVARQUE-CAUSSON, Bénédicte, 87
FEDOROV, Andrei V., 172, 174, 175, 184
FELDMAN, Jacqueline, 273

FÉRAUD, Jean-François, 69, 146
FERNBACH, Nicole, 6
FERRERI, Sylvia, 164
FERRIERE, Claude de, 147
FEYS, Robert, 76
FLAUBERT, Gustave, 349
FLEMING, Patricia, xiv, 73, 145
FLOTOW, Luise von, 176
FLÜCKIGER, Alexandre, 70, 94, 188, 302
FODOR, István, 187, 188
FONTENELLE, Thierry, 122
FOREST, Philippe, 122
FOUCAULT, Michel, 261, 263
FOUYON-DE AZEVEDO, Sandra, 134
FRANQUET, Louis, 10
FRÉCHETTE, Achille, 137
FRÉGAULT, Guy, 370
FREUD, Sigmunt, 129
FRIEDMANN, Wolfgang, 228
FRISON-ROCHE, Marie-Anne, 67
FROELIGER, Nicolas, 331
FRYDMAN, Benoît, 350
FURETIÈRE, Antoine, 69, 146, 264, 265, 268

G

GADAMER, Hans-Georg, 174, 311
GAGNON, Chantal, 332, 335
GALARNEAU, Claude, 17
GALDIA, Marcus, 352
GALLAS, Tito, 114
GALLICHAN, Gilles, xiv, 73, 145
GALUSKINA, Ksenia, 121
GARNEAU, François-Xavier, 21, 44, 47, 54, 67, 70, 71, 251
GARNER, Bryan A., 6, 130, 142, 220
GARON, Alban, 96
GARREAU, Dominique, 293
GASPÉ, Philippe Aubert de, 146
GAUDENCIO, Ana Margarida, 162
GAUDIN, François, 156
GAUDREAULT-DESBIENS, Jean-François, 56, 188, 203, 205

GAUTHIER, Philippe, 145
GAUTRAIS, Vincent, 83
GAWRON-ZABORSKA, Maria, 168, 238
GÉMAR, Jean-Claude, ix, x, xii, 2, 23, 39, 59, 75, 82, 85, 94, 96, 108, 109, 115, 117, 119-121, 130, 148, 150, 161, 166-169, 176-178, 187, 224, 238, 239, 287, 289, 291, 297, 302, 312, 313-315, 325, 330, 422
GENDRON, Jean-Denis, 32
GÉNY, François, 62, 271, 278
GÉRIN, Léon, 136
GÉRIN-LAJOIE, Antoine, 39, 137, 146
GESLIN, Albane, 296, 3522
GIDE, Andrée, 349
GILISSEN, John, 198
GINGRAS, Jules Fabian, 149, 401
GIRARD, Fabien, 86
GIRARD, Marie-Hélène, ix, 342
GLEDHILL, Christopher, 296
GLENN, Patrick H., 136, 329
GODARD, Barbara, 176
GODEFROY, Frédéric, 162, 264
GODINHO, Ines, 162
GOETSCHALKX, Jacques, 15
GOLDFARB, Ronald L., 221, 223
GOMBRICH, Ernst H., 69
GOUIN, Jacques, xiv, 15, 20, 30, 148
GRACIÀN Y MORALES, Baltasar, 307
GRAWITZ, Madeleine, 114, 259, 260, 271, 277, 278, 283, 284, 290, 297, 298
GREENSTEIN, Rosalind, 56
GREIMAS, Algirdas Julien, 175
GRICE, H. P., 160
GROFFIER, Ethel, 129
GROULX, Lionel, 9, 15, 18, 19, 20, 37-41, 44, 49, 52, 58, 84, 111, 190, 199, 207
GUILBERT, Louis, xv

H

HAGÈGE, Claude, 35, 36
HALFORD, Peter, 11

Index des auteurs

HAMELIN, Jean, 16, 18, 71
HAMMURABI, 198
HARMON, Louise, 163
HARRIS, Brian, 187
HART, Herbert Lionel Adolphus, 315
HARVEY, Fernand, 16, 1921, 40
HAWKING, Stephen, 276
HEGEL, Georg Wilhelm Friedrich, 93, 129
HEMINGWAY, Ernest, 330
HERBOTS, Jacques B., 76, 133
HOCQUART, Gilles, 11, 12
HONOVÀ, Zuzana, 83
HORGUELIN, Paul, xiv, 13, 28, 30, 72, 89, 119, 138, 139, 166, 173, 178, 362
HO-THUY, Vo, 39, 238
HOUBERT, Philippe, 238, 239, 245
HUGO, Victor, 73, 349
HULIN, Anne-Sophie, 164
HUMBOLDT (von), Wilhelm, 93
HUNT, Lynn, 84

I
IMBS, Paul, 66, 304
ISANI, Haeda, 120
ISRAËL, Fortunato, 79

J
JACOB, François, 276
JACOMETTI, Valentina, 114
JAGER, Gerhart, 176
JAKOBSON, Roman, 78, 79, 81, 171, 174, 175
JAMES, Henry, 347
JEANES, R. W., 79
JIMÉNEZ-SALCEDO, Juan, 121
JOHNSTON, Matt, 234-237,
JONES, Richard A., 19
JAUCOURT, Louis de, 57, 188
JUHEL, Denis, 187
JUTRAS, Daniel, 210

K
KADE, Otto Adolf Wenzel, 174, 176
KAHNEMAN, Daniel, 312
KALM, Peter, 10
KAMBOUCHNER, Denis, 33
KANT, Emmanuel, 129, 273
KASIRER, Nicholas, ix, 67, 69, 94, 108, 117, 120, 314-317
KELLY, Louis, 115-117, 166, 173
KELLY, Nataly, 25
KELSEN, Hans, 5, 64
KERBY, Jean, 101, 136, 320
KERCHOVE, Michel de, 310
KERR, William H., 211
KIEFFER, Jean-Marc, 121
KITAMURA, Ichiro, 76
KITAMURA, Takamuri, 329
KITTREDGE, Richard, 25
KLIKENBERT, Jean-Marie, 347, 356
KOLLER, Veronika, 175
KONINCK, Godelieve de, 262
KOPONEN, Maarit, 336
KÖTZ, Heinz, 117
KRINGS, HANS P., 176
KUBLER, Natalie, 331
KUNDERA, Milan, 325

L
L'HEUREUX-DUBÉ, Claire, 219
L'HOMME, Marie-Claude, 156
LA FONTAINE, François, 373
LA FONTAINE, Jean de, 257, 322, 373
LA LANGUE, Jacques de, 320
LABELLE, André, 95, 97-102, 104, 121, 165, 320
LABOV, William, 174
LACOUR-GAYET, Robert, 7, 10
LADMIRAL, Jean-René, 75, 81, 90, 108, 115-118, 130, 132, 173, 174, 181, 238
LAFEBER, Anne, 332, 333, 337-339
LAFONTAINE, Louis-Hippolyte, 18
LAJEUNESSE, Marcel, 146
LAJOIE, Marie, 131, 139, 141, 143

LALIBERTÉ, Robert, 207
LAMBALLAIS, Marc, 5
LAMBERT, John, 11, 176, 210
LAMONDE, Yvan, xiv, 73, 145
LANGEVIN, Edouard, J., 414
LAROSE, Robert, 130, 173, 231, 276, 288
LASKIN, Bora, 222
LAURENCE, Gérard, 32
LAUZIÈRE, Lucie, 329
LAVAULT-OLLÉON, Elisabeth, 87, 120
LAVOIE, Judith, 134, 167, 339
LE CHAUVE, Charles, 322, 426
LE GERMANIQUE, Louis, 322, 426
LE MENESTREL, Sara, 90
LEBEL, Maurice, 168
LEBLANC, Mathieu, 167, 168, 180
LECKEY, Robert, 164
LECOLLE, Michelle, 12
LEDERER, Marianne, 35, 79, 80, 81, 174, 176
LEFEVERE, André, 174, 176
LÉGER, Marc, 23, 24
LEMÉE, Mathilde, 93
LERAT, Pierre, 50, 60, 151, 155, 156
LEROI-GOURHAN, André, 109, 274, 275
LEVERT, Lionel, 84, 95, 96, 99-103, 121, 131, 139
LEVI, Judith N., 348
LÉVI-STRAUSS, Claude 259, 273-279, 284
LHOTAIRE (LUDHER), 426
LINTEAU, Paul-André, 92
LITTRÉ, Émile, 146, 263, 266-268
LLEDO Pierre-Marie, 272
LOBODA, Krzysztof, 83
LONGIANO, Fausto Sebastiano da, 75
LÖRSCHER, Wolfgang, 176
LOTBINIÈRE, Michel-Cartier de, 51
LUCRÈCE, 269

M
(MOLIÈRE), POQUELIN, Jean-Baptiste, 45, 306, 322
(MONTESQUIEU), Charles Louis DE SECONDAT, 7, 8, 36, 142, 224, 273
M'CARTY, Justin, 147
MAC AODHA, Máirtín, x
MAGUIRE, Thomas, 147, 149, 401, 401
MAILHOT, Louise, 223, 226, 227, 232, 249
MALAFOSSE, J., 230
MALAURIE, Philippe, 131
MALINOWSKI, Bronislaw, 284
MALLET, 228
MANON, Simone, 273
MARAGE, Pierre, 270, 271
MARCOUX, Danièle, 334, 337
MARCUT, Pierre, 401
MARTIN, Xavier, 118
MARTINET, André, 171
MARTINY, Dieter, xii
MARTY, Gabriel, 228
MATTHEWS, Gladys Gonzàlez, 82
MATTILA, Heikki E.S., xii, xvi, xvii, 118, 121, 125, 127, 160, 220, 221, 231, 281, 348
MAURAIS, Jacques, 347, 356
MAURER, Bruno, 347, 356
MAUSS, Marcel, 284
MAYOR, Federico, 326
MAZET, Guy, 120
McDONALD, David, 222
MÉLANÇON, François, 145, 146
MÉLÉKA, Fikri, 137
MELLINKOFF, David, xvi, 220, 280
MENDELSSOHN, Moïse, 352, 353
MENEY, Lionel, 39
MERCIER, Louis, 21, 22, 147, 149, 402, 403
MEYNAUD, Jean, 32
MICHAUD, Nicole, 134
MIGNAULT, Pierre-Basile, 210
MIMIN, Pierre, 215, 225

MINVILLE, Esdras, 16
MOLFASSIS, Nicolas, 61, 62
MONIÈRE, Denis, 48
MONJEAN-DECAUDIN, Sylvie, 291
MONTAIGNE, Michel de, 29, 144, 161, 197, 198, 284, 322, 346
MONTPETIT, Édouard, 15
MONZO-NEBOT, Esther, xvii, xviii, 121, 355
MOORE, Benoît, 68, 204, 206
MOREL, André, 15
MORENO-RIVERO, Javier, xviii, 121, 355
MORÉTEAU, Olivier, xii, 65, 74, 181, 231, 291-293, 295, 296
MORIN, Edgar, 128, 286, 287, 326
MORISSETTE, Louis Marie, 188
MORISSETTE, Yves-Marie, 56
MORRIS, Charles William, 76
MOSSOP, Brian, 336
MOUNIN, Georges, 36, 67, 82, 172, 174, 175, 276
MUNDAY, Roderick, 56
MURRAY, 29, 362
MUSSO, Frédéric, 33

N
NAPOLÉON I, 56, 68, 85, 89, 94, 117, 118, 143, 149, 186, 197, 206, 239, 291, 293, 300, 380, 381
NAPOLÉON III, 20
NASSIRI, Hediyeh, x
NÉRON, Christian, 51
NEUBERT, Albrecht, 174, 176
NEWMARK, Peter, 158, 171, 174
NG, Eva N. S., 348
NICOT, Jean, 146, 264
NIDA, Eugène, 82, 171, 174-176
NITHARD, 426
NKOULOU, Yannick Serge, viii
NOAH HARARI, YUVAL, 281
NOËL, Danièle, 54, 373
NORD, Christiane, 175
NOUSS, Alexis, 176

O
OGDEN, Charles K., 311
ORBAN, Leonard, 124
ORMESSON, Jean d', 356
OST, François, 310
OSTER, Corinne, 176
OTIS, Alain, xiv, 35, 124
OURLIAC, Paul, 230
OUSTINOV, Michael, 174

P
PALMER, William, 213
PANET, Jean Antoine, 377
PAQUET-GAUTHIER, Myriam, 12, 31, 403
PARENT, Etienne, 23, 146
PARRET, Herman, 59
PASCAL, Blaise, 197, 219
PEIRCE, Charles S., 175
PELLETIER, Mathieu, 23
PERELMAN, Chaïm, 135, 310, 311
PERGNIER, Maurice, 77, 79-81, 174
PERRAULT, Antonio, 190
PERRAULT, Joseph-François, 54, 72, 147, 378
PERRET, Louis, 239
PERRET, Xavier, 3
PETRÙ, Ivo, 83
PIAGET, Jean, 274-280
PICONE, Michael D., 31, 46
PICOTTE, Jacques, 108, 120, 248
PIENKOS, Jerzy, x
PIERRE, Jocelyn, 338
PIGEON, Louis-Philippe, 78, 80, 130, 175, 219, 327, 373
PLASSARD, Freddie, 172, 173, 347
PLOURDE, Michel, 10, 14-16, 19, 21-24, 32, 36, 37, 48, 54, 149
POIRIER, Claude, 12, 32, 36, 40, 41, 48, 150, 211, 402
POIRIER, Donald, 117
POIRIER, Eric, 334, 337
POISSON, Jacques, 15
POPLACK, Shana, 148

POPOVICI, Adrian, 67, 164
POPPER, Karl, 128, 275, 276, 279, 280
PORTES, Jacques, 20
POTTIER, Pierre-Philippe, 401
POZZO, Barbara, 114
PRICE, Glanville, 87
PRIETO RAMOS, Fernando, ix, 121, 339, 340, 341
PROUST, Marcel, 305, 349
PROVENCHER, Jean, 16
PUPPIER, Paul, 287, 422

Q
QUENEAU, Raymond, 90, 306
QUIRK, Randolph, 346

R
RABAGNY, Agnès, 164
RABELAIS, François, 322
RACINE, xvi, 202
RAKOVÀ, Zuzana, 173
RAYMOND, James C., 142, 220, 221-223, 225, 226
RAYNAUD, Pierre, 228
REED, David, 129, 148
REEVES, Hubert, 165, 275
REID, Hubert, 53, 64
REIMAN, Mathias, 319
REISS, Katarina, 79-82, 171, 175, 176
RÉMILLARD, Gil, 373
REVEL, Jean-François, 46
REY, Alain, xiii, 45, 62
RHODES, Erroll F. 79
RIALS, Stéphane, 64, 198, 277
RICHARD, Isabelle, 352
RICHARDS, Ivor A., 311
RICO, Christophe, 88
RICOEUR, Pierre, 174, 185
RINFRET, Raoul, 149, 401
ROBERT, Isabelle S., 288, 336
ROBERT, Jean-Claude, 92
ROBERT, Michel, 373
ROBERTS, Roda P., 77-80

ROCHER, Guy, 338, 339
RONSARD, Pierre de, 322
ROSS, David, 146
ROSSET, Virgile, 294
ROSSI, Pellegrino, 188
ROULAND, Norbert, 84, 126, 282, 285
ROUSSEAU, Jean-Jacques, 127
ROUSSEL, Stéphanie, 296, 352
ROUVIÈRE, Frédéric, 162, 163, 280
RUTHERFORD, Jonathan, 75
RYLAND, Herman W., 365

S
SACCO, Rodolfo, 77, 125, 161
SAINT JÉRÔME, 25, 27, 60, 88, 89, 90, 144, 168
SAINT-YVES, Gabrielle, 148, 402
SALMON, Vivian, 346
SAMSON, Mélanie, 329
SAPIRO, Gisèle, 25
ŠARČEVIĆ, Susan, 79, 81, 82, 89, 129, 340
SASSANI, Farnaz, x
SAULNIER, V. L., 29
SAUSSURE, Ferdinand de, 78, 156, 171, 172, 175, 260, 303
SAVIGNY, Friedrich Carl von, 273
SAVOIE THOMAS, Sylvette, xviii, 350
SCHLEIERMACHER, Friedrich Daniel Ernst, 174
SCHOTT, Stéphane, 296, 352
SCHUMACHER, Perrine, 336
SCHWAB, Wallace, 50, 131, 139, 141, 148, 211, 249, 297, 352
SCOCCHERA, Giovanna, 336
SCOTT, Frank, 112, 115
SEBOND, Raymond, 29, 161
SÉGUINOT, Candace, 176
SELESKOVITCH, Danica, 35, 80, 128, 130, 172, 174, 176
SERRES, Michel, 63, 270, 271
SÈVE, René, 161, 281
SEVESTRE, Charles, 145
SEWELL, William, 84

Index des auteurs

SHAKESPEARE, William, xvi, 73, 322, 346, 347
SIBONY, Olivier, 312
SIMON, Sherry, 176
SIN, K. K., 126
SNELL-HORNBY, Mary, 84
SNOW, Gérard, xviii, 120, 121, 352
SOLAN, Lawrence M., 221
SOLJÉNITSYNE, Alexandre, 58
SOSONI, Vilelmini, 332
SOURIOUX, Jean-Louis, 50, 60
SPARER, Michel, 50, 81, 131, 139, 141, 148, 176, 231, 249, 328, 352
SPICER, Keith, 96, 98
SPIVAK, Gayatri, 176
STEINER, Georges, 34, 36, 108, 115, 116, 129, 173, 174
STOFFEL, Bertrand, 164
STRANDVIK, Ingemar, 83, 86, 88, 89
STUART, Anne, 202
SULLIVAN, Ruth, 142
SUNSTEIN, Cass, R., 312
SUSSMAN, 96
SVOBODA, Tomas, 83, 332

T
T'SOU, B. K., 126
TALLON, Dénis, 61
TASSÉ, Roger, 100
TAYLOR, Charles, 23
TAYLOR, Simon, 56
TELLIER-MARCIL, Arnaud, 238, 239, 245
TERRÉ, François, 77, 161, 281
THIERRY, Augustin, 47
TIERSMA, Peter M., xvi, 220, 221
TIKKONNEN-CONDIT, Sonja, 176
TOBOR, Zigmunt, 327
TOCQUEVILLE, Alexis De, 14, 17, 55, 199
TOCQUEVILLE, Hyppolite de, 14
TOURY, Gideon, 174, 176
TREMBLAY, Régine, 164
TROPER, Michel, 277

TROUILLEZ, Edouard, xiii
TRUDEL, Gérard, 227
TRUDEL, Marcel, 370
TYNSDALE, William, 144

U
URIEL, Weinreich, xv, 207

V
(VOLTAIRE) AROUET, François-Marie, 303-305
VACHON, André, 54, 55
VALLÉE, Claire, 134
VAN HOECKE, Mark, 308, 310
VAN HOOF, Henri, 187
VANDERLINDEN, Jacques, 120, 121, 161, 162, 165, 329
VASILE, Sandina-Julia, 132
VELEANU, Corina, 138
VENUTI, L., 174
VERMEER, Hans J., 79, 175
VICTORIA (Reine), 190, 194, 213, 409
VILLEY, Michel, 161, 162, 279, 281
VILLEY, P., 29
VINAY, Jean-Paul, xvii, 29, 34, 35, 79, 80, 81, 119, 168, 171, 172, 174, 175, 177, 178, 316
VINCENT, Jean, 143
VINCENT, Nadine, 144, 148
VITALE, Geoffrey, 231

W
WAGNER, Anne, 6, 121, 157, 175, 280
WAGOUE TCHOKOTCHEU, Diane Carlyne, viii
WIEHL, Reiner, 185
WILLS, Wolfram, 171, 174, 175
WITTGENSTEIN, Ludwig, 185, 311
WOERHLING, José, 287
WOLF, Lothar, 10
WUILMART, Françoise, 27
WYLIE, Ann, 236, 237

X
XINGJIAN, Gao, 122

Z
ZEIFERT, Mateusz, 327, 329, 330
ZETZSCHE, Jost, 25
ZIMMERMANN, Reinhard, 319
ZOLTVANY, Yves F., 200
ZWEIGERT Konrad, 117